南开百年学术文库

陈晏清哲学文集

第一卷

社会大动荡后的沉思

南开大学出版社

天　津

图书在版编目(CIP)数据

陈晏清哲学文集. 第一卷，社会大动荡后的沉思 /
陈晏清著. -天津:南开大学出版社，2017.5
(南开百年学术文库)
ISBN 978-7-310-05362-9

Ⅰ. ①陈… Ⅱ. ①陈… Ⅲ. ①哲学－文集 Ⅳ.
①B－53

中国版本图书馆 CIP 数据核字(2017)第 078783 号

南开大学出版社出版发行
出版人:刘立松
地址:天津市南开区卫津路 94 号　　邮政编码:300071
营销部电话:(022)23508339　23500755
营销部传真:(022)23508542　邮购部电话:(022)23502200

＊

三河市同力彩印有限公司印刷
全国各地新华书店经销

＊

2017 年 5 月第 1 版　　2017 年 5 月第 1 次印刷
230×155 毫米　16 开本　38.75 印张　6 插页　450 千字
定价:99.00 元

如遇图书印装质量问题,请与本社营销部联系调换,电话:(022)23507125

（2015 年，《人民画报》记者 王蕾摄）

陈晏清（1938—　），湖南省新化县人，南开大学教授，马克思主义哲学家。1962 年于中国人民大学哲学系毕业后分配至南开大学任教。1985 年晋升教授，1986 年经国务院学位委员会批准为博士生导师。曾任南开大学哲学系系主任、人文学院院长、社会哲学研究所所长、当代中国问题研究院学术委员会主任，以及中国辩证唯物主义研究会常务理事、顾问，中国人学学会学术委员会委员、顾问，天津市哲学学会会长、名誉会长等。

"南开百年学术丛书"出版说明

巍巍学府，百年南开。

2019 年 10 月，南开大学将迎来建校 100 周年。

从筚路蓝缕、举步维艰的私立大学到闻名世界的高水平大学，南开大学走过了一条艰辛曲折而又光明辉煌的道路。在这条路途中，一代又一代的南开人坚忍不拔，愈挫愈奋，用实际行动阐释了"允公允能，日新月异"的校训，谱写了中国教育史上的不朽篇章。

学术乃学者立身之本，亦大学立校之基。一百年来，南开学人以自己的勤奋、智慧、心血、汗水，取得了难以计数的学术成果，在国内外产生了广泛而深远的影响。这些成果或酝酿于民族危亡之时，或完成于战火纷飞之际，或草创于风雨如晦之间，或出版于拨乱反正之后。这些著作或开新派，或释旧说，或察幽微，或集大成，嘉惠学子，享誉士林，体现着南开人的学术贡献。

由于时间久远和社会变迁等原因，前辈学人的著作多有散佚和湮没，有的甚至成为海内孤本，搜集颇为不易；即使一些距离现在并不太久的著作，由于当时印数不多，发行不畅，搜集的难度也依然较大；加之出版时间不同，出版单位各异，故而难见系统规模，查找亦多有不便。

出于诸多方面的考虑，借百年校庆之契机，我们决定编辑出版"南开百年学术丛书"。这部丛书根据著作呈现方式及相关内容，又分为三个系列，即为"南开百年学术经典""南开百年学术文萃"和"南开百年学术文库"，收录一百年来南开学人具有代表性的专著、论文以及学术自传等。将众多作品汇为一编，既收相得益彰之效，又得研读考索之便，对于文化积累和学术传承亦不无裨益。

我们意在通过这部丛书，全面反映南开学人学术探索、学术创新和学术跋涉的进程，系统展示南开学人的学术品格、学术特色和学术贡献。

我们相信，这部"南开百年学术丛书"必将成为一座学术的丰碑，瞻望前贤，启迪后昆。

我们希望海内外校友和广大读者提出批评和建议，使"南开百年学术丛书"臻于完善。

南开大学出版社

2015 年 8 月

本卷说明

　　本卷收录了我在"文化大革命"结束后的最初几年写的著作和论文，分为上下两部。这个时期，哲学上最紧迫的任务是拨乱反正，澄清理论是非，恢复马克思主义哲学的本来面目。上部"哲学理论上的拨乱反正"，收录了《"四人帮"哲学批判》一书（人民出版社 1979 年 1 月出版）和相关论文。下部"清理20 世纪 50 年代以来的主要错误哲学思潮"，又分成两个部分：第一部分"清理'唯意志论'"，收录了《论自觉的能动性》一书（上海人民出版社 1983 年 7 月出版）；第二部分"清理'斗争哲学'"，收录了几篇阐述对立统一学说的文章。仅从哲学上说，上下两部所涉问题的理论实质是一样的，且其思想脉络也表现出明显的历史联系，因此可以合成一卷；而就其同政治实践的关联来说，它们所引发和论证的问题却是两类完全不同性质的问题，不可混为一谈，因此又必须分成两部。

　　"四人帮"不是什么著作家，更不是哲学家，仅仅依据他们一些零散的哲学言论，是不足以判定其哲学的性质和特征的。因此，必须把对他们的哲学言论的分析和对他们政治实践的分析结合起来，并以对政治实践的分析为主。运用这种方法，我把握到"四人帮"哲学的主要内容是唯心论的先验论、斗争哲学、上层建筑决定论和唯心论的阶级斗争观，而其整个哲学世界观的核心则是权力意志决定论。这是他们在"文化大革命"

中全部活动的哲学根据，是本书批判的重点。同时，对作为他们理论活动的手段，并最能体现他们的作风、人品的东西，如实用主义、唯我论、诡辩论、流氓史观等，也做了必要的揭露与批判。

这部著作对于深入揭批"四人帮"，清理"文化大革命"搞乱了的理论是非，是起了一定的历史作用的，但它的历史局限性也是很明显的。这部著作的写作是于 1977 年初启动、1978 年 8 月定稿的。这个时候，党中央尚未做出否定"文化大革命"的决议，也就还未能把对于"四人帮"的批判纳入批判"文化大革命"的总体架构，因而这种批判不可能是彻底的。在叙述过程中，涉及 20 世纪 50 年代以来政治思想领域的一些重要事件也未经清理和甄别，仍是沿用当时被认定的权威说法。在话语方式上，更是深深地留下了那个年代的痕迹。

《"四人帮"哲学批判》是结合政治批判而对"四人帮"所做的理论批判，虽有一定的系统性，但还是比较粗浅的。要真正实现拨乱反正的任务，还须在理论和学术的深层上推进。首先应该做的，是清理新中国成立以来的错误哲学思潮，因为"四人帮"的哲学在其主要点上是同这种哲学思潮一脉相承的，它是借势将已经发生的错误推向了极端。本卷下部收录的，就是我在这方面的研究成果。

毛泽东晚年针对某种现象曾说过"唯心主义盛行，形而上学猖獗"这样的话，借他的话作为对于我们国家一个时期里哲学状况的总体描述也似无不妥。"唯心主义盛行"的突出表现是唯意志论盛行，在 1958 年的"大跃进"中和 1966 年开始的"文化大革命"中达到了登峰造极的地步。这股唯意志论思潮是披着马克思主义的主观能动性理论的外衣出场的，因此我写了《论自觉的能动性》一书来清理这种思潮。该书立足于社会实践的观点，阐述了主观能动性和客观规律、客观条件、客观可能性的关系；比较深入地阐述了自由和必然的关系，并遵照马克思在《资本论》里的论述，把自由和必然同"自由王国"和"必然王国"这两对范畴明确区别开来，阐明了马克思主义关于"自由王国"理论的真实内容。这些问题的提出和思考，对于我后来的研究工作也产生了重要的影响。例如在哲学体系改革中主张将实践的观点视为全部马克思主义哲学的首要的、基本的观点，在历史哲学研究中立足于实践观点阐述社会历史规律的客观性与人的自觉活动的关系，在政治哲学研究中强调科学与价值、认知与规范的统一等，都在《论自觉的能动性》中有了最初的体现，或提出了问题，或对问题有了初步的思考。

"形而上学猖獗"的主要表现是"斗争哲学"的猖獗。所谓"斗争哲学"指的不只是那种"整人哲学"，而是在对立面的同一和斗争这两方面中只讲斗争不讲同一这样一种哲学思潮，它在实践上的表现就是无限制的"斗争"和不停顿的"革命"。本卷收录的几篇阐述对立统一学说的文章，就是针对这种思潮，着重阐述了矛盾同一性在事物发展中的作用，阐述了恩格斯关于辩证法"也有保守的方面"的重要论断，阐述了同一性和斗争性相互制约的思想，并依据这些思想，着力重新规定了"同一性"的范畴。

我的哲学道路

（代总序）

陈晏清

讲我的哲学道路无非讲我是怎样走上哲学的道路的，我在哲学的道路上是怎样走的。

我是哲学事业的一名地道的"志愿兵"。60年前，1956年，我高中毕业后，作为理工类考生被保送考入北京俄语学院留苏预备部。但在俄语学院学了一年俄语后，情况发生了变化，国家决定不再向苏联大规模派遣留学生，这批预备生留在国内培养，可以任选学校和专业。我的许多同伴都去了北大、清华学习理工，我却选择了中国人民大学的哲学系。我的这个选择是绝对自主的，没有任何人干预。我家祖祖辈辈是生活在湖南省一个贫困山沟里的农民，父母都是文盲，对于我上什么学校、学什么专业，他们没有能力过问。当时学校里和社会上流行的一句话是"学好数理化，走遍天下都不怕"。许多中学时的同学对于我的这个选择很不理解，或许有人认为这是一种幼稚懵懂状态下的盲目行为，可实际上，这是一种非常清醒的自觉选择。

我为什么选择学哲学？一个最简单的回答就是兴趣使然。读中学时，因为觉得功课轻松，所以课外阅读的时间比较多，但阅读的范围却很窄，主要是政治理论读物。那时候，总有一些新的事情发生，希望获得理解，便去看讲这些事情的文章和书。读得多了，兴趣也就越来越浓，并且逐渐由对一般政治理论的兴趣转向了对哲学的兴趣。当然，当时作为一个中学生所知道的哲学主要是马克思主义哲学。我非常热爱中国共产党，并在刚满 18 岁时就入了党，也就十分关心党的理论和实践，相信马克思主义。1988 年，我的母校中国人民大学派出记者对一部分校友做过专访。在对我的访谈中，当问到我为什么选择哲学专业时，我是这样说的："中华人民共和国建立初期，党风、民风很好，国家一派兴旺景象，充分显示了马克思主义改造社会的巨大威力。"我认为，"对于国家民族的振兴，哲学比什么都重要"。这百分之百是我当时的真实思想。我就是带着做一名马克思主义理论家的梦想走上哲学的道路的。

凭着兴趣走上了哲学这条道路之后，我才越来越深切地体验到，哲学的道路并不像当初想象的那样铺满了鲜花，它竟也是一条荆棘丛生的道路。几十年里，我见证了哲学的"热闹"和混乱，也见证了哲学的冷落和贫困。在这样的非常情况下，单凭兴趣是很难支撑下去的。不少人就是乘兴而来，败兴而去，不干哲学了。所以，一定要把兴趣升华为一种信念，这样才能使兴趣持续和更加理性。如果有了对哲学的坚定信念，有了马克思主义的理论信念，就会有在哲学的道路上披荆斩棘的意志和力量。当你面对哲学的混乱时，你就会觉得自己有责任去清除这些混乱；当你感受到哲学的冷落和贫困时，你就会和自己的同道们一起去探寻哲学发展的新路向，让哲学走出困局。这个话题就已经涉及我在哲学的道路上是怎样走的问题了。

从 1957 年走进中国人民大学哲学系算起，到今年正好是第 60 个年头。这 60 年可以划分为两个时期。前 20 年主要是学习时期，既是向书本学习，在课堂上学习，也是向实践学习，包括在实践的失败和挫折中学习。后 40 年是边学习边研究的时期，我的真正意义上的学术研究活动是在"文化大革命"结束之后这 40 年的事。这两个时期，是有着密切的相互关联的。

中国人民大学 5 年的教育影响了我的一生，它塑造了我的基本面貌，规定了我人生道路包括治学道路的大致轨迹。人大教育对我在治学上影响最深的是两个方面：一是强调精读马列原著，二是强调理论联系实际，强调哲学的现实关怀。对于前一个方面，人们几乎没有争议，都认为是一种应当坚持和发扬的优良学风，而对后一个方面却争议多多。有些人对当时的理论联系实际这种教育方式是持基本否定的态度的，我却不是这样看的。那个年代，国家的政治生活、理论生活多不正常，一些本来符合马克思主义的正确原则在其运用过程中常被扭曲，因此，我们应正确地总结历史经验，将理论联系实际的原则在其运用过程中发生的问题同这个原则本身区别开来。我至今认为，让哲学系的学生思考一些现实生活中的问题，适当地参加一些实际工作，有助于深化、活化对基本理论的理解，培养分析、解决问题的能力，更重要的是有助于学生逐渐树立起一种同马克思主义哲学的实践批判的本性相符合的学术观念、学术信念。我的母校为我们培育的强调哲学的现实关怀、注重理论联系实际的学风，成为我后来几十年治学的基本风格。

我曾经借用新儒家常用的"返本开新"这个词来概括自己几十年来的学术活动历程。所谓"返本"就是恢复马克思主义哲学的真精神，所谓"开新"就是开创马克思主义哲学研究的新局面。不论"返本"还是"开新"，都是力图适应中国社会变革发展的现实需要，都是由明确而强烈的问题意识引导的。

"返本"的第一步是哲学理论上的拨乱反正。"文化大革命"结束不久，1977 年初，我就萌生了对"四人帮"的哲学进行系统批判的念头。这是一项难度极大的工作，完全没有把握做成和做好，但再难也得做。我之所以有勇气做这件事情，大概因为在被整整耽误了二十年的中国学界，我当时还算是"初生之犊"吧。《"四人帮"哲学批判》于1979年1月由人民出版社出版，这是我做的第一件有益的哲学工作。

《"四人帮"哲学批判》只是结合政治批判而对"四人帮"所做的理论批判。要真正实现拨乱反正的任务，还必须结合总结新中国成立以来的理论教训，在理论和学术的深层上推进。这部著作出版以后，我就着手清理20世纪50年代以来我国主要错误哲学思潮，主要是唯意志论和"斗争哲学"。唯意志论思潮是披着马克思主义的主观能动性理论的外衣出场的，因此，我写了《论自觉的能动性》一书，于1983年7月由上海人民出版社出版。"斗争哲学"就是在对立面的同一和斗争这两个方面中只讲斗争不讲同一这样一种哲学思潮。针对这种斗争哲学，我连续写了几篇阐释对立统一学说的文章，还为教育部统编教材《辩证唯物主义原理》改写了"对立统一规律"一章，为《中国大百科全书·哲学卷》撰写了相关的词条释文。除了这两个做出了系统性清理的问题外，对于传统解释框架内涉及的其他一些重要问题，我也都尽力做了一些思考和清理。20世纪80年代初期，我连续几年为南开大学哲学系本科毕业班开设了一门叫作"哲学原理提高课"的课程，讲了四十多个专题，多是当时有所争论或有所疑惑的问题。这门课程讲授的内容，大都有选择地纳入了我编写的教科书《马克思主义哲学纲要》。但上述这些，还都只是一些局部性的工作。

20世纪80年代中期，要求改革整个哲学体系的呼声越来越高，国家教委设立了"哲学原理体系改革研究"的重点课题（后来又提升为国家社科规划的重点课题），由肖前、黄楠森主持，由全国高校马克思主义哲学专业博士点共同承担，我也参加了课题组，并担任了作为这一课题最终成果的新编教科书《马克思主义哲学原理》的副主编，协助肖前主编做了一些事情。按我的理解，哲学体系改革的基本目标是清除苏联教科书的消极影响。我们以前使用的哲学教科书基本上是以苏联教科书为蓝本的，我们接受的马克思主义哲学在很大程度上是经过俄国人过滤了的，因此，改革哲学教材体系也是一种"返本"，而且是一种具有全局性或总体性意义的"返本"。真正的"返本"就是要返回到学说的创始人那里去，返回到原创性学说去，这样才有可能有效地剔除后人附加于它的东西而把它的真精神剥显出来，释放出来，并进而根据变化了的现实生活予以发挥和发展。这一课题的研究是有重要成就的，特别是其中对于马克思哲学的实践论思想和建立在实践论基础上的主体性维度的深入发掘和阐释，是在实际上顺应了中国社会奔向现代化的历史潮流的。只是由于课题组内部在一些重要问题上认识分歧较大，一时难以完全统一，我们的一些观点和意图难以在最终成果中得到贯彻和体现。因此，我又在南开组织队伍，在课题组研究的基础上继续推进，撰著了《现代唯物主义导引》一书，并将其改编为教科书《马克思主义哲学高级教程》（供研究生使用）。

到这个时候，我所理解的"返本"工作告一段落。这个"返本"的工作是中国的马克思主义哲学工作者必须去做并且必须做好的工作，否则，哲学的发展就会寸步难行，甚至南辕北辙。"文化大革命"结束后，学术界被压抑束缚了多年的活力解放出来了，学者们都在努力构筑自己学科的学术高地。那时候我想，我这个学科的高地在哪里？所谓"学术高地"也是个历史的概念，不同的历史时期有不同的发展水平。就当时中国的社会状况和哲学状况来说，这个"高地"就是那块被清理好了的地基。

不可能超越或绕开这个地方而在其他的地方冒出一座什么"高峰",不可能在未经清理的地基上建造起新的哲学大厦。这就是我理解的"返本"与"开新"的关系。"返本"是为了"开新",必须在"返本"的基础上开新。"开新"应是一种原创性的研究,是新的研究领域的开拓,新的观念、新的理论的创造。这就必须探寻哲学的新的生长点。这个生长点不在书本上,不在历史中,不在任何别的地方,而只能存在于我们时代的现实生活的土壤中。因此,哲学的创新,其基础性和前提性的工作是寻找哲学走向现实生活的通道。在我看来,社会哲学就是哲学与现实社会生活会通的最佳渠道之一。

20 世纪 80 年代中期,我就开始社会哲学的研究,并于 1990 年出版了由我主编的《当代中国社会哲学》一书。这本书以中国社会由自然经济向商品经济的转变为中心线索,阐明当前中国社会的整体性变动及其规律性。这当然是一种社会哲学的研究,但这个研究是从哲学教学改革的需要出发的,主要是为了解决哲学教育脱离中国实际的问题。在研究方式上还只是运用原来的哲学教科书的理论原理所提供的观念框架去解释当今的社会生活,尚未建立起社会哲学的独自的理论和方法,总之,尚不具备社会哲学的学术自觉。从学科角度关注和研究社会哲学,是在这本书出版以后,亦即 20 世纪 90 年代初哲学体系改革的高潮过去之后。

经过几年的探索,到 20 世纪 90 年代初,我们在社会哲学的学科观念上获得了具有决定性意义的突破,这就是把握到了马克思社会历史理论的两个哲学维度即历史哲学和社会哲学维度的关系。历史哲学的维度即一般历史观的维度,它研究人类历史的客观的、辩证的本性及历史发展的一般规律。我们所熟悉的唯物史观就是历史哲学的维度。社会哲学的维度则是直接

关注现实社会生活的维度，它从具体社会形态的社会结构切入
研究人们的现实社会生活过程。这两个维度的关系，实质上就
是唯物史观与现实历史的关系。明确了这两个维度的区别和联
系，就为建立马克思主义的社会哲学找到了最基本的理论依据，
也找到了研究社会哲学的基本方法。

　　社会哲学研究人们的现实社会生活过程，就应当从现实生
活中的问题出发，而不能从概念出发，最好的切入点就是当代
中国的社会转型。考诸思想史，近代西方社会哲学的兴起，也
是与西方国家由市场经济的发展所推动的社会转型相伴随的。
只是中国作为"后发"国家，与"先发"国家相比，有自己不
同的国情、不同的制度前提，即社会转型的不同的历史起点，
也面临着完全不同的世界格局。因此，固然应当借鉴西方"先
发"国家的有益经验，但必须建立起中国自己的社会哲学体系。
依据这种认识，我们选取了当前我国社会转型中的若干重大问
题进行了系统的研究，并于 1998 年、1999 年出版了由我主编
的"社会哲学研究丛书"，含《当代中国社会转型论》《从领域
合一到领域分离》《转型社会控制论》《社会转型的文化约束》
《社会转型代价论》《市场经济的伦理基础》《效率与公平：社会
哲学的分析》《社会转型与信仰重建》《可持续发展——新的文
明观》以及《社会转型与人的现代重塑》等共十种，实际上是
一套中国的社会转型理论丛书。因为出版条件的限制（我们没
有得到任何资助），还有几本未能纳入丛书的著作，只能自找门
路，单本出版。这些著作的作者都是我指导的博士研究生，或
在读的，或已毕业的。可以说，我们初步构建了一个中国人自
己的社会转型理论的框架。

　　社会哲学和历史哲学是马克思主义社会历史理论的两个不
可割裂的哲学维度。我们在把社会哲学作为主要研究方向的同

时，也没有忽视历史哲学的研究。历史哲学的研究虽属哲学基础理论的研究，但仍是由明确的、现实的问题意识引导的。20世纪 80 年代中期以后，关于社会历史规律客观性的讨论日趋活跃。讨论的核心问题是决定论和选择论的关系，焦点是是否承认社会历史规律的客观性。这是一个涉及马克思主义世界观的根本哲学基础的重大问题，不能不予以高度的持续的关注。如果在历史哲学即唯物史观的基本立场上有了动摇，社会哲学的研究也会偏离正确的方向。因此，我们承担了国家社科规划的重点课题，并由我和阎孟伟合著了《辩证的历史决定论》一书。

广义的社会哲学也包括政治哲学。20 世纪末，社会现实生活的变化和哲学自身的发展，都把政治哲学的研究飞快地推上了一种重要而显赫的地位。我们便把社会哲学的研究集中到了政治哲学方面。从 2003 年以后，政治哲学成为南开大学马克思主义哲学学科的主要博士研究方向。鉴于政治哲学与社会哲学的学科状况有所不同，我们在研究方式上也做了一些调整。对于政治哲学，我们是现实政治问题的研究与基础理论的研究并举并重，一方面选取现实政治生活中的重大问题如社会正义问题、民主问题等进行研究，另一方面对政治哲学的基础理论进行深入系统的研究，力图在理论和实际的结合上探索现实性马克思主义政治哲学的建构。

2011 年，我又积极支持和参与了当代中国问题研究院的创建。这个研究院的创建宗旨是对一些重要的社会现实问题进行专门的理论研究，形成一些新的理念，为党和国家的战略决策提供理论的支持。目前正在进行的研究课题有三项：一是京津冀协同发展研究，二是京津冀地区 PM 2.5 污染防治对策研究，三是协商民主理论研究。其中，规模最大的是协商民主课题。我担任这个研究院的学术委员会主任，并直接主持协商民主课题的研究。我已经是往 80 岁奔的人了，之所以还愿意在这个研究院尽绵薄之力，就是因为这个研究院的创办很符合我的学术理想。有人说，社会哲学研究、政治哲学研究、创办当代中国问题研究院是南开社会政治哲学研究的三部曲，这说法大体符合实际。

几十年的哲学之路走下来，我获得的最真切、最深刻的体会是，现实生活才是哲学这棵大树生长的厚土，只有扎根于现实生活，才能推动哲学的进步，才能让哲学发挥它应有的社会功能。

（原载 2016 年 5 月 16 日《人民政协报》，收入文集时恢复了原稿中因报纸篇幅限制而删去了的文字）

目　录

上部　哲学理论上的拨乱反正

"四人帮"哲学批判

相关论文

下部　清理 20 世纪 50 年代以来我国主要错误哲学思潮

第一部分　清理"唯意志论"

论自觉的能动性

相关论文

第二部分　清理"斗争哲学"

上部
哲学理论上的拨乱反正

"四人帮"哲学批判

绪论　彻底清算祸国殃民的反动哲学思潮

　　我们党同王洪文、张春桥、江青、姚文元"四人帮"反党集团的斗争，是一场历史性的斗争。它同反对林彪反党集团的斗争交织一起，贯穿了"文化大革命"的整个过程。这场斗争从政治、经济、军事、文化等各个方面全面展开，而斗争的实质则归根到底是用哪个阶级的世界观改造中国，改造世界。

　　历史经验证明，每一条反动的政治路线，都有一条与之适应并为之服务的反动哲学路线；伴随着资产阶级向无产阶级的每一次大规模的进攻，总会泛起一股相应的反动哲学思潮。而且，往往在政治上的斗争结束以后许久许久，人们还可以在哲学的领域里听到这次斗争留下的回声。我们党同"四人帮"进行的这场关系国家前途和命运的阶级大搏斗，情形更是如此。因此，在政治上、组织上取得了斗争的伟大胜利之后，人们也就必不可少地需要一段相当长的时间，回到一些最基本的哲学问题上去，以便"消化"这场斗争的经验教训。这无疑是斗争在思想理论上的深入和继续。

一

　　"四人帮"是一伙不学无术的政治骗子，没有什么专门的哲学著作。这种情况，并不说明他们不重视使用哲学的武器同无产阶级做斗争。他们为了论证"老干部是民主派，民主派就是走资"的反革命政治纲领，推行祸国殃民的反革命修正主义路线，实现篡党夺权的罪恶阴谋，从各方面包括哲学方面对马克思主义、列宁主义、毛泽东思想进行了全面的篡改。在哲学上，"四人帮"极端贫困，但却又极端凶恶，在认识论、发展观和历史观的各个领域，都向辩证唯物论和历史唯物论展开了疯狂的进攻。

在认识论上，他们用主观唯心论代替唯物论的反映论，同林彪一样，用一条"倒过来"的认识路线即"从思想和感觉到物"的路线，对抗"从物到感觉和思想"的唯物主义路线。他们极端轻视和敌视人民群众的革命实践，一切随心所欲，一切以某种先验原则和自己的主观需要为转移，从来不是从事实中发现事物的联系，而是虚构一些联系放到事实中去。因此，当人们把他们对于实际问题和理论问题的结论放到实际生活中去同事实加以对照的时候，总是立即发现，这些东西不是无影无踪的，就是根本颠倒的。为了掩饰自己的无知和荒谬，为了给自己凭空捏造的种种东西提供哲学的根据，他们就要力图驳倒唯物论，力图向人们灌输唯心论，以便防止人们总是用顽强的事实去揭穿他们的那一套。于是，他们把唯物论和辩证法对立起来，借口反对形而上学而去驳斥客观第一、主观第二的唯物论原则；把能动性和反映论对立起来，借口强调能动性而去驳斥反映论，把意识抽象地发展为第一性的、本原的、绝对独立的、万能的东西；把理论和实践对立起来，借口"尊重"理论而否定实践，把一切正确反映客观实际的实践经验统统当作"经验主义"去驳斥。其结果，是主观第一、理论至上、精神万能一类的东西充斥了他们控制的所有报纸和刊物。

他们鼓吹天才论、"顶峰"论、"绝对权威"论等一整套唯心论的先验论，疯狂反对马克思主义的实践论。林彪反革命集团垮台以后，他们一方面利用自己窃取的舆论大权，极力阻挠和破坏对于反动天才论的批判，另一方面又抛出"反对经验主义为纲"，作为他们的反党理论纲领。所谓"反经验主义"，只不过是天才论的另一种说法。所以，"四人帮"的反党理论纲领始终就是反动的天才论。这个反动理论纲领，同样是为推行他们的反革命政治纲领，即为打倒一大批具有革命实践经验的老一辈无产阶级革命家和革命老干部，为他们篡党夺权服务的。

"四人帮"的唯心论的先验论是同反动的实用主义紧密结合的，实用主义是他们主观唯心主义认识论的十分恶劣的表现。在他们看来，现实只是一块任凭雕刻的大理石，历史只是一团任凭揉造的泥巴，真理也就没有任何客观的标准。他们对待马列主义、毛泽东思想，完全按照为帮所用的原则去任意摘取。对于人，顺帮者昌，逆帮者亡。对于事，合帮者立，违帮者舍。理论、史学、文艺、教育，都不过是篡夺权力的工具。无所谓真伪，无所谓是非，无所谓善恶，无所谓荣辱，一切以对他们篡党夺权是否有利而定。在他们的帮派体系内部，见风使舵、弄虚作假、吹牛撒谎一类东西，像瘟疫一样流行。对"四人帮"来说，要使主观唯心论向更加恶劣、更加下流的方面发展，已经没有任何余地了。

"四人帮"是打着尊重辩证法的幌子鼓吹唯心论的，实际上，却对辩证法这个"马克思主义中有决定意义的东西"[①]不仅一窍不通，而且极端仇视。他们是唯心主义横行同形而上学猖獗一起发作，因而使二者相得益狂，为害愈甚。

---

① 列宁：《论俄国革命》，《列宁选集》第 4 卷，人民出版社 1972 年版，第 689 页。

修正主义者对马克思主义辩证法的进攻，从来都是集中指向唯物辩证法的根本规律——对立统一规律。"四人帮"更是这样。毛泽东同志明确指出，"四人帮"形而上学猖獗的表现就是"片面性"。所谓片面性，就是只要矛盾的一方，不要矛盾的另一方。在事物的对立统一关系中，他们总是把对立的一方推向绝对而否定对立的另一方。他们炮制的"宁要……不要……"的公式，就是宁要"一点"，不要"两点"。这是形而上学片面性的典型公式，它从根本上否认了矛盾，从而否认了对立统一规律，否认了辩证法。

他们打着"重点论"的旗号，大搞一点论。他们说某个矛盾是主要矛盾，就不许再讲别的矛盾；他们说某个方面是矛盾主要方面，就不许讲另一方面，在一系列关系路线和方针的重大问题上，都蓄意制造了不可容忍的混乱。

他们鼓吹所谓"斗争哲学"，只讲矛盾的斗争性，不讲矛盾的同一性，只讲矛盾斗争的绝对性，不讲矛盾斗争形式的相对性，提出"一切矛盾着的对立面都是在'对着干'""斗争就是政策"等一系列假革命真反革命的反动口号，去煽动"打倒一切"的反革命狂热，掀起"全面内战"的恶浪，搅乱了阶级阵线，破坏了安定团结。

他们打着"不断革命"的幌子，只讲绝对的运动，否认事物的相对静止，只讲不停顿的"质变"，否认事物发展过程中的量变阶段。他们的目的，一方面是为了把自己装扮成"革新派"去欺世惑众，把坚持不断革命论和革命发展阶段论相统一的人们作为"复旧派"去加以攻击；另一方面，则是为了诱骗人们在一个早上搞出个"共产主义"来，搞得天下大乱。

把辩证法的重点论歪曲成一点论，以及把事物发展过程的绝对的方面绝对化，这种极端主义是"四人帮"反对马克思主义辩证法的主要手段。然而，对于这些反革命的实用主义者来说，是绝不会满足于一种手段的。例如，当他们鼓吹所谓"斗争哲学"的时候，抹杀矛盾的同一性而片面夸大矛盾的斗争性，但当他们玩弄相对主义诡辩论的时候，则抹杀矛盾双方的对立而夸大和歪曲矛盾的同一性；他们时而否认矛盾的特殊性，时而又否认矛盾的普遍性。如此等等，不一而足。总之，既要看到他们的主要手段，又要看到他们的不择手段。这两种情况，恰恰说明他们形而上学猖獗到了怎样无所不用其极的程度。

在历史观上，"四人帮"企图用上层建筑决定论取代历史唯物论。他们抽象地夸大并肆意歪曲上层建筑的反作用，鼓吹单凭上层建筑的力量，就可以决定性地推动社会前进，根本否认生产力在社会发展中的决定作用，否认生产力决定生产关系并最终地决定整个社会关系的原理。他们对于阶级和阶级斗争、国家和革命、个人和群众的作用等历史现象，都不是从物质生活的矛盾和运动去说明，而是单从上层建筑方面去说明，因而把社会意识决定社会存在的历史唯心论贯彻到了历史领域的各个方面，全面地复活了头足倒置的历史观。

他们把阶级斗争学说同生产力在社会发展中起决定作用的原理割裂开来，对立起来，把阶级斗争这个历史发展的"直接动力"说成最终动力，而又宣扬阶级斗争只局限于上层建筑领域内。这样，就抽掉了阶级斗争学说的唯物主义基础，实际上是从上层建筑领域即精神领域寻找历史运动的最终动因。从这种观点出发，他们把一部中国历史归结为"儒法斗争史"，也就是归结为思想斗争史、宫廷政变史；把社会主义时期无产阶级同资产阶级的矛盾歪曲为所谓"造反派与走资派的矛盾"，把社会主义道路同资本主义道路的斗争歪曲为所谓"夺权与反夺权"的斗争，为他们的反动政治纲领捏造"理论"的根据。

　　他们把"革命是历史的火车头"的论点同生产力在社会发展中起决定作用的论点对立起来,单从上层建筑方面去说明革命的发生,否认任何革命归根到底是由生产力的发展所引起的。这样,就从根本上歪曲了社会革命的原因、过程和目的,把革命这个"火车头"说成没有动力、没有目的、没有方向,只是听任少数人的指挥而东拼西撞的东西。他们捏造的所谓"生产压革命""四个现代化之日,就是资本主义复辟之时"等,就是这种怪论的典型。他们叫嚷的"革命",只能是造成生产力大破坏、历史大倒退的反革命。

　　他们用所谓"上层建筑革命"即所谓"革党内资产阶级的命"篡改马克思主义的无产阶级专政理论,一方面把发展社会生产力排除在无产阶级专政的伟大任务之外,妄图摧毁无产阶级专政的物质基础;另一方面又歪曲无产阶级专政的性质,在"改革上层建筑"的幌子下,抛出"彻底改善无产阶级专政"一类的反革命口号。他们的"上层建筑革命",就是革共产党和无产阶级专政的命,其目的,是妄图用法西斯的"全面专政"取代无产阶级专政。

　　他们鼓吹的"上层建筑决定一切"的核心,是所谓"领导权"决定一切,这就在实际上归结为权力意志决定一切。在他们眼里,一部人类历史就是一部权力意志演变史,就是少数人争权夺势的历史,而作为历史真正主人的人民群众则被远远地抛在历史之外。

　　权力意志决定论是"四人帮"整个反动世界观的核心。从一定意义上说,"四人帮"的反动世界观体系就是一个权力意志决定论的体系。他们鼓吹的精神万能论,说到底,就是权力意志万能论。他们称"天才",树"绝对权威",宣扬唯心论的先验论,都只是一种篡党夺权的阴谋诡计。他们的实用主义、唯我论归结于一点，就是一切以是否有利于篡夺党和国家最高权力、满足权力意志作为评判是非善恶的标准。他们唯心主义横行、形而上学猖獗的种种表演，都绝不是什么思想方法问题，而是在他们的权力意志支配下蓄意采取的一系列阴谋手段，都是围绕着制造混乱、乱中夺权这个根本目的的。"四人帮"整个反动世界观的实质，就是妄图按照他们的意志，用法西斯主义改造中国。

可见，"四人帮"的唯心主义和形而上学，绝不是个别表现，绝不是若干孤立的错误言论，而是一个完整的反动世界观体系，是一股全面渗透于社会的政治、经济、文化各个领域的反动哲学思潮。

二

列宁说："日益巧妙地伪造马克思主义，日益巧妙地把各种反唯物主义的学说装扮成马克思主义，这就是现代修正主义在政治经济学上、策略问题上和一般哲学（认识论和社会学）上表现出来的特征。"[①]列宁在这里指出的，是马克思主义同修正主义斗争的一个带规律性的普遍现象。伪造和反伪造，是修正主义同马克思主义之间理论斗争的基本形式。修正主义的伪造"日益巧妙"的趋势，则反映了马克思主义的不断胜利，反映了斗争的深入。

"四人帮"在伪造马克思主义方面，的确"巧妙"得为一切老的和新的修正主义者所不可比拟了。"四人帮"的无比"巧妙"

---

① 列宁：《唯物主义和经验批判主义》，《列宁选集》第 2 卷，人民出版社 1972 年版，第 337 页。

就在于，他们打着反对修正主义的旗号搞修正主义，打着"高举"马列主义、毛泽东思想的旗号篡改马列主义、毛泽东思想，装得比马克思主义"更左"，从而把马克思主义变成完全不是马克思主义的东西，变成完全反马克思主义的东西。

以往的修正主义为了抹杀人民群众的历史主动精神，往往在认识论上抹杀人的主观能动性。"四人帮"则装作比马克思主义还要"重视"主观能动性，把认识的能动方面"片面地、夸大地……发展（膨胀、扩大）为脱离了物质、脱离了自然的、神化了的绝对"①，鼓吹"精神万能论"。

以往的修正主义把马克思主义关于生产力在社会发展中起决定作用的原理庸俗化，否认上层建筑的反作用，用庸俗生产力论冒充历史唯物论。"四人帮"则把历史唯物论诬蔑为所谓"唯生产力论"，装作比马克思主义还要"重视"上层建筑的反作用，鼓吹"上层建筑决定论"。

以往的修正主义用折中主义冒充辩证法。"四人帮"则把辩证法诬蔑为"折中主义"，装作比马克思主义还要"赞成"重点论，把重点论变成了一点论。

以往的修正主义抹杀矛盾的斗争性和矛盾斗争的绝对性，把对立面的同一歪曲为对立面的融合，鼓吹矛盾调和论。"四人帮"则只讲矛盾的斗争性，否认矛盾的同一性，装作比马克思主义还要"强调"斗争性，鼓吹所谓"斗争哲学"即穷凶极恶的反革命捣乱哲学。

以往的修正主义鼓吹阶级调和论。"四人帮"则把阶级斗争的调子唱得高耸入云，甚至说，承认阶级斗争也承认无产阶级专政的人还不是马克思主义者，只有承认他们的"全面专政"

---

① 列宁：《谈谈辩证法问题》，《列宁选集》第 2 卷，人民出版社 1972 年版，第 715 页。

的人才是马克思主义者。

列宁指出过，第二国际的修正主义者们承认马克思主义是把马克思主义中直接革命的一面除外的，他们承认马克思主义中的一切，"而'唯独'抛弃马克思主义活的灵魂，'唯独'抛弃它的革命性"。[①]一直到赫鲁晓夫的修正主义，基本上还是表现出这样的特征。而林彪特别是"四人帮"就不同了。他们采取的手段，恰恰是同老的修正主义者相反的手段。他们装作强调"革命性"，片面地夸大"革命性"，鼓吹一种同马克思主义的革命精神水火不相容的"革命性"。列宁说："使一种新的政治（不仅是政治的）思想声誉扫地，受到损害，其最有效的方法就是以维护为名，把它弄到荒谬绝伦的地步。因为任何真理，如果把它说得'过火'（如老狄慈根所指出的那样），加以夸大，把它运用到实际所能应用的范围以外去，便可以弄到荒谬绝伦的地步，而且在这种情形下，甚至必然会变成荒谬绝伦的东西。"[②]"四人帮"就往往是把马克思主义的革命性说得"过火"，而把马克思主义的革命真理变成了荒谬绝伦的东西。必须加以区别的是，列宁在这里批评的是夸大革命性的"左派"幼稚病，而老谋深算的"四人帮"夸大"革命性"，则显然不是因为幼稚，而正是因为狡猾，是处心积虑地要把无产阶级的革命理论篡改成资产阶级反革命的工具。

用片面夸大和恶意歪曲马克思主义哲学革命性的极"左"手段，去阉割马克思主义哲学的革命性，就是"四人帮"唯心主义横行、形而上学猖獗的主要特征。这是他们假左派真右派的政治特征在哲学思潮上的反映。这种特征的形成，是有重大

---

① 列宁：《第二国际的破产》，《列宁选集》第 2 卷，人民出版社 1972 年版，第629 页。

② 列宁：《共产主义运动中的"左派"幼稚病》，《列宁选集》第 4 卷，人民出版社 1972 年版，第 217 页。

的历史原因的。

老的修正主义者是资产阶级的奴才和走狗，他们的任务是阻挡社会的革命质变，维护资产阶级的统治。因此，他们害怕斗争，尤其害怕斗争的尖锐性。而林彪、"四人帮"则是一伙正在图谋篡党夺权的政治野心家，他们不仅不回避斗争，反而挑起斗争。他们可以在表面上把革命的词句喊得最响，而只需在实际上极力歪曲和阉割马克思主义的革命性。他们首先颠倒敌我关系，同时抽掉马克思主义哲学的党性原则，并把马克思主义哲学的革命原理加以篡改，这就完全可以把它由无产阶级的革命武器变成资产阶级反革命的武器。

马克思主义在理论上的胜利，逼得它的敌人装扮成马克思主义者。这种装扮，不可能是老一套的，它也要随着阶级斗争形势的变化而变化。修正主义的老一套的伪造手法，即从右边阉割马克思主义的手法，已经由于屡遭揭露而逐渐失去了它的欺骗性，容易被人们识破了。他们的失败，逼得他们不能不改用新的伪造手法，即改用从"左"边阉割马克思主义的手法。张春桥、姚文元在 20 世纪 50 年代和 60 年代初，都曾经是阶级调和论的鼓吹者。每一次政治运动，他们都是用两面派的欺骗伎俩蒙混过来的。在一次又一次的较量中，他们看到，如果再以右的形式出现已经越来越容易被人民识破了。正是从同无产阶级的反复搏斗中，张春桥才总结了向无产阶级进攻的新的经验，即所谓"凡事左三分"的经验。"四人帮"及其帮派体系的理论活动和实际活动，都是按照这个原则行事的。在他们的哲学思想上，也就不可能不反映出这样的"左"的特征。

"四人帮"拼凑的资产阶级帮派体系的骨干是一小撮政治野心家、叛徒、新生反革命分子、流氓、打砸抢者。这样一个仇恨党、仇恨人民、仇恨无产阶级专政达到了疯狂程度的黑帮怎么可能是真正的左派呢？显然，他们的"凡事左三分"同林彪的"打着红旗造反，不易被人看穿"一样，只是一种以极"左"手段进行破坏活动的反革命策略，"左"只是一种伪装，只是骗人的东西，它的本质则是极端的反革命。对他们的政治路线和理论观点，都必须把它假革命的现象和反革命的本质区别开来。区分本质和现象的辩证方法，对于清算这股反动哲学思潮来说，几乎是在每个问题上都需要运用的重要方法。

三

"四人帮"反动哲学的特点，不仅表现在它伪造马克思主义的异常巧妙，还表现在它包含着浓烈的封建余毒。

中国两千多年的封建专制，不仅在政治上极其残酷，在思想文化上也是极其黑暗的。中国的资产阶级，由于它的软弱性，没有也不可能对封建主义的思想文化进行彻底的清理和批判。我们党领导的新民主主义革命，是彻底地反封建的。在俄国"十月革命"影响下爆发的"五四"新文化运动，开始了彻底反帝反封建的思想革命。"五四"运动后，中国无产阶级的文化新军"以新的装束和新的武器，联合一切可能的同盟军，摆开了自己的阵势，向着帝国主义文化和封建文化展开了英勇的进攻"。①封建主义思想受到了巨大的扫荡。但是，由于革命迅速转变到推倒三座大山的武装斗争，对于封建思想的批判斗争则退居次要的地位。民主革命胜利之后，又立即转入了社会主义革命，无产阶级与资产阶级的矛盾成为国内的主要阶级矛盾，资产阶

---

① 毛泽东：《新民主主义论》，《毛泽东选集》第 2 卷，人民出版社 1969 年版，第 658 页。

级成为主要的革命对象，无产阶级的阶级斗争的主要矛头也就集中指向了资产阶级。对于封建主义的思想文化也开展了一系列的批判，但这种批判是不彻底的。尤其必须看到，封建思想文化不仅由于它在中国历史上专制了两千多年而根深蒂固，而且由于我国还没有改变经济上、文化上的落后状态而仍然具备它赖以存在的社会物质条件。可以说，在我们的国家，虽然封建制度从根本上被推翻了，但在意识形态领域包括哲学领域，封建主义的流毒却依然存在。这样一种历史情况，几乎被一切反动势力所利用。而林彪反党集团特别是"四人帮"在复活封建主义方面，则更是系统地大规模地进行，表现得更加露骨和疯狂。

"四人帮"在批林批孔运动中公然亮出"尊法"的黑旗，翻箱倒柜地搜寻封建糟粕，从地主阶级的武库中寻找向无产阶级进攻的思想武器。所谓"尊法"，就是尊地主阶级，尊封建主义。法家学说同儒家学说一样，是地主阶级镇压人民的思想工具，属于"旧的顽固的封建主义的思想武器"。不论尊儒还是尊法，都是宣扬封建复古主义，都是复辟封建文化。"四人帮"公然诬蔑毛泽东思想是继承了历史上法家的"优良传统"，蓄意抹杀无产阶级世界观同地主阶级世界观在阶级本质上的根本区别，甚至把地主阶级法家说得比共产党还革命，把地主阶级世界观说得比无产阶级世界观更先进，其罪恶用心，就是妄图用封建主义去伪造马克思主义。正因为这样，使得他们的世界观带上了极其浓烈的封建色彩。

他们的唯心论的先验论，因为涂抹了一层"一句顶一万句"之类的封建迷信色彩，就显得比一般的资产阶级唯心论更加禁锢人们的思想。

他们的实用主义，因为增添了地主阶级法家的阴谋权术，就显得比资产阶级的实用主义更加卑鄙、更加阴险。

他们的所谓"斗争哲学"即捣乱哲学，因为增加了像武则天的"铁鞭精神"一类的货色，就比一般的捣乱哲学更加疯狂。而他们对于所谓"折中主义""中庸之道"的"批判"，也因为加上了一顶"儒家"的帽子，就显得更加恶毒。

他们的上层建筑决定论，因为有了所谓儒法斗争"继续到现在"、法家路线"决定着整个历史进程的发展"等作为历史的根据，就显得比杜林的"暴力论"一类的东西更加彻底，更加粗鄙。

他们的英雄史观，因为请出了一大串帝王将相，就显得更加陈腐，更加反动。

"四人帮"的御用工具翟青甚至说，韩非曾经"提出了地主阶级对奴隶主阶级实行全面专政的理论纲领"。①张春桥的"全面专政"居然也有了历史的根据！实际上，它等于公开宣称，他们的"全面专政"不过是地主阶级专政的直接继续。他们肆意破坏社会主义法制，践踏社会主义民主，就是实行封建专制主义。

可见，如果只是一般地说"四人帮"的思想体系是法西斯主义的，就显然不够了。他们的法西斯主义是同封建主义紧密结合的，是一种封建法西斯主义。"四人帮"之为"四人帮"，这本身就表明它的浓厚的封建性。它就是一个像青红帮那样黑暗的封建黑帮。他们用以训练帮派骨干的东西就是"不成功便成仁"一类的封建法西斯训条。一些入了帮的亡命徒甚至叫嚷："杀一刀是死，杀一千刀也是死"，表示要为他们的帮头子们尽孝尽忠。至于什么"效忠信""劝进书"之类的东西，就更是直接搬用封建社会的那一套了。

---

① 翟青：《读韩非的〈五蠹〉篇》，《学习与批判》1974 年第 5 期。

在从根本上推翻封建制度几十年以后，在社会主义革命已经深入的时期，像"四人帮"这样全面地复活封建主义，并且是打着"坚持革新，反对复旧""坚持前进，反对倒退"的革命旗号去复活；像江青这样公开地鼓吹女皇制，并且是挂着"共产主义"的招牌去鼓吹，这不能不说是需要引起人们极大注意的严重情况。许多善良的人们，尤其是不大熟悉古代历史情况的人们，在一个时期内确实意想不到，腐朽反动的封建帝王思想，竟会借着江青这样的尸体还魂了。

江青、张春桥等一小撮妄图复辟封建法西斯主义的疯狂活动，以严酷的事实再一次提醒人们：在政治思想战线上，不仅要批判资产阶级，批判修正主义，而且要继续批判封建主义。在一定意义上可以说，彻底清算"四人帮"的反动哲学思潮，也是反封建的民主革命在思想战线上的继续。

四

"四人帮"在思想理论界的发言人罗思鼎曾经扬言："我们就是要影响一代人。"（转引自 1977 年 10 月 27 日《人民日报》）对于这样一句话，我们切不可仅仅看成在夸海口，而应当从中看出问题的严重性。

列宁说，"机会主义不是偶然的现象，不是个别人物的罪孽、过错和叛变，而是整个历史时代的社会产物"。[①]林彪、"四人帮"这样的修正主义反党集团的出现，是社会主义时期阶级斗争的产物。"四人帮"的反动哲学思潮之所以能够泛起和横行，

---

① 列宁：《第二国际的破产》，《列宁选集》第 2 卷，人民出版社 1972 年版，第 654 页。

也是因为它还有一层薄薄的社会基础，因此，清算"四人帮"的反动哲学思潮，是哲学战线上的一场尖锐的阶级斗争，是用哪个阶级的世界观改造党、改造中国、改造一代人的严重斗争。

"四人帮"反动哲学思潮的泛起和横行，是在"文化大革命"这样一个十分重要的历史时期。由于"四人帮"和林彪反党集团勾结在一起，篡取了党和国家的一部分权力，特别是控制宣传舆论工具的权力，可以用党报党刊的正式名义连篇累牍地进行宣传，这就容易使得许多人误认为他们的那一套就是我们党的主张，就是马克思主义。又由于这股反动哲学思潮是随着"文化大革命"过程中的社会动荡而起伏的，已经对我国社会的政治、经济、文化各个领域造成了十分广泛和深刻的实际影响。因此，它从一开始就不是停留在单纯哲学的思想领域内，而是不断地被一定的物质的东西巩固着、支持着。这种种情况，都使得这股反动哲学思潮不论在横行时间之长，毒焰之烈和猛，流毒之深和广方面，在党的历史上都是空前的。

在"四人帮"横行的几年里，实事求是成了"右倾保守"的同义语，宁"左"勿右被当作"革命性"去颂扬；夸夸其谈者受奖，埋头苦干者遭罚；打砸抢者有功，建设者有罪；假话、空话、大话、绝话之类的东西像细菌一样毒化着社会的风气，形形色色的丑行在所谓"路线觉悟"的掩饰下被说成正当，而一切有益于社会主义的正当事业却被视为非法；骇人听闻的政治罪名满天飞舞，冤案、错案、假案比比皆是；在他们严密控制的地区和部门，人妖颠倒，是非混淆。这一切还不足以说明"四人帮"唯心主义横行、形而上学猖獗的严重恶果吗？

尤其是，这股反动哲学思潮严重地腐蚀和危害了我们的党。它毁坏了党的指导思想的理论基础，破坏了党的实事求是、群众路线、艰苦奋斗、谦虚谨慎等一整套的优良传统和作风。反动的主观唯心论、形而上学侵蚀了党的肌体，在我们党内造成了一小批头上长角、身上长刺的"震派"人物和见风使舵、出卖灵魂的"风派"人物。"四人帮"的反动思潮和反动路线是出现这类人物的重要政治思想根源，而这些人物又助纣为虐，使"四人帮"的唯心论和形而上学反动思想得以传播和猖獗。他们对党的组织和党的事业危害甚大。

可见，彻底清算"四人帮"的反动哲学思潮，恢复马克思主义世界观的本来面目，进一步用辩证唯物主义和历史唯物主义的革命世界观武装全党，教育人民，是我们党的思想理论建设的一项极其重大的任务。

毛泽东同志指出："马克思主义有几门学问：马克思主义的哲学，马克思主义的经济学，马克思主义的社会主义——阶级斗争学说，但基础的东西是马克思主义哲学。"[①]在哲学上划清唯物论和唯心论、辩证法和形而上学的界限，是在其他各个领域内分清路线是非、思想是非、理论是非的基础。从这个意义上可以说，彻底清算"四人帮"的反动哲学思潮是一项更带根本性质的重大任务。

列宁曾经针对第二国际修正主义的猖獗及其危害，把"为保卫马克思主义基础而进行坚决顽强的斗争"作为迫切的任务提了出来，号召一切马克思主义者"来共同捍卫马克思主义的理论基础和基本原理"。[②]我们现在所面临的，也正是类似的情况和任务。华国锋同志指出，揭批"四人帮"，"不但要从政治路线和组织路线上加以清算，而且要从哲学、政治经济学和科学社会主义理论上进行批判，彻底肃清'四人帮'在各方面的

---

① 毛泽东：《在中国共产党全国代表会议上的讲话》，《毛泽东选集》第5卷，人民出版社1977年版，第145页。

② 参见列宁：《论马克思主义历史发展中的几个特点》，《列宁选集》第2卷，人民出版社1972年版，第401—402页。

流毒和影响"。①彻底清算"四人帮"的反动哲学思潮，就是响应以华国锋同志为首的党中央的伟大号召，在哲学领域内完成拨乱反正的任务。这个任务的实现，对于我们打碎林彪、"四人帮"制造的精神枷锁，冲破林彪、"四人帮"设置的禁区，解放思想，"开动机器"，朝气蓬勃地进行四个现代化的伟大长征，实现党在新时期的总任务，有着十分重要的意义。

---

① 华国锋：《在中国共产党第十一次全国代表大会上的政治报告》，《中国共产党第十一次全国代表大会文件汇编》，人民出版社 1977 年版，第 48—49 页。

第一章　打着批判机械唯物论的旗号鼓吹主观唯心论

恩格斯指出："全部哲学，特别是近代哲学的重大的基本问题，是思维和存在的关系问题。"并且指出，这个基本问题的第一个方面即思维和存在何者第一性的问题，是划分唯物论和唯心论的唯一标准，"哲学家依照他们如何回答这个问题而分成了两大阵营"。①哲学的基本问题，也是人们实际生活中的思想路线的基本问题。剖析一种世界观，首先必须抓住这个基本问题。

对于这个基本问题，"四人帮"不仅用他们在各种问题上的大量言行，而且用十分明确的哲学语言，做了回答。

反动文痞姚文元在他 1967 年写的一篇黑文里有这样一段话："把'辩证唯物论'歪曲成'存在第一、思维第二，客观第一、主观第二'，完全抹杀人的主观能动作用，完全抹杀物质变精神、精神变物质的飞跃，完全抹杀实践—认识—再实践—再认识的人们认识发展的辩证过程。这绝不是什么'辩证唯物论'，而是反动的形而上学。……取消了改造客观世界，取消了革命，取消了推动历史前进的奋斗，'客观第一'岂不成了一纸空文！"②

这个"帽子工厂"的姚掌柜，一口气给"存在第一、思维

---

① 恩格斯：《路德维希·费尔巴哈和德国古典哲学的终结》，《马克思恩格斯选集》第 4 卷，人民出版社 1972 年版，第 219 页，第 220 页。

② 姚文元：《评陶铸的两本书》，《人民日报》，1967 年 9 月 8 日。

第二，客观第一、主观第二"扣上了这么多顶大帽子，又是抹杀这个，又是抹杀那个，又是对辩证唯物论的"歪曲"，又是"反动的形而上学"，真可谓无以复加了！列宁说过，唯心主义的哲学家"都是用唯心主义路线代替唯物主义基本哲学路线（从存在到思维、从物质到感觉），只是在做法上，有的质直明言，有的吞吞吐吐"。[①]显然，姚文元在这里不属于"吞吞吐吐"的那一类，而是质直明言地要推翻唯物主义的基本哲学路线，只是笨拙地打着"维护辩证唯物论"的旗号罢了。稍加剖析就可以看到，姚文元如此疯狂地攻击"存在第一、思维第二，客观第一、主观第二"的唯物主义原则，绝不仅仅是出于对哲学史的无知，而是出于反革命的政治需要，妄图用反动的唯心论代替马克思主义的唯物论。

一、"存在第一、思维第二，客观第一、主观第二"是不是抹杀人的主观能动作用？

姚文元断言，坚持"存在第一、思维第二，客观第一、主观第二"的原则，是"完全抹杀人的主观能动作用"。这就是说，要发挥人的主观能动作用，就必须完全抛弃这个原则而代之以相反的原则，即实行"思维第一、存在第二，主观第一、客观第二"的原则。

什么是主观能动性？我们必须发扬什么样的主观能动性？关于这个问题，毛泽东同志有一段十分精辟的论述。他说："我

---

① 列宁：《唯物主义和经验批判主义》，《列宁选集》第 2 卷，人民出版社 1972 年版，第 145 页。

们反对主观地看问题，说的是一个人的思想，不根据和不符合于客观事实，是空想，是假道理，如果照了做去，就要失败，故须反对它。但是一切事情是要人做的，持久战和最后胜利没有人做就不会出现。做就必须先有人根据客观事实，引出思想、道理、意见，提出计划、方针、政策、战略、战术，方能做得好。思想等等是主观的东西，做或行动是主观见之于客观的东西，都是人类特殊的能动性。这种能动性，我们名之曰'自觉的能动性'，是人之所以区别于物的特点。一切根据和符合于客观事实的思想是正确的思想，一切根据于正确思想的做或行动是正确的行动。我们必须发扬这样的思想和行动，必须发扬这种自觉的能动性。"①这就清楚地告诉人们：第一，反对主观主义并不是要抹杀主观能动性，反过来说，发扬主观能动性并不是主张人们去搞主观主义，我们强调的是主观能动性和客观规律的辩证统一，强调正确地发扬主观能动性；第二，主观能动性不只是思想，而且包括"做或行动"即实践，社会实践是主观能动性和客观规律辩证统一的基础，离开人民群众的社会实践，就谈不上正确的主观能动性。恰恰是这两点，从根本上划清了马克思主义和一切唯心主义在主观能动性问题上的原则界限。

正确地发扬主观能动性就是要有正确的思想和行动。正确的行动根据于正确的思想，而正确的思想就是根据和符合于客观事实的思想，这不正是"存在第一、思维第二，客观第一、主观第二"吗？

主观能动性是人区别于动物的特点。人比动物高明，动物只能消极地适应环境，而人却可以能动地改变环境。然而，这

---

① 毛泽东：《论持久战》，《毛泽东选集》第 2 卷，人民出版社 1969 年版，第 445 页。

种"高明"绝不意味着人可以超脱自然界的约束，违背自然界的规律去作弄自然界。不顾自然界的约束而盲目行动，恰恰是动物的特点，而不是人的特点。人离开动物界愈远，这种盲目行动的特点也就愈少。恩格斯说："我们统治自然界，决不像征服者统治异民族一样，决不像站在自然界以外的人一样，——相反地，我们连同我们的肉、血和头脑都是属于自然界，存在于自然界的：我们对自然界的整个统治，是在于我们比其他一切动物强，能够认识和正确运用自然规律。"①如果我们像征服者统治异民族那样对付自然界，为所欲为，那就确定无疑地要遭到自然界的残酷报复。不用说有意地对抗自然规律，仅仅是由于我们对自然规律缺乏深刻的了解，不会估计我们行动的影响，也往往是在第一步胜利了，在第二步和第三步却有了完全不同的、出乎预料的影响，把第一步的结果又取消了。在社会领域里，起作用的是人们有意识有目的的活动。这里，表面看来是施展"自由意志"的场所，可以根本不管什么"客观第一"还是"主观第一"。但是，在马克思主义揭示人类社会发展的客观规律以前，在这些客观规律被人们认识和运用以前，却谁也无法掌握自己的命运，在大多数情况下只能事与愿违，受着盲目的社会规律的奴役和作弄。显然，这里同样是"存在第一、思维第二，客观第一、主观第二"，而不是相反。至于古往今来的反动派，他们逆历史潮流而动，终究一个个都逃不脱历史的惩罚，则更是客观规律不可抗拒的明证。

当人们没有认识客观规律的时候，客观规律作为"盲目的必然性"起作用，人们的行动处处受着客观规律的制约，没有主动，没有自由，完全是任凭必然性摆布的奴隶。这时，无疑

---

① 恩格斯：《自然辩证法》，《马克思恩格斯选集》第 3 卷，人民出版社 1972 年版，第 518 页。

是客观决定主观，是"客观第一、主观第二"。而当人们认识了客观规律，必然向自由转化的时候，是否就可以说不再是"客观第一、主观第二"，而是"主观第一、客观第二"了呢？同样不可以说。列宁说："必然性变成自由时并没有消失。"[①]这时，人们只是认识了和利用了必然性，而没有消灭必然性。必然性仍然是第一性的，人们的意志和意识仍然是第二性的。人们只能认识规律，利用规律，而不能创造规律、改变规律和消灭规律。必然性变成自由时不会消失，而自由一旦违背必然性却随时可以消失。

诚然，马克思主义的唯物论是辩证的唯物论，它同机械唯物论是根本不同的。马克思主义坚持客观决定主观的唯物主义路线，同时又高度重视人的主观能动作用，甚至承认它在一定条件下的主要的决定的作用。毛泽东同志说："当着某一件事情（任何事情都是一样）要做，但是还没有方针、方法、计划或政策的时候，确定方针、方法、计划或政策，也就是主要的决定的东西。"[②]这也就是所谓主观能动性在一定条件下的主要的决定的作用。那么，这是不是违背了"客观第一、主观第二"的原则呢？我们说，这不但不违背这个原则，而且正是以承认这个原则为前提的。第一，这种决定作用，只是表现在某件事情要做，即做某件事情的客观因素已经具备的时候。毛泽东同志在谈到战争过程中力量变化的时候说："客观因素具备着这种变化的可能性，但实现这种可能性，就需要正确的方针和主观的努力。这时候，主观作用是决定的了"。[③]可见，主观能动性的

---

① 列宁：《黑格尔〈逻辑学〉一书摘要》，《列宁全集》第 38 卷，人民出版社 1959 年版，第 171 页。

② 毛泽东：《矛盾论》，《毛泽东选集》第 1 卷，人民出版社 1969 年版，第 300 页。

③ 毛泽东：《论持久战》，《毛泽东选集》第 2 卷，人民出版社 1969 年版，第 454—455 页。

决定作用，只是表现在使可能性转化为现实的过程中。客观上不可能的东西，主观上怎样努力也是不能实现的，绝不是什么东西人们想要有它就会有它，什么事情人们想要办成就能办成。第二，正确的方针、方法、计划或政策从哪里来？这些东西不是凭主观的臆造，而只能靠深入细致的调查研究，只能是对客观事物的正确反映。因此，辩证唯物论承认主观能动性在一定条件下的主要的决定的作用，绝不是承认它的第一性的作用，绝不是否认"客观第一、主观第二"的唯物论原则。

姚文元胡说，离开了什么"奋斗"，"客观第一"就成了一纸空文。这种混话连语法都不通。"客观第一"就是讲的物质第一性，它怎么成为"空文"并且还是"一纸"呢？翻译成正常人的语言，姚文元的意思是说，离开人的主观奋斗，就没有客观世界，即没有主观就没有客观。这正是典型的主观唯心论、唯意志论。"客观第一"永远不会成为什么"空文"，而是像铁一样实实在在地制约着人们一切"奋斗"的东西。相反，如果抛掉了"客观第一"，所谓"奋斗"就不仅像"空文"一样什么结果也没有，而且一定会到处碰壁。绝不是客观依赖于主观，而只能是主观依赖于客观。

毛泽东同志在论述争取战争胜利的问题时，深刻地阐明了客观物质条件和发挥主观能动性的关系。他说："战争的胜负，主要地决定于作战双方的军事、政治、经济、自然诸条件，这是没有问题的。然而不仅仅如此，还决定于作战双方主观指导的能力。军事家不能超过物质条件许可的范围外企图战争的胜利，然而军事家可以而且必须在物质条件许可的范围内争取战争的胜利。军事家活动的舞台建筑在客观物质条件的上面，然而军事家凭着这个舞台，却可以导演出许多有声有色威武雄壮的活剧来。"①任何军事家，无论他演出了多少威武雄壮的活剧，他的活动舞台总是建筑在客观的物质条件上面，这就是客观决定主观，就是"客观第一、主观第二"。战争如此，一切事情都是如此。

这些道理，本来是普通的马克思主义常识。然而，姚文元之流为什么却偏偏要说些反对的话呢？这原因不是别的，就因为他们是一小撮逆历史潮流而动的反动派，他们所代表的阶级利益同历史发展的客观规律完全相违背。承认了"客观第一、主观第二"，就等于承认了他们的全部胡说八道、胡作非为彻底破产。因此，只要一听到"客观第一"这个词儿，他们就会陷入一种神经错乱而完全无能负责的状态，以至发出这许多恶毒的叫骂。主观第一、客观第二的唯心论是"反动派的武器，反动派的宣传工具"。②姚文元及其一帮需要这个武器和工具，是要用它去煽动反革命的狂热性。这只要看看他们是怎样在发扬主观能动性的幌子下，随心所欲地歪曲和否定客观规律又随心所欲地制造"规律"去达到反革命的目的，就十分清楚了。他们否定社会主义时期阶级斗争的客观规律，而捏造所谓"老干部百分之七十五都是民主派，民主派发展到走资派是客观的必然规律"，为他们篡党夺权炮制反革命的政治纲领；他们否定按劳分配和价值规律，而捏造所谓按劳分配产生资产阶级的"必然规律"，鼓吹取消按劳分配和社会主义的商品生产等，疯狂地破坏社会主义经济；他们否定中国历史发展的客观规律，而捏造所谓儒法斗争"继续到现在"的"规律"，去建立他们的影射史学；他们否定无产阶级文艺创作的客观规律，而捏造所谓"三

---

① 毛泽东：《中国革命战争的战略问题》，《毛泽东选集》第1卷，人民出版社1969年版，第166页。
② 列宁：《我们的取消派》，《列宁全集》第17卷，人民出版社1959年版，第60页。

突出"的"普遍规律",大搞阴谋文艺；等等。他们今天宣布一条"不可抗拒的规律"，明天宣布一条"历史的辩证法"，用主观臆造的"规律"代替客观事物固有的规律，并强迫人们去遵行。他们还把大庆人总结的"有条件要上，没有条件创造条件也要上"这样既高度尊重主观能动性又尊重客观条件的、完全符合辩证唯物论的正确经验，当作所谓"唯条件论"去"批判"。这些都充分说明，姚文元及其一帮的主观能动性完全是抵抗客观规律的反革命盲动性，充分说明他们是一小撮极端狂妄的反革命的唯意志论者。

在主观能动性的问题上，马克思主义同唯心主义的另一个分歧，也是最基本的分歧，就是承认不承认社会实践的决定作用。唯心主义根本抹杀社会实践的作用，把人的主观能动作用完全归结为精神的作用。而马克思主义讲的主观能动作用，则主要是指人们使用实践力量的作用。

无疑，思想等精神的东西是人与动物相区别的特点，是人类特殊的能动性。人与动物不同，人的行动都是由一定的思想支配的。马克思说过："蜘蛛的活动与织工的活动相似，蜜蜂建筑蜂房的本领使人间的许多建筑师感到惭愧。但是，最蹩脚的建筑师从一开始就比最灵巧的蜜蜂高明的地方，是他在用蜂蜡建筑蜂房以前，已经在自己的头脑中把它建成了。"[①]人的思想具有相对的独立性，人们在做任何一件事情之前，就已经在自己的头脑中有了做这件事情的计划、方案，等等。唯心论者正是抓住这一点加以歪曲和夸大，认为人和动物的区别，人的主观能动性就只在于人有思想。可是，为什么人具有思想等这种能动的东西？人的思想又是怎样表现出它的能动性？唯心论者由于把实践排除于认识论的范围之外，因而对于这些问题的答

---

① 马克思：《资本论》第1卷，人民出版社1975年版，第202页。

案也就只能陷入各式各样的荒谬之中。

马克思主义认为，人和动物的区别，人类特殊的能动性，最根本的在于人能劳动。生产劳动是人类的最基本的实践活动。思想的能动性，也只有从人的实践的能动性才能得到科学的说明。人们思想的能动性正是来源于实践的能动性，正是因为人的认识是在实践的能动的基础上的认识，它才具有指导实践的能动作用；同时，思想等精神的东西也只有经过人们的实践，才能脱离思想意识的主观范畴，化为改造世界的物质力量，真正表现出它的能动性。马克思、恩格斯说过："思想从来也不能超出旧世界秩序的范围：在任何情况下它都只能超出旧世界秩序的思想范围。思想根本不能实现什么东西。为了实现思想，就要有使用实践力量的人。"[①]人民群众就是使用实践力量的人。没有人民群众的实践，就没有正确思想得以形成的客观源泉，也没有正确思想得以实现的物质手段。无论认识世界还是改造世界，都离不开人民群众的社会实践。因此，所谓尊重主观能动性，从根本上说就是尊重人民群众的革命实践。

马克思主义把实践纳入主观能动性的范畴，就彻底坚持了"存在第一、思维第二，客观第一、主观第二"的唯物主义路线。这是因为，实践就是"主观见之于客观的东西"，是感性的、物质的活动。列宁说："人在自己的实践活动中面向着客观世界，依赖于它，以它来规定自己的活动。"[②]把主观能动性合理地理解为主要是人们改造世界的物质活动，就必然坚持主观能动性和客观规律的统一，坚持客观决定主观的原则。而姚文元之流把主观能动性同"存在第一、思维第二，客观第一、主观第二"

---

① 马克思和恩格斯：《神圣家族》，《马克思恩格斯全集》第 2 卷，人民出版社 1957 年版，第 152 页。

② 列宁：《黑格尔〈逻辑学〉一书摘要》，《列宁全集》第 38 卷，人民出版社 1959 年版，第 200 页。

的原则对立起来，归根到底，也正是因为他们把实践排除于主观能动性的范畴之外。马克思说，唯心主义发展了能动的方面，"但只是抽象地发展了，因为唯心主义当然是不知道真正现实的、感性的活动本身的"。①抛开实践去谈论主观能动性，就势必无限夸大精神的作用，把它说成第一性的、本原的、决定一切的东西，认为单凭几个热昏的头脑去编造一套奇妙的"思想"，就可以改变存在，创造历史。

这种抽象的能动性，历来为反动的统治阶级和混进共产党内的机会主义者、修正主义者们所颂扬。他们违背客观规律，脱离人民群众，只能依靠这种东西作为他们的反动精神支柱。林彪就曾打着批判机械论的幌子，大讲什么"人的因素第一"，但他讲的人，根本不是马克思主义讲的使用实践力量的人，而只是人的"勇敢""觉悟"一类精神的东西。他荒谬地宣扬什么一个窍门可以代替几个军的作用，"要从思想上想办法来代替物质的力量，以至于超过物质的力量"，等等。这类"精神可以代替物质"的谬论，就是抛开实践而抽象地发展主观能动性的结果。"四人帮"和林彪反革命集团在政治上狼狈为奸，在思想上也是同一个世界观体系。1972 年，在批林整风中，"四人帮"的狗头军师张春桥跳了出来，公然阻挡人们对林彪反动唯心论的批判，说什么"精神万能不能批判，在一定场合、一定时间，精神万能论是对的"。张春桥对"精神万能论"的维护，就是彻底地否定实践的作用，否定"存在第一、思维第二，客观第一、主观第二"的原则。所谓"精神万能"，就是精神决定一切、主观决定一切。这是地地道道的唯心论，有什么对的呢？马克思在创立辩证唯物论和历史唯物论世界观的时候就明确指出，"批

① 马克思：《关于费尔巴哈的提纲》，《马克思恩格斯选集》第 1 卷，人民出版社 1972 年版，第 16 页。

判的武器当然不能代替武器的批判，物质力量只能用物质力量来摧毁"。^①再好的思想，如果不转化为实践的物质力量，就不会对于客观过程的实际发展有任何意义。就是精神的东西，也不是像林彪所"发明"的那样，是什么"精神的力量还得用精神打倒"。马克思指出，"意识的一切形式和产物不是可以用精神的批判来消灭的，也不是可以通过把它们消融在'自我意识'中或化为'幽灵'、'怪影'、'怪想'等等来消灭的，而只有实际地推翻这一切唯心主义谬论所由产生的现实的社会关系，才能把它们消灭"。^②这就是说，精神的东西，哪怕是最荒唐最黑暗的精神，都是由一定的物质原因造成的，从根本上也只能依靠物质的手段即推翻产生这些精神的现实社会关系的革命实践力量，才能彻底摧毁。因此，马克思主义可以承认精神的东西在一定场合、一定时间即一定条件下的主要的决定的作用，但却断然认为，在任何场合、任何时间，精神万能论都是不对的。张春桥的叫嚣清楚地表明，在他们那里，主观能动性和主观唯心论是一个东西，你要讲主观能动性吗？那就必须是"主观第一、客观第二"；你要坚持"客观第一、主观第二"吗？那就是"完全抹杀人的主观能动作用"！

---

　　① 马克思：《〈黑格尔法哲学批判〉导言》，《马克思恩格斯选集》第 1 卷，人民出版社 1972 年版，第 9 页。
　　② 马克思：《德意志意识形态》，《马克思恩格斯选集》第 1 卷，人民出版社 1972 年版，第 43 页。

二、"存在第一、思维第二，客观第一、主观第二"是不是抹杀人们认识发展的辩证过程？

毛泽东同志指出，人们的认识是一个在实践基础上从感性认识而能动地发展到理性认识，又从理性认识而能动地指导革命实践，实践、认识、再实践、再认识，循环往复以至无穷的辩证发展过程，也就是一个经过实践由物质变精神又由精神变物质的反复不断的发展过程。姚文元说，毛泽东同志阐明的这个辩证法的过程同"存在第一、思维第二，客观第一、主观第二"的原则是不相容的。这里的关键，是如何看待认识过程中由精神变物质即由认识到实践的阶段。在姚文元看来，到了认识发展的这个阶段上，就不再是"存在第一、思维第二，客观第一、主观第二"，而应当是相反了。这使人们很自然地想起了林彪的有名的"倒过来"哲学。林彪说："从思想的形成过程来说，是从客观到主观，从实际到思想；从办事情的过程来说，倒过来，是从主观到客观，从思想到实际。"（1966 年 8 月 13 日在中央工作会议上的讲话）他用诡辩论的手法，把马克思主义的"物质—精神—物质"的公式，篡改成"物质—精神；精神—物质"的公式，从而偷运"主观第一、客观第二"的唯心论。姚文元在这里所贩卖的，一丝不差地正是林彪的这种"倒过来"哲学。

辩证唯物论认为，由物质到精种、由实践到认识，同由精神到物质、由认识到实践，是统一的认识过程中既有区别又紧密联系的两个阶段。这两个阶段是不允许割裂的，如果割裂了，其结果不是机械唯物论，就是唯心论。否定精神变物质，只讲物质变精神，是机械唯物论。抛开物质变精神，只讲精神变物质，是唯心论。林彪、姚文元则属于后一种情况，都是离开物质变精神去讲精神变物质的唯心论。

为什么离开物质变精神去讲精神变物质必定陷入唯心论呢？这是因为，如果不是先有物质变精神，那么精神变物质就失去了唯物论的前提，这个精神就不是由物质的东西转化而来的，不是对客观世界的反映，而只能被认为是天上掉下来的或头脑里固有的。我们说精神的东西可以变成物质的东西，正因为它本来是由物质的东西变来的。"观念的东西不外是移入人的头脑并在人的头脑中改造过的物质的东西而已。"①所谓精神变物质，就是经过实践把观念的东西再还原为物质的东西。人们的认识和实践的过程，就是认识从实践中来又回到实践中去的过程。只有从实践中来的东西，才能再回到实践中去。不是从实践中来的，不反映客观实际的观念，只能是虚幻的观念，只能是痴心妄想，归根到底是不可能在实践中得到实现的。"四人帮"炮制了那么多"像瘟疫一样、像臭虫一样、像狗屎一样"的所谓"思想"，并且利用他们篡夺的舆论工具，连篇累牍，鼓噪喧天，这些违背事实、强奸民意的东西能够真正得到实现吗？即使他们在某些问题上一时得逞，最终也还是被不以人的意志为转移的客观事实击得粉碎了。

实践的观点是辩证唯物论的认识论的首先的和基本的观点。人们认识发生、发展的整个过程，都只有用社会实践的观点才能得到科学的说明。物质变精神，就是客观存在经过实践在人脑中转化为感觉和思想；精神变物质，就是人脑中的思想

---

① 马克思：《〈资本论〉第一卷第二版跋》，《马克思恩格斯选集》第 2 卷，人民出版社 1972 年版，第 217 页。

经过实践转化为客观存在。人们认识过程中的这两个阶段，都一步也不能脱离实践。把实践作为认识的基础就必然导致"客观第一、主观第二"的唯物论，而彻底地推倒了"主观第一、客观第二"的唯心论。

物质向精神的转化，对于实践的依赖是很明显的。精神向物质的转化，对于实践的依赖同样是很明显的。即使不从改造世界的角度说，而只从认识的角度说，精神变物质的阶段，也是把认识放到实践中去经受实践的严格检验的阶段。列宁说："人的和人类的实践是认识的客观性的验证、准绳。"[①]而所谓认识的客观性，就是指主观意识中有着不以人的意识为转移的客观内容。这不就是所谓主观反映客观、客观决定主观即"客观第一、主观第二"吗？实践这种物质性的活动，会以物质的效果给人的认识的客观性以严正的检验。毛泽东同志说："人们要想得到工作的胜利即得到预想的结果，一定要使自己的思想合于客观外界的规律性，如果不合，就会在实践中失败。"[②]因此，人们在把认识回到实践中去使精神变成物质的过程中，始终必须严格遵循"客观第一、主观第二"的路线，怎么能说到了由精神变物质、由认识到实践的阶段就是"主观第一，客观第二"了呢？

林彪、姚文元用"物质—精神；精神—物质"的公式代替辩证唯物论的"物质—精神—物质"的公式，把所谓"思想的形成过程"说成只是在认识过程的第一个阶段即由客观物质到主观精神、由存在到思想的阶段就完结了的。这是对人们认识过程的蓄意歪曲。事实上，所谓"思想的形成过程"在认识的

---

① 列宁：《黑格尔〈逻辑学〉一书摘要》，《列宁全集》第 38 卷，人民出版社 1959 年版，第 227 页。

② 毛泽东：《实践论》，《毛泽东选集》第 1 卷，人民出版社 1969 年版，第 261 页。

第一个阶段是没有完结也不可能完结的。毛泽东同志指出："这时候的精神、思想（包括理论、政策、计划、办法）是否正确地反映了客观外界的规律，还是没有证明的，还不能确定是否正确，然后又有认识过程的第二个阶段，即由精神到物质的阶段，由思想到存在的阶段，这就是把第一个阶段得到的认识放到社会实践中去，看这些理论、政策、计划、办法等等是否能得到预期的成功。"①由于人们的认识受着各种客观条件和主观条件的限制，不可能一下子把握事物的本质和全局，因此，把在认识过程第一个阶段形成的思想放到实践中去的时候，全部地实现了的情况一般说来是很少的，部分地不能实现的情况是经常出现的，全部地不能实现的情况也是有的。这就是说，在认识过程第一个阶段形成的思想，全部地符合客观实际的情况是很少的，特别是对于比较复杂的事物的认识更是如此。只有经过认识过程的第二个阶段，即将第一个阶段形成的思想经过实践的检验，其正确的部分被证实了，错误的部分被纠正了，不完备的方面被充实了，一般的原则具体化了，适合于过去实践情况的思想、理论等被新的实践经验所提供的新的思想、理论等所代替和丰富了，这时候，对于一个具体事物的认识来说，所谓"思想的形成过程"才算完结了。从这种意义上说，精神变物质的过程，从认识到实践的过程，仍然是主观反映客观的过程。怎么能说在这个过程中不再是"客观第一、主观第二"，而是"主观第一、客观第二"了呢？

　　毛泽东同志用"实事求是"四个字精辟地概括了辩证唯物论的思想路线。人们认识发生和发展的过程，就是一个实事求是的过程。"'实事'就是客观存在着的一切事物，'是'就是客

---

① 毛泽东：《人的正确思想是从哪里来的？》，《毛主席的五篇哲学著作》，人民出版社 1970 年版，第 226 页。

观事物的内部联系，即规律性，'求'就是我们去研究。"①在认识过程的第一个阶段即由物质到精神、由存在到思想的阶段固然是实事求是，在认识过程的第二个阶段即由精神到物质、由思想到存在的阶段同样是实事求是。而且，这第二个阶段更鲜明、更彻底地体现了实事求是的精神。辩证唯物论要求人们通过实践从客观事实中发现其固有的规律性，更加要求人们通过实践去检验自己的认识是否符合于客观外界的规律性，从而补充、丰富和发展对于客观真理的认识。在人们认识过程的任何阶段，都必须实事求是，从实际出发，都不能离开"存在第一、思维第二，客观第一、主观第二"的路线。

辩证唯物论的认识论是能动的革命的反映论。在这里，辩证法是和唯物论高度统一的，能动性是和反映论紧密结合的。姚文元打着"辩证唯物论"的旗号，但却抛开唯物论而妄谈辩证法，抛开反映论而妄谈能动性。这只能是唯心论，而绝不可能是什么"辩证唯物论"。姚文元及其一帮，正像列宁所批判过的马赫主义者一样，"既不懂得辩证法，又不懂得唯物主义，却用反动教授们的话来谈论辩证唯物主义"。②他们披着一层拥护"物质变精神，精神变物质的飞跃""实践—认识—再实践—再认识的人们认识发展的辩证过程"之类的伪装，而实际上，他们的全部行动都是遵循着"主观第一、客观第二"的唯心主义路线的。

---

① 毛泽东：《改造我们的学习》，《毛泽东选集》第 3 卷，人民出版社 1969 年版，第 759 页。

② 列宁：《唯物主义和经验批判主义》，《列宁选集》第 2 卷，人民出版社 1972 年版，第 116 页。

三、"存在第一、思维第二，客观第一、主观第二"是不是形而上学？

"形而上学"是姚文元加给"存在第一、思维第二，客观第一、主观第二"的一项带总结性的大帽子，而且不是一般的形而上学，还是"反动的形而上学"！姚文元的逻辑是：既然形而上学唯物主义是主张"存在第一、思维第二，客观第一、主观第二"的，那么，凡主张"存在第一、思维第二，客观第一、主观第二"的就都是形而上学，正像经验主义强调了经验因而凡强调经验的就是经验主义等等一样。这正是"四人帮"的很带有它的"帮"色的诡辩术。在下面将要论述到的许多问题上，我们还会同这种诡辩术一再见面的。

稍具哲学史常识的人都知道，形而上学唯物主义之所以是形而上学唯物主义，绝不在于它承认"存在第一、思维第二，客观第一、主观第二"的原则，而在于它形而上学地对待了这个原则。恩格斯和列宁都明确地指出了旧唯物主义，即形而上学唯物主义的三个基本的局限性：第一是它的机械性；第二是它的形而上学性即非辩证性、非历史性；第三是它在"上半截"即社会历史领域的唯心主义。不论恩格斯和列宁，还是其他的马克思主义经典作家，谁也没有说过承认"存在第一、思维第二，客观第一、主观第二"的原则是旧唯物主义的"局限性"。恰恰相反，他们一再肯定这正是旧唯物主义的正确性，正是它之所以是唯物主义的根据所在。形而上学唯物主义的问题只是在于，由于它存在着上述三个基本的局限性，因而虽然正确地承认了"存在第一、思维第二，客观第一、主观第二"的原则，但却不能把这个原则坚持到底。它把存在决定思维、客观决定主观看成机械的决定，因而不能说明思维反映存在、主观反映客观的辩证过程，否认了主观思维对于客观存在的反作用。也就是说，它虽然正确地坚持了反映论，但它只是消极的直观的反映论，而不能达到能动的革命的反映论；一到社会历史领域，这种消极的直观的反映论更加无能为力，因而又不得不陷入了意识决定存在的唯心论。一个正确的原则被错误地运用了，这绝不是原则本身的问题。"存在第一、思维第二，客观第一、主观第二"的原则曾经同形而上学结合过，而且今后还难免有人把它们这样去结合，并不说明这个原则同形而上学有着必然的联系，更不能说它本身就是形而上学。

"存在第一、思维第二，客观第一、主观第二"是一般唯物论的命题，当然也是辩证唯物论的命题。列宁指出："物质作用于我们的感觉器官而引起感觉。感觉依赖于大脑、神经、眼网膜等等，即依赖于按一定方式组成的物质。物质的存在不依赖于感觉。物质是第一性的。感觉、思想、意识是按特殊方式组成的物质的高级产物。这就是一般唯物主义的观点，特别是马克思和恩格斯的观点。"[①]物质第一性、意识第二性，或者说"存在第一、思维第二，客观第一、主观第二"，是各派唯物论哲学的共同的基本前提。丢掉这个基本前提，就不再是唯物论，更不是辩证唯物论。马克思主义的辩证唯物论同旧唯物论是根本不同的，但在承认"存在第一、思维第二，客观第一、主观第二"这一点上，却没有也不可能有任何的不同。正是因为这一点，在哲学史上划分的"两大阵营"里，它们才属于同一个阵营。马克思主义是要批判旧唯物论的，但不是批判它的唯物论，

---

① 列宁：《唯物主义和经验批判主义》，《列宁选集》第 2 卷，人民出版社 1972 年版，第 50 页。

而是批判它的唯物论的不彻底性，即它的形而上学和历史观上的唯心论。列宁在指出了旧唯物论的三个基本的局限性之后说："只是因为这三个东西，只是在这个范围内，恩格斯批驳了 18世纪的唯物主义，批驳了毕希纳一伙的学说！在唯物主义的其余一切更基本的问题上（被马赫主义者歪曲了的），马克思和恩格斯同一切旧唯物主义者之间没有而且也不可能有任何差别。"[①]如果在这三个东西以外，在存在和思维何者第一、何者第二这个最基本的问题上寻找同形而上学唯物主义的差别，就势必掉进唯心论。

对于形而上学唯物主义，历来有来自两个方面的批判。唯心论批判它的唯物论，辩证唯物论则批判它的形而上学和唯心史观。例如，人们十分熟悉的杜林，就曾受到过这两个方面的批判。不仅恩格斯批判他，唯心主义者也批判他。列宁在《唯物主义和经验批判主义》一书中写了"对杜林的两种批判"一节，很值得再认真地读一读。列宁写道："就拿杜林来说吧。我们很难想象有比恩格斯对他的批评更轻蔑的了。可是请看一看，在恩格斯批判杜林的同时，称赞马赫的'革命哲学'的莱克列尔，是怎样批判同一个杜林的。莱克列尔认为杜林是唯物主义的'极左派'，这派人'毫不掩饰地宣称感觉以及意识和理性的各种表现，都是动物机体的分泌物、机能、高级产物、总效果等'。"列宁接着写道："恩格斯是因为这一点批判杜林的吗？不是。在这一点上，他和杜林是完全一致的，正如和其他一切唯物主义者一致一样。他是从正相反的观点批判杜林的，是因为杜林的唯物主义不彻底，是因为杜林具有给信仰主义留下空子

---

① 列宁：《唯物主义和经验批判主义》，《列宁选集》第 2 卷，人民出版社 1972年版，第 246 页。

的唯心主义的奇思妙想。"①唯心主义者攻击杜林，是因为杜林有赞成唯物主义的方面；而恩格斯批判杜林，则是因为杜林的唯物主义不彻底。列宁重复地说，在承认世界不依赖于意识而存在，承认意识所反映的自然界的客观规律性的问题上，"恩格斯和杜林是完全一致的"。②恩格斯批判了杜林的形而上学，批判了他的唯物主义的不彻底性，却绝没有批判他的唯物主义的方面。列宁说："如果恩格斯看到了莱克列尔和马赫是从哪一方面手携手地批判杜林的话，他就会用比他用在杜林身上的更加轻蔑百倍的话来骂这两个哲学上的反动分子！"③

　　林彪、姚文元就是像马赫、莱克列尔一样从事于批判唯物论的"哲学上的反动分子"。林彪、姚文元和马赫、莱克列尔不同的是，他们"批判"的所谓"机械唯物论"是虚构的，是子虚乌有的。他们硬给"存在第一、思维第二，客观第一、主观第二"扣上一顶"形而上学"的帽子，硬把"存在第一、思维第二，客观第一、主观第二"同形而上学拉扯到一起，编造出一种所谓"机械唯物论"来作为攻击的目标。正如毛泽东同志在批判胡风时所说的那样，"这里的'机械论'是辩证唯物论的反话"。④林彪、"四人帮"就是打着"批判机械唯物论"的旗号批判辩证唯物论，既"批判"唯物论，又"批判"辩证法，结果使主观唯心论和反动形而上学相结合，唯心主义横行和形而上学猖獗一起发作。

　　现在很清楚了，姚文元的黑话绝不是偶尔的失言，也不只

---

　　① 列宁：《唯物主义和经验批判主义》，《列宁选集》第 2 卷，人民出版社 1972 年版，第 246—247 页。

　　② 列宁：《唯物主义和经验批判主义》，《列宁选集》第 2 卷，人民出版社 1972 年版，第 247 页。

　　③ 列宁：《唯物主义和经验批判主义》，《列宁选集》第 2 卷，人民出版社 1972 年版，第 247—248 页。

　　④ 毛泽东：《驳"舆论一律"》，《毛泽东选集》第 5 卷，人民出版社 1977 年版，第 159 页。

是对哲学史的无知，而完全是为了替他们的反动政治路线和政治纲领提供哲学论证而抛出的。它不仅反映了"四人帮"整个反动世界观的本质，也反映了这种反动世界观的历史的特征。

　　我们的国家正处在一个新的发展时期。要在 20 世纪内实现四个现代化，要把我们的祖国建设成为现代化的社会主义强国，就必须依靠党的正确路线和政策，以及马克思列宁主义的政治工作，去调动最广大人民群众的革命积极性，这是毫无疑义的。高度尊重人民群众的历史首创精神，充分重视人民群众的主观能动性，是辩证唯物主义和历史唯物主义世界观的一个重要原则。然而，我们需要的是正确的主观能动性。因此，必须把发扬主观能动性和尊重客观规律性统一起来，严格按照客观的经济规律办事，按照各种事物的客观规律办事，必须树立实事求是的科学精神，必须坚决批判和防止主观唯心论。由于林彪、"四人帮"长时期地利用主观唯心论祸国殃民，给我国的社会主义革命和建设事业造成了极大的危害，也给了人们的思想以巨大的腐蚀，因而批判各种形式的主观唯心论，肃清它的流毒，就还需要我们在思想理论战线上付出很长期、很艰苦的努力。

第二章 在反对经验主义的幌子下用唯心论的先验论反对马克思主义的实践论

"四人帮"颠倒存在和思维、客观和主观的关系，也就颠倒了实践和认识的关系，从根本上否定了马克思主义的实践论。

林彪一伙曾经抛出唯心论的天才论，作为他们反党的理论纲领。"四人帮"同林彪反党集团紧密勾结，同样是天才论的狂热鼓吹者。林彪自我爆炸，"四人帮"吸取了林彪失败的教训，不敢再直截了当地称天才，而是改换名目，抛出"反经验主义为纲"。他们的"反经验主义"，就是反对一切反映客观实际的实践经验，反对革命实践，就是在反对经验主义的幌子下宣扬理论至上，宣扬一种在理论实质上同天才论一样的唯心主义先验论。固然，"四人帮"的言行也常常表现为极端主观唯心论的经验论、唯我论，但这在实质上同唯心论的先验论是一致的。总之，他们极端轻视和敌视革命实践，颠倒认识和实践的关系，对抗唯物论的反映论。很显然，从天才论到"反经验主义"，尽管表现形式稍有变化，但在本质上却是一脉相承的，是同一股唯心主义的反动哲学思潮。"四人帮"的反党理论纲领就是天才论。从政治实质和理论实质上揭露和批判"四人帮"的所谓"反经验主义为纲"，是清算这整个反动哲学思潮的一项十分重要的内容。

一、为推行反革命政治纲领而捏造所谓认识论的根据

正像林彪反党集团用天才论为他们反党的政治纲领服务一样，"四人帮"抛出的"反经验主义为纲"，也是他们的"老干部是民主派，民主派就是走资派"的反革命政治纲领的组成部分，是为这个反革命政治纲领提供所谓认识论的根据的。

我们党在毛泽东同志领导下，在反对教条主义的同时，也注意进行反对经验主义的斗争，但从来都是把它作为革命队伍内部一部分同志的思想方法、思想作风问题去解决的。而"四人帮"却把经验主义径直提升为"敌我矛盾"，叫嚷"要把经验主义当作敌我矛盾来写"（转引自 1977 年 1 月 23 日《北京日报》），什么对经验主义要"擦亮眼睛""提高警惕"（转引自 1977 年 3 月 3 日《光明日报》），要把经验主义当作"帮凶""大敌"去打倒。这种杀气腾腾的叫嚣本身就足以说明，他们绝不是真正地反对什么"经验主义"，而是要把敬爱的周总理等老一辈无产阶级革命家和我们党的一大批具有丰富实际斗争经验的革命老干部，统统诬为"经验主义者"而加以打倒。"四人帮"在上海的余党曾直言不讳地说："老家伙都是经验主义。"（转引自 1977 年 3 月 3 日《光明日报》）他们的反动逻辑是：老干部有经验，有经验就是经验主义，因而老干部都是经验主义者。可见，所谓"反经验主义为纲"就是反老干部为纲。

为了从认识论上论证他们的反革命政治纲领，他们编造了许许多多的"理论"。其中首先必须加以驳斥的是这样两条：一曰"民主革命的经验"已经"过时"了；二曰老干部只有"走

资本主义道路的经验"。

他们说民主革命的经验"过时"了，不是指的某些具体的经验，而是指包括根本经验在内的全部经验。这种攻击，是对我们党所领导的新民主主义革命历史的全盘否定。

中国的新民主主义革命，是在马克思列宁主义指导下、在毛泽东的旗帜下、在中国无产阶级的先锋队——中国共产党领导下进行的彻底反帝反封建的惊天动地的大革命。这场革命的胜利，从根本上改变了中国的面貌，改变了东方和世界的形势，为全世界被压迫民族和被压迫人民的解放事业开辟了新的道路。中国社会的矛盾极其复杂，中国革命的道路十分曲折。中国共产党人在这个宽阔的舞台上，演出了一幕又一幕威武雄壮的活剧，积累了极其丰富的革命经验。伟大的领袖毛泽东同志正是总结了中国革命的实践经验，极大地丰富了马克思列宁主义的理论宝库。如果说民主革命的经验"过时"了，岂不是说，中国共产党人二十八年的浴血奋战，无数革命先烈的流血牺牲，亿万人民的艰苦奋斗，可以一笔勾销了？岂不是说，作为中国革命经验光辉结晶和中国革命胜利旗帜的毛泽东思想，可以抛弃了？这不是极端反革命的极右派谬论是什么！

诚然，新民主主义革命和社会主义革命是性质上不同的两个革命阶段，各有不同的情况和特点，各有不同的规律性。因此，毛泽东同志在新民主主义革命胜利前夕就指出："我们熟习的东西有些快要闲起来了，我们不熟习的东西正在强迫我们去做。""我们必须克服困难，我们必须学会自己不懂的东西。"[①]中华人民共和国成立以后，毛泽东同志一再号召全党同志要努力学习，要研究新的情况，总结新的经验，准备付出一定的代

---

① 毛泽东：《论人民民主专政》，《毛泽东选集》第4卷，人民出版社1969年版，第1369—1370页。

价，在不太长的时期内逐步掌握社会主义革命和社会主义建设的规律性。如果抱住民主革命时期解决某些具体问题的具体经验不放，把它硬套在社会主义革命和建设的新情况上，是不合适的，是有害的，这无疑是一种经验主义的表现，必须加以克服。但是，这绝不意味着民主革命时期的一些根本经验"过时"了，对于社会主义革命和建设没有现实意义了。而"四人帮"所攻击和否定的，却恰恰并不只是民主革命的某些具体经验，而是民主革命的一些根本经验，因为他们的目的绝不是要发展社会主义革命，而是要根本否定中国革命。

民主革命和社会主义革命是互相区别的两个阶段，但又是互相联结的两个阶段。社会主义革命是民主革命的继续，民主革命的一些根本经验在社会主义革命和建设时期也就能够而且必须继续坚持和运用。例如，把马克思列宁主义普遍真理和中国革命具体实践相结合的经验，同国内外敌人进行军事的、政治的、经济的、文化的各种形式的阶级斗争的经验，战胜党内历次"左"右倾机会主义路线的经验，党的领导和大搞群众运动相结合的经验，从政治上思想上组织上建党、建军的经验，革命根据地建设包括政权建设、经济建设、文化建设在内的一整套根本经验等，都绝没有"过时"，都必须而且已经在社会主义革命和建设中得到充分的运用。这是中国革命在实践上和认识上的合乎辩证法的继续和发展，完全不是什么经验主义，而正是辩证唯物主义。

毛主席说："历史的经验值得注意。"（转引自 1968 年 11 月 25 日《人民日报》）我们认识任何事物都不能割断历史，对于革命的认识更是如此。新民主主义革命和社会主义革命都是我们党领导的，社会主义革命是由民主革命发展而来的。我国社会主义时期的社会矛盾不是凭空出现的，而是中国社会矛盾运动的继续。民主革命和社会主义革命，是中国共产党认识和解决中国社会矛盾的两个相互联结的阶段。从认识民主革命的规律性进入到认识社会主义革命和建设的规律性，不是认识过程的完结，而是整个认识过程的推移。随着一个阶段向另一个阶段的推移，我们党对于中国社会矛盾和中国革命的认识也不断深化。如果民主革命的经验没有任何普遍意义，对于社会主义革命没有任何指导意义，而只是在进入社会主义革命的某一天早晨才一切另起炉灶，那又哪里还有历史？

毛泽东同志极其尊重历史发展的辩证法，在社会主义时期一次又一次地给全党同志讲述民主革命时期的经验，正是为了使大家引以为鉴，以指导当前的斗争。可以说，在中国，不懂得民主革命就不懂得社会主义革命。例如，不懂得民主革命时期我党同民族资产阶级又联合又斗争的历史经验，就不能真正理解社会主义时期对民族资产阶级为何采取"团结、批评、教育的政策"；不懂得民主革命时期工农联盟的历史经验，就不能弄清社会主义时期如何巩固和发展工农联盟的问题；不了解我们党同国民党反动派长期斗争的历史，就不知道"四人帮"是一伙新老反革命结成的黑帮。我们的国家，原来是一个小生产占优势、封建主义影响很深广、民主传统十分缺乏的国家，在这样一个国家进行社会主义革命和建设，民主革命的经验就显得格外重要。

无产阶级革命的过程，是一个改造客观世界和改造主观世界相统一的过程。中国共产党领导了中国革命，在革命中改造了中国，也改造了党。我们党的发展壮大，是同长期艰苦复杂的民主革命的锻炼分不开的。我们党之所以具有伟大坚强的战斗力，一个重要原因，就正是在于我们党在包括民主革命在内的长期革命实践中造就了一大批具有丰富实际斗争经验的干部。正如毛泽东同志说的："我们有在不同革命时期经过考验的这样一套干部，就可以'任凭风浪起，稳坐钓鱼船'。"①否定民主革命的经验，抹杀民主革命的历史，也就否定了我们党！尤其令人奇怪的是，我们党自己领导的民主革命的经验"过时"了，而什么"儒法斗争"的经验却居然十分"新鲜"！这就再清楚不过地说明，"四人帮"否定民主革命的经验，是要否定民主革命本身。这哪里是在反对什么"经验主义"？分明是在翻民主革命的案，是要恢复封建主义。

列宁在批判俄国孟什维克的时候说过，他们"越是利用今天的青年不熟悉不久以前我国运动的历史来投机，就越有必要回忆一下这一时期和它的基本特点"。②同样，越是"四人帮"曾经利用人们不熟悉我党民主革命的历史来投机，越是"四人帮"曾经竭力篡改、歪曲和抹杀我们党的民主革命的历史，就越有必要宣传民主革命的历史经验。毛泽东同志曾经指示：要搞个党史，没有不行。以华国锋同志为首的党中央也号召大家研究党史，这是一项继往开来的重大任务。学习和研究我们党的包括民主革命在内的全部历史经验，对于发展社会主义事业有着巨大的意义。

至于"四人帮"说"老干部只有走资本主义道路的经验"，这只能把它看成恶毒的谩骂，谈不上什么"理论"。这种谩骂，只有两个十分荒谬而又十分简单的逻辑前提。第一个是张春桥说的，"解放后就搞社会主义革命，但真正的社会主义革命还是这次（按：指'文化大革命'）"（1968年1月15日在华东师大学生座谈会上的讲话），就是说，"文化大革命"以前，中国没

---

① 毛泽东：《在中国共产党第八届中央委员会第二次全体会议上的讲话》，《毛泽东选集》第5卷，人民出版社1977年版，第327页。
② 列宁：《地方自治派的运动和〈火星报〉的计划》，《列宁全集》第7卷，人民出版社1959年版，第489页。

有社会主义革命，也没有社会主义；第二个还是张春桥说的，"这次'文化大革命'主要是批老干部，解决老干部的问题"（转引自1977年9月5日《文汇报》），就是说，老干部在这次"唯一的"社会主义革命里，只有充当革命对象的经验，只有被打倒的经验。

"四人帮"为了打倒革命的老干部，既否定我党民主革命时期的经验，又否定我党社会主义革命时期的经验，这从政治上说，是他们仇视革命的表现；从世界观上说，则是他们仇视唯物论的表现。

二、混淆经验和经验主义的原则界限，借口反对经验主义而反对实践经验

"四人帮"的反经验主义既然只是为了打倒我们党的老干部，扫除篡党夺权的障碍，那么，他们也就要像虚构"老干部是民主派，民主派就是走资派"的"必然规律"一样，虚构出一种"经验主义"来作为发难整人的罪名。在他们那里，"经验主义"只是一条打人的棍子，而不可能是一个科学的概念。在一个时期里，他们又是连篇累牍的文章，又是蛊惑人心的演说，但是，他们不遗余力地攻击的经验主义究竟是什么？人们很难从他们气焰嚣张的文章和演说里找到确定的说明。"四人帮"的帮刊《学习与批判》倒是有一个解释，它把经验主义概括为"三性"，即所谓保守性、惰性、顽固性（《学习与批判》1975年第4期）。这莫名其妙的"三性"同经验主义有什么必然联系呢？难道教条主义就不具备这"三性"吗？显然，他们用什么"三性"去解释经验主义，避开经验主义的确定内容，只是为了便

于整人。

经验是一个认识论的范畴。经验主义是一种认识论，它涉及的是主观和客观的关系问题，用什么"三性"之类是说明不了经验主义的理论实质的。对于经验主义（这里只说唯物主义的经验主义），毛泽东同志有过许多明确的论述。在《实践论》里说，经验论"这种理论的错误，在于不知道感觉材料固然是客观外界某些真实性的反映（我这里不来说经验只是所谓内省体验的那种唯心的经验论），但它们仅是片面的和表面的东西，这种反映是不完全的，是没有反映事物本质的"。庸俗的事务主义家"尊重经验而看轻理论，因而不能通观客观过程的全体，缺乏明确的方针，没有远大的前途，沾沾自喜于一得之功和一孔之见"。[1]在《中国革命战争的战略问题》里说："虚心接受别人的经验也属必需，如果样样要待自己经验，否则固执己见拒不接受，这就是十足的'狭隘经验论'。"[2]在《论联合政府》里说："经验主义把局部经验误认为普遍真理。"[3]从这些论述里可以清楚地看到，所谓经验主义就是指的片面强调和夸大感性经验而否认理论即理性认识的重要性。它尊重经验而看轻理论，并且往往只看重自己的狭隘经验，把局都的经验普遍化、绝对化。这就是经验主义的确定内容。这种经验主义，是一种类似哲学史上的唯物主义经验论的错误。毛泽东同志指出，经验主义也是一种主观主义，因为它不能客观地全面地反映事物，实际上是要求客观事物服从于自己的狭隘经验。对于经验主义，我们是要反对的，不但过去反对，今后还要反对。

---

[1] 毛泽东：《实践论》，《毛泽东选集》第 1 卷，人民出版社 1969 年版，第 267—268 页。

[2] 毛泽东：《中国革命战争的战略问题》，《毛泽东选集》第 1 卷，人民出版社 1969 年版，第 197 页。

[3] 毛泽东：《论联合政府》，《毛泽东选集》第 3 卷，人民出版社 1969 年版，第 995 页。

但是，我们反对经验主义，却决不允许否定实践经验。毛泽东同志强调指出："经验对于干部是必需的。"[①]不论在民主革命的过程中，还是在社会主义革命和建设的过程中，毛泽东同志总是既反对经验主义，又反对轻视实践经验的教条主义；既强调革命理论的重要性，又强调实践经验的重要性；总是教育全党同志，要在马克思列宁主义思想指导下，经风雨，见世面，深入革命斗争实践，在实践中积累经验，增长才干。在革命战争时期，毛泽东同志总结无数血的教训后指出："做一个真正能干的高级指挥员，不是初出茅庐或仅仅善于在纸上谈兵的角色所能办到的，必须在战争中学习才能办得到。"[②]革命战争时期，我们党在选拔干部上，从来就不搞什么"火箭式"，而是基本上实行"台阶论"的。"台阶论"就是尊重唯物论，就是坚持实践论。在社会主义革命时期，毛泽东同志又指出："过去我们只有资产阶级民主革命的经验，没有社会主义革命的经验。但是怎样去取得这种经验呢？是用坐着不动的方法去取得呢，还是用走进社会主义革命的斗争中去、在斗争中学习的方法去取得呢？"[③]显然，毛泽东同志是极其重视积累社会主义革命的新鲜经验的，并且认为只有在社会主义革命斗争的实践中才能取得这种经验。经验从实践中来，从干中来。不干，半点马列主义也没有。否定经验，就是否定实践，就是否定马列主义。

梁效在一篇恶毒攻击邓小平同志的黑文里写道："抬出'经验'到处吓人，什么这些人'有经验'，那些人'没有经验'；什么这要靠'经验'，那要靠'经验'，似乎'经验'就是一切。

① 毛泽东：《中国革命战争的战略问题》，《毛泽东选集》，第 1 卷，人民出版社1969 年版，第 197 页。

② 毛泽东：《中国革命战争的战略问题》，《毛泽东选集》，第 1 卷，人民出版社1969 年版，第 165 页。

③ 毛泽东：《关于农业合作化问题》，《毛泽东选集》第 5 卷，人民出版社 1977年版，第 180 页。

说什么'把主义两字去掉，经验是宝贵的，不能忽视'，这是公然为经验主义辩护。"①在他们看来，"主义"两字去掉不去掉一样，经验就是经验主义。一提"经验"，他们就感到吓人，就是"大敌"。梁效的这一通屁话，率直地说明了"四人帮"在"反经验主义"的幌子下攻击革命实践经验的罪恶用心。他们叫喊把经验主义当作"大敌"去打倒，就是要把经验当作"大敌"去打倒，把唯物论当作"大敌"去打倒，把一切有革命实践经验的人当作"大敌"去打倒。

经验和经验主义之间有着原则的界限，决不允许混淆。王明、张国焘之流曾经攻击毛泽东同志强调实践、强调调查研究的实事求是的思想路线是什么"狭隘经验论"，毛泽东同志针锋相对地回击了他们："除了盲目的、无前途的、无远见的实际家，是不能叫作'狭隘经验论'的。"②如果不是拘泥于狭隘的经验，拒绝理论的指导，那么，尊重实践经验就绝不是经验主义，而是纯粹的唯物主义，是辩证唯物论的世界观所绝对要求的。"任何知识的来源，在于人的肉体感官对客观外界的感觉，否认了这个感觉，否认了直接经验，否认亲自参加变革现实的实践，他就不是唯物论者。"③马克思主义尊重实践，首先正是尊重经验。

毛泽东同志指出："你要有知识，你就得参加变革现实的实践。你要知道梨子的滋味，你就得变革梨子，亲口吃一吃。你要知道原子的组织同性质，你就得实行物理学和化学的实验，变革原子的情况。你要知道革命的理论和方法，你就得参加革

① 梁效：《一条彻头彻尾的修正主义路线》，《北京大学学报》1976 年第 2 期。
② 毛泽东：《〈农村调查〉的序言和跋》，《毛泽东选集》第 3 卷，人民出版社 1969 年版，第 749 页。
③ 毛泽东：《实践论》，《毛泽东选集》第 1 卷，人民出版社 1969 年版，第 265 页。

命。一切真知都是从直接经验发源的。"①人们的认识过程，是一个在变革现实的实践基础上由感性认识到理性认识，又由理性认识到感性认识，如此循环往复的发展过程。感性认识是认识的起点，是认识过程中不可逾越的阶段。理性认识之所以可靠，首先就正因为它是从感性认识发展而来的。否则，它就是"无源之水，无本之木"，就是主观自生的东西，就是靠不住的东西。马克思主义尊重理论，强调理性认识的重要性，是因为只有理论的认识才能完全地反映整个事物，反映事物的本质，反映事物的内部规律性。显然，这种尊重绝不是在否定或轻视感性经验的意义上，恰恰相反，真正尊重理论必然首先尊重经验。这是因为，不仅理论的概括要以经验作为基础，就是接受别人创立的理论，也要有自己的直接经验作为基础才能真正接受，才能真正变成自己的东西。

毛泽东同志正是从"认识开始于经验"这个辩证唯物主义认识论的基本观点出发，反反复复地教育我们的干部，特别是担负各级领导责任的干部，必须深入三大革命第一线，亲自实践，亲自蹲点，亲自"解剖麻雀"，亲自做调查研究，把这看作转变领导作风的基础一环，是克服和防止官僚主义的重要保证。"四人帮"的大反经验主义，也是对我们党的传统的领导作风的大破坏、大糟蹋。他们根本不懂得实践经验、群众路线、调查研究等东西为何物，并且把这些马克思主义的领导作风当作"经验主义"去攻击。他们成天空谈"理论""路线"，其实全是装腔作势的骂人文章，阴阳怪气的老鸦声调。他们要是出去走一走，总是车水马龙，前呼后拥，比封建官老爷出巡的排场有过之无不及。他们走到哪里，就把封资修的霉气、臭气、毒气散

---

① 毛泽东：《实践论》，《毛泽东选集》第 1 卷，人民出版社 1969 年版，第 264 页。

发到哪里。他们的这一套，不可避免地要腐蚀一些人。有些领导班子的"软、懒、散"的状况，同"四人帮"唯心论的流毒是有直接关系的。因此，肃清"四人帮"大反"经验主义"的流毒，划清尊重实践经验和经验主义的界限，也就成为整顿和改进领导作风的一个重要问题。

三、颠倒理论和实践的关系，宣扬唯心论的天才论

"四人帮"摆出一副"权威理论家"的面孔，诬蔑和攻击别人是轻视理论的"经验主义者"，似乎只有他们才最"重视"理论。他们正是打着"重视"理论的旗号，通过无限夸大并肆意歪曲理论的作用，把革命理论宗教化，鼓吹反动的天才论。张春桥在一次煽动大反经验主义的讲话中说："思想上正确与错误，决定于理论，理论主要是讲思想问题。"（1975年3月1日在全军各大单位政治部主任座谈会上的讲话）这种理论决定论，彻底地颠倒了理论和实践的关系，是一种露骨的唯心主义先验论。

张春桥的这番黑话，不是偶尔说出的，而是他们一伙多年来一直坚持的反动思想路线。1971年，他就曾经抛出"理论—实践—理论"的反动公式，公开对抗马克思主义的"实践—理论—实践"的公式。所谓"思想上正确与错误，决定于理论"，正是"理论—实践—理论"这个公式的要害。按照这个公式，不是一切从实际出发，而应当是从理论原则出发；不是理论经受实践的检验，而应当是实践由理论去剪裁。按照这个公式，理论是先于实践而由某个天才人物凭空创造的先验原则，并且它一经

被创造出来就是万古不变的教条，而实践则只不过是实行某种先验原则，决然谈不上检验理论和发展理论。这些，不都是所谓"思想上正确与错误，决定于理论"这句话所包含的意思吗？十分明显，张春桥的这种理论决定论，正是"天才论""顶峰论"的老调重弹。林彪、"四人帮"用这种唯心主义先验论的反动观点对待马克思主义的革命理论，只能是对马克思主义的莫大诬蔑，只能是一种以维护革命理论之名行败坏革命理论之实的阴谋诡计。

　　思想上正确与错误是由理论决定还是由实践决定？是理论决定实践还是实践决定理论？这是两条根本对立的认识路线的斗争。这个问题上的斗争，几乎涉及认识论领域的全部问题。马克思主义认识论是以科学的社会实践为特征的，它强调理论对于实践的依赖关系，理论的基础是实践，又转过来为实践服务。"辩证唯物论的认识论把实践提到第一的地位，认为人的认识一点也不能离开实践，排斥一切否认实践重要性、使认识离开实践的错误理论。"[①]离开实践的观点，任何一个认识论的问题都不可能得到科学的说明。马克思主义就是由于把实践的观点引进认识论，才创立了能动的革命的反映论，既彻底地驳倒了唯心论的一切胡说，又彻底地克服了旧唯物论的一切缺陷。之所以说科学的社会实践是马克思主义认识论的特征，就因为它是使马克思主义认识论区别于其他任何一种认识论的东西。丢掉了实践性这个特点，就不再是马克思主义的认识论。毛泽东同志为什么把他的阐述马克思主义认识论的专著题名为"实践论"？这是极为值得深思的。这个题目就表明，实践的观点是马克思主义认识论的最重要的基石，是它的核心。抛弃了实

---

① 毛泽东：《实践论》，《毛泽东选集》第 1 卷，人民出版社 1969 年版，第 261 页。

践的观点，也就全部地抛弃了马克思主义的认识论。张春桥的"理论—实践—理论"的公式，鼓吹理论决定实践、实践服从理论，因而是彻底地反实践论的唯心论的公式；张春桥的所谓"思想上正确与错误，决定于理论"的观点，根本否定了实践在认识中的决定作用，因而是彻底地反实践论的唯心论的观点。

所谓"思想上正确与错误，决定于理论"，那就是说，人的正确思想是从理论中来的，不是从实践中来的，人们只要背诵某些理论原理就算获得了正确的认识。张春桥的意思实际上是想说，只要会背诵林彪所说的"警句"，就算手里掌握了真理。"四人帮"正是根据这样的谬论，极力贬损和攻击实践经验，把尊重实践经验诬蔑为"经验主义"。同时，他们借口强调理论，用从马克思、恩格斯、列宁和毛泽东同志著作中任意摘引并加以歪曲的词句，去代替革命理论，冒充正确思想，这就是用马克思主义的片言只语去推翻马克思主义的整个理论。

毛泽东同志坚持和捍卫马克思主义的认识论，反反复复地阐明了人们的认识只能来源于实践的基本原理。他指出："人的正确思想，只能从社会实践中来，只能从社会的生产斗争、阶级斗争和科学实验这三项实践中来。"①又说："任何英雄豪杰，他的思想、意见、计划、办法，只能是客观世界的反映，其原料或者半成品只能来自人民群众的实践中，或者自己的科学实验中，他的头脑只能作为一个加工工厂而起制成完成品的作用，否则是一点用处也没有的。"②毛泽东同志这里说的都是"只能"，这就是说，人的正确思想只有一个来源，即社会实践。马克思主义的理论是放之四海而皆准的普遍真理，是最正确的思

---

① 毛泽东：《人的正确思想是从哪里来的？》，《毛主席的五篇哲学著作》，人民出版社 1970 年版，第 225 页。

② 转引自《邓副主席在全军政治工作会议上的讲话》，《华主席叶副主席邓副主席在全军政治工作会议上的讲话》，人民出版社 1978 年版，第 32 页。

想,这也正是因为它最正确地总结了革命实践的经验。"马克思、恩格斯、列宁、斯大林之所以能够做出他们的理论,除了他们的天才条件之外,主要地是他们亲自参加了当时的阶级斗争和科学实验的实践,没有这后一个条件,任何天才也是不能成功的。"[①]任何科学理论的创立都必须吸取前人科学思想的成果,这是毫无疑问的。但是,前人科学思想的成果也是实践经验的总结,而且,吸取前人科学思想的成果也必须以自己的实践作为基础,并不是简单地把前人制定的现成公式原封不动地搬过来。所以,就知识的总体说,人的正确思想的来源只有一个,就是实践。

　　诚然,实践需要理论作为指导,我们的实践绝不是盲目的实践。只有坚持马克思列宁主义、毛泽东思想的普遍原则,坚持马克思列宁主义、毛泽东思想的立场、观点和方法,才能在实践中保持正确的方向,才能正确地认识世界和有效地改造世界。否认革命理论的指导作用是错误的。但是,强调革命理论的指导作用绝不是把理论作为认识的来源。这是不同的两回事。我们提倡认真看书学习,正是重视理论的指导作用,而不是把理论看作认识的来源。学习马克思主义的书本可以获得马克思主义的理论知识,但却不能代替对于客观实际事物的认识。对于任何客观实际事物的正确认识,都只有在马克思主义理论的指导下,经过实践,经过调查研究,才能达到。显然,单有马克思主义的理论知识,单凭马克思主义的本本,并不能保证思想的正确。如果不同实践相结合,不从实际出发,那就甚至可能循着本本主义的道路而滑向错误和危险的泥坑。毛泽东同志历来十分强调理论的指导作用,又历来无情地批判理论脱离实

　　[①] 毛泽东:《实践论》,《毛泽东选集》第 1 卷,人民出版社 1969 年版,第 264 页。

际的教条主义、本本主义。毛泽东同志在清算王明路线的唯心主义恶劣影响时说，有不少人，"把马克思列宁主义书本上的某些个别字句看作现成的灵丹圣药，似乎只要得了它，就可以不费气力地包医百病。这是一种幼稚者的蒙昧，我们对这些人应该做启蒙运动"。①"四人帮"当然不是什么"幼稚者的蒙昧"，而完全是蓄意地宣传蒙昧主义，制造现代迷信去毒害人们；他们当然也不是要把马列原著和毛主席著作中的某些个别字句当作灵丹圣药去包医百病，而完全是蓄意地败坏马列主义、毛泽东思想。

所谓"思想上正确与错误，决定于理论"，那也就是说，人们思想的正确与错误要由理论去检验，而不是由实践去检验。张春桥说得很明白："理论主要是讲思想问题。"这样，所谓"思想上正确与错误，决定于理论"，就是思想上正确与错误决定于思想。这当然是陈腐不堪的唯心主义废话。思想正确与错误由什么决定的问题，即人们认识的真理性的标准问题，本来是马克思主义早已解决了的常识问题。马克思在刚刚创立辩证唯物论世界观时就明确指出："人的思维是否具有客观的真理性，这并不是一个理论的问题，而是一个实践的问题。人应该在实践中证明自己思维的真理性，即自己思维的现实性和力量，亦即自己思维的此岸性。关于离开实践的思维是否具有现实性的争论，是一个纯粹经院哲学的问题。"②毛泽东同志也明确指出："只有人们的社会实践，才是人们对于外界认识的真理性的标准。"③又指出：只有经过实践的考验，才能证明从客观外界的

---

① 毛泽东：《整顿党的作风》，《毛泽东选集》第 3 卷，人民出版社 1969 年版，第 778 页。

② 马克思：《关于费尔巴哈的提纲》，《马克思恩格斯选集》第 1 卷，人民出版社 1972 年版，第 16 页。

③ 毛泽东：《实践论》，《毛泽东选集》第 1 卷，人民出版社 1969 年版，第 261 页。

反映过程中得到的思想、理论、政策、计划、办法等等,究竟是正确的还是错误的,"此外再无别的检验真理的办法"[1]。所谓真理,即正确的思想,就是人们对于客观事物及其规律的正确反映。主观对于客观的反映正确与否的问题,主观的思想不能做出回答,客观的事物本身也不能做出回答,只有能够把主观和客观联系起来的东西才能回答,这就是人们的社会实践。实践是人们改造客观世界的活动,是"主观见之于客观的东西"。人们把自己在实践中获得的认识再回到实践中去,看能否达到思想中所预想的结果,这就能够检验思想是否合于客观外界的规律性,即是否具有真理性。只有这一个办法能够检验思想的正确与否,"真理的标准只能是社会的实践"[2]。把理论作为决定思想正确与错误的东西,就是从主观思想中寻找检验真理的标准,就是地道的主观真理论。

马克思主义是经过实践证实了的客观真理,但它也是属于思想范畴的东西,并不能作为检验真理的标准。诚然,马克思列宁主义、毛泽东思想是指导我们思想的理论基础,是我们批判、战斗的锐利武器,可以而且应当作为我们评论一切理论、观点的依据。但是,当我们以马克思主义的基本原则作为依据去评论某种理论观点的时候,是在理论上去把握它们,而不是用理论去检验它们。在这里,马克思主义只是作为武器,而不是作为检验真理的标准。马克思主义是最科学的世界观和方法论,只有遵循马克思主义的道路才能获得客观真理。马克思主义能够指导人们去获得对于外界事物的正确认识,但认识究竟正确与否却不能由它去检验。用认识事物的指导思想去检验对

---

① 毛泽东:《人的正确思想是从哪里来的?》,《毛主席的五篇哲学著作》,人民出版社 1970 年版,第 227 页。

② 毛泽东:《实践论》,《毛泽东选集》第 1 卷,人民出版社 1969 年版,第 261 页。

事物的认识正确与否，还是用思想自身去证明自身，这当然是不可能的。

张春桥鼓吹"思想上正确与错误，决定于理论"，否认实践是检验真理的标准，使理论脱离实践，使理论抽象化，不过是为了便于他们随心所欲，颠倒黑白，以假乱真。人们不是已经看到，"四人帮"的几乎每一篇混话都贴了几条马克思主义的语录当作标签吗？他们妄图以此证明自己的货色是符合马克思主义的，是真理，然而，经过实践的检验，却宣布了他们的全部货色都是彻头彻尾地反马克思主义的东西。同样，他们恶毒攻击老一辈无产阶级革命家的时候，不也是盗用"马克思主义"的名义，打着"反对修正主义"的旗号吗？然而，经过实践的检验，却证明了他们所攻击的正是真正的马克思主义。

理论不是检验真理的标准，理论本身要不断地经受实践的检验，这是辩证唯物主义认识论的一个基本观点。就是已经被实践证实了的理论，也还要继续倾听实践的呼声，还要继续经受实践的检验。实践是不断发展的，实践作为检验认识的标准也不是凝固的、一成不变的。列宁说："实践标准实质上决不能完全地证实或驳倒人类的任何表象。这个标准也是这样的'不确定'，以便不至于使人的知识变成'绝对'，同时它又是这样的确定，以便同唯心主义和不可知论的一切变种进行无情的斗争。"[1]实践标准的确定性就是它的绝对性。为实践所证实了的理论就是客观真理，这是它的绝对性。但是，实践标准又是"不确定"的，即不是凝固的、一成不变的，这就是它的相对性。马克思主义中的某些个别原理、个别结论是适合于一定的具体历史条件的。实践发展了，具体的历史条件变化了，某些个别

---

[1] 列宁：《唯物主义和经验批判主义》，《列宁选集》第 2 卷，人民出版社 1972 年版，第 142 页。

原理、个别结论也就应当根据实践的发展而随着改变。马克思主义的整个体系，它的普遍原则是必须坚持的，但在把它应用于具体实践的时候，也应当用新的实践经验去补充它、丰富它，使它进一步具体化。马克思主义理论同任何科学理论一样，是随着实践的发展而发展的，这正是它的强大生命力之所在。毛泽东同志指出：“客观现实世界的变化运动永远没有完结，人们在实践中对于真理的认识也就永远没有完结。马克思列宁主义并没有结束真理，而是在实践中不断地开辟认识真理的道路。”①我们必须永远高举马克思主义、列宁主义、毛泽东思想的伟大旗帜，正因为它是已经为实践所证实了的客观真理，经得起实践的反复检验，也正因为它为我们在实践中认识真理开辟了无限广阔的道路。林彪、“四人帮”鼓吹什么“顶峰”“绝对权威”“句句是真理，一句顶一万句”等，把他们任意摘取的只言片语当作金科玉律，这只能窒息真理。

　　列宁说：“实践高于（理论的）认识，因为实践不仅有普遍性的优点，并且有直接的现实性的优点。”②实践具有直接现实性的优点，而理论却没有直接的现实性。理论的现实性要由实践去证明。理论只有掌握群众，变成群众的实践，才能表现出自己的现实性。理论如果脱离实践，不回到实践中去指导实践并经受实践的检验，它就永远只能停留在思想意识的主观范畴，成为毫无用处的东西。这就如同毛泽东同志说的：“如果有了正确的理论，只是把它空谈一阵，束之高阁，并不实行，那么，这种理论再好也是没有意义的。”③理论固然具有普遍性的优

　　① 毛泽东：《实践论》，《毛泽东选集》第 1 卷，人民出版社 1969 年版，第 272 页。
　　② 列宁：《黑格尔〈逻辑学〉一书摘要》，《列宁全集》第 38 卷，人民出版社 1959 年版，第 230 页。
　　③ 毛泽东：《实践论》，《毛泽东选集》第 1 卷，人民出版社 1969 年版，第 269 页。

点，但是，理论的普遍性也是实践所赋予的，是由于它总结了实践的经验，概括了实践的普遍性。实践是丰富多彩的。任何理论都不能完全地反映实践。因此，概括了实践的普遍性而形成理论以后，就还必须回到实践中去，使它具体化，并使它不断地得到丰富。如果理论脱离了实践，它的普遍性就不再是优点，而只能是一种空洞的抽象，是一种干巴巴的、毫无生气的东西。总之，是实践高于理论，而不是理论高于实践。诚然，我们承认理论对于实践的指导作用，甚至承认它在一定条件下的主要的决定的作用。"当着如同列宁所说'没有革命的理论，就不会有革命的运动'的时候，革命理论的创立和提倡就起了主要的决定的作用。"[①]但这只是从精神的东西对物质的东西的反作用的意义上说的，不是从归根到底的意义上说的。"四人帮"及其余党肆意歪曲这个马克思主义的基本观点，说什么："理论和实践的关系，无非是人的两条腿，一会儿理论跑在前面，一会儿实践跑在前面，就是这样一前一后，波浪形的关系。"（"四人帮"在上海的余党 1975 年初在复旦大学的讲话）这是地地道道的诡辩。它用"理论—实践；实践—理论"或"实践—理论；理论—实践"的公式偷换了马克思主义的"实践—理论—实践"的公式，用实践和理论轮流决定或互相决定的二元论代替了实践决定理论的唯物主义一元论，而实质上则是要通过二元论达到理论决定论的唯心主义一元论。因此，它仍然是一种"倒过来"的哲学，丝毫没有改变张春桥的"理论—实践—理论"这个公式的唯心主义本质。"实践—理论—实践"的公式是不允许任何篡改的，实践和理论的关系是不允许任何颠倒的。从归根到底的意义上说，只能是实践决定理论，而绝不能是理

① 毛泽东：《矛盾论》，《毛泽东选集》第 1 卷，人民出版社 1969 年版，第 300页。

论决定实践，或理论和实践互相决定。

毫无疑问，我们必须尊重革命理论的权威。然而，革命理论的权威正是实践赋予它的，是实践使它得以确立的，是实践毫不容情地打掉了一切反革命理论的权威而确立了革命理论的权威。马克思主义在开始的时候并不是权威，而只是工人运动中的一个派别，长期的革命实践证明了马克思主义是真理，才使它成为国际共产主义运动的指导思想。列宁主义在开始时也不是权威，列宁主义者在开始时是少数，也是革命的实践证明了列宁主义是真理，才确立了它的权威。同样地，毛泽东思想也是在中国革命的长期实践中不断地经受了考验，被证明是真理，才确立了它的权威。正是实践选择了毛泽东思想作为我们全党的指导思想，正是实践树起了毛泽东思想的伟大旗帜。任何真正的权威都是在实践中确立的，而不是人为地树立起来的。王明曾经自封为"百分之百的布尔什维克"，该算是"绝对权威"了吧？然而，这是他自己封的，不是实践赋予的，所以，到头来还是百分之百地进了历史垃圾堆。林彪自封"天才"，江青自称"无产阶级的大权威"，也是由实践把他们照例归入了狗屎堆一类。

毛泽东同志说："我们说马克思主义是对的，绝不是因为马克思这个人是什么'先哲'，而是因为他的理论在我们的实践中在我们的斗争中证明了是对的。我们的斗争需要马克思主义。我们欢迎这个理论，丝毫不存什么'先哲'一类的形式的甚至神秘的念头在里面。"①我们需要马克思主义，欢迎马克思主义，尊重马克思主义，正是因为它在我们的实践中在我们的斗争中证明了是对的，正是因为它经得起实践的检验并能指导实践。

---

① 毛泽东：《反对本本主义》，《毛泽东著作选读》（甲种本），人民出版社 1966 年版，第 22 页。

我们把马克思主义当作科学理论去尊重，就是依据实践论，因而我们对马克思主义的信念是建立在科学的唯物主义基础之上的，是坚定不移的。相反，林彪、"四人帮"的天才论、理论决定论，却是宣传一种像宗教迷信一样的"神秘的念头"。他们用这一套唯心论的先验论去腐蚀人们，就是妄图使人们对于马克思主义的信念离开科学的唯物主义基础，以便可以随时动摇人们对于马克思主义的信念，以便使他们那一套根本经不起实践检验、见不得阳光的货色能够冒充"马克思主义"去兜售。

唯心论的天才论是林彪、"四人帮"祸国殃民、篡党夺权的反动思想武器。林彪反党集团在党的九届二中全会上抛出"称天才"的材料向党发难，"四人帮"在它覆灭前的猖狂一跳里，伪造所谓毛泽东同志的"临终嘱咐"，抛出"永远按既定方针办"的反革命动员令，都是用的这种唯心论的天才论。林彪反党集团是一个"语录不离手，万岁不离口，当面说好话，背后下毒手"的反革命阴谋集团。"四人帮"也是一个同林彪反党集团一样的反革命黑帮。他们在"顶峰论""绝对权威论""理论决定论""一句顶一万句"这一整套唯心主义天才论的货色掩盖下所进行的反革命的阴谋活动，最鲜明最尖锐地表现了他们假革命真反革命的反动本质。

四、掩盖"经验"问题上两条哲学路线的对立，用唯心的经验排斥唯物的经验

"四人帮"宣扬唯心论的天才论，根本否认实践是认识的基础，排除认识论中的实践标准，也就否定了判断是非曲直的客观标准。他们以所谓"语录"作为标准，而"语录"又由他们

任意摘取、任意篡改甚至伪造，这在实际上也就是以他们的主观臆断、主观需要作为标准。因此，这伙高谈理论的理论骗子，同时又是最卑劣的唯心论的经验论者。唯心论的经验论同唯心论的先验论在实质上是一样的，没有什么原则的区别，都是对抗马克思主义的实践论。问题只是在于，唯心论的先验论、天才论，是他们蓄意煽起的毒害整个社会的反动哲学思潮，而唯心论的经验论、唯我论，则常常是他们自己说话办事所实际遵循的原则。揭露和批判"四人帮"主观唯心主义经验论的种种表现，也就应当是我们揭露和批判他们腐朽反动的世界观的一个重要方面。

"四人帮"在反对革命实践经验的时候，采取了一个重要手法，就是所谓对经验"做阶级分析"。"四人帮"的黑干将迟群说，"老干部、老知识分子，特别强调经验。但是，是什么经验，要做阶级分析。他们的经验就是复辟倒退的经验，退一步讲，资产阶级民主革命的经验"（1976年4月7日在教育部临时领导小组会议上的讲话）；"我们要的经验是社会主义革命经验、文化革命经验、与走资派斗争的经验"（1976年5月5日在清华大学党委常委扩大会议上的讲话）。这套腔调，似乎振振有词，其实完全是一派胡言。

"四人帮"不是反对经验主义吗？这同"阶级分析"有何相干呢？难道经验主义之为经验主义，是由经验中包含的阶级内容决定的吗？某种经验，即使包含了资产阶级的内容，人们可以把它叫作别的"主义"，例如资本主义，帝国主义，法西斯主义，却不一定是经验主义。这种"高超的胡说"在理论上不值一驳，但它却进一步清清楚楚地暴露了"四人帮"确实不是在反对经验主义，而是在反对实践经验，是在反对他们最为害怕的革命经验。

尽人皆知，"四人帮"的所谓"阶级分析"或"路线分析"，从来都是主观主义、主观随意性的同义语。他们自称"无产阶级"，因而把一切不合自己胃口的东西统统划入"资产阶级"；他们自称"正确路线代表"，因而把一切不合自己胃口的东西统统划入"错误路线"。这种"阶级分析"或"路线分析"就是以我划线，就是打着"阶级分析"之类的幌子大搞主观经验论。

经验作为一个认识论的范畴，判断它的性质就应当首先看它所遵循的认识论路线。列宁说："在'经验'这个字眼下，无疑地可以隐藏哲学上的唯物主义路线和唯心主义路线。"[1]这就是说，经验可以是唯物的，也可以是唯心的。如果是遵循从物到感觉的路线，反映客观外界的经验，就是唯物的经验；如果是遵循由感觉到物的路线，主观自生的内省体验，就是唯心的经验。无产阶级之所以只能肯定和尊重唯物的经验，正是因为无产阶级的根本利益同客观规律相一致，正确反映客观实际的经验越是丰富，就越能制定出正确的理论、路线、方针和政策，就越是符合无产阶级的阶级利益。处于没落时期的资产阶级之所以要把主观唯心的经验奉为神圣，也正是因为他们同客观规律相违背，他们的阶级利益要求歪曲客观事实，抹杀客观规律。"四人帮"把他们自立的所谓阶级标准引进经验的范畴，用以排斥和代替区分唯物唯心的认识论标准，就是妄图混淆哲学认识论的基本问题，以便在所谓"阶级分析"的幌子下偷运主观唯心论的经验论。

革命的老干部，在民主革命时期跟随毛泽东同志南征北战，出生入死；在社会主义时期带领人民英勇奋战，艰苦创业。他们用血和汗换取的经验是不是对于中国革命客观实际的反映？

---

① 列宁：《唯物主义和经验批判主义》，《列宁选集》第 2 卷，人民出版社 1972 年版，第 153 页。

是不是包含有不以任何个人、任何阶级的意志为转移的客观内容？如果否定不了这一点，那么，无论"四人帮"怎样做他们的所谓"阶级分析"，无论"四人帮"给它加上什么"复辟倒退"，"资产阶级民主派""走资本主义道路"等罪名，也都是抹杀不了的！它永远是中国无产阶级和革命人民的珍贵的精神财富。

相反，"四人帮"的那一套"经验"，尽管他们在"阶级分析"的幌子下，贴上了"无产阶级""社会主义""马列主义"的种种美妙的标签，但是，只要人们紧紧地抓住认识论的基本问题，用划分唯物论和唯心论两条认识论路线的标准去衡量，它的全部反动本质就会暴露无遗。

他们不是吹嘘自己有"文化大革命"的经验吗？经验是从实践中来的。他们在"文化大革命"中，热衷于搞"改朝换代"，搞阴谋活动，搞打砸抢，为所欲为。他们只是把"文化大革命"作为施展个人野心的机会。他们提出的一套主张，都是从篡党夺权的主观需要出发，从他们反革命的主观意志出发的，他们的经验都是主观自生的经验。

他们不是吹嘘自己同"党内资产阶级"做斗争的经验吗？所谓"党内资产阶级"本身就是他们虚构的东西。中国社会根本就不存在什么"党内资产阶级"，竟会有什么同"党内资产阶级"斗争的"经验"，岂非咄咄怪事？

他们在"文化大革命"中所干的一切，他们的所谓同"党内资产阶级"斗争，都是篡党夺权的阴谋活动。他们只是把自己篡党夺权的希望变成行动，只是在不停顿的行动中顽强地表现自己的这种希望。一句话，他们是篡党夺权的希望决定着篡党夺权的行动。他们的"经验"不是别的，就是这种篡党夺权的希望。所以，这种"经验"，只是从他们的反动本性中产生的内省体验，这是他们老早以前就有了的，只不过在"文化大革命"的新的客观条件下又表现出来，更疯狂地表现出来罢了。

"四人帮"就是把自己篡党夺权的希望看成唯一的实在，一切以是否符合于他们的这种希望为转移。他们从篡党夺权的愿望出发，用虚构的矛盾代替客观现实的矛盾，用虚构的联系代替客观现实的联系。他们虚构出"造反派和走资派的矛盾""革命派和投降派的矛盾""现代法家和现代儒家的矛盾"等，去代替无产阶级和资产阶级、社会主义和资本主义的客观矛盾；虚构出按劳分配与产生资产阶级的"必然联系"，卫星上天与红旗落地的"必然联系"，社会主义与低速度、有文化和精神贵族的"必然联系"等，去代替社会主义时期政治、经济、文化生活中的客观联系。他们的一切行动，都是建立在这些虚构的矛盾和联系之上，都是用这些虚构的东西去"矫正"客观现实。这正是用他们的"内省体验"去"拥抱"现实，正是十足的主观唯心论的经验论。

贝克莱有句名言："存在就是被感知。"这是主观唯心论的经验论的基本原则。"四人帮"就是按照这个基本原则说话办事的。他们感觉对自己有利的，无可以说成有；感觉对自己不利的，有可以说成无。他们感觉谁好，谁就好；感觉谁坏，谁就坏。今天宣布这人是"走资派"，明天宣布那人是"修正主义者"；这儿宣布张三是"叛徒"，那儿宣布李四是"特务"，有什么事实根据？无非看着某人不顺眼罢了。江青一会儿指着某领导干部说，"我一听到你的名字，就知道你是一个坏人"（转引自《红旗》1977年第4期），一会儿又指着一位音乐工作者说，"你准骂我了，因为没有用你设计的腔，不骂我才怪呢！"（转引自1977年1月2日《人民日报》）这还不是地地道道的主观唯心论的经验论？

"四人帮"不是打着"尊重理论"的幌子，甚至自封为"理论家"吗？然而，这仍然不妨碍他们成为地道的唯心论的经验论者。他们的"理论"，归纳起来大致是两类。一类是《笑林广记》中的东西，诸如"女人是最基本的生产力"，"上层建筑就是生产关系"之类的东西。这哪里是什么"理论"？这十足地是他们的经验即"内省体验"！另一类就是他们虚构的矛盾和联系的理论化。他们虚构出"造反派和走资派的矛盾"，就编造出一整套所谓"党内形成一个资产阶级"的理论；他们虚构出"现代法家和现代儒家的矛盾"，就编造出一整套所谓评法批儒的史学理论；他们虚构出按劳分配和产生资产阶级的"必然联系"，就编造出一整套所谓资产阶级法权的"新"理论；他们虚构出卫星上天与红旗落地的"必然联系"，就编造出一整套所谓"批判唯生产力论"的理论；江青想当女皇，虚构出共产主义和女皇的联系，就编造出"共产主义也有女皇"的理论。这些多如牛毛的"理论"，哪一条是从实践经验中概括上升的？都不过是用理论的语言表达的内省体验而已。

主观唯心论的经验论把整个世界都看成只不过是"我"的表象。列宁批判道："从这个前提出发，除了自己以外，就不能承认别人的存在，这是最纯粹的唯我论。"[①]"四人帮"就是极端狂妄的唯我论者。他们把自己篡党夺权的愿望，把图谋篡党夺权的"自我"看成唯一的存在，一切为"我"而存在。因此，他们开口"老娘"，闭口"老子"，自诩"天下第一""举世无双"，就像狄德罗所十分恰当地比喻的"发疯的钢琴"，"以为它是世界上仅有的一架钢琴，宇宙的全部和谐都发生在它身上"。

他们唯"我"为高，唯"我"为中心。"我"是"旗手""左派领袖""无产阶级大权威"，一切都要听"我"指挥，听"我"

---

① 列宁：《唯物主义和经验批判主义》，《列宁选集》第 2 卷，人民出版社 1972 年版，第 36 页。

调动。

他们把自己凌驾于党之上，"我的指示"就是党的指示，"不听我的话，就是不听党的话"。"我"就是党，"我"就是国。

他们目空一切，被他们看得起的人没有几个，就只有他们自己。江青甚至无耻地说："马克思死了没有留下什么，我还留下二十几个戏。"

他们一切以"我"划线，顺"我"者昌，逆"我"者亡。

他们贪天之功据为"我"有，把广大干部和人民的辛勤创造统统挂在"我"的账上。对《武训传》的批判"是我一手搞起来的"；《红楼梦》研究中的胡适派唯心论是"我"首先发现的；"'文化大革命'是我掌握方向、掌握政策的"，"在林彪问题上我是对的"；甚至解放军的领章和帽徽也是"我给争来的"。"我"创造了一切，没有"我"，历史就是"空白"。

江青自比江上的"奇峰"。她奇在哪里？奇就奇在只承认她一个赤裸裸的"我"是唯一的存在。

唯我论是一切野心家的世界观。所谓野心家，从世界观上说，就是要用自己的野心去吞并世界，用主观去吞并客观。希特勒曾经狂妄地叫嚣："我负有一个历史使命，这个使命将由我来完成，这是因为上帝注定了要我这样做……凡是不赞成我的人，就要被摧毁。"他要把整个宇宙一口吞下去，全世界只容得下他一个希特勒！蒋介石要人们"绝对拥护一个领袖"，"一切服从领袖"。蒋介石的"领袖论"就是最极端的唯我论。他要一人独裁，也是整个世界只容得下他一个蒋介石！林彪用"天马行空，独来独往"形容自己，同样是茫茫宇宙只容得下他一个林彪！"四人帮"同希特勒、蒋介石、林彪一样，都是恨不得把整个世界一口吞下去。正因为他们总是设想"自我"是唯一的存在，所以走到哪里都视若无人，为所欲为，称王称霸。他们在一切问题上都要把一个"我"字突出再突出，自己给自己树碑，自己给自己立传，同时尽情贬损别人，为此，就势必歪曲现实，篡改历史。

《红楼梦》第五回中形容孙绍祖的两句诗："子系中山狼，得志便猖狂。"这是被张春桥、姚文元当作座右铭的。野心家就是这种中山狼，越是得志，野心越是膨胀，行动越是猖狂。

列宁在挖苦马赫主义者时说："唯我论者比任何人都'更有勇气'。"[①]野心家都有这样的"勇气"。他们敢于冒天下之大不韪，敢于同普天下为敌，最敢于冒险，也最敢于丢脸。

所有这些"品格"，"四人帮"有哪一样不具备？"四人帮"就是一小撮最典型的奉行唯我论哲学的反革命野心家！正像他们同林彪一起又继林彪之后把天才论、顶峰论、绝对权威论等一整套唯心论的先验论发展到了极端一样，主观唯心论的经验论、唯我论也在他们那里获得了最极端的表现。

---

① 列宁：《唯物主义和经验批判主义》，《列宁选集》第 2 卷，人民出版社 1972 年版，第 163 页。

第三章 政治骗子的哲学
——实用主义

实用主义是"四人帮"主观唯心主义认识论的十分恶劣的表现。他们对于一切，都是从"我"的需要出发，为"我"所用，为帮所用。"有奶就是娘""有用即真理"，是他们的神圣信条。实用主义既集中地表现了"四人帮"主观唯心论的经验论、唯我论，又是同他们宣扬唯心论的先验论相互为用的。他们鼓吹"思想上正确与错误，决定于理论"，大树特树所谓"绝对权威"，都显然并不是真正承认革命理论的权威，而是要"拉大旗作虎皮"，借树所谓"绝对权威"以营私。他们不同于一般的教条主义者，而是反革命的阴谋家。他们宣扬"句句是真理""一句顶一万句"，并不是像一般的教条主义者那样，要抱住马列主义、毛泽东思想的字句去"包医百病"。他们要造成"句句是真理"一类的舆论，就是为了便于肢解、割裂、篡改马列主义、毛泽东思想，为了便于用马列主义、毛泽东思想的只言片语作为标签，去偷运他们的私货。他们鼓吹理论至上，使理论脱离实践，使理论抽象化，是为了把他们编造的那套修正主义的东西挂上各种"新理论"的牌号，强迫人们把它们当作至高无上的东西去信奉。所以，所谓"决定于理论"，说到底，还是决定于他们的主观需要。从"四人帮"的实用主义可以更清楚地看出他们宣扬天才论的真正实质。他们树"天才"、树"绝对权威"，就是为了树自己，就是为了打着"维护"革命理论的旗号败坏革命理论。所以，我们在批判它的唯心论的先验论的同时，必须开展对它的反动实用主义的批判。

一、最适宜于政治骗子的哲学

胡适说，实用主义是"现今欧美很有势力的一派哲学"。它能够在资本主义世界流行开来，并且变得很有势力，正说明这种哲学最能反映资产阶级的阶级本质，最适合于帝国主义时代资产阶级的需要。混进共产党内的机会主义、修正主义者，是资产阶级在无产阶级队伍中的政治代表。他们要歪曲和反对马克思主义的革命真理，为自己的机会主义叛卖行为进行辩护，也极其需要这种哲学。列宁说："一切机会主义者都善于适应环境。"[①]而实用主义则正是把真理看成"不过是对付环境的一种工具"。实用主义的哲学，也就正好是机会主义的哲学。对于"四人帮"这样披着假革命、假左派外衣的政治骗子来说，实用主义更是像影子一样不可须臾相离的东西，既是他们的世界观，又是他们的方法论；既是他们的灵魂，又是他们的工具。

实用主义哲学的基本观点，是集中地通过关于真理问题的理论发挥的。它把真理看成不过是人造的有用的工具，因而也就把哲学看成主要是一种方法，即谋求达到对自己有用的目的的方法。实用主义的主要代表人物詹姆士说："实用主义的范围大概就是如此——第一，是一种方法；第二，是一种真理的发生论。"[②]实用主义的另一个主要代表人物杜威则索性把他的哲

---

① 列宁：《关于清党》，《列宁选集》第 4 卷，人民出版社 1972 年版，第 563 页。
② 威廉·詹姆士：《实用主义》，引自洪谦主编《西方现代资产阶级哲学论著选辑》，商务印书馆 1964 年版，第 153 页。

学叫作"工具主义"。这个名称本身就表明了这种哲学的市侩性质。

尽管实用主义者把他们的哲学主要归结为一种方法，但他们的方法论总是建立在一定的宇宙观的基础之上的。实用主义的宇宙观，就是主观唯心主义经验论的宇宙观。它把一切事物都看成不过是人的感觉经验。詹姆士说，所谓"实在"包含三个部分：（A）感觉，（B）感觉与感觉之间及意象与意象之间的种种关系，（C）旧有的真理。①说来说去，实在就是感觉，根本否认客观实在的物质性。这种"实在论"，就是贝克莱的"存在就是被感知"、马赫的"物是感觉的复合"一类货色。所以，詹姆士直言不讳地承认贝克莱是实用主义的老祖宗，说"贝克莱对物质的批判是完全的绝对的实用主义的"。

"实在"既然只不过是人的感觉、经验，那就是因人而异的。胡适说："实在是一个很服从的女孩子，她百依百顺的由我们替她涂抹起来，装扮起来。"实在是经过人改造过的实在，"宇宙是一篇未完的草稿，正在修改之中，将来改成怎样便怎样"②。实在怎样"改造"，宇宙怎样"修改"，完全以人的经验即主观意志为转移，世界是没有任何客观规律性的。这种哲学，正好是资产阶级涂抹现实的工具。资产阶级走向了腐朽没落的阶段，正一步步逼近坟墓，已经完全不敢正视现实，极其害怕揭示资本主义必然灭亡的客观规律。他们把宇宙说成一篇任凭修改的"草稿"，这在一方面可以麻痹人民的革命斗志，另一方面也为自己找到了一条垂死挣扎的精神支柱，为他们的倒行逆施制造了一种进行辩护的"理论"根据。

---

① 参见胡适：《实验主义》，《胡适文存》一集卷二，上海科学技术文献出版社 2015 年版，第 236 页（编者按：因旧版不存，本文集依最新版本订定文字，下同）。

② 胡适：《实验主义》，《胡适文存》一集卷二，上海科学技术文献出版社 2015 年版，第 237 页。

这种涂抹现实的哲学，对于"四人帮"这伙投机革命的反革命来说，当然是再适合不过的了。"四人帮"所代表的阶级利益同客观规律背道而驰，同客观现实格格不入。对于他们，事实是最可怕的东西。在铁的事实面前，他们的一切谣言和诡辩都将被击得粉碎，他们假"左"真右的反革命本质会暴露无遗。因此，他们最需要抹杀事实，歪曲事实。有的文章说，"真实不真实"，"不同阶级都有自己的看法和标准"①，"从不同的立场、不同的世界观、不同的阶级爱憎出发，对同一现实生活所反映出来的'真实'是迥然不同的"②。这就是说，"实在"究竟怎样，是以阶级的意志为转移的，不是客观的。不消说，这是不折不扣的主观唯心主义的"实在论"、实用主义的"实在论"，只不过贴上了一个所谓"阶级论"的标签罢了。他们在所谓坚持"阶级论"的旗号下，打着强调"政治""路线"的幌子，鼓吹"事实服从政治"，"事实服从路线"。什么"服从政治"？什么"服从路线"？用江青的话说，就是"材料服从需要"。"四人帮"需要什么，事实就是什么；需要怎样，事实就是怎样。事实服从需要，需要就是事实，正是经验创造实在、经验就是实在的主观唯心论的经验论，正是实用主义的经验论。

实用主义否认实在的客观性，也就否认了认识的客观性。它的真理论，是一种最露骨的主观真理论。实用主义的主观真理论包含两个方面的内容：一是根本否认客观真理，即否认真理的客观内容和客观标准；二是由否认客观真理到根本否认绝对真理，把真理看成只是应付环境的权宜手段。

实用主义认为，观念的真理性绝不在于它正确地反映了客

---

① 初澜：《把生活中的矛盾和斗争典型化》，《人民日报》，1974 年 10 月 14 日。
② 辽宁大学中文系写作小组编：《修正主义文艺路线代表性论点批判》，人民出版社 1976 年版，第 53 页。

观事物，而在于它使各种经验发生满意的联系。詹姆士说："任何一个观念，只要它可以使我们顺利地从一部分经验联系到另一部分经验，把各种事物满意地联结起来，准保起作用，简便省力，那就是真的观念；所谓真，只是在于这一点，也仅仅限于这一点，亦即作为有效的工具。"[①]观念真不真，只在经验和经验之间兜圈子，同客观事物完全无关，就是说，真理没有任何客观内容。一切思想、理论、学说等，都只是"人造的假设"，用来解释事物现象的，解释得满意的就是真的，解释得不令人满意的便不是真的。所谓解释得满意，就是能够满足主观需要，帮助自己达到某种需要的"效果"。满意或有用，就是真理的唯一标准。詹姆士说："既可以说'它因为真所以有用'，也可以说'它因为有用所以真'。"[②]"有用的"和"真的"可以画等号。这种真理论，反映了资产阶级唯利是图的阶级本质。资产阶级走向没落以后，手里已经完全没有真理，却又需要为它的侵略、掠夺、剥削行为做辩护，这种抹杀真理的真理论也就成为它最理想的思想工具。"四人帮"的全部政治生涯就是伪装革命而破坏革命。如何抓过革命的大旗来掩盖自己的肮脏和丑恶，如何把自己最最反动的货色贴上最最"革命"的标签，是他们欺世盗名的诀窍。他们人心丧尽，党心丧尽，却偏偏恬不知耻地打出"为真理而斗争"的虚伪旗号，这就只好把他们的全套祸国殃民的谬论都冒充真理，冒充"马列主义""正确路线"。因此，这种抹杀真理的真理论对于丧失真理的"四人帮"来说，正是用以招摇撞骗的"法宝"。

既然真理是主观的，因人因时因地而异的，也就只是相对

---

① 威廉·詹姆士：《实用主义》，引自洪谦主编《西方现代资产阶级哲学论著选辑》，商务印书馆 1964 年版，第 151 页。

② 威廉·詹姆士：《实用主义》，引自洪谦主编《西方现代资产阶级哲学论著选辑》，商务印书馆 1964 年版，第 158 页。

的。它今天对"我"有用，今天是真理，明天对"我"无用，明天就不再是真理；它对张三有用，对张三是真理，对李四无用，对李四就不是真理。用胡适的话说，就是只有"这个时间，这个境地，这个我的这个真理"①，没有绝对的真理。既然真理只是相对的，是多元的，各人有各人的真理，那么，也就没有什么服从真理和背叛真理可言了。这种真理论，是为资产阶级的投机、欺诈、背叛的丑行做辩护的。资产阶级把一切都变成商品，只要在这个时间，这个境地，这样做对"我"有利，不论良心、贞操、名誉、灵魂都可以出卖。混进共产党内的机会主义者欣赏实用主义，最主要的正是看中了这一条。毛泽东同志说："所谓机会主义，就是这里有利就干这件事，那里有利就干那件事，没有一定的原则，没有一定的章程，没有一定的方向，他今天是这样，明天又是那样。"②毛泽东同志揭示的机会主义的特征，正是出卖原则的实用主义的特征。"四人帮"更不同于一般的机会主义者，它是一个在无产阶级专政条件下从事反革命活动的黑帮。他们时时刻刻都需要察言观色，见风使舵。如何随着政治气候的变化而不断变换自己的颜色，是他们安身立命的根本。而要使他们忽"左"忽右、出尔反尔的假左派真右派的本质不被揭穿，就十分需要这种实用主义的真理论作为护身符。

实用主义特别重视方法问题。它的所谓方法，说穿了，就是如何把真理说成谬误，如何把谬误说成真理，就是诡辩。杜威把实用主义的方法列为五步：（一）疑难的境地；（二）指定疑难之点究竟在什么地方；（三）假定种种解决疑难的方法；（四）

①　胡适：《实验主义》，《胡适文存》一集卷二，上海科学技术文献出版社 2015 年版，第 224 页。

②　毛泽东：《增强党的团结，继承党的传统》，《毛泽东选集》第 5 卷，人民出版社 1977 年版，第 303 页。

把每种假定所涵的结果——想出来，看哪一个假定能够解决这个困难；（五）证实这种解决使人信用，或证明这种解决的谬误，使人不信用。①胡适为了"简便省力"，把它归结为"十字诀"，即"大胆的假设，小心的求证"。他们把这种方法标榜为"科学实验室的态度"，实际上却完全不能与科学同日而语。作为实用主义方法的关键一环的假设，绝不是科学的假设。科学的假设，是科学的发展形式。恩格斯说："一个新的事实被观察到了，它使得过去用来说明和它同类的事实的方式不中用了。从这一瞬间起，就需要新的说明方式了——它最初仅仅以有限数量的事实和观察为基础。进一步的观察材料会使这些假说纯化，取消一些，修正一些，直到最后纯粹地构成定律。"②科学假设的提出，是由于一个新的事实被观察到了，它一定要以事实作为基础，尽管在最初仅仅是有限数量的事实。而实用主义的假设，却根本不管什么事实不事实，只要"大胆"就行，是完全凭着主观臆想提出的。科学假设的证实，依据的是进一步的观察材料；而实用主义的"证实"，就是主观需要的满足。詹姆士说，实用主义是个"和事佬"，"它愿意采取任何假设，愿意考虑任何证据"。③什么"和事佬"？所谓"愿意采取任何假设"，就是野心勃勃，什么异想天开的事情都敢去假设；所谓"愿意考虑任何证据"，就是不择手段，只要能够达到目的，什么样的卑鄙伎俩都使得出来。所以，实用主义方法论的精神实质，就是否定任何客观规律性、因果性、必然性。这种方法论，对于野心勃勃而又不择手段的"四人帮"来说，是既最为得心又最为

---

① 参见胡适：《实验主义》，《胡适文存》一集卷二，上海科学技术文献出版社 2015 年版，第 244 页。

② 恩格斯：《自然辩证法》，《马克思恩格斯选集》第 3 卷，人民出版社 1972 年版，第 561 页。

③ 威廉·詹姆士：《实用主义》，引自洪谦主编《西方现代资产阶级哲学论著选辑》，商务印书馆 1964 年版，第 154 页。

应手的了。他们要实现篡党夺权的狂妄野心，要为所欲为，就要"大胆假设"。他们假设"老干部是民主派，民主派就是走资派"，然后给老干部捏造各种各样的罪名去加以"证实"；他们假设有什么"现代的大儒"，就编造出"儒法斗争继续到现在"的规律、"现代法家和现代儒家"的矛盾等去"证实"；江青假设自己可以做皇帝，就编造一套"共产主义也有女皇""女人是最基本的生产力"之类的鬼话去"求证"，等等。用"四人帮"在辽宁的死党的话说，"需要的就是合理的"，这就是他们的"求证"。可见，他们的"假设"和"求证"完全是从篡党夺权的需要出发的，完全是从臆想到臆想，从野心到野心，哪有一丝一毫事实的影子？

　　"四人帮"及其死党、余党，是一小撮彻头彻尾、彻里彻外浸透了实用主义精神的政治骗子。他们未必读过詹姆士、杜威、胡适们的书，但这并不妨碍他们成为最地道的实用主义者。实用主义既然是腐朽没落的资产阶级的世界观，那么，无论是谁，只要具备这样的阶级本质，就一定会接受这种世界观。"四人帮"对于实用主义的理论和方法没有那么多咬文嚼字的烦琐论证，这并不使他们的实用主义稍有逊色。对于这伙阴谋篡党夺权的政治骗子来说，需要的是直接吸取实用主义的基本原则和基本精神，使它在政治实践中立竿见影，这反而使他们的实用主义色彩更为鲜明。

二、伪造马克思主义的恶劣手段

　　实用主义产生的时候，已经是马克思主义在工人运动中广泛传播并取得统治地位的时候。它正是为着适应帝国主义时代资产阶级在思想上对抗马克思主义的需要而出现的哲学。

在我国思想领域里，自从胡适挑起"问题与主义"的论争开始，马克思主义同实用主义的斗争从来也没有停止过。当时胡适是把马克思主义说成"一时一地一人的真理"，否认马克思主义是放之四海而皆准的客观真理，妄图用实用主义公开对抗马克思主义。随着马克思主义的传播和胜利，阶级敌人只得越来越多地采取用实用主义伪造马克思主义的手法来反对马克思主义。这种伪造，经过林彪尤其是"四人帮"，则达到了空前猖獗和骇人听闻的地步。

"四人帮"把马克思主义的一切基本原理都看成"人造的律例"，完全以"有用即真理"的实用主义态度对待马克思主义。在他们看来，马克思主义中有用的不过是它的某些个别词句，因为他们需要马克思主义的个别词句去包装自己的修正主义黑货；至于马克思主义的精神实质，则是对他们完全无用并完全有害的，因为他们的全部假革命的反革命货色，只要一接触到马克思主义的精神实质，就会立即原形毕露。所以，他们只需利用马克思主义的个别词句，而绝对地要阉割、歪曲和抛弃马克思主义的精神实质。"四人帮"就是典型的打着马克思主义旗号反对马克思主义的修正主义者。

用马克思主义的词句反对马克思主义的实质，是新老修正主义的惯用伎俩。老牌修正主义者考茨基就曾经用这种手法"把马克思主义歪曲成了最恶劣最笨拙的反革命理论"。[①]"四人帮"比起他们的修正主义前辈来，又不知要超出多少倍。他们引证过的每一个马克思主义原理，几乎都遭到了不可容忍的歪曲。毛泽东同志的每一个指示，他们都接了过去，为"帮"所用，

---

① 列宁：《第二国际的破产》，《列宁选集》第 2 卷，人民出版社 1972 年版，第638 页。

另搞一套。他们抓住毛泽东同志的个别论述，并加以歪曲，胡说"党内有一个资产阶级"，炮制反革命的政治纲领。他们抓住毛泽东同志关于理论问题指示中"这些跟旧社会没有多少差别"的话，去反对其中"所不同的是所有制变更了"的话，为他们抹杀社会主义同资本主义的本质区别、攻击社会主义制度提供"理论"根据。他们就是这样抓住马克思主义的个别词句，或者随心所欲地解释，或者断章取义地歪曲，或者把个别论述从整个体系中割裂出来去代替整个体系，或者把某一时期针对某一具体问题的论述胡乱地套在另一时期另一具体问题上。其结果，不仅把马克思主义变成了一种片面的、畸形的东西，而且简直同马克思主义的精神根本相敌对。

马克思主义、列宁主义、毛泽东思想是完整的科学体系。它不是由若干个别原理机械地拼凑起来的东西，而是一整套具有一贯性和完整性的立场、观点和方法，它的各个组成部分、各个基本原理之间具有不可分割的内在联系。列宁指出："马克思主义的全部精神，它的整个体系要求人们对每一个原理只是（α）历史地，（β）只是同其他原理联系起来，（γ）只是同具体的历史经验联系起来加以考察。"[①]"四人帮"完全违反马克思主义的精神，撇开具体的历史条件，脱离具体的历史经验，割裂各个原理之间的内在联系，把马克思主义的完整体系分割成互不相干、互相对立的"碎片"，然后根据自己的需要去挑选对自己有用的"碎片"。这样，在"四人帮"那里的"马列主义"也就不可能是别的，只能是用这样的"碎片"伪装起来的修正主义。

林彪曾露骨地叫嚣："书应该为我服务，而不是我们为书服

---

① 列宁：《给印涅萨·阿尔曼德（1916年11月30日）》，《列宁全集》第35卷，人民出版社1959年版，第238页。

务。让书牵着鼻子走，我不干。"（1960 年 10 月在全军高级干部会议上的讲话）他鼓吹"用啥学啥，需要什么东西，学习什么东西"（1960 年 10 月在全军高级干部会议上的讲话）。这就是说，他决不跟着马列主义走，而是要马列主义跟着他走，为他服务。他唱着"百分之九十九的时间学习毛主席著作"的高调，一丝一毫也不是真正地信奉毛泽东思想，而只是把背诵毛主席著作中的几段词句当作"一本万利"的事情，既可以拉着大旗包着自己去吓唬别人，又可以利用毛泽东思想的词句去阉割毛泽东思想的实质。这种实用主义，成了他"打着毛主席的旗号，打击毛主席的力量"的一种经常采用的策略手段。"四人帮"所采用的，也完全是林彪的这种策略。张春桥这样说过："写文章要讲道理，讲道理就要引用马列主义，要引证就要去找，就得学习。"（1970 年 5 月 17 日在上海锅炉厂的讲话）这就明白无误地告诉人们，他们"引证"马列主义是为了"写文章"，而不是"写文章"去阐述马列主义。用林彪的话说，就是不让马列主义"牵着鼻子走"。他们要写攻击四个现代化的"文章"，就千方百计地到马列著作中去"找"，结果"找"到了列宁的这样一句话："我们十分之九的注意力和实际活动都是而且应当是放在这个基本问题上：推翻资产阶级，建立无产阶级政权，根除资产阶级复辟的任何可能性"。同时，却把这句话前面的"正因为这样，在过去"和这句话后面的"现在我们应当把其他阶层的问题提到日程上来。……"都统统砍掉。①这样掐了头，去了尾，抛开了当时的具体历史条件和具体历史经验，而把这句话从列宁的整个论述中抽取出来，就从根本上歪曲了列宁这句话的原意。只"引证"这样一句孤零零的话，就给人们一种

---

① 参见列宁：《关于农村工作的报告》，《列宁选集》第 3 卷，人民出版社 1972 年版，第 795 页。

印象，似乎列宁主张无产阶级在任何时候都只能用"十分之一"的注意力和实际活动去搞生产，搞经济建设，搞科学文化事业，等等。这样，四个现代化似乎也就是同他们伪造的"列宁主义"唱反调了，就是搞"资本主义复辟"了。他们就是到处使用这样的"引证"方法，把革命的马克思列宁主义变成反革命的修正主义。"四人帮"豢养了一批无耻文人，专门为着撰写反革命文章的需要而到马列著作中去"找"自己以为用得上的话。而对于马列著作中不符合他们"写文章"需要的话，却像蝙蝠害怕阳光一样，一律抹杀，封锁，禁用。毛泽东同志关于政治和经济的统一、政治和技术的统一的论述，因为不适合他们利用形而上学祸国殃民的需要，居然被禁止在他们控制的报刊上引用。毛泽东同志的《论十大关系》竟然被张春桥说成"不能体现毛泽东思想"，宣布"要砍掉！"（转引自 1977 年 4 月 20 日《人民日报》）毛泽东同志在《矛盾论》中着重阐发的关于矛盾特殊性的原理，因为不适合他们"反经验主义为纲"的需要，竟然不被允许在哲学教材中写上这一节。最能说明问题的，是他们对于《毛泽东选集》第五卷出版工作的破坏和干扰。他们不许出第五卷全本，只许出单篇，因为这样就可以"要怎么出就怎么出，要整谁就整谁"（转引自 1977 年 4 月 20 日《人民日报》）。不消说，这正是毫不走样的实用主义。胡适说过，实用主义方法"是一把两面锋的剑可以两边割的。你的成见偏向东，这个方法可以帮助你向东；你的成见偏向西，这个方法可以帮助你向西"。①"四人帮"完全精通实用主义方法的妙用。他们"引证"马列原著和毛泽东同志的著作和指示，完全以自己的"成见"为转移，完全是用自己的"成见"去塑造所谓马克思主义、

---

① 胡适：《评论近人考据老子年代的方法》，《胡适文存》四集卷一，上海科学技术文献出版社 2015 年版，第 87 页。

列宁主义、毛泽东思想。这种实用主义发展到极端，就是公开伪造。什么"按既定方针办"，"全面专政"，都无中生有地强加到列宁和毛泽东同志的身上，而把毛泽东同志确实做过的重要指示，如"把国民经济搞上去"，"老九不能走"等，却当作"谣言"去追查。

"四人帮"的一个最能领会"张春桥思想"的亲信人物，曾经用"假戏假做"四个字准确地刻画了他们对待马列主义、毛泽东思想的态度。马列主义、毛泽东思想这个反映全世界无产阶级革命经验的客观真理，对他们来说，只不过是用来"逢场作戏"的工具。在"四人帮"和林彪反党集团煽起的"全面内战"最狂热的时期，所谓"打语录仗"成了风。你掷过来一块"碎片"，他还过去一块"碎片"，肆无忌惮地、大规模地糟蹋马列主义、毛泽东思想。这些极为令人憎恶的现象，其根源正在于林彪、"四人帮"的反动实用主义。他们这样用任意摘取的语录代替毛泽东思想的体系，就是用毛泽东思想的词句反对毛泽东思想的实质。"四人帮"以及林彪反党集团这样长时期地"假戏假做"、以假乱真的结果，不仅使得马克思主义面目全非，而且严重地败坏了我们党的学风。彻底清除"四人帮"、林彪反动实用主义的恶劣影响，恢复马克思主义的本来面目，恢复我们党的马克思主义的优良学风，还需要我们在理论战线上进行长时期的努力。

三、推行修正主义路线的思想工具

实用主义把真理看成人造的工具，把人的认识活动看成工具性的活动。詹姆士说：真理起着一种"摆渡"的作用，就是把两部分经验"连贯的满意，办理的妥帖"。他把真理比作"渡船"和"媒婆"。胡适发挥詹姆士的思想说："真理所以成为公认的真理，正因为他替我们摆过渡，做过媒。摆渡的船破了，再造一个。帆船太慢了，换上一只汽船。这个媒婆不行，打他一顿媒拳，赶他出去，另外请一位靠得住的朋友做大媒。"①所以，同样一件事情，今天可以这样说，明天又可以那样说，怎样说都算是"真理"，只要这种或那种说法能够帮助自己达到目的就行了。在"四人帮"那里，所谓"真理"就是这样的"渡船"和"媒婆"。实用主义的认识论帮助他们从极右"摆渡"到极"左"，又从极"左""摆渡"到极右，帮助他们对党的正确路线"左"右开弓。他们像变色虫一样，随着政治环境的变化，时而以极右的面目出现，抛出右得要命的理论；时而又以极"左"的面目出现，抛出"左"得出奇的理论。当他们需要利用孔孟之道腐蚀人们灵魂的时候，曾经把孔丘捧上了天；而当他们需要利用批林批孔之机大搞影射的时候，又成了批孔的"盖世英雄"。当无产阶级反击资产阶级的进攻时，他们曾经宣扬露骨的阶级调和论；而当他们代表资产阶级向无产阶级疯狂反扑时，又把"阶级斗争"的调头唱得高耸入云。当他们需要论证资产阶级法权取消论时，曾经大肆"引证"井冈山斗争的历史经验；而当他们需要论证"老干部是民主派，民主派就是走资派"的反动政治纲领时，又说民主革命时期的经验"过时"了。在文化遗产问题上，当他们需要否定一切"民主性的精华"时，曾经抛出所谓"彻底扫荡论"；而当他们需要全盘肯定一切"封建性的糟粕"时，又抛出所谓"历史长河论"。在组织路线上，完全以帮划线。对于逆帮者，或无中生有地捏造罪名，或抓住一

① 胡适：《实验主义》，《胡适文存》一集卷二，上海科学技术文献出版社 2015年版，第 235 页。

点辫子无限上纲，永远打入冷宫，让他永远"靠边儿站"；对于顺帮者，或掩盖罪迹，将大事小事一概化了，或编造各式各样的美名，委以重任，让他青云直上。王洪文说："在需要时，就是有严重政治历史问题也没关系，一切都要根据需要。"（转引自1977年6月3日《人民日报》）这同希特勒的主张一模一样。希特勒说："我明知某人是个无赖，但是只要他对我有一天的用处，我就留他一天"。凡此种种，不一而足。总之，对"四人帮"来说，问题不再是这个或那个原理是否正确，而是对他们篡党夺权、推行修正主义路线有利还是无利，方便还是不方便。理论的是非，思想的是非，路线的是非，完全以能否为帮所用而定。

既然真理只是"媒婆"，只是"渡船"，那么真理和谎言的区别也就毫无意义了。德国纳粹头目戈培尔曾经把历代反动统治阶级颠倒是非、混淆黑白的经验提炼成这样一句格言："谎言重复一千遍就变成真理"。林彪又把这句格言翻译成"不说假话办不成大事"。"四人帮"对于这句格言的实践，则恐怕远远地超出了这句格言的发明者。在他们横行的日子里，编造了多少诬陷老一辈无产阶级革命家的谎言！在他们控制的报纸、刊物、电台里，这种谎言何止重复一千遍！他们那样强奸民意，而又那样叫喊"大得人心"，一切都干得那样无耻，那样坦然，真是连戈培尔也会自叹不如了。

像"四人帮"这样公然地把谎言宣布为真理，就是在实用主义哲学的各派里，也是最下流的一派。老的实用主义者如胡适，还给他们的哲学披上一层"科学"的伪装，给他们招之即来的"媒婆"做一点粉饰打扮，还以所谓"科学态度"相标榜。当然，如前面所述，这种所谓"科学态度"是虚伪的。然而，"四人帮"则大大地发展了他们前辈的学说。他们提出假设远比胡适还"大胆"，而他们的"求证"却远比胡适还不"细心"。这是因为，"四人帮"篡取了一部分党和国家的权力，特别是控制舆论工具的权力，他们的一切"假设"都不需要经过"求证"，就可以作为"真理"去颁布，利用权力去推行。这叫作有权就有真理。正是在"四人帮"以及林彪的实用主义腐蚀下，在我们党内和社会上都造成了一小批服从权力而不服从真理的"风派"人物，滋长了说假话的坏作风。"四人帮"也正是利用了这种人物和这种作风，去推行他们反革命的修正主义路线的。

"四人帮"的实用主义的另一重大特点，就是它同中国封建地主阶级法家的阴谋权术紧密结合。姚文元极力推崇韩非总结的"术"。他说：韩非的玩权术，说假话，是"说话的艺术"，"斗争的策略"（转引自 1977 年 8 月 19 日《文汇报》）。"四人帮"豢养的罗思鼎更是直言不讳地说，一部历史"看来看去无非是权术"（转引自 1977 年 8 月 19 日《文汇报》）。错了！并非历史都是权术，而是"四人帮"及其党羽们只从历史中看到权术。他们煽起的史无前例的"尊法"逆流，就他们自己来说，一个重要方面正是为着从地主阶级那里学习适合他们篡党夺权的阴谋权术。他们把"巧借闻雷来掩饰，随机应变信如神"的权术经背得烂熟。他们在政治实践中表现的一整套腐朽透顶的作风，如勾心斗角、欺世盗名、见风使舵、欺上骗下、台上握手台下踢脚、说假话、两面派等，都既表现了资产阶级实用主义的特点，又深深地打着中国封建地主阶级官僚政客的烙印。可见，"四人帮"的实用主义，是一种比资产阶级实用主义更为腐朽、更为反动的哲学，因而是一种反对马克思列宁主义、反对党的无产阶级革命路线的极其凶恶的思想工具。

四、阴谋文艺和影射史学的哲学基础

华国锋同志在党的十一大的政治报告中揭露"四人帮"利用文艺和史学进行反党活动的罪恶时指出:"他们抓的文艺,以写所谓'走资派'为名,肆意攻击和丑化党的领导,变成了货真价实的阴谋文艺。他们抓的史学,随心所欲地伪造历史,别有用心地吹'女皇'、批'宰相'、批'代理宰相'、批'现代大儒',变成了古为帮用的影射史学。"①文艺和史学成了"四人帮"推行"老干部是民主派,民主派就是走资派"的反革命政治纲领的两大武器。

所谓阴谋文艺,就是文艺从属于阴谋,阴谋是目的,文艺只是实现阴谋的手段。所谓影射史学,就是史学服从影射,首要的是影射,史学只是附庸。文艺的命运,史学的命运,完全以满足"四人帮"篡党夺权的需要而定。这样的文艺和史学,不能不浸透着实用主义的精神。可以说,阴谋文艺就是实用主义文艺,影射史学就是实用主义史学。

"四人帮"的所谓"写同走资派斗争"的文艺,是在他们篡党夺权的阴谋活动登峰造极的时候出现的,是他们整个阴谋活动的组成部分。张春桥指示他们的余党说:"文艺创作写社会主义革命要写得更深一点,实际斗争和理论上都很深了。"于是,各式各样的写所谓"走资派"的文艺作品,在所谓"努力反映无产阶级文化大革命"的旗号下纷纷出笼。他们的所有这些作品,都不是反映生活中客观存在的矛盾和冲突,而是同他们的

---

① 华国锋:《在中国共产党第十一次全国代表大会上的政治报告》,《中国共产党第十一次全国代表大会文件汇编》,人民出版社1977年版,第30页。

"实际斗争"和理论活动相适应，用文艺的形式渲染他们虚构的所谓"造反派与走资派"的矛盾和冲突。他们规定不许写"吃吃喝喝、腐化堕落的走资派"和"既是叛徒特务又是走资派的走资派"，说这两种走资派"没有典型意义"，而只许写"勤勤恳恳抓生产的走资派"，"早就参加革命、不是叛徒、牌子很硬的走资派"。现实生活中哪里有这样的"走资派"呢？他们笔下的"走资派"实际上恰恰就是坚持马克思列宁主义路线的好干部！可见，他们的文艺，也同他们的理论一样，只是涂抹现实的工具。他们请出文艺这个"媒婆"来，只是为着帮助他们达到推行反革命政治纲领的目的。

胡适说："达意达的好，表情表的妙，便是文学。"①这就是实用主义的文学观点，是实用主义哲学在文学上的运用。"四人帮"的文学观点也正是这种实用主义的观点。他们只要求文艺表情达意，即表他们篡党夺权之情，达他们复辟资本主义之意，而决不要求文艺正确地反映客观现实。在反动影片《反击》中，江青、迟群之流在情急意迫之时，不是连化妆都来不及就直接走上银幕了吗？

"四人帮"的一个余党曾经露骨地叫嚷，"我关心的不是文艺，而是政治"，要求文艺在他们的阴谋活动中收到立竿见影的效果。利用文艺进行反革命活动，并不是"四人帮"的发明。然而，像"四人帮"那样使文艺如此紧密地、直接地依附于政治阴谋，却是罕见的。

阴谋文艺的实用主义目的，决定了他们的文艺创作和文艺批评也不能不是实用主义的。"四人帮"及其在文艺界的余党鼓吹的创作从主题开始，即所谓"主题先行论"，就是典型的实用

---

① 胡适：《什么是文学（答钱玄同）》，《胡适文存》一集卷一，上海科学技术文献出版社 2015 年版，第 163 页。

主义创作理论。他们的文艺作品中的主题，同理论作品中的"假设"一样，是"大胆"提出的，是先有了"假设"的主题，然后才根据"三突出""三陪衬"的模式去选定人物，凭借主观的臆想去编造情节。这不就是胡适说的"兴趣和意志定下选择的目标，有了目标方才从已有的经验里面挑出达到这目标的方法器具和资料"[①]吗？毛泽东同志指出："作为观念形态的文艺作品，都是一定的社会生活在人类头脑中的反映的产物。"[②]又指出，革命的文学艺术家，必须到群众中去，到实际斗争中去，"观察、体验、研究、分析一切人，一切阶级，一切群众，一切生动的生活形式和斗争形式，一切文学和艺术的原始材料，然后才有可能进入创作过程"。[③]"四人帮"的实用主义的创作理论，是完全同毛泽东同志指示的创作过程背道而驰的，是反马克思主义的。

"四人帮"的文艺批评，也完全以能否达他们的意、表他们的情作为标准，这就必然是以帮划线，顺帮者昌，逆帮者亡。在这个标准面前，像《反击》《春苗》一类为人民群众所极端憎恶的阴谋作品被捧上了天，而电影《创业》《海霞》，小说《红岩》等一大批好的作品，却被一棍子打进了十八层地狱。

阴谋与欺骗是从来不分家的。"四人帮"的一个亲信人物不打自招地说："电影片子嘛，就是电影骗子。"（转引自1977年2月3日《人民日报》）他们就是一小撮文学骗子，艺术骗子。实用主义的阴谋文艺也就是骗子文艺。

在史学领域，"四人帮"的实用主义，比它在文艺领域表现

---

① 胡适：《实验主义》，《胡适文存》一集卷二，上海科学技术文献出版社2015年版，第230页。

② 毛泽东：《在延安文艺座谈会上的讲话》，《毛泽东选集》第3卷，人民出版社1969年版，第817页。

③ 毛泽东：《在延安文艺座谈会上的讲话》，《毛泽东选集》第3卷，人民出版社1969年版，第817—818页。

得更为系统、更为露骨、更为猖狂。他们把毛泽东同志提出的
"古为今用"的方针，完全篡改成"古为'帮'用"的方针。历
史成了这一小撮阴谋家手中一块柔软的泥巴，被他们完全根据
为帮所用的原则，去随心所欲地捏造。恩格斯说过："资产阶级
把一切都变成商品，对历史学也是如此。资产阶级的本性，它
生存的条件，就是要伪造一切商品，因而也要伪造历史。"①"四
人帮"的影射史学，比之资产阶级的商品史学，在伪造历史方
面还不知要无耻和猖狂多少倍！

　　"四人帮"篡党夺权的急先锋、曾称史坛一霸的罗思鼎公开
宣称他们自己就是搞实用主义的，写历史，编资料，都是为了
实用。对他们来说，什么历史规律，历史事实，统统为了实用，
统统为了影射的需要，有了的可以抹杀，可以篡改，没有的可
以编造。罗思鼎的头目有这样一段自白，很能说明问题。他说，
司马迁写《史记》，在"李斯传中写李斯看到厕所里的老鼠，就
联想到皇家仓库里的老鼠，但是司马迁怎么知道李斯的思想活
动呢？"他回答说："司马迁就是敢写，这是新兴地主阶级的文
风，我们无产阶级更应该这样，这是新兴阶级有力量的表现。"
什么"新兴阶级"的文风？不过就是罗思鼎的文风！把敢于说
假话说成"新兴阶级"的特征，并强加到革命无产阶级的头上，
这纯粹是卑鄙的诬蔑。这段厚颜无耻的自白，比许多长篇大论
都更能说明"四人帮"豢养的罗思鼎之流"史学家"究竟是一
群什么东西！

　　他们为了影射攻击敬爱的周总理，影射攻击华国锋同志、
邓小平同志和中央其他领导同志，就伪造了好几个孔丘。一会
儿是"71岁""重病在床"，一会儿是"抓生产"，一会儿是"56

---

　　① 恩格斯：《〈爱尔兰史〉的片段》，《马克思恩格斯全集》第16卷，人民出版社
1964年版，第573页。

岁""司寇代理宰相",完全因时而异。臭名昭著的梁效,在1974年写的《孔丘其人》里说:"孔老二这个家伙,一不懂革命理论,二不会生产劳动,根本没有什么真才实学","他的生产知识等于零"。[①]两年之后,同一个梁效,在《再论孔丘其人》里却说,孔丘"装出一副关心民生疾苦的姿态,声称要让老百姓生活富裕","还提出'使民以时',不要影响农业生产","关心民众,发展生产"[②],等等。历史上的孔丘只有一个,作者也是同一个,为何写出了两个截然不同的孔丘呢?这原因不是别的,就是因为他们在不同的时候需要影射攻击的对象不同。他们把这种影射叫作"画像"。"四人帮"的一个余党自鸣得意地说:"你说像谁就像谁。"他们需要影射什么,画出来的孔丘就是什么。他们大批特批的一大串"宰相"或"代理宰相",也都是为了影射今人而塑造古人。

　　他们的"评法",就是扬法。他们扬法,就是扬自己,特别是扬江青。江青说什么"单纯批儒,没有对立面,不能从路线高度看,看不到路线斗争的规律","必须在批判儒家的同时宣扬法家,这样才能理解历史上的路线斗争","宣传法家是主要的"。(1974年6月14日在批林批孔座谈会上的讲话)姚文元说:"某种意义上,我们也是法家。"[③]他们自称"现代法家",完全按照自己拼死反对党和无产阶级的现实斗争的需要去塑造历史上的"儒法斗争",竭力鼓吹必须"使得中央有一个比较连贯的法家领导集团",特别宣扬"法家皇帝",尤其是"法家女皇帝",以致给吕后这个权欲熏心、阴险残忍的野心家也戴上"法家"的桂冠。梁效的一位"顾问"写了一首向江青献媚的歪诗:

---

　　① 梁效:《孔丘其人》,《红旗》1974年第4期。
　　② 梁效:《再论孔丘其人》,《北京大学学报》1976年第1期。
　　③ 转引自北京大学理论组(罗荣渠等):《"四人帮"篡党夺权的急先锋——梁效》,《红旗》1978年第2期。

"则天敢于做皇帝，亘古反儒女英雄。"①这不是一般的拍拍马屁，而是公开地捧出江青做现代的武则天。"四人帮"及其御用文人如此战战兢兢地请出这些历史的亡灵，完全是为了"以昨天的卑鄙行为来为今天的卑鄙行为进行辩护"②，为江青当女皇，为"四人帮"篡夺党和国家最高权力制造历史的根据。

胡适说："历史家须要有两种必不可少的能力：一是精密的功力，一是高远的想象。没有精密的功力，不能做搜求和评判史料的工夫；没有高远的想象力，不能构造历史的系统。"③在"四人帮"豢养的罗思鼎、梁效、唐晓文之流"历史家"那里，胡适所说的"精密的功力"不足，而胡适所说的"高远的想象力"却有余。这并不是说他们不够称为实用主义的"历史家"，这只是说他们连老祖宗还用以标榜的伪科学的一面都不要了。他们说写历史"七真三假"，"造出来变成真的了"。其实，在他们多如牛毛的历史文章里，哪里来的"七真"？不过都是"造出来"的罢了。

"四人帮"为什么选择史学作为一个重要的反党工具？就是因为涂抹历史比涂抹现实更方便、更容易。在他们看来，"历史死无对证"，是政治流氓、政治骗子们最好的用武之地。其实，这也只是唯心主义的妄想。历史有它本身所固有的规律。研究历史同研究现实一样，必须详细占有材料。只有从掌握到的可靠的历史资料出发，用马克思主义的历史唯物主义作为指导，总结出符合历史实际的历史经验，才能成为真正的历史科学。"四人帮"的影射史学并没有帮助他们达到篡党夺权的目的，只

① 转引自北京大学理论组（罗荣渠等）：《"四人帮"篡党夺权的急先锋——梁效》，《红旗》1978年第2期。
② 马克思：《〈黑格尔法哲学批判〉导言》，《马克思恩格斯选集》第1卷，人民出版社1972年版，第3页。
③ 胡适：《〈国学季刊〉发刊宣言》，《胡适文存》二集卷一，上海科学技术文献出版社2015年版，第12—13页。

是彻底地暴露了他们反革命、反科学的政治骗子的丑恶嘴脸。

五、马克思主义和实用主义的原则界限

实用主义哲学为共产党内的机会主义者所采用，特别是为林彪、"四人帮"这样的假马克思主义的政治骗子所采用，除了这种哲学的荒谬和反动适合于他们所代表的阶级利益以外，还有一个十分重要的原因，就是这种哲学比之资产阶级哲学的其他流派，更便于伪装成马克思主义去欺骗群众。它以所谓"科学实验室的态度"或"历史的态度"相标榜，也大谈"实践""效果""历史的真理论"，等等。这种实用主义哲学，再用上一些马克思主义的词句加以伪装，就很容易混同于马克思主义，而使人们难以识别。林彪、"四人帮"正是利用了这一点，用实用主义冒充了马克思主义。因此，在一些基本问题上，特别是在关于认识论的基本理论问题上划清马克思主义同实用主义的原则界限，对于揭露林彪、"四人帮"唯心论的反动本质，就是十分重要的了。

首先必须划清的是马克思主义的实践性同实用主义所标榜的"实践性"的原则界限。

马克思主义所尊重的实践，是社会的实践，即人民群众能动地改造客观世界的革命实践。而实用主义所标榜的"实践"，则是个人的本能地对付环境的盲目行动，它不遵循客观规律，不需要理论指导。作为马克思主义认识论的基本特征的科学的社会实践，体现了彻底的唯物主义反映论的路线，这就是人们通过实践，从客观实际中引出其固有的而不是臆造的规律性，作为行动的向导，再去从事变革现实的实践，从而变主观的东西为客观的东西，达到预期的效果。而实用主义讲的实践，则体现着主观唯心主义的路线，这就是先有主观的需要，从需要产生行动，在行动中满足主观的需要。它不是从客观实际出发，不是用对于客观规律的正确认识去指导行动，而是从主观需要出发选择各种办法去对付环境。一种办法对付不了，碰了壁，再换一种办法，直至达到目的为止。这就是碰运气。杜威曾直言不讳地说："人发现自己生活在一个碰运气的世界里面；他的存在，说得坏一点，就是一场赌博。"[①]詹姆士也说："不赌哪会赢？我愿意赌，我就赌，我就大胆地赌去，只当我不会输的！"[②]实用主义的"实践"就是赌博。它标榜的所谓"行动的哲学"，就是赌徒的哲学。

　　林彪、"四人帮"也就是一小撮这样的政治赌徒。他们的一切行动都从篡党夺权的主观需要出发，根本不管什么客观规律。只要能够达到篡党夺权的目的，什么阴谋手段都可以采用。从党的十大以后，"四人帮"从"批林批孔批周公"，到"反经验主义为纲"，到宣扬"《水浒》的要害是架空晁盖"，到所谓"反击右倾翻案风"，真是一计不成又生一计。理论的工具不够用了，搬出影射史学的工具；影射史学的工具不够用了，又搬出阴谋文艺的工具，直至各种"对付环境的工具"用尽为止。他们政治赌博的全部资本都输光了，他们的全部"实践性"也就丢光了。

　　"四人帮"的种种"新"理论是在为实践服务的幌子下炮制的，他们的阴谋文艺是在为政治服务的旗号下出笼的，他们的影射史学是在"为现实斗争服务"的口号下抛出的，这多么貌

---

　　① 约翰·杜威：《经验与自然》，引自洪谦主编《西方现代资产阶级哲学论著选辑》，商务印书馆1964年版，第194页。
　　② 转引自胡适：《五十年来之世界哲学》，《胡适文存》二集卷二，上海科学技术文献出版社2015年版，第277页。

似马克思主义的实践性！但是，稍加剖析即可看出，"四人帮"讲的"实践"正是地地道道的实用主义的"实践"。对于他们的这一套，都只能如实地按照张春桥的"理论—实践—理论"的公式去看待。在这个公式里，作为行动的出发点和归宿的"理论"（包括他们的所有"新"理论、"新"发现、阴谋文艺、影射史学等）都不是从实践中来的，都不是对于客观世界的反映，而是按照他们的主观需要编造的，实质上就是以理论的形式表达的主观需要。这个公式的前半截，即所谓实践从理论出发，也就是行动从主观需要出发。这个公式的后半截，即所谓经过实践再回到理论，也就是在行动中满足主观需要。张春桥的"理论—实践—理论"的公式，实质上也可以说是"需要—行动—需要"的公式，即从需要产生行动，在行动中满足需要。可见，张春桥的公式又是十足的实用主义的公式。这样的公式所体现的"实践性"怎么能冒充马克思主义的实践性呢？马克思主义的实践性要求理论首先必须是从实践中来的，才能指导实践，为实践服务；要求文艺首先必须正确地反映社会的政治和经济，才能给予重大影响和作用于社会的政治和经济，只有正确反映无产阶级政治才能服务于无产阶级的政治；要求史学首先必须正确地反映历史实际，正确地总结历史经验，才能作为现实斗争的借鉴，为现实斗争服务。"四人帮"的理论是根本歪曲现实的理论，"四人帮"的文艺是根本对抗无产阶级政治的文艺，"四人帮"的史学是根本篡改历史的史学。用这样的东西做赌注，"只当我不会输的！"其实是输定了的。这绝不是马克思主义的实践性，而只能是对抗客观规律的反革命盲动性。

马克思主义的实践性的最重要的内容，就是认为社会实践的效果是检验认识的真理性的唯一标准。"判定认识或理论之是否真理，不是依主观上觉得如何而定，而是依客观上社会实践的结果如何而定。"①可是，实用主义也讲"效果"，他们也说一个观念的真不真全看效果。胡适说："一切有意义的思想都会发生实际上的效果。这种效果便是那思想的意义。若要问那思想有无意义或有什么意义，只消求出那思想能发生何种实际的效果；只消问若承认他时有什么效果，若不认他时又有什么效果。"②这又是多么貌似马克思主义的实践性！

　　这里的根本区别在哪里呢？这个区别就在于，马克思主义讲的是客观实践的效果，而实用主义讲的是主观需要的效用。毛泽东同志说："按照辩证唯物论，思想必须反映客观实际，并且在客观实践中得到检验，证明是真理，这才算是真理，不然就不算。"③这就是说，所谓真理由实践效果去检验，就是由客观实践去检验人们的思想是否正确地反映了客观实际。而实用主义者讲的"效果"，是去证明"我"的主观需要能满足到什么程度。胡适用一个通俗的比喻说明了实用主义的这个观点。他说："一个观念（意思）就像一张支票，上面写明可支若干效果；如果这个'自然银行'见了这张支票即刻如数现兑，那支票便是真的，——那观念便是真的。"④关键就在这张支票是怎么开的。实用主义者的"支票"不是根据对于客观实际的正确反映，而是根据"我"的主观需要开的。"我"需要什么，需要多少，就在"支票"上写上什么，写上多少。所谓"实践"，就是不择手段地使这张"支票"兑现。兑现了，它就是真理，至于它是否符合客观规律，就完全是不相干的另外一回事了。显然，这

　　① 毛泽东：《实践论》，《毛泽东选集》第 1 卷，人民出版社 1969 年版，第 261页。
　　② 胡适：《实验主义》，《胡适文存》一集卷二，上海科学技术文献出版社 2015年版，第 226 页。
　　③ 毛泽东：《增强党的团结，继承党的传统》，《毛泽东选集》第 5 卷，人民出版社 1977 年版，第 297 页。
　　④ 胡适：《实验主义》，《胡适文存》一集卷二，上海科学技术文献出版社 2015年版，第 226 页。

是纯粹的主观真理论。列宁在批判马赫主义时说:"在唯物主义者看来,人类实践的'成功'证明着我们的表象和我们所感知的事物的客观本性的符合。在唯我论者看来,'成功'是我在实践中所需要的一切,而实践是可以同认识论分开来考察的。"①这就是马克思主义同实用主义对待所谓"效果"的根本界限。"四人帮"的支票上写的就是党和国家的最高权力。只要能把这个东西搞到手,什么手段都可以使用。只要对于搞到这个东西有用处,一切理论等等都可以算作"真理"。他们完全是以主观需要的效果作为标准,以是否对自己有用作为标准,而根本不是以社会实践作为真理的标准。他们就是按照这种实用主义的逻辑,把他们那一套"新理论""新发现"、阴谋文艺、影射史学都说成了真理。而客观的社会实践做出的判决,则宣布了这一整套货色不过是祸国殃民的谬论。

否认实践是认识的基础,否认实践是认识的真理性的标准,正是唯心论的先验论的要害,也正是实用主义的要害。

还必须划清的一个重要界限,就是马克思主义的灵活性同实用主义的灵活性之间的原则界限。

实用主义很讲灵活性,马克思主义也要求灵活性。但是,马克思主义要求的灵活性,是要客观地应用概念的灵活性,因为只有具备这种灵活性才能把握事物的发展变化和普遍联系,才能真正认识客观真理;实用主义的灵活性,则是主观地应用概念的灵活性,它不是为了认识客观真理,而正是为了抹杀客观真理,是一种随心所欲的诡辩论。马克思主义要求灵活性和确定性的统一,灵活性和原则性的统一;实用主义则只讲灵活性而否认任何确定性,只要灵活性而不要任何原则性。这两种

---

① 列宁:《唯物主义和经验批判主义》,《列宁选集》第 2 卷,人民出版社 1972年版,第 139 页。

灵活性，遵循着截然对立的哲学路线，决不可以鱼目混珠。

马克思主义的灵活性和确定性的统一，在认识论上很重要的一点就是要求把承认真理的相对性和绝对性统一起来。这种灵活性，就是承认人们对于在各个一定发展阶段上的具体过程的认识只具有相对的真理性，要求人们的认识随着客观过程的推移而推移，而不允许把对于具体过程的认识绝对化。这是必须坚持的。否认了认识的相对性，就否认了认识的发展，就会使理论变成教条，就会使人们的思想僵化。但是，马克思主义决不否认绝对真理，而只是认为真理是一个由相对走向绝对的过程。它承认相对性，又承认绝对性；承认灵活性，又承认确定性。列宁在批判俄国马赫主义者时说："任何思想体系都是受历史条件制约的，可是，任何科学的思想体系（例如不同于宗教的思想体系）和客观真理、绝对自然相符合，这是无条件的。你们会说：相对真理和绝对真理的这种区分是不确定的。我告诉你们：这种区分正是这样'不确定'，以便阻止科学变为恶劣的教条，变为某种僵死的凝固不变的东西；但同时它又是这样'确定'，以便最坚决果断地同信仰主义和不可知论划清界限，同哲学唯心主义以及休谟和康德的信徒们的诡辩划清界限。"①实用主义只讲灵活性、不确定性，就是只承认认识的相对性而否认绝对性。它讲真理是一个过程，讲什么"环境变了，真理也随时改变"，把绝对真理和所谓"永久不变的真理"混为一谈，由否定"永久不变的真理"而否定绝对真理，认为"那绝对的真理是悬空的，是抽象的，是笼统的，是没有根据的，是不能证实的"。人们"只需问我们在这个时候，遇着这个境地，应该

---

① 列宁：《唯物主义和经验批判主义》，《列宁选集》第 2 卷，人民出版社 1972年版，第 135 页。

怎样对付他：这种对付这个境地的方法，便是'这个真理'"。①所以，实用主义是在否认绝对真理亦即否认客观真理的意义上谈论人们认识的相对性、灵活性。这就是相对主义。列宁说："从赤裸裸的相对主义的观点出发，可以证明任何诡辩都是正确的，可以认为拿破仑是否死于 1821 年 5 月 5 日这件事是'有条件的'，可以纯粹为了人或人类的'方便'，在承认科学思想体系（它在一方面是'方便'的）的同时，又承认宗教思想体系（它在另一方面也是很'方便'的），等等。"②这种相对主义的灵活性，就是一切从"方便"出发，今天这样说，明天又可以那样说。"四人帮"翻手为云，覆手为雨，忽而这样，忽而那样，这种出尔反尔的灵活性就是相对主义的灵活性，实用主义的灵活性。

马克思主义的灵活性和原则性的统一，就是要求人们在运用普遍原则的时候必须同具体的实践相结合，"具体地分析具体的情况"③，"一切都以时间和地点为转移"④，就是要求把矛盾的普遍性和矛盾的特殊性联结起来。否认矛盾的特殊性，不问时间、地点、条件如何，把普遍原则当作千篇一律的公式到处硬套，这是马克思主义所不能允许的。但是，马克思主义所要求的这种灵活性，绝不是要否定矛盾普遍性，否定普遍真理，否定普遍原则。实用主义的灵活性，就是只承认一时一地一人的真理，只承认"这个时间，这个境地，这个我的这个真理"，而否认任何普遍真理、普遍原则。列宁说："必然性和普遍性是

---

① 胡适：《实验主义》，《胡适文存》一集卷二，上海科学技术文献出版社 2015 年版，第 224 页。
② 列宁：《唯物主义和经验主义》，《列宁选集》第 2 卷，人民出版社 1972 年版，第 136 页。
③ 列宁：《共产主义》，《列宁选集》第 4 卷，人民出版社 1972 年版，第 290 页。
④ 斯大林：《论土地问题》，《斯大林全集》第 1 卷，人民出版社 1953 年版，第 211 页。

不可分割的。"①否认矛盾普遍性就是否认必然性，而崇拜偶然性。否认普遍真理就否认了真理是对客观必然性的正确反映，而把真理看作个人应付特殊环境的工具。所以，实用主义的灵活性是不受客观必然性制约的灵活性，是在各种偶然性里碰来碰去的灵活性，是盲目追求"效果"而不顾任何原则的灵活性。"四人帮"把马克思列宁主义、毛泽东思想的完整体系肢解成许多孤零零的"碎片"，就是否定马列主义、毛泽东思想是放之四海而皆准的普遍真理，而把它看成由若干"对付环境的工具"偶然地拼凑起来的东西。在他们那里，所谓以时间、地点为转移，就是"我"在某一时某一地遇到某一问题时，根据"我"的需要去任意摘取。这就是林彪的所谓"活学活用"，就是马列主义为"我"所用，就是为了"我"所需要的"效用"而牺牲马列主义的普遍原则。

林彪、"四人帮"的反动天才论宣扬理论至上，大树"绝对权威"，鼓吹"句句是真理"，"一句顶一万句"，这是只讲绝对性而否定相对性，不允许讲任何灵活性。然而，他们只是要否定正确的灵活性，否定马克思主义的灵活性，而要大搞他们主观唯心论的灵活性。他们大树特树所谓"绝对权威"，权威而至于"绝对"，该是没有任何相对性、灵活性了吧？可是，他们大树"绝对权威"正是要"拉大旗作虎皮"包着自己去搞他们随心所欲的灵活性，用从马克思、恩格斯、列宁和毛泽东同志著作中任意摘取并加以歪曲的话去论证他们的货色的"权威性"。他们宣扬"句句是真理"，"一句顶一万句"，该是绝对而又绝对，不允许任何相对性、灵活性了吧？可是，他们正是在"句句是真理"的口号下，"灵活地"即随心所欲地对马克思、恩格斯、

_____

① 列宁：《费尔巴哈〈对莱布尼茨哲学的叙述、分析和批判〉一书摘要》，《列宁全集》第38卷，人民出版社1959年版，第434页。

列宁和毛泽东著作实行断章取义、歪曲篡改。因为既然"句句是真理",那么他们就可以按照自己的主观需要,把马克思、恩格斯、列宁和毛泽东同志的话掐头去尾,就可以随便摘取一句什么话去证明他们的货色是顶得上一万句的"真理"。十分明显,在林彪、"四人帮"那里,唯心论的天才论同实用主义是相互为用的。

　　毛泽东同志反反复复地教导我们,不能只是背诵马克思主义的词句,而是要学习马克思主义的立场、观点、方法。"我们要学的是属于普遍真理的东西,并且学习一定要与中国实际相结合。如果每句话,包括马克思的话,都要照搬,那就不得了了。我们的理论,是马克思列宁主义的普遍真理同中国革命的具体实践相结合。"①毛泽东同志所教导的,就是马克思主义的确定性和灵活性的统一、原则性和灵活性的统一。同样,对待毛泽东思想,也应当采取毛泽东同志所教导的这种科学态度。高举毛泽东思想的伟大旗帜,并不是高举词句,而是高举毛泽东思想的体系,这就是要坚持毛泽东同志在长期革命实践中所捍卫、阐明和发展的马克思列宁主义的普遍真理,并且把毛泽东思想的普遍真理同新的历史时期的具体实践紧密地结合起来。马列主义、毛泽东思想的普遍真理在任何时候都是必须坚持的,这就是确定性、原则性。然而,运用马列主义、毛泽东思想的普遍真理又必须与具体实践相结合,这就是灵活性。决不能只讲灵活性而否认普遍真理,也决不能把普遍真理同具体实践割裂开来,只要原则性而不要灵活性。林彪、"四人帮"既否定马克思主义的原则性,又否定马克思主义的灵活性。他们把坚持马列主义、毛泽东思想的普遍真理歪曲为大树"绝对权

---

① 毛泽东:《论十大关系》,《毛泽东选集》第 5 卷,人民出版社 1977 年版,第286 页。

威","句句照办";又把马克思主义的灵活性歪曲为可以随心所欲，断章取义，用"语录"代替马列主义、毛泽东思想的整个体系，用个别词句否定马列主义、毛泽东思想的普遍真理。在林彪、"四人帮"那里，这两手是同时使用或交替使用的，这充分说明他们是马列主义、毛泽东思想的死敌。

第四章　用形而上学的一点论
反对辩证法的两点论

马克思主义的哲学是唯物论和辩证法的统一。马克思主义的敌人攻击它的唯物论，也必然同时攻击它的辩证法。在马克思主义的发展史上，唯物论反对唯心论的斗争同辩证法反对形而上学的斗争，这两个方面总是紧密地结合在一起的。

"四人帮"打着辩证法的旗号攻击唯物论，同时，他们也打着辩证法的旗号攻击辩证法。和一切新老修正主义者一样，他们攻击唯物辩证法的矛头，集中地指向唯物辩证法的根本规律——对立统一规律。"四人帮"对于对立统一规律的攻击是从各个方面展开的，而首先就是否认矛盾本身。毛泽东同志曾经批判他们"形而上学猖獗""片面性"。片面性就是一点论，就是抹杀矛盾。他们炮制的"宁要……不要……"的公式，则是他们的一点论的典型公式。他们打着坚持重点论的幌子，把重点论和两点论对立起来。这种抛开两点论的重点论，只能是假重点论、假辩证法。揭露这种假重点论、假辩证法的本质，是我们批判"四人帮"形而上学反动世界观的一个主要内容。

一、把辩证法的两点论诬蔑为"折中主义"，在"批判折中主义"的幌子下攻击辩证法

"四人帮"的形而上学一点论，在他们嚣张一时的对于所谓"折中主义"的"批判"中表现得最为突出，最为露骨。因此，我们的批判，也就必须从对于他们"批判折中主义"的反批判开始。

在"四人帮"篡党夺权的急先锋梁效炮制的"批判"中国科学院《汇报提纲》的黑文中，在"它的理论基础是阶级斗争熄灭论和唯生产力论"这句话后面，姚文元亲笔加了一句："它的手段是折中主义。"①可见，"四人帮"是把所谓"折中主义"作为他们在哲学上的一个主要敌人去攻击的，这种攻击是不遗余力的。

他们攻击的果真是折中主义吗？否！人们从"四人帮"及其御用工具的连篇累牍的文章中看到，在那里，对于所谓"折中主义"的每一种攻击，都恰恰无一不是指向唯物辩证法的。他们为了把辩证法作为"折中主义"去"批判"，就要在理论上混淆辩证法和折中主义的原则界限。

在"四人帮"那里，所谓"折中主义"，也像"经验主义"或他们随便捏造的其他什么"主义"和什么"论"一样，只是打人的棍子，不是科学的概念。我们只有首先弄清什么是折中主义，才能划清辩证法和折中主义的真正界限，才能揭穿"四

---

① 参见北京大学、清华大学大批判组：《回击科技界的右倾翻案风》，《红旗》1976年第 2 期。

人帮"以"批判折中主义"为借口疯狂攻击唯物辩证法的鬼蜮伎俩。

折中主义的根本特征是调和矛盾，就是用诡辩的手法把对立面调和起来。列宁在《关于帝国主义的笔记》中写道："用折中主义代替辩证法。'中庸'：把两个极端'调和'起来，缺乏清楚、肯定、明确的结论，摇摆不定。"[①]列宁还指出："在折中主义者看来，一切都是'可以相容的'！"[②]折中主义之为折中主义，就是抹杀矛盾的对立和斗争，模糊事物的性质。如果不具备这样的特征，就不能叫作"折中主义"。折中主义调和矛盾的主要手法，是把互相对立的观点、原则结合在一起，把它们说成是可以相容的。折中主义也表现为矛盾均衡论，这实际上也是一种矛盾调和论，即鼓吹矛盾双方通过均衡达到调和。这就是抹杀主要矛盾和次要矛盾、矛盾主要方面和次要方面这两种矛盾情况的差别性。"这两种矛盾情况的差别性或特殊性，都是矛盾力量的不平衡性。"[③]把主要矛盾和次要矛盾、矛盾主要方面和次要方面说成半斤八两、势均力敌，它们之间就不是一方支配另一方，而是可以互相调和的了。此外，用罗列事物的表面特征去掩盖事物内部的矛盾性，也是折中主义的调和矛盾的手法。"四人帮"在上述这几个方面，都是竭力歪曲折中主义的本质特征，蓄意混淆辩证法和折中主义的本质区别。我们就从这几个方面加以剖析，看看"四人帮"及其御用工具是怎样混淆辩证法与折中主义的界限，把辩证法当作"折中主义"去攻击的。

---

① 列宁：《关于帝国主义的笔记》，《列宁全集》第39卷，人民出版社1963年版，第5页。

② 列宁：《唯物主义和经验批判主义》，《列宁选集》第2卷，人民出版社1972年版，第92页。

③ 毛泽东：《矛盾论》，《毛泽东选集》第1卷，人民出版社1969年版，第301页。

　　第一，他们蓄意混淆辩证法的两点论同抹杀对立的矛盾调和论的界限。

　　"四人帮"把折中主义归结为"又是这个，又是那个"或"一方面，另一方面"这样一个公式。在姚文元控制的《红旗》杂志1976年第1期上，刊登了一篇题为《大是大非问题一定要辩论清楚》的黑文。在这篇黑文里，曾这样攻击他们所谓的"奇谈怪论制造者"："政治、业务'两面都讲'……他们采用'一方面，另一方面'的折中主义手法，来贩卖'业务挂帅'的修正主义黑货。"可见，在"四人帮"的"哲学词典"里，"一方面，另一方面"是折中主义的代名词。凡是表现了这个公式的，一概被斥之为"折中主义"。似乎辩证法是根本否认这个公式的，似乎只有根本否认这个公式才是辩证法。

　　这绝不是区分辩证法和折中主义的标准，而是"四人帮"为了混淆辩证法与折中主义的真正界限而主观臆造的标准。折中主义的特征绝不在于"又是这个，又是那个"或"一方面，另一方面"，而在于它企图把两种互相排斥、互相对立的观点调和起来，在两种互相排斥、互相对立的观点中间既"同意"这个，又"同意"那个。列宁说，折中主义是"那种对立原则和对立观点的大杂烩"。[①]这里，被捏合在一起的"一方面，另一方面"是不是互相排斥、互相对立的观点，才是区分辩证法和折中主义的一个关键。

　　我们看看列宁是怎样实际地批判折中主义的吧！

　　列宁在批判"第二国际的正式代表人物"王德威尔得时说："王德威尔得也同考茨基一样，是用折中主义代替辩证法的大师。一方面，不能不意识到，另一方面，应该承认。一方面，

　　① 列宁：《书评。卡尔·考茨基〈伯恩施坦与社会民主党的纲领反批评〉》，《列宁全集》第4卷，人民出版社1958年版，第178页。

国家可以理解为'一个民族的总和'……另一方面，国家可以理解为'政府'……王德威尔得抄袭这个渊博的庸俗论调，称赞这种论调，把这种论调和马克思的言论列在一起。"①

列宁在批判马赫主义者的折中主义时说："马赫和阿芬那留斯在他们的哲学中把唯心主义的基本前提与唯物主义的个别结论混在一起，这正是因为他们的理论是恩格斯以应有的鄙视称之为'折中主义残羹剩汁'的典型。"②"彼得楚尔特写道：阿芬那留斯的《纯粹经验批判》，当然是和这个学说（即唯物主义）不矛盾的，可是它与完全相反的唯灵论学说也是不矛盾的。绝妙的辩护！这正是恩格斯所说的折中主义残羹剩汁。"③"折中主义，即唯物主义和唯心主义的糊涂的混合。"④"往返于唯心主义立场和唯物主义立场之间的折中主义……"。⑤"他们从折中主义残羹剩汁里获得自己的哲学，并且继续用这种东西款待读者。他们从马赫那里取出一点不可知论和唯心主义，再从马克思那里取出一点辩证唯物主义，把它们混合起来，于是含含糊糊地说这种杂烩是马克思主义的发展。"⑥

从列宁的批判中看得很清楚，所谓折中主义的"一方面，另一方面"，正是互相对立、互相排斥的两种观点。一方面，庸俗论调，另一方面，马克思的言论；一方面，唯心主义，另一方面，唯物主义；一方面，马赫主义，另一方面，马克思主义。

---

① 列宁：《无产阶级革命和叛徒考茨基》，《列宁选集》第 3 卷，人民出版社 1972 年版，第 706 页。
② 列宁：《唯物主义和经验批判主义》，《列宁选集》第 2 卷，人民出版社 1972 年版，第 59 页。
③ 列宁：《唯物主义和经验批判主义》，《列宁选集》第 2 卷，人民出版社 1972 年版，第 61 页。
④ 列宁：《唯物主义和经验批判主义》，《列宁选集》第 2 卷，人民出版社 1972 年版，第 87 页。
⑤ 列宁：《唯物主义和经验批判主义》，《列宁选集》第 2 卷，人民出版社 1972 年版，第 151 页。
⑥ 列宁：《唯物主义和经验批判主义》，《列宁选集》第 2 卷，人民出版社 1972 年版，第 192 页。

折中主义之为折中主义，就在于它把这样两种互相对立、互相排斥的观点捏合在一起。

如果不是在两种互相对立，互相排斥的观点之间搞调和，那么，"又是这个，又是那个"，"一方面，另一方面"，就不但不是什么"折中主义"，而正是体现辩证法的全面性要求的两点论。在马克思主义的经典著作中，这样运用两点论的"一方面，另一方面"的论述，几乎到处可以见到。

我们就从毛泽东同志的著作和指示中引出几段这样的论述看看吧！

毛泽东同志在谈到同民族资产阶级的关系时说："我们一方面要同他们做斗争，另一方面要团结他们。"①

毛泽东同志在谈到错误的两重性时说："错误一方面损害党，损害人民；另一方面是好教员，很好地教育了党，教育了人民，对革命有好处。"②

毛泽东同志在抗日战争时期指出，在团结全民族和反对民族中的奸细分子的问题上"只顾一方面，忘记另一方面，是完全错误的"。在扩大共产党和防止奸细混入的问题上"只顾一方面，忘记另一方面，就会犯错误"。在坚持统一战线和坚持党的独立性的问题上"只顾一方面，不顾另一方面，都将不利于抗日"。③

毛泽东同志的所有这些关于"一方面，另一方面"的论述，不都正是体现全面性要求的辩证法吗？恩格斯说，辩证法"除

① 毛泽东：《不要四面出击》，《毛泽东选集》第5卷，人民出版社1977年版，第23页。
② 毛泽东：《我们党的一些历史经验》，《毛泽东选集》第5卷，人民出版社1977年版，第310页。
③ 毛泽东：《中国共产党在民族战争中的地位》，《毛泽东选集》第2卷，人民出版社1969年版，第489—491页。

了'非此即彼！'又在适当的地方承认'亦此亦彼！'"①"亦此亦彼"不就是"一方面，另一方面"吗？世界上一切事物都包含着矛盾，没有矛盾就没有世界。矛盾不就是由"一方面，另一方面"即正面和反面组成的吗？正确地反映事物矛盾两个方面的认识，不但不是折中主义，而且正是辩证法所绝对要求的，正是辩证认识的本质。

"四人帮"的御用工具一再引证列宁的《再论工会、目前局势及托洛茨基和布哈林的错误》一文，以为这可以帮他们的大忙。

那么，我们就看看他们究竟是怎样引证的吧！在"四人帮"控制的《红旗》杂志1976年第2期上，有一篇专门"批判"所谓"折中主义"的奇文。它在引证列宁的话时，掐头去尾，只引证其中的这样一段："'又是这个，又是那个'，'一方面，另一方面'——这就是布哈林在理论上的立场。这就是折中主义。"②这样，似乎列宁认为布哈林在理论上的错误，他的折中主义，就在于他讲了"又是这个，又是那个"，"一方面，另一方面"。这篇文章对于所谓"折中主义"的全部攻击，都是立足于这个引证的。

然而，这完完全全是对于列宁论述的根本歪曲！

列宁在上面引述的那段话之后，紧接着说："辩证法要求从相互关系的具体的发展中来全面地估计这种关系，而不是东抽一点，西抽一点。"③这就说明，布哈林的折中主义并不能一般地归结于他讲了"又是这个，又是那个"，"一方面，另一方面"，

---

① 恩格斯：《自然辩证法》，《马克思恩格斯选集》第3卷，人民出版社1972年版，第535页。

② 纪平：《折中主义就是修正主义》，《红旗》1976年第2期。

③ 列宁：《再论工会、目前局势及托洛茨基和布哈林的错误》，《列宁选集》第4卷，人民出版社1972年版，第449页。

而在于他是"东抽一点，西抽一点"。

列宁在阐明辩证法和折中主义的界限时，着重分析了当时辩论中涉及的两个问题：一个是政治和经济的问题，一个是关于工会的性质即所谓"学校"和"机关"的问题。我们从这两个问题看看布哈林折中主义的真正实质究竟在哪里。

列宁的这整篇著作，都是在同托洛茨基和布哈林论战。这场论战是托洛茨基挑起的，是围绕工会的作用和任务问题展开的。当时，俄国国内战争基本结束，布尔什维克党面临着领导全国人民迅速医治战争创伤、恢复国民经济的艰巨而迫切的任务。就在这场争论发生期间，列宁在《关于人民委员会工作的报告》中指出："经济任务、经济战线现在又作为最主要的任务和基本的战线提到我们面前来了"。①为了迅速恢复国民经济，就必须调整经济政策，由"战时共产主义"转变到"新经济政策"，例如用粮食税代替余粮征集制等。同时，为了恢复和发展工业、运输业等，就要吸引广大工人群众参加，这就必须改变战时在前线采用的军事命令的方法，而采用说服教育的方法去调动工人群众的积极性。这里，一个重要的方面是要充分发挥工会的联系党和工人群众的作用，使工会成为一个教育和训练工人阶级的大学校。但是，托洛茨基跳了出来，纠集反党派别，公开反对列宁的正确路线和政策。他以极"左"的面目出现，认为不仅不能减弱战时共产主义制度，反而要"把螺丝钉拧紧一下"。他抓住工会问题发难，提出要对工会进行"自上而下的整刷"，提出"工会国家化"的口号，要把工会变成管理经济的国家机关，要把军事方法搬到工会工作中去，实行强制，反对在工会里扩大民主，等等。他攻击列宁只关心所谓形式上的民

---

① 列宁：《关于人民委员会工作的报告》，《列宁选集》第4卷，人民出版社1972年版，第380页。

主，而说他们一伙所关心的是提高生产；说列宁只是"从政治上"看问题，而说他们是"从经济上"看问题。当时完全站在托洛茨基一边的布哈林则把自己说成"凌驾于"争论双方"之上"，既同意"从经济上"看问题，又同意"从政治上"看问题，说他正在把双方统一起来。列宁尖锐指出：布哈林的这种在把从政治上看问题和从经济上看问题结合起来的标榜下企图凌驾于争论双方之上的立场，在理论上是一种折中主义的立场。

"四人帮"及其御用工具肆意歪曲列宁对布哈林的这种批判。他们伪造历史，把当时列宁和托洛茨基的争论说成"从政治上"看问题和"从经济上"看问题的争论，把列宁歪曲成只讲政治，把托洛茨基说成"只提'组织生产'"，从而把布哈林的折中主义说成是"一方面"讲政治，"另一方面"又讲经济。经过这样的歪曲之后，似乎列宁的话不仅可以成为他们"批判折中主义"的论据，而且可以成为他们"批判唯生产力论"的论据了。

"四人帮"及其御用工具完全把托洛茨基和布哈林的诡辩当成了真理。他们对列宁的这种歪曲同当时托洛茨基对列宁的非难是一模一样的。托洛茨基说："列宁同志在苏维埃第八次代表大会上，在关于我国形势的报告的结论中曾经说，我们要少搞一点政治，多搞一点经济，可是在工会问题上，他却把问题的政治方面放在第一位。"列宁针锋相对地驳斥说："托洛茨基同志以为这些话是'正中要害的'。实际上这些话正好说明他极其糊涂，说明他的'思想混乱'已经到了极点。自然，我在过去、现在和将来都希望我们少搞些政治，多搞些经济。但是不难理解，要实现这种愿望，就必须不发生政治上的危险和政治上的错误。而托洛茨基同志所犯的并且由布哈林同志加深的政治错误，却使我们党离开经济任务，离开'生产'工作，迫使我们——遗憾得很——花许多时间来纠正这些错误，来同工团主义倾向（它可能导致无产阶级专政的灭亡）进行争论，来同对工会运动的错误态度（这种态度可能导致苏维埃政权的灭亡）进行争论……"。①从列宁对托洛茨基的这种反驳里能够说明列宁只是关心政治而不关心经济吗？政治是经济的集中表现。政治是实现经济任务的保证。当出现了政治上的危险和政治上的错误的时候，如果不克服这种危险和这种错误，多搞些经济的愿望就不可能实现。当时托洛茨基的反党活动就是一种严重的政治错误。如果按照托洛茨基的主张，就会破坏工农联盟，就会破坏党和工人群众的关系，就不仅不可能恢复和发展经济，而且会导致无产阶级专政的苏维埃政权灭亡。这就是说，托洛茨基的政治上的错误会导致极其严重的政治危险。所以，列宁必须从政治上提出问题，必须揭露托洛茨基错误的政治实质，战胜托洛茨基的错误路线。而这样做，正是为了保证经济任务的实现。这正是政治为经济服务，正是政治和经济的统一。

政治和经济是矛盾统一体的两个侧面，它们是能够统一、应当统一、必须统一的。政治和经济的统一，是马克思主义的一个根本观点。列宁在揭露布哈林捏造的"生产民主"这个术语的错误时指出："任何民主，和一般的任何政治上层建筑一样（这种上层建筑在阶级消灭之前，在无阶级的社会建立之前，是必然存在的），归根到底是为生产服务的，并且归根到底是由该社会中的生产关系决定的。"②这里讲的就是政治和经济的统一。这就是列宁的一贯思想。

很显然，托洛茨基说列宁只是"从政治上"看问题是对列

---

① 列宁：《再论工会、目前局势及托洛茨基和布哈林的错误》，《列宁选集》第 4 卷，人民出版社 1972 年版，第 443—444 页。
② 列宁：《再论工会、目前局势及托洛茨基和布哈林的错误》，《列宁选集》第 4 卷，人民出版社 1972 年版，第 439 页。

宁的一种攻击，一种非难，而说他"从经济上"看问题则只是一种掩饰自己政治错误的遁词。当时围绕工会问题展开的争论，并不是什么"从政治上"看问题和"从经济上"看问题之争，不是什么强调政治和强调经济之争，而如列宁所明确指出的，是"在对待群众、掌握群众、联系群众的方法问题上存在着分歧"①，而这个问题在苏联当时的历史条件下是关系到苏维埃政权存亡的问题。可见，布哈林宣称把从政治上看问题和从经济上看问题结合起来，也同样只是一个幌子。他是在这个幌子下，企图调和列宁和托洛茨基之间在如何对待群众、掌握群众、联系群众的问题上的原则争论，把列宁主义和托洛茨基主义这两种根本对立的观点和路线"结合起来"。这当然是百分之百的折中主义。布哈林是用这种折中主义的诡辩手法去替托洛茨基掩盖政治上的错误，向列宁进攻。可是，这样的折中主义到了"四人帮"及其御用工具的笔下竟然成了什么"一方面"讲政治，"另一方面"又讲经济！这不是蓄意歪曲列宁是什么？不是蓄意把政治和经济统一的辩证法当作"折中主义"去攻击又是什么？

在关于工会性质问题即所谓"学校"和"机关"的问题上，列宁也讲得十分明确。列宁说，布哈林"是用折中主义的态度提出'缓冲'的任务的，他从季诺维也夫那里抽了一点，又从托洛茨基那里抽了一点（在当时的那场争论中，季诺维也夫的观点是列宁赞同的正确观点——引者）"。②布哈林就是企图在两种互相对立、互相排斥的观点中各抽一点，捏合在一起，用调和矛盾的办法去"缓冲"争论。他说："季诺维也夫同志说工会是共产主义的学校，而托洛茨基同志说它是管理生产的行

---

① 列宁：《论工会、目前局势及托洛茨基的错误》，《列宁选集》第4卷，人民出版社1972年版，第406页。

② 列宁：《再论工会、目前局势及托洛茨基和布哈林的错误》，《列宁选集》第4卷，人民出版社1972年版，第450页。

政技术机关。我看不出有任何逻辑上的根据，可以证明第一个不正确或第二个不正确，因为这两个原理都是对的，把这两个原理结合起来，也是对的。"① 所以，他主张"一方面，它们[工会]是共产主义的学校……另一方面，它们又是——并且愈来愈是——经济机关和整个国家政权机关的一个组成部分……"。② 他以为把这样两种互相对立、互相排斥的观点用"一方面，另一方面"的公式捏合在一起，就可以"缓冲"争论了。列宁挖苦他说：这种"缓冲"，就像一幅"缓冲煤油"的讽刺画，只是火上加油，因为不能调和的东西是调和不了的。

显然，问题绝不在于"一方面，另一方面"这个公式本身，而在于这个公式所包含的具体内容。"一方面，另一方面"既可以是折中主义的公式，又可以是辩证法的两点论的公式。正是这个缘故，老的修正主义者才便于用折中主义冒充辩证法，"四人帮"也才便于把辩证法诬蔑为"折中主义"。可见，在"一方面，另一方面"的公式中，被结合在一起的是不是两种互相对立、互相排斥的观点，才是区分辩证法和折中主义的真正界限，这是一条最重要的界限。

第二，他们蓄意混淆辩证法的两点论同矛盾均衡论的界限。

唯物辩证法认为，对于事物发展过程中的各种矛盾以及矛盾的各个方面都不能平均看待，而必须区分主要矛盾和次要矛盾、矛盾的主要方面和次要方面。折中主义则是竭力抹杀主要矛盾和次要矛盾、矛盾的主要方面和次要方面的差别性，鼓吹矛盾通过均衡达到调和。但是，却并不能说凡是既讲主要矛盾又讲次要矛盾、既讲矛盾主要方面又讲矛盾次要方面的论点都

① 转引自《再论工会、目前局势及托洛茨基和布哈林的错误》，《列宁选集》第4卷，人民出版社1972年版，第451页。

② 转引自《再论工会、目前局势及托洛茨基和布哈林的错误》，《列宁选集》第4卷，人民出版社1972年版，第451页。

是矛盾均衡论。"四人帮"蓄意混淆这二者的界限，打着反对矛盾均衡论的幌子，把一切既讲主要矛盾又讲次要矛盾、既讲矛盾主要方面又讲矛盾次要方面的论点一概诬之为矛盾均衡论，一概诬之为"折中主义"，而大加讨伐。

还是在上面提到的那篇专门"批判"所谓"折中主义"的奇文里，曾把著名的1975年中国科学院《汇报提纲》作为"折中主义"的一个标本去"批判"。它写下了这样一段"妙论"：

口口声声讲矛盾的这一方面，矛盾的那一方面。然而，他们根本不谈无产阶级和资产阶级这个主要矛盾，不谈以阶级斗争为纲，不谈修正主义是当前的主要危险。

例如，在政治和业务、政治和技术的关系问题上，他们说什么，一方面，不批判不问政治的倾向"是不对的"；另一方面，不学文化、不钻研科学技术"也是不对的"。在教育、科技工作和生产劳动相结合的问题上，他们说什么，一方面，脱离实际的倾向"是不对的"；另一方面，忽视基本理论的学习和研究"也是不对的"。在科技人员和工农群众相结合的问题上，他们说什么，一方面，不同工农群众结合"是不对的"；另一方面，不发挥专家的作用"也是不对的"。在马克思主义哲学与自然科学的关系问题上，他们说什么，一方面，认为哲学对自然科学没有指导意义"是不对的"；另一方面，以为可以简单依靠哲学的一般原理去解决具体科学问题"也是不对的"，等等。他们在一系列问题上，都是不分第一和第二，不分主要和次要，不分主流和支流。他们玩弄的这一套，像游蛇一样回旋于这一方面和另一方面之间，似乎很全面，很公正，表面上看起来不偏不倚，没有什么倾向性，实质上他们的倾向性是很鲜明的。……实际上，他们是站在资产阶级这"一方面"，向无产阶级这"一方面"进攻。①

　　这样一段又臭又长的文字,我们之所以把它全部摘引出来,是因为它把"四人帮"及其御用工具借口反对均衡论而攻击辩证法的全部荒谬和蛮横,不加掩饰地暴露出来了。我们倒可以说,这一段"妙论"是"四人帮"及其御用工具把辩证法诬蔑为"折中主义"的一个标本。把这个标本剖析清楚了,在这个问题上马克思主义和修正主义的界限也就划清楚了。

　　首先必须指出的是,列宁说过机会主义是"在两种互相排斥的观点之间像游蛇一样回旋"②,这段"妙论"却偷换为"像游蛇一样回旋于这一方面和另一方面之间"。对于这种偷换的理论实质,我们在论述前一个问题时已经揭露过了。《汇报提纲》中提出加以反对的"一方面,另一方面",都是应当加以反对的错误观点,并非其中一方面是正确的而另一方面是错误的。它决然不是要调和那两种倾向,而是要坚决反对那两种倾向。因此,它表现的是辩证法的鲜明的战斗风格,而丝毫没有所谓"游蛇"的影子。

　　这段"妙论"指责《汇报提纲》的主要罪名是所谓"不分第一和第二,不分主要和次要,不分主流和支流",这完全是莫须有的罪名。

　　要问这种指责能否成立,首先要问《汇报提纲》是针对什么情况、回答什么问题而写的。《汇报提纲》正是针对"四人帮"长期以来在科技领域里只许反对一种倾向,不许反对并蓄意助长另一种倾向的形而上学片面性,才鲜明地提出必须在两条战线作战,必须注意反对两种倾向。它的任务不是要回答当前的

―――――――――

　　① 纪平:《折中主义就是修正主义》,《红旗》1976 年第 2 期。
　　② 列宁:《进一步,退两步》,《列宁选集》第 1 卷,人民出版社 1972 年版,第499 页。

主要倾向是什么的问题，而是回答要不要同时反对两种倾向的问题。从哲学上说，它的锋芒正是指向"四人帮"的形而上学一点论，而不是指向什么矛盾均衡论。因此，它只需指出应当反对的两种倾向就够了，而无须去讲什么"第一第二""主要次要""主流支流"，等等。这同蓄意抹杀矛盾主要方面和次要方面的差别性的矛盾均衡论，是毫不相干的两回事。

我们看看毛泽东同志的著作和指示吧！他在许多场合下，针对某种形而上学片面性，就是只提出既要反对一种倾向又要反对另一种倾向，而并没有画蛇添足地去讲什么"第一第二"之类。例如：

"我们现在要反对主观主义，既反对盲目冒进的主观主义，也反对保守的主观主义。"①

"我们历来提倡艰苦奋斗，反对把个人物质利益看得高于一切，同时我们也历来提倡关心群众生活，反对不关心群众痛痒的官僚主义。"②

"我们既反对政治观点错误的艺术品，也反对只有正确的政治观点而没有艺术力量的所谓'标语口号式'的倾向。"③

"对于外国文化，排外主义的方针是错误的……盲目搬用的方针也是错误的……对于中国古代文化，同样，既不是一概排斥，也不是盲目搬用。"④

在这些论述中，并没有指出什么"第一第二""主要次要"，难道因此就可以把它们诬为"折中主义"吗？

---

① 毛泽东：《反对党内的资产阶级思想》，《毛泽东选集》第5卷，人民出版社1977年版，第94页。
② 毛泽东：《论十大关系》，《毛泽东选集》第5卷，人民出版社1977年版，第272页。
③ 毛泽东：《在延安文艺座谈会上的讲话》，《毛泽东选集》第3卷，人民出版社1969年版，第826页。
④ 毛泽东：《论联合政府》，《毛泽东选集》第3卷，人民出版社1969年版，第984页。

毛泽东同志在长期的革命斗争实践中，总结出必须在两条战线做斗争的重要经验，这是完全符合辩证法的科学经验，而绝不是什么"折中主义"。

尤其荒唐的是，这段"妙论"攻击说："实际上，他们是站在资产阶级这'一方面'，向无产阶级这'一方面'进攻。"真是岂有此理！试问：在《汇报提纲》中的那几个"一方面，另一方面"里，究竟哪一方面是资产阶级方面，哪一方面是无产阶级方面？在"四人帮"看来，只有其中讲的"不批判不问政治的倾向'是不对的'"这一方面才是无产阶级方面，而其中讲的"不学文化、不钻研科学技术'也是不对的'"，这一方面则无疑是资产阶级方面了（其他几例类推）。就是说，政治——无产阶级的；业务——资产阶级的。毛泽东同志在阐述文艺和政治的正确关系时说过，无产阶级的文学艺术是无产阶级整个革命事业的一部分，党的文艺工作是服从党在一定革命时期内所规定的革命任务的。"反对这种摆法，一定要走到二元论或多元论，而其实质就像托洛茨基那样：'政治——马克思主义的；艺术——资产阶级的。'"①"四人帮"及其御用工具就深深地陷入了托洛茨基式的二元论，而这正是不折不扣的折中主义。折中主义的"批判者"自己陷入了不可救药的折中主义，岂不是太可悲了吗？然而，这样的命运却恰恰是"四人帮"的整个理论所无法逃脱的。

第三，他们蓄意混淆辩证法的全面性和罗列事物个别特征的折中主义的界限。

折中主义的另一个重要表现，就是"甲乙丙丁，开中药铺"，罗列事物的个别特征和个别因素，以掩盖事物内部的矛盾性，

---

① 毛泽东：《在延安文艺座谈会上的讲话》，《毛泽东选集》第3卷，人民出版社1969年版，第822—823页。

模糊事物的性质。列宁说："拿两个或更多的不同的定义，把它们完全偶然地拼凑起来……那么我们所得到的就仅仅是一个指出事物的各个方面的折中主义的定义。"① "四人帮"只要列宁这句话的前半句，把任何提出了两个或更多方面的问题的论点，统统诬为"折中主义"。

显然，是不是折中主义，关键并不在于是否提出了两个或更多的方面，而在于对事物的这些方面是如何把握的，在于是不是把它们"完全偶然地拼凑起来"的。列宁说："要真正地认识事物，就必须把握、研究它的一切方面、一切联系和'中介'。我们决不会完全地做到这一点，但是，全面性的要求可以使我们防止错误和防止僵化。"②辩证法的全面性，也就是讲的两重性，就是两点论。不论人们在认识中揭示了事物的多少方面，归根结底是两面，即事物的正面和反面。如果对事物的各个方面进行正确的矛盾分析，对事物的发展过程做出完整的科学的解释，那就不是什么折中主义，而正是辩证法的全面性。

"四人帮"混淆辩证法的全面性和折中主义的原则界限的最突出的表现，就是他们对毛泽东同志的"三项指示"所进行的恶毒攻击。在梁效的一篇大毒草里这样写道："大谈三项指示'互相联系，不能分割'，'是一个整体，不能丢掉任何一句'，说得振振有词，似乎很全面，其实是在玩弄折中主义的鬼把戏。"③

请注意，梁效这里所攻击的是三项指示"是一个整体"的论点。把毛泽东同志的三项指示看成一个互相联系的整体，怎么成了"折中主义的鬼把戏"呢？

---

① 列宁：《再论工会、目前局势及托洛茨基和布哈林的错误》，《列宁选集》第4卷，人民出版社1972年版，第453页。
② 列宁：《再论工会、目前局势及托洛茨基和布哈林的错误》，《列宁选集》第4卷，人民出版社1972年版，第453页。
③ 梁效：《评"三项指示为纲"》，《人民日报》，1976年2月29日。

首先，这"三项指示"绝不是"偶然地拼凑起来"的，而是有内在联系的。"三项指示"这个整体完整地体现着巩固和加强无产阶级专政这个根本思想。把国民经济搞上去，安定团结，都是为着巩固和加强无产阶级专政。因此，它完全符合辩证法的全面性的要求。

其次，这"三项指示"绝不是针对几个枝节问题，而是抓住了我国政治经济生活中最本质的问题。列宁说，折中主义的做法是"追求罗列所有的个别特征和个别'因素'的做法"。[①]"三项指示"作为一个整体是罗列事物的个别特征和个别因素吗？巩固和加强无产阶级专政，把国民经济搞上去，安定团结，是我国社会主义革命和社会主义建设中带全局性的根本问题。抓住了这三个问题，就把党和国家的各个方面的工作都带起来了。毛泽东同志的"三项指示"的提出，以及党中央把这三项指示作为一个整体提出来，就是建立在对于当时我国发展过程的完整的科学分析之上的。把它作为一个整体，所体现的正是辩证法，而绝不是什么折中主义。

再次，这"三项指示"正是针对"四人帮"篡党夺权的阴谋活动，针对"四人帮"搞乱国民经济、破坏安定团结的罪恶行径而提出的。把它作为一个完整的整体提出来，切合我国当时的实际情况，反映了全党和全国人民的根本利益和共同心愿。在 1975 年的具体历史条件下，党中央把毛泽东同志的这三项指示作为一个不可分割的整体提了出来，这种对问题的整个看法，对问题的整个提法，对问题的整个提法的方向，都是正确和准确的。把这样的看法和提法说成"折中主义的鬼把戏"，只能充分暴露"四人帮"疯狂反对毛泽东同志指示的反动嘴脸。

[①] 列宁：《土地问题和"马克思的批评家"》，《列宁全集》第 5 卷，人民出版社 1959 年版，第 124 页。

总之，在"四人帮"及其御用工具那里，正像"机械论"是辩证唯物论的反话一样，所谓"折中主义"也是唯物辩证法的反话。他们大批特批"折中主义"，批掉的是实事求是、一分为二，批掉的是唯物论、辩证法。

二、夸大和歪曲阶级矛盾的普遍性，用阶级矛盾代替一切矛盾

夸大和歪曲阶级矛盾的普遍性，用阶级矛盾代替一切矛盾，是"四人帮"歪曲和篡改马克思主义阶级斗争学说的一个重要方面，也是"四人帮"用形而上学一点论反对辩证法的两点论的一个重要手法。

在《论总纲》中有这样一段话："即使我们真正掌握了阶级斗争的特点和规律，解决了阶级斗争中的特殊矛盾，也不等于掌握了生产斗争、科学实验的特点和规律，不等于解决了这两大革命运动中的特殊矛盾。"姚文元在这段话旁批道："否定纲举目张"。根据姚文元的这个批语，"四人帮"的帮刊《学习与批判》刊登了一篇署名翟青（即罗思鼎）的"批判"《论总纲》的文章，那里写道："离开了党的基本路线，离开了阶级斗争这个纲，去谈什么生产斗争和科学实验的特殊性，就是割裂矛盾的普遍性和特殊性的辩证关系，就是否定矛盾的普遍性。"并由此而推论出，就是"否定马克思主义的普遍真理"，"就是十足的修正主义"。[①]按照罗思鼎的胃口，大概还想"就是"下去的。在他们那里，阶级斗争是"普遍性"，生产斗争和科学实验是它

---

① 翟青：《读一篇未及发表的文稿》，《学习与批判》1976 年第 4 期。

的"特殊性"！人和自然的矛盾居然成了阶级矛盾的"特殊性"，那么，各种社会矛盾就更加只能是阶级矛盾的"特殊性"了。像这样绝顶荒谬的东西，居然白纸黑字，印在他们的"权威"刊物上，当作"马克思主义"去宣传，这仅仅是出于无知或偶然的疏忽吗？不！借口所谓阶级斗争的普遍性，把阶级斗争说成就是一切或一切都是阶级斗争，这是"四人帮"及其御用工具长时期反复宣传的一种"理论"。

按照"四人帮"的这一套理论，既然阶级斗争是矛盾普遍性，生产斗争、科学实验只是矛盾特殊性，那么，生产斗争、科学实验就只是阶级斗争的特殊表现。他们的所谓不能离开阶级斗争这个纲去谈生产斗争和科学实验的特殊性，就是要抹杀生产斗争和科学实验的特殊性。这在实际上是想说，只要抓阶级斗争就够了，阶级斗争可以代替生产斗争、科学实验，阶级斗争就是一切。他们正是根据这样的逻辑，疯狂反对毛泽东同志关于开展三大革命运动的伟大指示的。

毛泽东同志指出："阶级斗争、生产斗争和科学实验，是建设社会主义强大国家的三项伟大革命运动，是使共产党人免除官僚主义、避免修正主义和教条主义，永远立于不败之地的确实保证，是使无产阶级能够和广大劳动群众联合起来，实行民主专政的可靠保证。"[①]这就清楚地指明了三项革命运动都是建设社会主义强大国家的基本任务。阶级斗争只有为发展生产斗争和科学实验的革命运动开辟道路，扫除障碍，才是正确的、进步的，否则就是错误的、反动的。而生产斗争是最基本的实践，是为无产阶级专政创造物质基础，为无产阶级反对和战胜资产阶级增强物质力量的。不从事生产斗争，就一切都谈不上。

---

① 转引自叶剑英：《关于修改宪法的报告》，《中华人民共和国第五届全国人民代表大会第一次会议文件》，人民出版社 1978 年版，第 112 页。

开展科学实验，发展科学事业，则是高速度发展社会生产力的必要条件。科学是生产力。不极大地提高整个中华民族的科学文化水平，不把科学实验搞上去，高速度发展生产力就是空话，四个现代化就是空话。因此，三项革命运动缺一不可，只有三大革命一起抓才能胜利地实现无产阶级专政的伟大任务。这三项革命运动，各有其矛盾的普遍性和特殊性，不可互相代替。要搞好阶级斗争，就必须用马克思主义揭示的阶级斗争一般规律作为指导，去认识阶级斗争在社会主义时期的特殊规律，认识阶级斗争在不同时期、不同领域的特殊表现，而不能像"四人帮"所干的那样，拿着一个"阶级斗争"的大框子到处瞎扣，乱斗一气。要搞好生产斗争和科学实验，就必须用对于生产斗争和自然科学中的矛盾普遍性的认识作为指导，通过生产斗争和科学实验的实践，在反复实践、反复认识中掌握生产发展中和科学发展中的各种特殊规律，而不能像"四人帮"所鼓吹的那样，用"阶级斗争"去代替生产斗争和科学实验，或者用哲学去代替自然科学的研究。"四人帮"打着极"左"的旗号，只许讲"阶级斗争"，不许讲生产斗争、科学实验，就是妄图摧毁无产阶级专政和社会主义制度的物质基础，阻挠和破坏四个现代化建设。

"四人帮"的这一套阶级斗争"普遍性"的理论，一方面是鼓吹阶级斗争就是一切，另一方面又是把一切都说成阶级斗争，为他们大搞"无限上纲"、整人、打人制造"理论"根据。按照他们的逻辑，既然阶级斗争是所谓矛盾普遍性，其他一切矛盾都只是它的特殊性，那么，其他一切矛盾就都成了阶级矛盾或都带有阶级斗争的性质，在社会主义社会中除了阶级关系就没有别的关系，除了阶级矛盾就没有别的矛盾。他们正是这样把人民内部的一切是非问题、争论问题统统说成阶级斗争问题，甚至进而说成敌我问题。结果是，不仅所谓"走资派"遍地走，而且各种牌号的"资产阶级"到处都是。因此，在"四人帮"那里，"以阶级斗争为纲"成了以整人为纲。可见，"四人帮"的那一套所谓阶级斗争"普遍性"的理论，也正是为他们的"全面专政"论捏造的一个理论根据。

阶级矛盾，譬如说无产阶级和资产阶级的矛盾也是普遍性和特殊性的统一。它的普遍性就是它的一般的本质，它的特殊性就是它在不同时期、不同领域所表现的特殊本质。它的普遍性只是寓于它的特殊性之中，而不能寓于其他矛盾之中，不能"普遍"到把一切矛盾都包括进去，都成了它的特殊性。我们必须研究无产阶级和资产阶级的矛盾在不同时期、不同领域的特殊性，找出解决这个矛盾的正确方法，但这不是要像"四人帮"所荒谬地宣扬的那样，把次要阶级矛盾，把一切社会矛盾以至人与自然的矛盾统统看成无产阶级和资产阶级的矛盾，或都说成带有阶级斗争的性质。毛泽东同志明确指出，我们的国家存在着两类社会矛盾即敌我矛盾和人民内部矛盾。敌我矛盾是阶级矛盾，而人民内部矛盾则只有一部分属于阶级矛盾，大量的并不属于阶级矛盾，并不具有阶级斗争的性质。对于不属于阶级矛盾的人民内部矛盾，决不能用阶级斗争的办法去解决。

同这一套所谓阶级矛盾"普遍性"的理论相联系，"四人帮"在关于社会主义社会主要矛盾的问题上也蓄意制造了极其严重的混乱。毛泽东同志曾经指出，在无产阶级夺取全国政权以后，我国国内的主要矛盾是无产阶级同资产阶级的矛盾。毛泽东同志这个论述，明明说的是主要阶级矛盾的变化，说的是随着民主革命的胜利国内的主要阶级矛盾由中国人民同帝国主义、封建主义、官僚资本主义的矛盾转变成了无产阶级同资产阶级的矛盾。这个主要阶级矛盾的变化，决定了革命性质、动力、对象、任务的变化，它使民主革命和社会主义革命这两个不同质的革命阶段互相区别开来。所以，这个主要矛盾，是就阶级矛盾的范围说的，说的是在进入社会主义时期以后还存在着的各种阶级矛盾中，无产阶级和资产阶级的矛盾是主要矛盾。超出阶级矛盾的范围以外，在其他范围内的主要矛盾是什么，应当进行具体的矛盾分析。唯物辩证法认为，在任何存在两个以上的矛盾的复杂过程中，都有它的主要矛盾。事物的范围不同，主要的矛盾也就不同。而且，就是一个复杂事物在它发展的不同阶段上，因为矛盾运动的条件发生了变化，它的主要矛盾也会变化。阶级斗争同生产斗争、科学实验的关系，是阶级矛盾范围以外的关系。在这种矛盾关系中，主要矛盾究竟是什么，这只有具体地分析不同时期、不同条件下矛盾运动的实际情形才能确定。"四人帮"把无产阶级同资产阶级的矛盾，说成在包括所有社会矛盾、人与自然的矛盾以至自然界的矛盾在内的一切矛盾的范围内都是"主要矛盾"，这是什么"辩证法"？按照"四人帮"的"辩证法"，无产阶级和资产阶级的矛盾或者是"普遍"到存在于一切事物中，或者是在一切事物中它都是"主要矛盾"，社会、自然、天上、地下，到处都是阶级矛盾，阶级斗争要时时斗，处处斗！因此，他们只许提所谓"以阶级斗争为纲"（不止是"纲"，而是"一切"），在任何时候都不许提以生产为中心，不许提以现代化建设为中心。不同意他们这一套吗？你就是"阶级斗争熄灭论"，就是"唯生产力论"，就是"修正主义"！他们就是凭着这一套绝顶荒谬的"理论"，疯狂反对和阻挠我们党的工作着重点的转移，以致把我国国民经济，把我们的许多事业都拖到了崩溃的边缘！

三、鼓吹只能反对一种倾向，用所谓 "不断反右"掩护极 "左"

"四人帮"肆意歪曲毛泽东同志关于修正主义是主要危险的论点，鼓吹整个社会主义历史时期的任何时候都只能出右，不可能出 "左"，只许 "不断反右"，不许反 "左"。他们像阿Q怕说 "亮"字一样，特别忌讳一个 "左"字。"左""极 '左'""形 '左'实右"一类的提法，在他们控制的报刊上一律禁止使用。这是他们形而上学猖獗的又一个突出表现。

社会主义时期可不可能出"左"？要不要防"左"和反"左"？对于这个问题，毛泽东同志有过明确的论述。他说："有人问：是不是有发生 '左'倾错误的可能？我们回答：完全可能。"①在社会主义教育运动中，毛泽东同志批判了形 "左"实右。在 "文化大革命"中，毛泽东同志指出要排除来自 "左"的和右的干扰。毛泽东同志反反复复地提醒人们，要特别警惕钻进无产阶级专政机构内部 "打着红旗反红旗"的资产阶级代表人物。所谓 "打着红旗"就往往是一种 "左"的形式，而反红旗则是其右的实质。这里，有几种不同的 "左"，无疑是应该加以区别的。有的是一般的 "左"倾错误，并没有形成一条 "左"倾机会主义路线；有的是可能形成一条路线的；而有的则既不是一般的 "左"倾错误，也不是一般的 "左"倾路线，而是以极 "左"面目出现的极右派。林彪、"四人帮"就是属于后一种情况。在他们那里，"左"只是形式，只是假象，只是手段，他们的本质

---

① 毛泽东：《农业合作化的一场辩论和当前的阶级斗争》，《毛泽东选集》第5卷，人民出版社1977年版，第214—215页。

是右得不能再右，他们的目的是颠覆无产阶级专政。一般的"左"倾同林彪、"四人帮"的极"左"的区别，是两类不同性质的矛盾的区别，不可混淆，不可轻易地把我们工作上发生的某些"左"的（或右的）错误说成是什么机会主义、修正主义，甚至说成是什么"反革命的修正主义"。但是，这两种"左"又是有联系的。林彪、"四人帮"煽动的极"左"思潮，是某些人犯"左"倾错误的重要政治思想根源；而林彪、"四人帮"又利用一些人的"左"倾去推行他们的修正主义极"左"路线。总之，社会主义时期可能出"左"，必须防"左"、反"左"，这是确定无疑的。毛泽东同志说："防'左'是马克思主义，不是机会主义。马克思主义并没有说要'左'倾，'左'倾机会主义不是马克思主义。"[1]斯大林也说："我们列宁主义者在自己的党内是唯一没有引号的左派。因此，我们列宁主义者在自己的党内不是'左派'，也不是右派。我们是马克思列宁主义者的政党。我们在自己的党内不仅同那些被我们叫作公开的机会主义倾向分子的人做斗争，而且同那些想比马克思主义'更左'，比列宁主义'更左'，以'左的'耸人听闻的词句来掩饰自己右的机会主义本质的人做斗争。"[2]只有既承认社会主义时期有出右的可能，又承认社会主义时期有出"左"的可能，既有反右防右的精神准备，又有反"左"防"左"的精神准备，才能既善于识别以右的形式表现的机会主义，又善于识别以"左"的形式表现的机会主义，特别是识别像林彪、"四人帮"那样以极"左"形式表现的假左派真右派。

　　"四人帮"却强迫人们接受同毛泽东同志所指示的完全相反

---

　　① 毛泽东：《农业合作化的一场辩论和当前的阶级斗争》，《毛泽东选集》第5卷，人民出版社1977年版，第205页。

　　② 斯大林：《论国家工业化和联共（布）党内的右倾》，《斯大林全集》第11卷，人民出版社1955年版，第240页。

的另一套"理论"。他们只许人们讲出右这一种可能，竭力使人们只有反右防右这一种精神准备。他们说，反"左"就是右倾，反"左"就是修正主义。批判林彪的极"左"，被他们说成是"否定'文化大革命'"。当我们针对"四人帮"利用极"左"手段祸国殃民的罪恶活动，把不要安定团结、不搞经济、不抓生产、不学文化、不讲物质利益等以"左"的形式表现的错误倾向作为应当反对的主要倾向提出来的时候，他们说这是"否定修正主义这个主要危险"。

　　他们的整个这一套谬论，在理论上完全是一片混乱。所谓修正主义，就是修正马克思主义的基本原理。这种修正，可以来自右边，也可以来自左边。为什么只有从右边去修正才能叫修正主义，而从左边去修正就不能叫修正主义呢？为什么只有反对以右的形式表现的修正主义才是承认修正主义这个主要危险，而反对以极"左"的形式表现的修正主义就是否认了这个主要危险呢？一个时期的主要倾向是什么，就是说，修正主义者主要地从右边去修正马克思主义还是从左边去修正马克思主义，这是由阶级斗争的具体历史条件决定的。在一种历史条件下，当资产阶级（包括它在共产党内的代表人物）以右的手法向无产阶级进攻时，右倾成为应当反对的主要倾向；而在另一种历史条件下，当资产阶级（包括它在共产党内的代表人物）以极"左"的手法向无产阶级进攻时，极"左"就成了应当反对的主要倾向。我们不论在哪条战线作战，不论是批右还是批极"左"，都是在批判修正主义。我们的国家，原来是一个小生产占巨大优势的国家。虽然进行了社会主义革命，但小生产的影响仍然十分强大。因此，"左"的东西很容易获得它的市场，它所造成的危害也会很大。这是为民主革命的历史经验和社会主义革命与建设的经验所反复证明了的。所以，如果否认或忽视以"左"的形式表现的修正主义，那才真正是包藏着巨大的危险。

　　毛泽东同志屡次指出，必须进行两条战线的斗争。他并且指出，"两条战线的思想斗争必须切合于具体对象的情况，决不应主观地看问题"①；"反对党内'左'右倾向，必须依据具体情况决定方针"②。这都是在教导我们，决不能用一个一成不变的公式去硬套，决不能认为在不同时期、不同条件下，都永远只能是某一种倾向为主要倾向。这是一种否认矛盾运动的形而上学观点，也是一种一点论的形而上学观点。

　　毛泽东同志根据我们党进行两条战线斗争的丰富经验，曾经一再提醒我们，在反对一种倾向的时候必须注意掩盖着的另一种倾向。毛泽东同志的这个指示，正是针对林彪、"四人帮"在反右的掩盖下大搞极"左"的倾向的。林彪自我爆炸，使他在极"左"掩盖下的极右本质得到了充分暴露。我们揭露和批判林彪路线的极右本质是完全必要的，但"四人帮"却借口林彪路线的极右本质而阻挠和反对人们对于林彪极"左"手段的揭露和批判。结果是，越批越极"左"，林彪路线的流毒不但没有得到清算，反而被"四人帮"更加恶性发展。这充分说明，"四人帮"和林彪是一丘之貉，是同一条极"左"的修正主义路线，"四人帮"的路线比林彪路线还林彪路线。

　　很显然，"四人帮"鼓吹只能出右不能出"左"，只许反右不许反"左"，就是为了转移人们对于极"左"的东西的视线，以掩护他们使用极"左"手段进行的反革命阴谋活动。他们无中生有地捏造一系列的"右倾"，接二连三地抛出所谓"反右"

---

　　① 毛泽东：《中国共产党在民族战争中的地位》，《毛泽东选集》第2卷，人民出版社1969年版，第498页。
　　② 毛泽东：《关于目前党的政策中的几个重要问题》，《毛泽东选集》第4卷，人民出版社1969年版，第1163页。

的口号，什么"反回潮""反复辟""反经验主义""反投降主义""反右倾翻案"等，把人们的注意力引向子虚乌有的"右倾"上去，妄图用这种"不断反右"的烟幕，既使他们假左派真右派的反动本质不被揭露，又便于他们用极"左"手段破坏革命，达到篡党夺权的罪恶目的。

林彪特别是"四人帮"借口反对右倾而发展极"左"倾向，利用极"左"手段进行反革命活动的事实，给我们提供了开展两条战线斗争的重要教训。在深入揭批"四人帮"的斗争中，我们一定要在批判他们右的方面的同时，特别注意揭露和批判他们的极"左"的反动本质。只有这样，才能把揭批"四人帮"的斗争进行到底，才能肃清"四人帮"和林彪煽动的反动思潮，特别是极"左"思潮在各个方面的流毒。

四、辩证法的重点论同形而上学一点论的原则界限

"四人帮"用形而上学一点论反对辩证法的两点论，是披着坚持辩证法的重点论的伪装的。因此，我们必须划清重点论同一点论的界限，剥掉他们假辩证法的伪装。

毛泽东同志指出："事物的性质，主要地是由取得支配地位的矛盾的主要方面所规定的。"①抓不住事物的主要矛盾方面，就不能辨别事物；但是，单有矛盾的一个方面，即使是主要的方面，也不能构成事物。同样，主要矛盾在事物发展过程中起着领导的、决定的作用，抓不住主要矛盾，就不能把握过程的特殊本质；但是，只抓住一个矛盾，即使是主要的矛盾，也不

---

① 毛泽东：《矛盾论》，《毛泽东选集》第 1 卷，人民出版社 1969 年版，第 297页。

能完全地把握一个复杂事物的发展过程。因此，辩证法要求既抓住重点，又看到两点，要求重点论和两点论的统一。两点论和重点论是互为前提的，辩证法的两点论是重点论的，辩证法的重点论是两点论的。不论丢掉重点论还是两点论，都会从根本上背离辩证法。显然，问题并不是有什么人丢掉了重点论，搞了折中主义，而是"四人帮"在"批判折中主义"等幌子下攻击两点论，把重点论歪曲成了一点论。

"四人帮"强迫人们接受的思维逻辑就是"非此即彼"。这种思维逻辑的典型公式就是"宁要……不要……"。自从"四人帮"的狗头军师张春桥抛出"宁要没有文化的劳动者，不要有文化的精神贵族"开始，什么"宁要贫穷的社会主义，不要富强的资本主义"，"宁要社会主义的低速度，不要资本主义的高速度"，"宁要社会主义的草，不要资本主义的苗"，"宁要社会主义的（火车）晚点，不要资本主义的（火车）正点"，就都按照张春桥制定的格式满天飞舞了。有文化和劳动者，社会主义和高速度等，在他们的逻辑里都是互相绝不相容的。

恩格斯在批判杜林时说："正像地道的形而上学者一样，他先在运动和平衡之间划一条实际上并不存在的鸿沟，然后就奇怪他为什么不能在自己制造的鸿沟上找到一座桥。"[①]杜林是找不到一座桥，"四人帮"则是根本不允许有那样一座桥。他们在有文化和劳动者、社会主义和高速度，以及政治和经济、革命和生产、红和专、民主和集中、自由和纪律……之间掘出一条万丈鸿沟，根本否认矛盾双方相互依存又相互转化的同一性。借口政治是统帅，就只许讲政治，不许讲经济、讲技术、讲业务；借口阶级斗争的重要性，就只许讲阶级斗争，不许讲生产

---

① 恩格斯：《反杜林论》，《马克思恩格斯选集》第 3 卷，人民出版社 1972 年版，第 102 页。

斗争、讲科学实验，等等。这就是"宁要"一点，"不要"两点。他们的重点论就是这种"宁要……不要……"的重点论，是地地道道的假重点论。

为什么说"四人帮"抛弃两点论的"重点论"是假重点论呢？

首先，离开两点的重点在客观上是根本不存在的，因而反映这种虚假的重点的所谓"重点论"也只能是虚假的。毛泽东同志说："事物发展过程中的每一种矛盾的两个方面，各以和它对立着的方面为自己存在的前提，双方共处于一个统一体中"。"假如没有和它作对的矛盾的一方，它自己这一方就失去了存在的条件。"①重点和非重点是相比较而存在的，是互为存在的条件的，没有非重点也就没有重点。所以，一点论实际上就是"一点"都不要。"四人帮"说他们宁要社会主义，不要高速度，而离开"高速度"的社会主义客观上是否能够存在呢？显然，归根到底是难以存在的。没有高速度地发展经济、发展生产力，社会主义就没有自己赖以存在的物质基础，最终就不能存在；没有高速度地发展经济、发展生产力，就不能显示社会主义的优越性。不能显示社会主义优越性还叫什么"社会主义"！所以"四人帮"是假要"社会主义"，是既不要高速度，也不要社会主义。他们所有的"宁要……不要……"都是这样。

毛泽东同志在《论十大关系》这篇光辉著作里，把重点和非重点的辩证关系讲得极其透彻。例如，在重工业和轻工业、农业的关系问题上，他首先肯定："重工业是我国建设的重点。"②但是，这绝不是说可以忽视轻工业和农业。他接着说："你对发展

① 毛泽东：《矛盾论》，《毛泽东选集》第 1 卷，人民出版社 1969 年版，第 301 页，第 302 页。
② 毛泽东：《论十大关系》，《毛泽东选集》第 5 卷，人民出版社 1977 年版，第 268 页。

重工业究竟是真想还是假想，想得厉害一点，还是差一点？你如果是假想，或者想得差一点，那就打击农业轻工业，对它们少投点资。你如果是真想，或者想得厉害，那你就要注重农业轻工业，使粮食和轻工业原料更多些，积累更多些，投到重工业方面的资金将来也会更多些。"①为了保证重点，反而要在非重点上使劲儿，这就叫作相反相成。毛泽东同志这里讲的，就是重点和非重点这矛盾双方相互依存又相互转化的深刻道理。历来搞一点论的人，他强调的那一点，不管他强调得如何"重"，也都是假的、空的，终归是要丢掉的。"四人帮"只许讲重点，不许讲非重点，正是要用这种办法搞掉重点。他们只许讲政治，不许讲经济，正是要搞掉无产阶级的政治而代之以资产阶级的政治。他们只许讲阶级斗争，不许讲生产斗争、科学实验等，正是要取消无产阶级反对资产阶级的阶级斗争而搞他们反对无产阶级的阶级斗争。

还必须看到，抓不住重点固然不能辨别事物的性质，但把重点加以夸大，说得"过火"，就会歪曲事物的性质，使它不仅不成其为重点，而且成为一种荒谬绝伦的东西。被"四人帮"作为"重点"抓住的那一点，往往是貌似革命的那一点。他们在强调重点论的幌子下，把那一点无限夸大，从而使它变成荒谬绝伦的东西，变成直接反对革命的东西。林彪是开口闭口"最最最"，什么"政治中的政治，灵魂中的灵魂，核心中的核心"，什么"关键的关键"，满嘴绝话。"四人帮"比林彪并不逊色，也是说绝话的大师。张春桥说："凡事左三分。"实际上，岂止"三分"？！列宁说："只要再多走一小步，仿佛是向同一方向

---

① 毛泽东：《论十大关系》，《毛泽东选集》第 5 卷，人民出版社 1977 年版，第269 页。

迈的一小步，真理便会变成错误。"①"四人帮"在一系列问题上岂止迈了一小步？他们就是用无限夸大"重点"这种绝对化的手法，搞乱了理论，搞乱了思想，搞乱了革命，搞乱了生产，搞乱了社会主义的一切。他们需要形而上学的一点论作为捣乱破坏、篡党夺权的思想工具，这就是他们用形而上学一点论冒充重点论去反对辩证法的两点论的政治实质。

毛泽东同志说："一万年都有两点。将来有将来的两点，现在有现在的两点，各人有各人的两点。总之，是两点而不是一点。说只有一点，叫知其一不知其二。"②两点论就是矛盾论，就是辩证法。不承认两点论，根本就没有辩证法，又哪里来的辩证法的重点论？坚持两点论和重点论的统一，就是坚持了唯物辩证法的最基本的理论阵地。

---

① 列宁：《共产主义运动中的"左派"幼稚病》，《列宁选集》第 4 卷，人民出版社 1972 年版，第 257 页。

② 毛泽东：《论十大关系》，《毛泽东选集》第 5 卷，人民出版社 1977 年版，第 285 页。

第五章 穷凶极恶的反革命捣乱哲学

"四人帮"肆意篡改唯物辩证法关于矛盾斗争性和同一性的学说，只讲矛盾的斗争性而否认矛盾的同一性，又片面夸大矛盾斗争的绝对性而抹杀矛盾斗争形式的相对性，鼓吹所谓"斗争哲学"。"四人帮"及其资产阶级帮派体系在所谓"斗争哲学"的旗号下进行的反革命破坏活动和篡党夺权的阴谋活动，最充分地表现了他们反革命的疯狂性。

一、驳所谓"一切矛盾着的对立面都是在'对着干'"

1975年底，正当"四人帮"紧张地部署一场新的篡党夺权的阴谋活动的时候，"四人帮"的凶恶走狗、反党分子迟群从哲学上公然挑衅，赤裸裸地向马克思主义的对立统一规律进攻。他说："对立统一规律应改为对立统一与斗争规律"，"只叫对立统一规律不是丢掉了斗争吗？"于是，为了不丢掉所谓"斗争"，梁效以"高路"署名发表文章，胡说什么"从根本上说，一切矛盾着的对立面都是在'对着干'；不'对着干'，还有什么矛盾呢？"（转引自1977年7月11日《北京日报》）"对着干"这个风靡一时的反动口号，竟然被抬上了哲学的宝座，被作为一条"普遍规律"强加于客观世界。这是对唯物辩证法的最根本的规律——对立统一规律的恶毒篡改和恣意践踏。

"四人帮"及其御用工具用"对着干"偷换"斗争性"的范畴，从根本上歪曲了矛盾的斗争性，也就从根本上歪曲了唯物辩证法关于矛盾的斗争性和同一性关系的学说。

"斗争性"是一个具有广泛意义的哲学范畴，它指的是矛盾双方互相对立、互相排斥、互相否定的趋势、倾向。矛盾的斗争性是普遍的、绝对的。不论矛盾的性质如何，不论矛盾的运动是处在相对地静止的状态还是显著地变动的状态，不论矛盾的运动处在何种具体的外部条件下，矛盾的双方都有斗争。而"对着干"只不过是"四人帮"向无产阶级猖狂进攻的反革命行动口号，它意味着（不是等同于）矛盾双方的公开对抗。显然，用"对着干"是绝不能够解释矛盾双方的相互对立、相互排斥、相互否定的哲学现象的。

毛泽东同志指出："按照对立统一这个辩证法的根本规律，对立面是斗争的，又是统一的，是互相排斥的，又是互相联系的，在一定条件下互相转化的。"①矛盾双方的相互对立、相互排斥、相互否定，并不是有我无你、非此即彼的绝对对立、绝对排斥、绝对否定，而是既相互对立又相互统一，既相互排斥又相互联结，既相互否定又相互渗透的。"一切对立的成分都是这样，因一定的条件，一面互相对立，一面又互相联结、互相贯通、互相渗透、互相依赖"②，没有脱离对立的同一，也没有脱离同一的对立。绝对的斗争性即寓于相对的同一性之中，相对的同一性中即包含着绝对的斗争性。这个绝对相对的道理是唯物辩证法的精髓，是唯物辩证法的最重要的道理。

---

① 毛泽东：《在省市自治区党委书记会议上的讲话》，《毛泽东选集》第5卷，人民出版社1977年版，第347页。
② 毛泽东：《矛盾论》，《毛泽东选集》第1卷，人民出版社1969年版，第302—303页。

迟群却叫嚣："对立统一律这个提法就不是马克思主义的，是形而上学的，只讲统一，不包括斗争。"[①]发出这种绝对无知的狂叫，只是被一个东西所驱使，那就是被对于马克思主义的绝顶仇恨所驱使。所谓对立统一，不就是讲的矛盾着的对立面又统一又斗争吗？怎么能说是"不讲斗争"呢？说对立统一中讲的"对立"不是斗争性，只有他们的"对着干"才叫斗争性，这种斗争性就是脱离同一性的斗争性。所谓"对着干"，就是有我无你、非此即彼，就是只有对立、排斥、否定，就是绝对对立、绝对排斥、绝对否定，它根本否认对立面的相互依存又相互转化的同一性。用"对着干"偷换斗争性，就是要用所谓"斗争性"否定同一性。

否认马克思主义的同一性，这正是一种典型的形而上学观点。毛泽东同志在批评斯大林的形而上学观点时说："对立面的这种斗争和统一，斯大林就联系不起来。苏联一些人的思想就是形而上学，就是那么硬化，要么这样，要么那样，不承认对立统一。因此，在政治上就犯错误。"[②]当然，斯大林同志的形而上学是思想方法问题，"四人帮"则是用反动的形而上学作为反革命的思想工具，这是两类性质完全不同的问题。但是，毛泽东同志对于形而上学哲学思想的这种批判，却是同样适用于"四人帮"的"对着干"的。"对着干"就是把这种"要么这样，要么那样"的形而上学发展到了极端。

我们只要具体地分析一下各种矛盾运动的实际情形，所谓"对着干"的极端荒谬性和反动性，就会充分显露出来。

我们先看看矛盾的两个方面都是积极因素的那一类矛盾，

---

① 转引自北京大学理论组（罗荣渠等）：《"四人帮"篡党夺权的急先锋——梁效》，《红旗》1978年第2期。
② 毛泽东：《在省市自治区党委书记会议上的讲话》，《毛泽东选集》第5卷，人民出版社1977年版，第348页。

例如红与专、革命与生产、政治与经济、民主与集中、自由与纪律、领导与群众、中央与地方、以及工业与农业，等等。所有这些矛盾着的对立面，怎么是在"对着干"呢？就说红与专吧。红与专这对矛盾的双方是存在着差别和对立的，红不是专，专不是红；红了不等于专，专了不等于红。这就是为什么会出现只红不专或只专不红这类现象的原因。但同时又必须肯定，红可以促进专，专可以促进红；解决红的问题就为专确定了正确的方向，提供了强劲的动力；而专业工作上的刻苦实践也可以有助于世界观的改造。列宁就说过："要记住，工程师承认共产主义所经历的途径将不同于过去地下宣传员和著作家，他们将通过自己那门科学所达到的成果来承认共产主义，农艺师将循着自己的途径来承认共产主义，林学家也将循着自己的途径来承认共产主义，如此等等。"①如果红与专这两个矛盾着的对立面是在"对着干"，那就是说，红只能阻碍专，专只能阻碍红；要红就不能专，要专就不能红；世界上只有只红不专或只专不红的路可走，绝无什么又红又专。这里，用"对着干"的理论，又把他们那个"宁要……不要……"的反动公式大大加深了。在这一类矛盾中，用"对着干"代替"斗争性"所造成的荒谬是很明显的。

我们再看看矛盾的两个方面都是消极因素的那一类矛盾，例如帝国主义之间的矛盾，反动营垒中各个集团、各个派别之间的矛盾，等等。这些矛盾的双方是在"对着干"吗？无疑，它们在涉及各自利害的问题上是有斗争的，但在对付无产阶级和革命人民方面，又都是一致的。就在它们互相斗争的问题上，也并不是在"对着干"，而是在互相斗争的同时，又互相吸取钩

---

① 列宁：《论统一的经济计划》，《列宁选集》第 4 卷，人民出版社 1972 年版，第 475 页。

心斗角的经验，互相吸取共同对付人民的经验，等等。

那么，对于其中一方是积极因素另一方是消极因素的那一类矛盾，是不是就可以用"对着干"去代替"斗争性"了呢？也是不可以的。例如，无产阶级和资产阶级、马克思主义和修正主义、革命和反革命、新事物和旧事物、真理和错误等，这些矛盾着的对立面看来是在"对着干"了，其实也不是。就说无产阶级和资产阶级的矛盾吧。无产阶级和资产阶级的对立，主要的是阶级利益上的对立，政治态度、思想体系上的对立等，并不是在一切方面都对立。例如，资产阶级有科学文化，难道无产阶级就要"对着干"，不要科学文化吗？资产阶级建立了规章制度，难道无产阶级就要"对着干"，去废除规章制度，建立什么"没有规章制度的企业"吗？这显然是荒唐的。列宁在谈到资本主义的泰罗制的时候说："资本主义在这方面的最新发明——泰罗制——也同资本主义其他一切进步的东西一样，有两个方面，一方面是资产阶级剥削的最巧妙的残酷手段，另一方面是一系列的最丰富的科学成就，即按科学来分析人在劳动中的机械动作，省去多余的笨拙的动作，制定最精确的工作方法，实行最完善的计算和监督制等。苏维埃共和国在这方面无论如何都要采用科学和技术上一切宝贵的成就。社会主义实现得如何，取决于我们苏维埃政权和苏维埃管理机构同资本主义最新的进步的东西结合的好坏。应该在俄国研究与传授泰罗制，有系统地试行这种制度，并且使它适应下来。"①要是按照"四人帮"的那套"对着干"的哲学，泰罗制既然是资产阶级剥削的最巧妙的残酷手段，无产阶级的苏维埃国家怎么还谈得上研究和传授它？谁要是宣传列宁的这种主张，他们至少要给你戴

---

① 列宁：《苏维埃政权的当前任务》，《列宁选集》第 3 卷，人民出版社 1972 年版，第 511 页。

上顶"洋奴哲学"的帽子。"对着干",看来"革命"得不得了,其实,骨子里是十足的反革命。鲁迅曾尖锐地讽刺过那些满口爱国、满身国粹的人,这些人鼓吹一概排外,"……故意和这'洋气'反一调:他们活动,我偏静坐;他们讲科学,我偏扶乩;他们穿短衣,我偏着长衫;他们重卫生,我偏吃苍蝇;他们壮健,我偏生病……这才是保存中国固有文化,这才是爱国,这才不是奴隶性"。①这就是一幅所谓"对着干"的极妙的画像。

就是对于处在对抗状态的矛盾,用"对着干"去代替"斗争性"的概念,也都只会在理论上和实践上造成混乱。无疑,敌我之间的矛盾和斗争,革命和反革命之间的矛盾和斗争,都是对抗性的,这种斗争是针锋相对的。但是,针锋相对也不是"对着干"。例如,反革命武装到牙齿,难道我们就要"对着干",去废除武装吗?我们只能"针锋相对",用革命的武装反对反革命的武装。又如,国民党提出"和谈",我们就要"对着干",同它反一调,而拒绝和谈吗?我们只能"针锋相对",或者不去谈,或者为了揭露他们假和谈的阴谋而去谈。毛泽东同志说:"'针锋相对',要看形势。有时候不去谈,是针锋相对;有时候去谈,也是针锋相对。"②这就说明"针锋相对"同"对着干"根本不是一码事。对于所有的对抗性矛盾,都必须具体地分析矛盾的双方是在哪些方面对立,以及这些对立如何引起了对抗,而决不能认为在一切方面都是对立和对抗,决不能用"对着干"去硬套。

总之,"对着干"是一个根本没有任何科学性的概念,是一个同马克思主义的辩证法哲学绝对不相容的概念。同"四人帮"

---

① 鲁迅:《从孩子的照相说起》,《鲁迅全集》第 6 卷,人民文学出版社 1959 年版,第 63 页。

② 毛泽东:《关于重庆谈判》,《毛泽东选集》第 4 卷,人民出版社 1969 年版,第 1057 页。

及其御用工具的胡说恰恰相反，一切矛盾着的对立面都不是什么在"对着干"。不论对于任何一类矛盾，不论矛盾的运动处于何种状态，也不论矛盾的斗争采取何种形式，用"对着干"去代替"斗争性"的概念，都只会流于荒谬。

恩格斯说，在杜林看来，"任何矛盾都是荒谬"。[①]杜林是把任何矛盾都看成荒谬，而"四人帮"则是把任何矛盾都变成了荒谬。说"一切矛盾着的对立面都是在'对着干'"，岂不是说世界上除了"斗斗斗"就没有别的？一事物和他事物，事物自身和自身，除了顶牛儿、抬杠、胡闹，就再没有别的关系？那样，整个世界就是一场大混战、一片大混乱！可见，把"对着干"作为规律，就是否认任何规律，就是没有规律。"四人帮"的理论家们居然把这样的货色当作"高超的理论"奉献给人们，这不是表现了理论上的堕落还能是什么呢？

按照唯物辩证法的观点，矛盾着的对立面通过斗争而在一定条件下的相互转化，是一种辩证的否定。它不是任意的否定，不是否定一切，不是把对立面的一切因素、特征、方面统统否定掉，而是"扬弃"，即又克服又保留，既克服对立面的消极因素，从而改变旧事物的本质；又保留对立面的某些积极因素，使之成为新事物发展的条件。否定既是发展的环节，又是联系的环节，是事物发展过程中连续性和非连续性的统一。新事物对旧事物的否定，是对旧事物的质的根本否定，它使新事物和旧事物之间划出一条确定的界限，这就是事物发展中的非连续性。然而，新事物对旧事物的否定又是事物的渐进过程发展的结果，它不是外加的，不是凭空发生的突变，因此，它又表现着事物发展中的连续性。否认事物发展过程中的非连续性，即

---

① 恩格斯：《反杜林论》，《马克思恩格斯选集》第3卷，人民出版社1972年版，第101页。

否认连续性的中断，就是否认质变，否认飞跃，否认前进和发展；而否认事物发展过程中的连续性，把新事物战胜旧事物看成同旧事物一刀两断，也就把新事物看成了不是在历史上产生和发展的东西，从而否认了历史。

列宁说过："要清醒地观察事物：资产阶级曾利用先前那个阶级的人才，而我们现在也就有同样的任务，要善于吸取、掌握、利用先前的阶级的知识和素养，为本阶级的胜利而运用这一切。"[①]列宁这里讲的，正是马克思主义的辩证否定观。推翻资产阶级的政治统治而建立无产阶级的政治统治，改变资产阶级的生产资料私有制而建立社会主义的公有制，这就是无产阶级对资产阶级的否定、社会主义对资本主义的否定。这个否定，使资本主义旧社会变成了社会主义新社会。但是，这种否定并不是要否定资产阶级和资本主义社会的一切。历史上一切社会形态的更替都是这样，都不是否定先前社会的一切，而是既克服那些使旧社会之成为旧社会的消极因素，又保留那些可以为新社会服务的积极因素。否则，历史就成为不可理解的东西了。诚然，否定的形式是多种多样的。我们既要研究否定过程的一般性质，也要研究否定过程的特殊性质。以往的社会形态的更替，例如封建社会代替奴隶社会，资本主义社会代替封建社会，都是一种剥削制度否定另一种剥削制度，一种剥削阶级统治形式否定另一种剥削阶级统治形式，新的生产方式可以在旧社会内部孕育起来，因而，旧社会可以为新社会利用的东西更多些，新社会在否定旧社会时对旧的制度、文化、传统保留得更多些。而社会主义社会否定资本主义社会，则是用公有制否定私有制，用最广大人民群众对少数剥削者的统治，否定少数人对大多数

---

① 列宁：《俄共（布）中央委员会的报告》，《列宁选集》第4卷，人民出版社1972年版，第170页。

人的统治。公有制的生产方式不能在资本主义旧社会孕育出来，因而资本主义旧社会可以为社会主义新社会利用的东西更少些，社会主义否定资本主义时对旧社会的东西保留更少些。但是，这只是这种否定的特殊性质的表现，它不能违反辩证否定的一般规律。社会主义社会仍然要保留包括资本主义社会在内的以往社会在物质文化和精神文化方面的一切积极成果，并加以改造，使之为发展社会主义事业服务。所谓"彻底决裂"，只是对旧社会的质的彻底否定，并不是把旧社会的一切彻底抛弃。

"四人帮"宣扬的"对着干"，同马克思主义的辩证否定观是根本对立的。"对着干"就是你有什么他就反对和否定什么，既不去考察否定过程的一般性质，更不去考察否定过程的特殊性质。这种否定，就是一概否定，绝对否定。它不是事物的自我否定，而是外加的否定；不是遵循事物自身发展规律的否定，而是违背事物固有规律的否定，是主观任意地否定一切不应当否定的东西。这种否定，没有建设，只有破坏；不是推动事物前进，而是把事物拉向倒退。因此，"四人帮"的"对着干"的否定观，绝不属于对前途充满信心的革命无产阶级的世界观，而只是已经丧失前途而又疯狂挣扎的反动没落阶级的世界观。"四人帮"所代表的阶级利益同客观规律完全背道而驰，如果承认辩证的否定，即承认遵循事物本身固有规律的否定，承认作为事物内部矛盾斗争必然结果的否定，那就是否定他们自己。这当然是他们决不愿意的。因此，他们否认事物的自我否定，而鼓吹"对着干"这种外加的、任意的、违反客观规律的否定。他们用这种"对着干"的否定观对待以往的历史，就是搞历史虚无主义。希特勒在建立法西斯纳粹政权之后不久，就在柏林大学等处大规模地焚烧书籍，毁灭文化，他就是搞的这种否定。他的宣传部长戈培尔在上万册的书籍化为灰烬之际对学生们演说："在这火光下，不仅一个旧时代结束了；这火光还照亮了新时代。""四人帮"那些年里干的勾当同希特勒相比如何？难道有半点逊色吗？他们不是也说要"同一个时代告别"吗？他们不仅用这种"对着干"的否定观对待历史，而且更主要的是用它来对待我们的社会主义事业。这就是站在旧事物方面否定新事物，用反革命去否定革命，就是要同社会主义时代"告别"，而回到资本主义、封建主义的旧时代去！

"对着干"的最早的提法，是所谓"同十七年修正主义路线对着干"。他们首先把"文化大革命"前的十七年歪曲为修正主义路线统治的十七年、"黑线专政"的十七年，说什么教育战线"彻头彻尾地执行了反革命的修正主义路线"，是"资产阶级知识分子统治学校的十七年"，科技战线是"资产阶级知识分子的一统天下"，文艺战线是"黑线专政"，"不能说工矿企业比文艺战线好"，"公安战线十七年没干一件好事"，外交部是"卖国部"，军队是"军阀统治"等等，把十七年说成一片黑暗。于是，他们在所谓"同修正主义路线对着干"的口号下，对十七年社会主义革命和建设的伟大成绩全盘否定。后来，他们就索性去掉了"修正主义路线"的字样，而直接提"同十七年对着干"，说什么"一天不批十七年，日子就难过"。再后来，连"十七年"的字样也少见了，只剩下一个"对着干"，直到把它提升为哲学，从一个行动口号变成哲学理论，变成一种具有普遍适用性的东西。这就说明，从"对着干"这种谬论出笼的时候起，就是作为"四人帮""改朝换代"的工具出现的。"对着干"由行动口号变成哲学观点，它的规格的逐步升级，正反映了"四人帮"篡党夺权的反革命活动的逐步猖狂。如果它算得上是什么哲学的话，它从始至终就是一种地地道道的反革命捣乱哲学。

二、驳所谓"斗争就是政策"

"四人帮"为了推行穷凶极恶的反革命捣乱哲学，不仅片面夸大矛盾的斗争性，抹杀矛盾的同一性，而且借口矛盾斗争的绝对性，抹杀矛盾斗争形式的相对性（差别性）。所谓"斗争就是政策"（转引自1977年1月18日《光明日报》），就是抹杀矛盾斗争形式的相对性的典型谬论。

"斗争就是政策"就是把斗争本身当作政策，就是不要政策。他们不问矛盾的性质如何，不问具体的条件如何，只要不对他们的劲儿，就用他们头上的"角"去乱顶，用他们身上的"刺"去乱扎。这是同所谓"对着干"紧紧结合在一起的反革命捣乱哲学。

所谓"斗争就是政策"，是一种明显的形而上学的谬论。

我们说矛盾是不可调和的，这只是说任何矛盾都只有通过斗争才能解决。"矛盾和斗争是普遍的、绝对的，但是解决矛盾的方法，即斗争的形式，则因矛盾的性质不同而不相同。"[①]矛盾斗争的不可调和性，绝不否定矛盾斗争形式的差别性。

我们说矛盾的斗争是无条件的，这只是说矛盾的斗争不受任何条件的限制，在矛盾的运动处于相对地静止的状态或显著地变动的状态，在矛盾双方共居于一个统一体中或在矛盾统一体破裂的时候，在矛盾运动处于这种外部条件下或那种外部条件下，都是有斗争的。但这绝不是说，矛盾斗争的形式也是无条件的，不受任何条件制约的。

---

① 毛泽东：《矛盾论》，《毛泽东选集》第1卷，人民出版社1969年版，第309页。

矛盾的斗争是普遍的、绝对的，这是共性；矛盾斗争的形式是相对的，有差别的，这是个性。决不能用共性去否定个性，用矛盾斗争的普遍性去否定矛盾斗争形式的差别性。毛泽东同志说："不同质的矛盾，只有用不同质的方法才能解决。"[①]解决矛盾的方法即矛盾斗争的形式，首先取决于矛盾的性质。同时，它也受着矛盾运动的具体条件的制约。条件不同，矛盾斗争的形式也可能不同。如果抹杀矛盾斗争形式的这种差别性，主观任意地采取不适合于矛盾性质和条件的错误方法，就不仅会使矛盾不能够得到解决，而且会使不应当激化的矛盾激化起来。

唯物辩证法认为，矛盾的性质决定着矛盾斗争的形式，同时，矛盾斗争的形式又反过来对矛盾的性质具有一定的影响，在一定条件下甚至具有决定性的影响。例如，工人阶级和民族资产阶级之间存在着剥削和被剥削的矛盾，这本来是对抗性的矛盾。"但是在我国的具体条件下，这两个阶级的对抗性的矛盾如果处理得当，可以转变为非对抗性的矛盾，可以用和平的方法解决这个矛盾。如果我们处理不当，不是对民族资产阶级采取团结、批评、教育的政策，或者民族资产阶级不接受我们的这个政策，那么工人阶级同民族资产阶级之间的矛盾就会变成敌我之间的矛盾。"[②]所谓处理得当不得当，就是采取的矛盾斗争形式得当不得当。人民内部的矛盾是非对抗性的矛盾。但是，如果不是采取解决人民内部矛盾的方法，不是采取人民内部矛盾所能够采取的斗争形式，就可能使矛盾激化，以至由非对抗性矛盾转化为对抗性矛盾。"四人帮"就正是通过抹杀矛盾斗争

---

① 毛泽东：《矛盾论》，《毛泽东选集》第 1 卷，人民出版社 1969 年版，第 286 页。

② 毛泽东：《关于正确处理人民内部矛盾的问题》，《毛泽东选集》第 5 卷，人民出版社 1977 年版，第 365 页。

形式的相对性，混淆矛盾斗争形式的区别，去混淆矛盾的不同性质，而搞乱阶级阵线、挑起"全面内战"的。

"四人帮"与全国人民为敌，他们在"斗争就是政策"的口号下，在党内、军内、工人阶级队伍内，在整个人民内部，大搞"残酷斗争，无情打击"，把好人当坏人整，制造了数不清的冤案、错案、假案，扬言对各级干部"要讲狠，要像斗地主资本家那样"，要用"铁的手腕"，要"一斗二批三枪毙"。谁在人民内部讲团结，讲谅解，谁就被诬为"中庸之道"。在他们的"政策"下，到处都是走资派，而走资派就是反革命，结果到处都是反革命。江青曾经扬言："三千万也是一小撮。"这是什么哲学？这完完全全是向党、向无产阶级疯狂进攻的法西斯哲学！

毛泽东同志一再强调，政策和策略是党的生命；一再强调，一定要在各种区别上建立我们的政策，没有区别就没有政策。而在处理社会矛盾时，一切区别中最重要的区别，就是敌我矛盾和人民内部矛盾这两类不同性质的矛盾的区别。因此，一切政策中最重要的政策，也就是正确区别和处理两类不同性质的矛盾的政策，这是我们党的总政策。翻开《毛泽东选集》第 1 卷第一篇开头就写着："谁是我们的敌人？谁是我们的朋友？这个问题是革命的首要问题。"①这就是讲的党的总政策、总策略。在民主革命时期，毛泽东同志强调首先必须划清延安和西安的界限。在社会主义革命时期，毛泽东同志系统地提出了关于两类社会矛盾的完整学说，指出既要划清敌我界限，也要划清人民内部的是非界限，"两者相比，是非界限是第二种界限"。②

正确地区分两类不同性质的矛盾，严格地遵循用专政的方

① 毛泽东：《中国社会各阶级的分析》，《毛泽东选集》第 1 卷，人民出版社 1969 年版，第 3 页。
② 毛泽东：《团结起来，划清敌我界限》，《毛泽东选集》第 5 卷，人民出版社 1977 年版，第 68 页。

法解决敌我矛盾和用民主的方法解决人民内部矛盾，这对于无产阶级政党来说是一个极其重大的原则问题。对于敌人，必须实行专政，只有坚决打击阶级敌人，才能巩固无产阶级专政，也才能确保人民当家做主。但是，对于人民内部却必须实行民主，只有充分发扬人民民主，才能有效地打击敌人和切实地保护人民。对广大人民群众是保护还是镇压，是共产党同国民党的根本区别，是无产阶级同资产阶级的根本区别，是无产阶级专政同资产阶级专政的根本区别。这是关系到党的性质和国家性质的极其重大的问题。"四人帮"鼓吹"斗争就是政策"，在人民内部施展他们的"斗争哲学"，疯狂破坏社会主义法制，践踏社会主义民主，用残酷的"斗争"手段镇压、迫害广大人民和人民的干部，充分暴露了他们反人民的法西斯反动本质。

毛泽东同志反复地指出："所谓正确处理人民内部矛盾问题，就是我党从来经常说的走群众路线的问题。"①无产阶级的事业只能依靠人民群众。在人民内部发扬民主，用民主方法解决人民内部矛盾，就是为了巩固和加强人民的革命大团结，为了充分调动最广大人民群众的革命积极性，为建设社会主义强大国家而奋斗。人民是历史的创造者，无产阶级革命事业是人民自己的事业。因此，人民的团结，是我们的事业必定要胜利的根本保证。只有人民的团结、团结、再团结，才有革命的胜利、胜利、再胜利。这就是毛泽东同志关于正确处理人民内部矛盾问题的基本精神。

毛泽东同志不仅创立了关于正确区别和处理敌我矛盾和人民内部矛盾的完整理论，而且规定了正确处理这两类矛盾的政策和方法。毛泽东同志创造的"团结—批评—团结"的方法，

---

① 毛泽东：《一九五七年夏季的形势》，《毛泽东选集》第5卷，人民出版社1977年版，第459—460页。

即"从团结的愿望出发,经过批评或者斗争使矛盾得到解决,从而在新的基础上达到新的团结"①的方法,是解决人民内部矛盾的最适当的方法,是最适合人民内部矛盾性质的矛盾斗争形式。团结是处理人民内部矛盾的出发点和归宿,必要的斗争形式的采取必须以有利于达到新的团结为适当。对于人民内部的争论问题,毛泽东同志一再强调,"只能用民主的方法去解决,只能用讨论的方法、批评的方法、说服教育的方法去解决,而不能用强制的、压服的方法去解决"。②对于犯错误的同志,毛泽东同志一再强调采取"一看二帮"的态度,"一只手跟他做斗争,一只手跟他讲团结"③,而不是只用一只手。毛泽东同志规定的处理人民内部矛盾的政策,都体现着人民团结胜利这个根本宗旨。

"四人帮"的"斗争就是政策",恰恰是同毛泽东同志的这一系列指示根本对抗的。张春桥把毛泽东同志指示的"安定团结"说成只是"暂时措施",鼓吹永远"斗、斗、斗"(见 1977年 11 月 8 日《光明日报》),扬言人民内部问题"要靠打内战来解决"(1974 年 3 月 13 日在总后汇报会上的讲话),蓄意在人民内部制造对抗,制造分裂。他们对于人民内部的争论问题,反对采取民主的方法,讨论、批评、说服教育的方法,而是采取扣帽子的方法,打棍子的方法,法西斯的思想专制、文化专制的方法。他们抓住我们一些同志的小辫子,无限上纲,只许用一只手做斗争,不许用另一只手讲团结,非置之死地不罢休。有点矛盾,他们竭力扩大矛盾,激化矛盾;没有矛盾,他们制

① 毛泽东:《关于正确处理人民内部矛盾的问题》,《毛泽东选集》第5卷,人民出版社 1977 年版,第 369 页。
② 毛泽东:《关于正确处理人民内部矛盾的问题》,《毛泽东选集》第5卷,人民出版社 1977 年版,第 368 页。
③ 毛泽东:《党内团结的辩证方法》,《毛泽东选集》第 5 卷,人民出版社 1977年版,第 498 页。

造矛盾。他们就是蓄意制造党的分裂，人民的分裂，国家的分裂。这是"四人帮"对我们党、对我们国家、对我国各族人民犯下的最严重的罪行。

对于敌我之间的矛盾，毛泽东同志也历来强调加以区别，区别一个时期的主要敌人和非主要敌人，投降的敌人和不投降的敌人，以便利用矛盾，"把敌人营垒中间的一切争斗、缺口、矛盾，统统收集起来，作为反对当前主要敌人之用"①，以便化消极因素为积极因素，而决不允许不讲政策，不讲区别，绝不是"斗争就是政策"。

"四人帮"在"斗争就是政策"的口号下，把人民的敌人保护起来，而把革命的人民当作"敌人"去斗争。其罪恶矛头，主要指向他们所谓的"党内资产阶级"，即我们党的老一辈的无产阶级革命家和老干部。"四人帮"的一个余党叫嚣："党内资产阶级是分为各个集团和派别的，各个时期我们集中力量打击一个集团和派别；拉拢另一个集团和派别，各个击破。"（转引自 1977 年 9 月 3 日《文汇报》）这种穷凶极恶的反革命叫嚣，表明他们就是把打倒我们党的老一辈无产阶级革命家作为他们的"既定方针"，作为他们的政策！可见，"四人帮"的"斗争就是政策"，就是把整个地打倒无产阶级作为他们的政策。

三、反革命疯狂性的"理论"表现

如同马克思主义的唯物论有着鲜明的党性一样，马克思主义的辩证法也是有着鲜明的党性的。毛泽东同志说："共产党人

---

① 毛泽东：《论反对日本帝国主义的策略》，《毛泽东选集》第 1 卷，人民出版社 1969 年版，第 134 页。

的任务就在于揭露反动派和形而上学的错误思想，宣传事物的本来的辩证法，促成事物的转化，达到革命的目的。"①我们批判反动派和形而上学抹杀斗争的矛盾调和论，强调矛盾的斗争性和矛盾斗争的绝对性，是因为只有通过矛盾的斗争才能促成事物的革命转化。没有斗争，就没有矛盾的解决，就没有质变、飞跃，没有革命。我们共产党人是要坚持斗争的。但是，我们的斗争是遵循辩证唯物论和历史唯物论的一切基本前提的，是有党性的。因此，我们绝不是把一个孤零零的"斗争"作为自己的口号，甚至作为自己的世界观。林彪、"四人帮"采用断章取义的惯用伎俩，杜撰了一条"共产党的哲学就是斗争哲学"的所谓"毛主席语录"，欺骗了人们十多年。这完全是对我们党的世界观的诬蔑。毛泽东同志曾经借用资产阶级政治家说的"共产党的哲学就是斗争哲学"的话，去回击资产阶级政治家，强调我们党就是要领导无产阶级和人民群众同资产阶级及一切剥削阶级进行坚决的斗争。这难道能够说明毛泽东同志赞成用资产阶级政治家说的什么"斗争哲学"去概括我们党的世界观吗？

共产党的哲学就是辩证唯物论和历史唯物论，而不是什么"斗争哲学"。如果丢掉辩证唯物论和历史唯物论哲学的基本前提，丢掉无产阶级的党性原则，抽象地谈论"斗争"，那样的所谓"斗争"就不是无产阶级的革命武器，而完全可能成为资产阶级反革命的凶恶武器。"斗争"的概念并不是资产阶级不能接受的。希特勒不赞成"斗争"？他在《我的奋斗》里写道："人类在永恒的斗争中壮大，而在永恒的和平中它只会灭亡。"他讲的斗争，是所谓强者征服弱者的斗争，是对广大人民群众的斗争。所以，问题的关键在于谁向谁做斗争，哪个阶级向哪个阶

---

① 毛泽东：《矛盾论》，《毛泽东选集》第 1 卷，人民出版社 1969 年版，第 305页。

级做斗争。马克思说过："为历史所证明的古老真理告诉我们：正是这种社会力量（指 19 世纪英国的贵族阶级即马克思说的'过了时的社会力量'——引者）在咽气以前还要做最后的挣扎，由防御转为进攻，不但不避开斗争，反而挑起斗争，并且企图从那种不但令人怀疑而且早已被历史所谴责的前提中做出最极端的结论来。"①"四人帮"就是这样。他们既然是代表垂死挣扎的反动势力向无产阶级做斗争，那么他们也就完全可以成为所谓"斗争哲学"的最极端的鼓吹者。

　　无产阶级的斗争是为了达到革命的目的，这就要求严格遵循事物的本来的辩证法，要求人们的认识和实践符合客观事物本来的辩证法的运动，要求把矛盾的斗争性和同一性结合起来，既坚持矛盾的斗争性，又充分肯定矛盾同一性在事物发展中的作用；要求把坚持矛盾斗争的绝对性和注意矛盾斗争形式的差别性统一起来，而绝不是为斗争而斗争，绝不是乱斗一气。不区分矛盾的性质，不选择矛盾斗争的适当形式，而采取乱斗一气的做法，就不利于新事物战胜旧事物，不符合无产阶级的阶级利益，只能起到帮助资产阶级维护旧事物的作用。王明推行"左"倾机会主义路线，把同志当敌人，就使亲者痛仇者快。他们对党内，搞"残酷斗争，无情打击"，破坏了党的团结和统一，严重地摧残了革命力量。他们对党外，搞排斥一切的关门主义，"把'千千万万'和'浩浩荡荡'都赶到敌人那一边去，只博得敌人的喝彩"②。他们对敌人，不是"拿自己的策略武器去射击当前的最中心目标，而把目标分散，以至于主要的敌人没有打中，次要的敌人甚至同盟军身上却吃了我们的子弹"，"这样，

---

① 马克思：《反教会运动。——海德公园的示威》，《马克思恩格斯全集》第 11 卷，人民出版社 1962 年版，第 363 页。
② 毛泽东：《论反对日本帝国主义的策略》，《毛泽东选集》第 1 卷，人民出版社 1969 年版，第 141 页。

就是在实际上帮助了敌人，而使革命停滞、孤立、缩小、降落，甚至走到失败的道路上去"。①

"四人帮"的极"左"，同当时的王明"左"倾机会主义还不同，他们是妄图用极"左"的伪装做掩护去达到反革命的目的。因此，他们不仅不懂得辩证法，而且是极端仇视辩证法。他们极端害怕人们宣传事物的本来的辩证法，极力混淆辩证法和形而上学的界限，以便冒充辩证法，在"革命"的伪装下向革命进攻。

很显然，"四人帮"片面夸大矛盾的斗争性而抹杀矛盾的同一性，又片面地夸大矛盾斗争绝对性而否定矛盾斗争形式的相对性，就是要为他们篡党夺权的反革命阴谋活动寻找哲学的根据。

第一，这是为了替他们"打倒一切"的反革命口号进行哲学论证。在现实的矛盾发展中，脱离了同一性的斗争性是没有的。"有条件的相对的同一性和无条件的绝对的斗争性相结合，构成了一切事物的矛盾运动。"②"四人帮"把矛盾的斗争性绝对化，鼓吹到处都只有"斗争"，把辩证法说的世界是由矛盾组成的变成了世界是由"斗争"组成的，就是为了煽起"打倒一切"的反革命狂热。马克思痛斥巴枯宁时说："确实，他的头脑里是一片无政府状态，那里只容得下一个明确的思想，即巴枯宁应该当第一提琴手。"③"四人帮"的头脑就正是这样的头脑。他们的头脑里也只容得下一个思想，即由他们当第一把手，让他们上台。因此，他们要到处"斗争"，要到处"打倒"。反党

---

① 毛泽东：《论反对日本帝国主义的策略》，《毛泽东选集》第 1 卷，人民出版社 1969 年版，第 140 页。
② 毛泽东：《矛盾论》，《毛泽东选集》第 1 卷，人民出版社 1969 年版，第 307 页。
③ 马克思：《致恩格斯（1869 年 10 月 30 日）》，《马克思恩格斯全集》第 32 卷，人民出版社 1974 年版，第 360 页。

分子迟群叫嚣:"一级盯一级,眼睛盯着走资派,来了运动首先整领导人,最后盯到中央","要抓住一个斗字"(1976年6月24日的讲话)。当然,他们在理论上,就只需要一个抽象的"斗争性"足够了,还讲什么矛盾的同一性?

第二,这是为了替他们不择手段的反党活动进行哲学论证。"四人帮"的"政策"或"策略"就只有一个,即篡党夺权。"对这个策略来说,撒谎、诽谤、阴谋诡计,一切手段都是好的。"①只要能够整个地打倒无产阶级,他们还讲什么矛盾斗争形式的差别性?

第三,这是为了替他们挑起"全面内战"、搞乱全国的反革命罪恶活动进行哲学论证。"四人帮"是一小撮在乱中求得生存和发展的野心家、阴谋家,对他们来说,我们无产阶级专政的国家越乱越好。张春桥说:"我们这么大个国家,乱一点儿有好处,乱显得我们有生气。"(转引自1977年2月27日《人民日报》)但是,怎么乱得起来呢?就靠乱斗一气把它斗乱。于是,说这儿"乱得不够",说那儿"死水一潭";这儿吹风,那儿放火;地方乱了不够,还要"把那些头上长角、身上长刺的干部送到中央,闹它个天翻地覆"(转引自1977年2月27日《人民日报》)。他们鼓吹永远只能是"斗,斗,斗"。这充分说明,他们的斗就是为了乱,他们的"斗争"就是捣乱,他们的"斗争哲学"就是捣乱哲学。

"捣乱,失败,再捣乱,再失败,直至灭亡——这就是帝国主义和世界上一切反动派对待人民事业的逻辑,他们决不会违背这个逻辑的。""斗争,失败,再斗争,再失败,再斗争,直至胜利——这就是人民的逻辑,他们也是决不会违背这个逻辑

---

①恩格斯:《恩格斯致爱·伯恩施坦(1882年10月20日)》,《马克思恩格斯全集》第35卷,人民出版社1971年版,第370页。

的。"①"四人帮"的逻辑正是前一种逻辑而绝不是后一种逻辑。他们嚎叫"斗则进，不斗则退，不斗则垮"，"不斗则修"，反动气焰极为嚣张。什么"退"？什么"垮"？什么"修"？他们就是反革命的修正主义者，就是历史的促退派，他们的垮台是注定了的。他们把"斗争"的口号喊得震天价响，只不过是反动派的垂死挣扎的反革命疯狂性的表现。

---

① 毛泽东：《丢掉幻想，准备斗争》，《毛泽东选集》第 4 卷，人民出版社 1969 年版，第 1375 页，第 1376 页。

第六章 在"支持"新生事物的伪装下维护旧事物

"四人帮"是当代中国最腐朽最黑暗的一种社会势力。但是，他们却自比"新桃"，自封"新生力量"，自命新生事物的支持者，把"革新"的调子唱得最高，把"反复旧"的口号喊得最响。这是"四人帮"伪装"革命"而反对革命的一个重要手法。从世界观上揭穿这套货色的形而上学本来面貌，就能进一步暴露他们假革命的反革命本质。

一、混淆新事物和旧事物的原则界限

什么是新生事物？什么是旧事物？这在"四人帮"那里是没有客观标准的。他们完全从反革命的政治需要出发，把对他们篡党夺权不利的事物一概斥之为"旧事物"而大肆攻击，又把他们的倒行逆施一律冠以"新生事物"的美名而大加吹嘘。为了这个目的，就不能不在理论上极力混淆新事物和旧事物的原则界限。

首先，他们把新出现的东西同新生事物混为一谈。什么新生的资产阶级分子，资本主义复辟的新花样，资产阶级向无产阶级进攻的新手段，他们对马克思主义的新修正，意识形态领域里长出的新毒草，统统被他们戴上了"新生力量""新生事物"

的桂冠。

按照唯物辩证法的观点，所谓新生事物，是指具有发展的客观必然性、符合历史前进方向、具有强大生命力和远大前途的事物。事物都有其肯定方面和否定方面，肯定方面是事物保持其存在的方面，否定方面是促使旧事物灭亡的方面，这就是事物的旧的方面和新的方面。"任何事物的内部都有其新旧两个方面的矛盾，形成为一系列的曲折的斗争。斗争的结果，新的方面由小变大，上升为支配的东西，旧的方面则由大变小，变成逐步归于灭亡的东西。而一当新的方面对于旧的方面取得支配地位的时候，旧事物的性质就变化为新事物的性质。"①这就是新事物的产生和旧事物的灭亡，这就是新陈代谢。历史就是在这种新陈代谢或推陈出新、除旧布新的过程中前进的。所以，所谓新生事物，是事物自身的否定因素在斗争中发展壮大，突破旧的矛盾统一体而出现的，它体现着历史的前进方向。这就是新生事物的本质特征。不具备这个本质特征的东西，即使是新出现的东西，也不是新生事物。

新事物在战胜了旧事物的反抗而产生以后，它同旧事物的斗争并没有立即停止。而且，"当新事物刚刚诞生时，旧事物在某些时候总是比新事物强些，这在自然界或社会生活中都是常见的现象"②。因此，新事物的成长不能不经历一个曲折的过程。在这个过程中，旧事物利用它的暂时强大而以某种新的形式复辟，是随时可能的。在有阶级存在的社会里，社会生活领域中的新事物和旧事物往往由一定的阶级势力支持着，新事物的成长壮大是通过革命阶级反对反动阶级的阶级斗争实现的。

---

① 毛泽东：《矛盾论》，《毛泽东选集》第1卷，人民出版社1969年版，第297—298页。
② 列宁：《伟大的创举》，《列宁选集》第4卷，人民出版社1972年版，第14页。

革命阶级和反动阶级的每一次大的较量，反动阶级的每一次惨重失败，都会迫使它改用新的形式向革命阶级进攻。因此，反动阶级不断变换反对革命的新花样，以及随之而来的旧事物不断改换新的面目图谋复辟的情况，不仅是可能的，而且是必然的。如果不是从本质上识别新事物，就势必混淆新事物和旧事物的根本区别，而把旧事物当作新事物去颂扬。"四人帮"就正是利用了这一点，把他们向无产阶级反扑的许多新货色伪装成"新事物"，去欺世惑众。例如，新生反革命分子张铁生的一张白卷居然冒充"新生事物"，被大吹大捧。张铁生的白卷，只能把人们引向蒙昧时代，它体现的是历史的大倒退，算什么"新生事物"？还有，什么"哈尔套经验"之类的东西，本来是"四人帮"及其死党破坏社会主义经济的新花样，也居然作为"新鲜经验"大吹大擂；像翁森鹤、陈阿大这一类的流氓分子、打砸抢分子，满身体现着旧社会的污毒，竟被说成"新生力量"，等等。所有这些东西，虽然是新出现的，但却绝不是新事物，而在本质上属于旧事物的范畴。"四人帮"鱼目混珠，把这类东西列入"新生事物"，完全是对新生事物的污蔑。

与此同时，他们又把不是现时出现的东西同旧事物混为一谈，捏造了一个所谓"越老越旧"的"规律"：人，越老越保守；事，越老越陈旧。这套谬论，显然是为他们的"老干部是民主派，民主派就是走资派"的反动政治纲领捏造的又一条"哲学根据"。

"四人帮"把不是现时出现的东西同旧事物混为一谈，和他们把新出现的东西同新事物混为一谈，在理论实质上是一样的。所谓旧事物，就是新事物的对立面，是被新事物否定而逐渐归于灭亡的东西。它不符合历史的前进方向，已经丧失了生命力，是没有前途的东西。这就是旧事物的本质特征。凡是不具备这种本质特征的，都不能指责为旧事物。

　　用历史的观点去看，事物都有它的上升时期，它在这个时期内就是新事物。事物的性质和特点不同，它的上升时期持续的久暂也不同。有些事物，在它问世以后的几年、几十年、几百年以至更长的时期内，仍然符合历史的前进方向，具有强大的生命力，它就仍然不失为新事物。在社会历史领域内，特别是在某些重大的带根本性的历史变革中，情形往往是这样。"四人帮"把一切不是现时出现的但仍具有强大生命力的新事物，统统当成"旧事物"，这既违反辩证法，也完全违背历史实际，显然是绝顶荒谬的。

　　判断一个事物是新事物还是旧事物，决不能只看出现时间的先后，也决不能只看它的形式。马克思说："陈旧的东西总是力图在新生的形式中得到恢复和巩固。"[①]旧事物采用新的形式复活，这种"借尸还魂"的现象是屡见不鲜的。同样，新事物在它的发展中往往会利用旧的形式，这也是屡见不鲜的。新事物在否定旧事物的时候，对于有利于新事物发展的旧形式并不一概抛弃，而是加以改造和利用。例如，按劳分配是社会主义的分配原则，是对资本主义的劳者不获、获者不劳的剥削制度的根本否定，是崭新的社会主义新事物。但在实行按劳分配的原则时，又采用了工资这种旧形式。"四人帮"借口按劳分配原则采用了工资的旧形式，而诽谤按劳分配是资本主义的旧事物，这就从根本上混淆了社会主义新事物同资本主义旧事物的本质区别。

　　决定事物性质的是矛盾的主要方面，判断一个事物是新事物还是旧事物，就必须首先区分事物矛盾的主要方面和非主要

---

　　① 马克思：《致弗·波尔特（1871 年 11 月 23 日）》，《马克思恩格斯选集》第 4 卷，人民出版社 1972 年版，第 394 页。

方面，看它的矛盾主要方面代表着一种什么样的发展趋势。如果矛盾的主要方面代表着历史进步的发展趋势，这个事物就是新事物；相反，就是旧事物。

我们的时代，是帝国主义和无产阶级革命的时代。无产阶级是这个时代的中心，它决定着时代的主要内容、决定着时代发展的主要方向。因此，只有同无产阶级相联系、代表无产阶级利益的事物，才是符合时代潮流的事物，才是具有远大前途的事物，才是真正的新生事物。而同没落的资产阶级相联系、代表反动资产阶级利益的事物，不论它以什么形式出现，不论它暂时如何庞大，都是没有前途的，失去了生命力的，是必然归于灭亡的旧事物。这是我们在社会生活领域里识别新事物和旧事物的基本依据。

"四人帮"用种种形而上学的手法混淆新事物和旧事物的界限，是他们蓄意混淆是非的一个重要方面。其目的，是要保护真正的旧事物，扼杀真正的新事物，并在"支持新事物"和"批判旧事物"的幌子下向党进攻，向无产阶级进攻，向社会主义进攻。

二、打着"维护"新生事物的幌子扼杀新生事物

"四人帮"一方面混淆新事物和旧事物的界限，把新事物当作"旧事物"去攻击；另一方面又以维护新生事物之名，行扼杀新生事物之实。这两手相辅相成，充分暴露了他们对待革命新生事物的阴险和狠毒。

"四人帮"在"维护"新生事物的名义下，绝对地禁止人们讲新生事物的缺点和不完善。谁讲，谁就是大逆不道，"否定大

好形势"，就是"今不如昔""九斤老太"，等等。对于选拔到领导岗位的新干部，只许吹捧，不许讲缺点，不能讲还需要锻炼和学习，否则就是"打击新生力量"。在"四人帮"横行的几年里，甚至连提出能不能讲新生事物的缺点这一类的问题，都被看成一种危险。看起来，他们俨然是新生事物的最极端的"维护者""支持者"，而实际上，这却是他们扼杀新生事物的最巧妙的伎俩。

首先必须指出的是，正如前面已经说过的，"四人帮"所谓的许多"新生事物"只是挂着新牌号的旧事物，所谓"新生力量"只是地道的腐朽力量。对于这些东西，不是缺点不缺点、完善不完善的问题，而是应该如实地把它们当作旧的垃圾，坚决、彻底、干净、全部地加以扫除的问题。它不属于这里所谈论的问题的范围。这里所谈的，是如何对待真正符合历史进步的新生事物的问题，是要在这个问题上揭露"四人帮"的谬论在理论上的形而上学欺骗，以清除这种谬论在人们思想上的流毒。

在马克思主义看来，把新生事物说成完美无缺，是一种完全违反辩证法的形而上学观点。马克思说过："一切发展中的事物都是不完善的，而发展只有在死亡时才结束。"[①]一个事物完善了，它就不发展了，就要被自身的否定因素否定了。所以，新生事物正因为它是新生事物，它就不会是完美无缺的。

一切新生事物都是在同旧事物的激烈斗争中产生的。它的成长、壮大，也需要经过激烈、反复的斗争。这里，一个重要原因，就是由于新生事物存在着缺点和不足，旧事物必然要利用新事物的缺点和不足，利用自己在某些方面的暂时强大，向

---

① 马克思：《第六届莱茵省议会的辩论（第一篇论文）》，《马克思恩格斯全集》第1卷，人民出版社1956年版，第60页。

新事物反扑，企图扼杀新事物。这就要求代表新事物的革命的阶级和势力，必须用辩证的态度对待新事物。一方面，要旗帜鲜明地赞颂新事物，为它鸣锣开道，大喊大叫，宣传新事物的优越性，批判旧事物的保守性。敏锐地识别新事物和热情地支持新事物，是共产党人必须具备的革命品质，是马克思主义世界观的一个重要原则。讥笑新事物的幼芽嫩弱，抱着轻浮的怀疑态度等，当然是非常错误的。但另一方面，又要清醒地看到新事物存在的缺点和弱点，满腔热情地帮助它们在斗争中克服缺点，逐步完善，以逐步增强战胜旧事物的力量。列宁说："我们应当缜密地研究新的幼芽，极仔细地对待它们，尽力帮助它们成长，并'照管'这些嫩弱的幼芽。"①列宁说的这种照管幼芽的工作，当然包括帮助新事物克服自己的缺点。如果只是站在一旁唱高调，袖着手欣赏新事物的"完美"，那就绝不是革命者。从关怀新事物成长的立场出发，如实地指出新事物的缺点和不完备，同讥笑新事物的嫩弱甚至利用新事物的缺点攻击新事物，是完全不同的两码事。前者是热情地扶植新事物成长，后者是嘲弄和企图扼杀新事物，它反映着两个阶级、两种世界观的对立。

　　一切真正的新事物都是在三大革命实践第一线产生的，人民群众是新事物的创造者。真正地支持新生事物，就一定要深入三大革命第一线，同广大人民群众一起奋斗，不但善于及时地发现新事物，而且善于同群众一起不断地总结经验教训，充分地发挥和发展新事物的优越性，在实践中不断克服它的不完备性。"四人帮"完全脱离实践，脱离人民，距离新事物生长的地方十万八千里，同新事物的创造者处于尖锐对立的地位，却居然成了新生事物的"支持者"，那不是活见鬼？他们不许讲新

① 列宁：《伟大的创举》，《列宁选集》第 4 卷，人民出版社 1972 年版，第 15 页。

生事物的缺点,不过是为了锻造一条用以打人的棍子而已。

对于选拔到各级领导岗位的符合毛泽东同志提出的革命接班人五项条件的青年新干部("闹而优则仕"的人物当然不在此列),我们是应当热情支持的。干部队伍中不断地补充新鲜血液,是符合客观规律的,是无产阶级革命事业后继有人、兴旺发达的一个重要保证。但是,这绝不是不能说他们的缺点,绝不是不能说他们还需要锻炼和学习。对于无原则的吹捧,只要是真正树立了无产阶级世界观的同志,他们自己也决不会欢迎,决不会赞成的。"四人帮"把"新干部"(实际上只是他们资产阶级帮派体系中的骨干人物)说得完美无缺,同时又把老干部说得一塌糊涂,用渲染老干部的"坏"作陪衬,一味地抬高"新干部",显然是别有用心的。无产阶级革命导师对于老干部和新干部,历来都是一分为二,指出他们各有自己的长处和短处。毛泽东同志指出:"新老干部应该是彼此尊重,互相学习,取长补短。"①斯大林也说过:"问题不在于要注重老干部还是注重新干部,而在于贯彻把老干部和年轻干部配合起来,把他们结合在党和国家领导工作的一个总的乐队中的方针。"②"四人帮"把老干部和新干部对立起来,用无限贬低老干部的办法去一味抬高"新干部",不过是托洛茨基的故技重演,是为了推行他们的反革命政治纲领,既打倒老干部,又腐蚀新干部,而绝不是真正爱护和支持新干部。

"四人帮"鼓吹只能捧新生事物,不能帮新生事物,把刚刚产生的新生事物绝对化,他们制造这一套"理论"的如意算盘是一箭三雕:一是使他们的破绽百出的冒牌"新生事物"不被

---

① 毛泽东:《整顿党的作风》,《毛泽东选集》第 3 卷,人民出版社 1969 年版,第 782 页。

② 斯大林:《在党的第十八次代表大会上关于联共(布)中央工作的总结报告》,《列宁主义问题》,人民出版社 1974 年版,第 695 页。

提穿，二是使真正的新生事物因得不到切实有力的扶植和支持而自生自灭，三是锻造一条"反对新生事物"的棍子去打人。这就是这伙"新生事物支持者"的真面目。

三、打着"反复旧"的旗号搞复旧

"四人帮"以天字第一号的"革新派"自吹，把"反复旧"的口号喊得震天价响，动不动诬蔑别人"复旧""回潮""复辟"，棍子、帽子满天飞舞。我们剖析一下"四人帮"所谓"反复旧"的实际内容，就可以看出，真正的复旧派、复辟狂不是别人，正是他们自己。

他们在"反复旧"的旗号下，把"文化大革命"前的社会主义新中国当作"旧世界"去批判，叫喊要在批判这个"旧世界"中建立他们的"新世界"①，鼓吹发展新生事物就必须"同十七年对着干"。当年托洛茨基宣布一切以十月革命为界，"十月革命"前只是"史前史"，"十月革命"后才有革命史。"四人帮"同托洛茨基一样，一切以"文化大革命"为界，以"文化大革命"作为划分所谓"新"和"旧"的"分水岭"。在他们看来，"文化大革命"以前，中国根本没有社会主义这回事，也就根本没有社会主义的新事物，一切都是旧的。谁要提一提"文化大革命"前的成绩和经验，谁就是"重奏前朝曲"，就是"复辟狂"。否定十七年，可以说是"四人帮"所谓"反复旧"的一个中心内容。在"文化大革命"前的十七年里，我国无产阶级专政的建立和巩固；社会主义公有制的建立和巩固；毛泽东同

---

① 参见中共朝阳农学院委员会：《在批判旧世界中建设新世界》，《人民日报》，1976 年 2 月 14 日。

志把马列主义普遍真理同革命具体实践相结合，在我们这样一个八亿人口的东方大国领导社会主义革命和社会主义建设的丰富经验；我们党制定的许多方针和政策，许多行之有效的发展社会主义工业、农业、科学、文化、教育事业的条例和规章制度；亿万人民在各条战线做出的不胜枚举的改天换地的英雄创造和伟大成绩；所有这些，都被"四人帮"作为"旧事物"干干净净地抹杀了。毛泽东同志说："同旧社会比较起来，在社会主义社会中，新生事物的成长条件，和过去根本不同了，好得多了。"①为什么呢？最根本的就是有了无产阶级专政，有了社会主义制度。如果说"文化大革命"前没有新生事物，岂不是明目张胆地否定无产阶级专政和社会主义制度？社会主义的新中国是我国人民在中国共产党的领导下，前仆后继，流血牺牲，用枪杆子批判半封建半殖民地的旧世界中产生的。"四人帮"把社会主义的新中国当作"旧世界"去批判，他们心目中的"新世界"又是什么呢？正是在他们的所谓"同十七年对着干"的口号煽动下，一小撮阶级敌人和没改造好的新老资产阶级分子进行了种种疯狂的复辟活动。他们把社会主义新中国当作"旧世界"批判的结果，严重地摧残了我国的社会主义经济、文化、教育、科学事业。事实证明，他们绝不是什么"反复旧"，而是地地道道的搞复旧！

他们在"反复旧"的旗号下，把无产阶级的革命传统当作"旧传统"去否定。反党分子迟群叫嚣："现在是决裂的时代，要和过去的一切决裂。"（转引自 1977 年 3 月 21 日《人民日报》）他们胡说无产阶级在民主革命时期形成的老传统"吃不开了""过时了"。他们叫嚣的"决裂"，主要的就是同无产阶级的革命

---

① 毛泽东：《关于正确处理人民内部矛盾的问题》，《毛泽东选集》第 5 卷，人民出版社 1977 年版，第 389 页。

传统决裂。传统有两种，一种是旧社会的传统，一种是无产阶级的革命传统。旧社会的传统，是旧事物赖以存在的支柱，属于旧事物的范畴。要发展革命的新生事物，就必须批判旧社会的传统，这是无产阶级革命的一项重要任务。而无产阶级在自己的长期革命斗争中形成的传统，则是无产阶级革命精神、革命风格、革命品质的积累和提炼，它不但决然不是旧传统，而且正是在同旧传统斗争中形成的，正是与旧传统决裂的产物。它是革命新生事物的强大支柱，绝对地属于新事物的范畴。忘记过去就意味着背叛。丢掉无产阶级的革命传统，就意味着回到旧事物方面去。与革命传统决裂，就是与革命决裂。"四人帮"以极端轻蔑的口吻说："小小长征算得了什么！"（转引自 1977 年 4 月 9 日《人民日报》）这轻轻一言，完全彻底地暴露了他们极端仇恨无产阶级革命的黑暗灵魂。毛泽东同志领导的震惊世界的二万五千里长征，是中国共产党人、中国无产阶级惊天动地的伟大革命创举，它使苦难深重的中华民族看到了自己的希望，使国内外敌人心惊胆寒。长征是宣言书，它宣告了中国共产党人、中国无产阶级决心砸烂整个旧世界的钢铁誓言。长征是宣传队，它向全中国和全世界宣传了枪杆子里面出政权的伟大真理，宣传了红军的道路即无产阶级暴力革命的道路是人民解放的唯一道路。长征是播种机，它播下的革命种子已经开花结果，并将继续开花结果。长征培育的优良传统，永远是无产阶级的极其伟大的精神财富，是继续发展革命新生事物的伟大力量，是鼓舞人们继续进行向共产主义前进的新的长征的伟大动力，它激发了并将继续激发着千千万万的革命者为创造无比灿烂的新世界而英勇奋战。如果因为它已经过去四十多年就成了"旧"东西，那么，《共产党宣言》已经过去一百多年，岂不更是"旧"东西了吗？这不是极端反革命的极右派论调是什么！

这种"反复旧"的实质不是百分之百的搞复旧是什么！

最能尖锐地说明问题的实质的，是他们空前规模地复活封建专制主义、复活封建帝王思想、复活一切封建糟粕的罪恶勾当，也正是打着"反复旧"的旗号进行的。据他们说，他们的"评法批儒"或"尊法反儒"，是为了总结"坚持前进，反对倒退，坚持革新，反对复旧"的"历史经验"，是为"巩固无产阶级专政"总结"历史经验"。罗思鼎说："如何正确地估计法家的历史作用"，"是在社会大变革时期坚持进步还是坚持倒退的问题，在今天，也就是要不要承认和坚持无产阶级专政的问题"。①你不跟着他们去"尊法"吗？你就是"坚持倒退"，就是不要"承认和坚持无产阶级专政"！他们这样"坚持前进"的结果，是一大批早已化成粪土的帝王将相被经常地请上他们控制的报纸刊物的头版头条，伴随着这一具具历史僵尸而来的，则是例如天命论、天才论、英雄史观、阶级调和论以及各式各样的唯心主义怪论的大复辟、大泛滥。他们伪造所谓封建社会"反复辟的长期性"的"历史经验"，所谓杀人越多越能防止复辟的"历史经验"，所谓法家"中央领导集团的极端重要性"的"历史经验"等，振振有词地颂扬封建专制主义，论证地主阶级对农民压迫有理、屠杀有理。他们一本正经地宣扬"共产主义也有女皇"一类荒诞无稽的鬼话，论证女人应该掌权，"女人可以做皇帝"，要在中国建立女皇制的"共产主义"，如此等等。这难道是在"反复旧"吗？

事情奇怪得很，"四人帮"越是"反复旧"，旧东西越多；"四人帮"越是"反复辟"，封建主义、资本主义的复辟越猖獗。毛泽东同志说过，在历史唯心论者看来，"历史的发展不是以新事物代替旧事物，而是以种种努力去保持旧事物使它得免于死

① 翟青：《读韩非的〈五蠹〉篇》，《学习与批判》1974年第5期。

亡"。^①"四人帮"以"维护"新生事物之名行扼杀新生事物之
实，又以"反复旧"之名行搞复旧之实，这在反动派所做过的
种种努力中，是最为阴险的一种努力了。"四人帮"就是这样一
伙披着"革命"伪装的反革命，一伙以假左派面孔出现的极右
派。

四、所谓"革新""反复旧"的要害是篡党夺权

对于"四人帮"这个黑帮来说，如果只是一般地说他们以
一种最为阴险的努力使旧事物得免于死亡，只是一般地说他们
摧残新事物，就还没有揭露问题的要害。他们颠倒是非，混淆
新旧，高喊"革新"，大反"复旧"，并且请出一大批亡灵，赐
封一大批"法家"，每人一顶"革新派"的桂冠，又拉出一大批
"宰相""代理宰相"以及各朝元老功臣，每人一顶"复旧派"
的帽子，连篇累牍地编造所谓"坚持革新，反对复旧"的"历
史经验"，在这个问题上如此绞尽脑汁，大做文章，这一切究竟
是为了什么？

我们看看他们在整个"文化大革命"中的表演吧！

"文化大革命"一开始，"四人帮"就捏造了一个所谓"新
文革和旧政府"的矛盾。他们在"打倒旧政府"的口号下，把
罪恶矛头指向一大批担负国家领导重任的老一辈无产阶级革命
家；又以"新文革"的招牌，在支持"造反派"的名义下，网
罗一小撮对无产阶级心怀仇恨而又权欲熏心的大小野心家，经
营起他们的资产阶级帮派体系。在整个"文化大革命"中，他

---

① 毛泽东：《应当重视电影〈武训传〉的讨论》，《毛泽东选集》第 5 卷，人民出
版社 1977 年版，第 46 页。

们一再鼓吹所谓"新"与"旧"的矛盾，接连不断地制造事端。在党的十大前后，他们一次又一次地掀起所谓"反复旧""反回潮""反复辟"的黑浪。他们在"古为今用"的幌子下，捏造一桩桩所谓"复辟反复辟斗争"的历史事件影射现实。一直到张春桥发出"新桃换旧符"的"有感"，姚文元吐出"永立新天朝"的呓语。其中贯穿着一条鲜明的黑线，就是"改朝换代"。

他们把无产阶级比作"旧符"，使用最恶毒最肮脏的语言咒骂老一辈的无产阶级革命家是什么"腐朽昏庸"，"因循守旧"，"守旧成性，畏新如虎"，什么"还乡团""复辟狂"，等等。反革命分子张铁生咬牙切齿地攻击老干部是什么"党内资产阶级""军内资产阶级"，是什么"当今世界上、社会上最腐朽的一个阶级、最堕落的一个阶级、最反动的一个阶级"（转引自1977年1月16日《解放军报》），等等。这样发泄对无产阶级革命和无产阶级革命家的刻骨仇恨，仅仅一般地说他们扼杀新事物、保护旧事物，显然是解释不了的。

张春桥曾经这样向他们的余党说过："俗话说，'长江后浪推前浪，世上新人换旧人'。应该把'换'字改成'撵'字，旧人不走，就要撵。"（转引自1977年3月16日《光明日报》）一个"撵"字，把他们全部反革命的疯狂性勾画得活灵活现。人们清楚地看到，每当他们掀起一场"反复旧""反回潮"一类的恶浪，伴随而来的就是大批革命老干部的挨整、挨斗、挨撵。撵走"旧人"，让他们这一小撮自封的"新人"上台，这就是他们高喊"革新"或"反复旧"的要害。

然而，历史不是可以由几个小丑去任意作弄的。历史本身会对所谓"新人"和"旧人"、新事物和旧事物做出最公正的选择。不论"新人"和"旧人"、新事物和旧事物，都是有客观标准的。在社会历史领域里，判定新事物和旧事物，归根到底看其对社会生产力的发展有利还是不利，是促进社会生产力的发展还是阻碍社会生产力的发展。"四人帮"横行一时，闹得党无宁日，国无宁日，生产停滞，民不聊生。在他们闹得最凶的领域，造成了灾难性的大破坏。在他们控制最严的地区，带来了资本主义的大泛滥。历史无情地宣布："四人帮"及其资产阶级帮派体系，才是中国社会的一种最黑暗最腐朽的上层建筑，是旧的封建主义资本主义生产关系复辟要求的代表，是中国社会生产力发展的最严重的障碍。中国当代最反动的复旧顽固派不是别人，正是万恶的"四人帮"！

第七章 托洛茨基式的"不断革命论"

马克思列宁主义关于革命发展阶段论和不断革命论相统一的原理，是无产阶级政党制定革命路线、方针、政策和策略的重要理论依据。这个问题是多年来被林彪特别是"四人帮"弄得混乱不堪的重大理论问题之一。他们摆出一副最狂热的"不断革命论"者的面孔，把不断革命论和革命发展阶段论割裂开来、对立起来，把坚持马克思列宁主义的革命发展阶段论诬为"因循守旧""右倾保守""复辟倒退"等而大肆攻击。这是他们的反动哲学的一个重要方面。

一、片面鼓吹所谓革命发展的不断性，否认革命发展的阶段性

张春桥在他的论"全面专政"的黑文里，肆意歪曲马克思关于不断革命的论述，把马克思说的不断革命歪曲成在"一切领域"立即打掉"一切土围子"，叫喊"决不能在过渡的路上停下来"。他从这种"不断革命论"出发，恶毒地诬蔑和诽谤一切坚持党的正确路线的同志，胡说"他们对于无产阶级在某个阶段、某个领域的专政是赞成的，对于无产阶级的某些胜利是高兴的，因为这可以给他带来某种利益，而只要这种利益到手，

他就觉得可以安营扎寨，经营经营他的安乐窝了。什么对资产阶级全面专政，什么万里长征第一步，对不起，让别人去干吧，我已经到站了，该下车了"。并且危言耸听，威胁这些同志："危险！""资产阶级在向你招手"。①这里，已经杀机毕露，要把一切反对他们的"不断革命"的人们打成"资产阶级"，实行他们的"全面专政"了。早在1958年，张春桥就伙同陈伯达，抛出"彻底破除资产阶级法权"的怪论，鼓吹取消按劳分配、商品生产、价值规律。这种怪论，在当时就受到了我们党的严肃批判。十几年之后，他又旧调重弹，打着"宣传"毛主席关于理论问题指示的幌子，把社会主义的按劳分配、商品生产等当作资本主义的"旧事物"去恣意攻击。他鼓吹在所有制过渡问题上要"采取积极态度"，"不够条件不能说不可以过渡"，穷队要靠"穷精神过渡"（转引自1977年2月14日《文汇报》）。他们还把社会主义时期存在的三大差别歪曲为阶级对立，要用什么"画等号"的办法立即消灭。总之，张春桥及其一帮多年来摆出一副"超级革命"的面孔，叫嚣在社会主义阶段就要破除社会主义的一切，并且把他们的这一套叫作"在社会主义阶段上干了共产主义的事"。张春桥做贼心虚，声明他不是刮"共产风"，而是别人要刮"资产风"。实际上，他们就是要用刮"共产风"的办法破坏社会主义，复辟资本主义。他们唱的还是那套"跑步进入共产主义"的极"左"的滥调，不过披上了一层"全面专政"之类的新的"理论"伪装罢了。

"四人帮"的整个这一套货色，完完全全是托洛茨基的"不断革命论"的翻版。张春桥叫嚷的"决不能在过渡的路上停下来"，就是托洛茨基说的"革命一旦开始……不论在哪一个形式阶段上，我们都决不能使它中断"（《对农民的"估计不足"》，

①　见张春桥：《论对资产阶级的全面专政》，《红旗》1975年第4期。

1923 年）。这就是说，革命只能是不断的，不允许有任何间歇。
他们鼓吹的所谓"彻底破除资产阶级法权"和"画等号"之类
的谬论，他们的所谓"在社会主义阶段上干了共产主义的事"，
就是托洛茨基说的"工人阶级取得了政权，这就自然而然地取
消了'最低纲领'与'最高纲领'之间的分界线"（《单独一国
的社会主义？》，1932 年）。这就是说，社会主义和共产主义不
是在质上互相区别的两个阶段，而是可以互相混淆的。这是对
马克思主义不断革命论的恶毒篡改！

　　马克思主义是无产阶级彻底革命的宇宙观和社会革命论。
它是坚持不断革命论的，然而，这种不断革命论又是同革命发
展的阶段论紧密结合的，或者说，马克思主义的不断革命论本
身就包含着革命发展的阶段论。在毛泽东同志主持制定的《关
于人民公社若干问题的决议》中指出："我们是马克思列宁主义
的不断革命论者，我们认为，在民主革命和社会主义革命之间，
在社会主义和共产主义之间，没有隔着也不允许隔着万里长城；
我们又是马克思列宁主义的革命发展的阶段论者，我们认为不
同的发展阶段反映事物的质的变化，不应当把这些不同质的阶
段互相混淆起来。"①只讲革命发展的阶段论，丢掉不断革命论，
就会失去远大的目标，就会在客观的革命过程已经由一个阶段
向另一个阶段推移的时候，在认识上和行动上仍然停留在原来
的阶段，因而犯右倾的错误；只讲不断革命论，丢掉革命发展
的阶段论，就会放松对于当前斗争的努力，使革命成为无谓的
空谈，就会发生超越革命发展客观过程的盲目行动，因而犯"左"
倾的错误。

　　马克思列宁主义的不断革命论和革命发展阶段论的统一，

---

① 转引自《关于人民公社若干问题的决议》，《人民公社万岁》，农业出版社 1959
年版，第 244 页。

是以唯物辩证法关于事物发展过程的质变和量变相统一的原理作为理论基础的。毛泽东同志指出："无论什么事物的运动都采取两种状态，相对地静止的状态和显著地变动的状态。"①相对地静止的状态就是事物的量变状态，显著地变动的状态就是事物的质变状态。事物的发展变化，就是在事物内部矛盾斗争的推动下，从量变到质变，又从质变到量变，循环往复以至无穷的辩证过程。量变是质变的必要准备，质变是量变的必然结果。这种量变和质变的统一，就是事物发展过程中相对稳定性和绝对变动性的统一。否认绝对变动性，固然是否认了发展，否认了辩证法；然而，否认相对稳定性，就会使事物的发展过程成为不可理解的东西，同样是否认了辩证法。

恩格斯说："物体相对静止的可能性，暂时的平衡状态的可能性，是物质分化的根本条件，因而也是生命的根本条件。"②如果没有相对静止的状态即事物的质的相对稳定性，整个世界就只能是一团混沌，此亦彼也，彼亦此也，人们无法区分事物。毛泽东同志在谈到战争这种流动性极大的现象时也曾指出，必须承认在绝对流动的整个战争长河中有其各个特定阶段上的相对的固定性，"否认了这点，就否认了一切，连战争本身，连说话的人，都否认了"。"否认了这点，战争就无从着手，成为毫无定见，这也不是、那也不是，或者这也是、那也是的战争相对主义了。"③

革命发展的阶段性，正是反映事物的质的相对稳定性。革命由一个阶段向另一个阶段的推移，是由社会矛盾的发展所规

---

① 毛泽东：《矛盾论》，《毛泽东选集》第 1 卷，人民出版社 1969 年版，第 306页。

② 恩格斯：《自然辩证法》，《马克思恩格斯选集》第 3 卷，人民出版社 1972 年版，第 563 页。

③ 毛泽东：《论持久战》，《毛泽东选集》第 2 卷，人民出版社 1969 年版，第 463—464 页。

定的。任何矛盾的解决，都需要经过一个矛盾双方力量消长的过程，这是一个不可缺少的量的准备过程，即矛盾逐步激化的过程。生产方式的变革，社会制度的变革，都是由量变发展到质变的。生产力的不断发展，逐步地暴露出旧的生产关系的落后和腐朽。只有生产力发展到一定程度，它在旧的生产关系内部已经不能容纳，已经没有发展余地的时候，才能提出根本变革生产关系的要求。而一当生产关系实现了变革，它就由生产力的桎梏变成了生产力的发展形式，保护和促进生产力的迅速发展。变革旧的生产关系，是生产力发展的客观要求，而新的生产关系在一个时期内保持质的相对稳定性，同样是生产力发展的客观要求，这不过是同一个问题的两种说法。如果一种新的生产关系刚刚建立，就要加以变革，而不允许它有任何的稳定性，那么，人们又为什么要去建立它呢？这样的"革命"岂不成了儿戏？破坏了旧的生产关系而建立了同生产力发展要求相适应的新的生产关系，就是生产力同生产关系的矛盾运动的旧过程完结，新过程发生。"新过程又包含着新矛盾，开始它自己的矛盾发展史。"①新建立的生产关系，又要经历一个时期的矛盾运动过程，才能在生产力的进一步发展面前，逐步变成落后和腐朽的东西，最终被更新的生产关系所代替。"四人帮"叫喊所谓"不断革命"，否认新建立的社会主义生产关系在一个长时期内基本适应生产力的发展，以及否认社会主义上层建筑基本适应经济基础的发展，这就是根本否定社会主义制度的优越性。这种"不断革命"，只能破坏社会生产力，毁灭社会主义经济，使无产阶级专政遭到颠覆。

无疑，我们必须经常注意调整生产关系和上层建筑中同生

---

① 毛泽东：《矛盾论》，《毛泽东选集》第 1 卷，人民出版社 1969 年版，第 282 页。

产力发展不相适应的方面。我国的社会主义的经济制度和政治制度，同生产力的发展是基本适应的，但还很不完善。尤其是十多年来，由于林彪、"四人帮"的破坏，许多好的制度和办法被取消了，而许多应当建立的符合客观经济规律的制度和办法却没有建立起来；加上我们的国家原来就是一个经济、文化发展比较落后的国家，虽然进行了社会主义革命，但是，不仅还存在资本主义的东西，而且小生产和封建主义的落后习惯和传统影响也还在经济生活和政治生活的领域里多方面地存在着。这些情况，同生产力大发展的要求是不相适应的。要实现党在新时期的总任务，加速实现四个现代化，在我国建设起社会主义的大经济，就必须相应地进行生产关系和上层建筑的多方面的改革。这是无产阶级专政条件下的一场伟大的革命。适应建设现代化社会主义大经济的要求而进行生产关系和上层建筑方面的改革，正是为了使社会主义制度更加完善，以便充分发挥社会主义制度的优越性去促进生产力的大发展。这同"四人帮"蓄意混淆革命阶段的"穷精神过渡""画等号""全面专政"一类的所谓"不断革命"是根本不同的，绝不可以混为一谈。

我们进行生产关系和上层建筑方面的改革，是按照生产关系要适合生产力性质、上层建筑要适应经济基础需要的客观要求，是要使我们的经济工作符合于客观的经济规律。我们要加以改革的只是那些同生产力发展不相适应的落后的东西。而"四人帮"的所谓"不断革命"，则是根本违反生产力和生产关系、经济基础和上层建筑矛盾运动的客观规律，违反客观的经济规律，任意地破除在现阶段决不允许破除的东西。毛泽东同志在驳斥"左"倾空谈主义时指出，鼓吹"一次革命"论的有一种人是"恶意的宣传家"，他们的目的是反对共产主义和共产党。[①]"四人帮"和托洛茨基就是这种"恶意的宣传家",他们故意混淆革命阶段,鼓吹所谓"不断革命",是以极"左"的阴谋手段破坏革命。

二、用"赞扬"共产主义的假革命手段
达到破坏社会主义的反革命目的

马克思主义的不断革命论和革命发展阶段论的统一,就是理想和现实的统一,共产主义远大目标和当前革命实践的统一。坚持不断革命论,就是在运动的现在要把握运动的将来,在革命的现阶段要为向新的阶段发展准备条件,始终胸怀共产主义的最终目标,而不是像伯恩施坦所鼓吹的"最终目的算不了什么,运动就是一切"。坚持革命发展阶段论,就是要从当前社会发展和革命发展的实际情况出发,在共产主义思想的指导下,脚踏实地地努力实现当前的革命任务,以便有步骤地、有条件地把革命推向前进,而不是像某些恶意的宣传家和"左"倾空谈主义者所鼓吹的"毕其功于一役"。

毛泽东同志在领导中国革命的过程中,始终用马克思主义的不断革命论和革命发展阶段论相统一的思想武装全党,并从对中国社会矛盾运动客观过程的科学分析出发,具体地正确地解决了在各个阶段上革命的性质、对象、任务、前途和转变的问题。在民主革命时期,毛泽东同志一方面强调应该扩大共产主义思想的宣传,加紧马克思列宁主义的学习,强调共产党员必须保持共产主义的纯洁性,决不能抛掉共产主义的理想;另

---

① 参见毛泽东:《新民主主义论》,《毛泽东选集》第 2 卷,人民出版社 1969 年版, 第 644—646 页。

一方面又强调必须"把对于共产主义的思想体系和社会制度的宣传，同对于新民主主义的行动纲领的实践区别开来"[1]，强调不能把反对党内资本主义思想的斗争，错误地移到社会经济方面，去反对资本主义的经济成分。进入了社会主义革命时期以后，也决不像托洛茨基所宣扬的，是什么"取消了'最低纲领'与'最高纲领'的分界线"。社会主义只是共产主义的第一阶段或低级阶段，实现党的最高纲领即共产主义，还需要经历一个非常长时期的斗争过程。毛泽东同志反复强调，社会主义社会是一个相当长的历史阶段，由社会主义过渡到共产主义是一个相当复杂的发展过程。他还指出，不仅共产主义的高级阶段和低级阶段是不同质的革命阶段，不能混淆，就是在社会主义革命的过程中，也还需要经历若干小的革命阶段，这些阶段反映着总的量变过程中的部分质变，也是不同质的，不可混淆的。因此，在社会主义的整个历史时期，在社会主义发展的各个阶段，都既要加强共产主义思想的教育，大力提倡共产主义精神，又要把对于共产主义高级阶段的思想宣传同对于共产主义低级阶段的行动纲领的实践区别开来，并且把社会主义革命发展的这一阶段和那一阶段区别开来。在1958年党的八届六中全会《关于人民公社若干问题的决议》中指出，那种无根据地宣布农村的人民公社"立即实行全民所有制"，甚至"立即进入共产主义"的做法，"不仅是一种轻率的表现，而且将大大降低共产主义在人民心目中的标准，使共产主义伟大的理想受到歪曲和庸俗化，助长小资产阶级的平均主义倾向，不利于社会主义建设的发展"。[2]

---

[1] 毛泽东：《新民主主义论》，《毛泽东选集》第2卷，人民出版社1969年版，第666页。

[2] 转引自《关于人民公社若干问题的决议》，《人民公社万岁》，农业出版社1959年版，第243页。

"四人帮"鼓吹"立即进入共产主义"一类的货色，显然更加不是什么轻率的表现，而是一种经过深思熟虑的阴谋活动；不是一般的"左"倾言论，而是蛊惑人心的反动宣传。这一小撮野心勃勃的新生资产阶级分子，是共产主义的不共戴天的死敌，反共才是他们的"事业"，他们怎么能够是因为想共产主义想得太厉害而犯了急性病呢？在光天化日之下，他们唱着共产主义的高调，而在阴暗的角落里，却对共产主义进行不堪入耳的诽谤。在一本政治教材中引用了毛泽东同志关于共产主义的思想体系和社会制度"是自有人类历史以来，最完全最进步最革命最合理的"论述，"四人帮"在上海的余党看了竟咬牙切齿地说："这话说得太绝对。'最进步'？！到了共产主义社会就不进步了吗？"（转引自 1977 年 2 月 7 日《人民日报》）并将这段论述一刀砍去。这是一种什么样的阴暗心理！由此可见，如果他们热衷于共产主义的空谈也算是一种"急性病"的话，那只是另一种同我们通常所说的完全不同的"急性病"，即帝国主义、蒋介石们患的"急性病"。毛泽东同志曾经讲过帝国主义、蒋介石"他们最喜欢我们在一天早晨搞出个社会主义，搞得天下大乱，他们就高兴了"。[①]"四人帮"就是最喜欢我们在一天早晨搞出个共产主义，搞得天下大乱，以便他们乱中夺权。

在"四人帮"形而上学猖獗的时期，宣传和实践社会主义的原则，竟被诬为把社会主义"凝固化"、搞"复辟倒退"，等等。他们打着所谓反对"凝固化"的幌子，用"赞扬"共产主义去诽谤社会主义。这是他们假左派真右派的反革命特点在理论上和实践上的一种典型表现。

"四人帮"诋毁"各尽所能，按劳分配"的社会主义原则，

---

① 毛泽东：《关于中华人民共和国宪法草案》，《毛泽东选集》第 5 卷，人民出版社 1977 年版，第 130 页。

把"按劳分配"说成资本主义的旧事物，把社会主义时期不能不存在的消费品分配方面的事实上的不平等说成万恶之源，所采取的手法就是"赞扬"共产主义的"各尽所能，按需分配"。看起来，这是何等"革命"！可是，这副令人憎恶的"革命"脸谱，在几十年前早已有人扮演过了。托洛茨基在已经被开除出党，并且堕落成为无耻的间谍、卖国匪帮首领以后，手里拿着外国谍报机关的佣金，嘴里却还唱着"按需分配"的高调。他把按劳分配诬蔑为"资产阶级的分配标准"，"伪造的"社会主义原则，"一种新的社会分化的基础"等，胡说同"按劳分配"结合的"各尽所能"是骡子在鞭子下的"各尽所能"，胡说在社会主义时期实行"各尽所能，按劳分配"的原则而不立即实行"各尽所能，按需分配"的原则，就是"把这个统一的共产主义原则分割成两半，把后一半推迟到无限遥远的未来"（《被背叛了的革命》，1936年）。托洛茨基不也是在热烈地"赞扬"共产主义的"按需分配"吗？然而，他"赞扬"按需分配只是为了诋毁按劳分配，只是为了发泄对于列宁开创的、后来由斯大林领导的社会主义事业的刻骨仇恨。"四人帮"就正是托洛茨基匪帮那样的假左派。他们对于共产主义的按需分配的廉价的"赞扬"，只不过是一种攻击社会主义制度的鬼蜮伎俩。

他们在消灭三大差别的旗号下，鼓吹知识分子同工人农民"画等号"，并且吹嘘他们所谓的"画等号"就是"限制资产阶级法权"，是防止资本主义复辟，是搞了"共产主义"。这种"等号论"，是建立在把社会主义时期存在的脑力劳动与体力劳动的差别同剥削阶级旧社会的阶级对立混为一谈的基础上的，因而在它的背后同样掩藏着诋毁社会主义制度的恶毒用心。当年托洛茨基从攻击苏联的社会主义制度的卑鄙目的出发，也曾叫嚷，在"十月革命"后的苏联社会中，体力劳动和脑力劳动之间的社会差别不是缩小了，而是扩大了（《被背叛了的革命》，1936年）。他也是在不遗余力地攻击脑力劳动者，也是表示比谁都更赞成消灭脑力劳动和体力劳动的差别，除了还没有发明"画等号"这个新鲜的词儿以外，不论议论问题的方式、内容和目的都同"四人帮"是一模一样的。

我们共产党人的最高理想，是要用"各尽所能，按需分配"的原则代替"各尽所能，按劳分配"的原则，并不主张"按劳分配万岁"。我们是要消灭一切阶级差别，包括脑力劳动和体力劳动的差别，最终进入共产主义。"全人类都要走这一条路的，问题只是时间和条件。"[①]毛泽东同志总是用"相反相成"的辩证法教育全党，要大家懂得事物的生存和发展的规律。他说："巩固无产阶级的专政或人民的专政，正是准备着取消这种专政，走到消灭任何国家制度的更高阶段去的条件。建立和发展共产党，正是准备着消灭共产党和一切政党制度的条件。建立共产党领导的革命军，进行革命战争，正是准备着永远消灭战争的条件。这许多相反的东西，同时却是相成的东西。"[②]对于按劳分配，对于三大差别，对于其他许多事物，都是这个道理。

我们现在坚决实行"各尽所能，按劳分配"的原则，正是为着将来取消这个原则而代之以"各尽所能，按需分配"的原则准备条件。"各尽所能，按劳分配"是建立在社会主义公有制基础上的分配制度，是对几千年剥削阶级社会劳者不获、获者不劳的分配制度的根本否定。它在整个社会主义时期都是同生产力的发展基本相适应的。它实行"多劳多得，少劳少得"的原则，有利于调动广大劳动者的积极性，因而有利于生产力的

[①] 毛泽东：《论人民民主专政》，《毛泽东选集》第4卷，人民出版社1969年版，第1357页。
[②] 毛泽东：《矛盾论》，《毛泽东选集》第1卷，人民出版社1969年版，第304页。

发展；实行"不劳动者不得食"的原则，有力地限制和打击了流氓、懒汉、骗子、寄生虫和各种新老剥削阶级分子，是无产阶级用以清除资本主义旧社会遗留的这些"传染病、瘟疫和溃疡"的阶级斗争手段。毫无疑问，它是向共产主义前进的重要杠杆，它在整个社会主义历史阶段不仅有存在的历史正当性，而且有存在的历史必要性。人类经过社会主义的按劳分配前进到共产主义的按需分配，是历史必由之路。当然，在坚决实行"各尽所能，按劳分配"的原则时要大力提倡发扬共产主义精神，在社会主义劳动竞赛中，实行物质鼓励和精神鼓励相结合而以精神鼓励为主的方针。但是，精神鼓励不能代替物质鼓励，共产主义的思想教育不能代替"各尽所能，按劳分配"的社会主义原则。对优秀的劳动者的物质鼓励，同精神鼓励是一致的。如果按照"四人帮"鼓吹的那一套，在现在的生产力水平下，就要取消按劳分配，干多干少一个样，干好干坏一个样，干与不干一个样，搞平均主义，吃大锅饭，就只会挫伤广大劳动者的积极性，造成生产力的大破坏，造成社会主义经济的大崩溃。那样，拿什么东西去搞"按需分配"？还谈得上什么向共产主义过渡？

我们现在着力培养一批高精尖的专门人材，造就一支发展社会主义科学文化事业的骨干力量，也正是为着提高整个中华民族的科学文化水平，为着最终消灭脑力劳动和体力劳动的差别准备条件。如果把一大批攀登文化科学高峰的优秀人才的出现看成什么脑力劳动和体力劳动差别的扩大，那就是十足的愚蠢、荒唐和反动。毛泽东同志曾深刻地阐明过文艺事业的普及和提高的关系，这对于整个科学文化事业都是适用的。毛泽东同志说："我们的提高，是在普及基础上的提高；我们的普及，是在提高指导下的普及。"①脱离普及的提高，不是群众所需要的提高；脱离提高的普及，就只能永远停留在低级的水平上，这种普及归根到底也不是群众所需要的。"普及工作若是永远停止在一个水平上，一月两月三月，一年两年三年，总是一样的货色，一样的'小放牛'，一样的'人、手、口、刀、牛、羊'，那么，教育者和被教育者岂不都是半斤八两？这种普及工作还有什么意义呢？人民要求普及，跟着也就要求提高，要求逐年逐月地提高。在这里，普及是人民的普及，提高也是人民的提高。"②华国锋同志号召极大地提高整个中华民族的科学文化水平，这既是人民的普及，也是人民的提高。这个令人鼓舞的宏伟任务，只能在普及和提高的辩证法的运动中实现，因而只能在极大地发展社会生产力、发展科学文化事业的过程中实现。而其中，科学文化专业工作者的提高，一大批世界第一流的科学文化工作专家的培养和造就，则是十分必要的条件。如果"画等号"说的是知识分子要以普通劳动者的姿态出现，那是应当力求做到的，我们党历来是这样提倡的。但是，"四人帮"说的"画等号"却是要所有的人在科学文化上都"半斤八两"，要知识分子"把读的书都忘掉"，大家都当"没有文化的劳动者"，使"全国都成了文盲"。他们要用这种"画等号"的办法去消灭三大差别，他们的"共产主义"是要用张铁生那样的文盲加流氓的典型引路，这只能把人类社会引向蒙昧时代，只能实现江青所向往的女皇制的"共产主义"即封建法西斯主义，而绝不可能有真正的共产主义。

"四人帮"从托洛茨基那里抄来的"不断革命"，就是这样

① 毛泽东：《在延安文艺座谈会上的讲话》，《毛泽东选集》第3卷，人民出版社1969年版，第819页。
② 毛泽东：《在延安文艺座谈会上的讲话》，《毛泽东选集》第3卷，人民出版社1969年版，第819页。

一种地地道道的破坏社会主义、共产主义事业，复辟封建主义、资本主义的不断反革命。无怪乎江青说"托洛茨基的事还不知道怎么样呢！"（转引自1977年2月23日《人民日报》）"四人帮"的理论、路线、策略，整个地说来都同托洛茨基几乎一模一样，"四人帮"就是一个托洛茨基式的匪帮。

第八章　卑鄙下贱的诡辩术

　　列宁在痛斥考茨基时说:"辩证法正在变成最卑鄙最下贱的诡辩术!"①在"四人帮"那里,则并不是辩证法"变成"诡辩术,而是本来就把辩证法和诡辩术看成一个东西。江青说:"黑格尔讲过,辩证法来源于诡辩。"(转引自《文史哲》1978 年第3 期)这并不是一句戏言,而是她对于辩证法的一种真实的观点。"四人帮"的一个余党更是直截了当地说:"辩证法就是搞诡辩。"(转引自《文史哲》1978 年第3 期)这都说明,"四人帮"嘴里和笔下的"辩证法"就是诡辩论。他们的诡辩论比历史上的机会主义者要自觉得多,因而也要卑鄙得多,下贱得多。

　　诡辩论是形而上学的恶劣变种,它的根本特征就是主观地应用概念的灵活性。列宁说:"概念的全面的、普遍的灵活性,达到了对立面同一的灵活性,——这就是问题的实质所在。这种灵活性,如果加以主观的应用=折中主义与诡辩。客观地应用的灵活性,即反映物质过程的全面性及其统一的灵活性,就是辩证法,就是世界的永恒发展的正确反映。"②"四人帮"的诡辩论,就在于他们完全根据篡党夺权的主观需要应用概念的灵活性。江青指示梁效说:"材料要从斗争需要出发,不是从有

---

　　① 列宁:《第二国际的破产》,《列宁选集》第 2 卷,人民出版社 1972 年版,第641 页。
　　② 列宁:《黑格尔〈逻辑学〉一书摘要》,《列宁全集》第 38 卷,人民出版社 1959 年版,第 112 页。

什么材料出发"。"从现实的斗争需要考虑，应该有些什么题目，然后寻找材料，这样，材料的运用也就活了。"①罗思鼎的头目也说："写文章要能够海阔天空、古今中外地随便联系，这样就写活了。"（转引自 1977 年 10 月 13 日《文汇报》）他们特别强调这个"活"字，学要"活学"，用要"活用"，写文章要"活写"，"活"到海阔天空，古今中外，随便联系。这就是诡辩论讲的"活"，即主观地应用概念的灵活性。他们的所谓"事实服从路线"，"事实服从政治"，"材料服从斗争需要"，就是以自己的主观需要作为一切"灵活性"的基础。

把主观的需要作为概念灵活性的基础，也就必然是以相对主义作为认识论的基础，把一切都说成只是相对的，排斥绝对的。这就是抹杀事物的质的规定性，只承认概念的灵活性而否认概念的任何确定性，是非、善恶、真伪都没有确定的界限。此亦彼也，彼亦此也，就是相对主义诡辩论的主要公式。相对主义以反对绝对主义的面目出现，而否认任何绝对性。因此，它和绝对主义一样违反了相对绝对的道理，阉割了关于事物矛盾问题的精髓，是同绝对主义站在相反的极端上反对辩证法。

"四人帮"在理论上，在一切问题上，总是从一个极端跳到另一个极端。当他们片面夸大绝对的斗争性而否定相对的同一性，又片面夸大矛盾斗争的绝对性而否定矛盾斗争形式的相对性时，是站在绝对主义的极端上向对立统一规律进攻。但是，为着篡党夺权的反革命政治需要，他们在许多情况下又夸大和歪曲矛盾的同一性，把同一和对立割裂开来，用抹杀对立和差别的相对主义诡辩论向对立统一规律进攻。

因此，为了保卫唯物辩证法，恢复马克思主义辩证法的本

---

① 转引自北京大学理论组（罗荣渠等）：《"四人帮"篡党夺权的急先锋——梁效》，《红旗》1978 年第 2 期。

来面目，我们同样需要在两条战线上作战，既批判"四人帮"的绝对主义，又批判"四人帮"的相对主义诡辩论。

下面，就来剖析"四人帮"的几种主要的诡辩论表现，看看他们把革命的辩证法糟蹋到了怎样不可容忍的地步。

一、用主观臆造的同一性代替客观现实的同一性

列宁说："辩证法是一种学说，它研究对立面怎样才能够同一，是怎样（怎样成为）同一的——在什么条件下它们是同一的、是相互转化的，——为什么人的头脑不应该把这些对立面当作僵死的、凝固的东西，而应该当作活生生的、有条件的、活动的、互相转化的东西。"①事物的辩证法创造观念的辩证法，主观辩证法只是客观辩证法的反映。人的头脑之所以不应该把矛盾着的对立面看作僵死的、凝固的东西，而应该看作活生生的、有条件的、活动的、互相转化的东西，就因为客观事物本来是如此的，客观事物中矛盾的同一性本来是如此的。辩证法要求概念具有达到了对立面同一的灵活性，就因为客观事物本身是对立同一的，只有具备这种灵活性的概念，才能在对立中把握同一，才能正确地反映客观事物的普遍联系和发展。

毛泽东同志说："所谓矛盾在一定条件下的同一性，就是说，我们所说的矛盾乃是现实的矛盾，具体的矛盾，而矛盾的互相转化也是现实的、具体的。"②马克思主义的辩证法所反映的，是现实的、具体的矛盾的同一性，即现实变化的同一性。

---

① 列宁：《黑格尔〈逻辑学〉一书摘要》，《列宁全集》第38卷，人民出版社1959年版，第111页。
② 毛泽东：《矛盾论》，《毛泽东选集》第1卷，人民出版社1969年版，第305页。

诡辩论则相反，它根本不是反映客观事物本身的对立同一的灵活性，不是反映现实的、具体的矛盾的同一性，而是主观地虚构一些矛盾代替现实的矛盾，虚构一些联系代替现实的联系，把客观上没有联系的东西硬联系起来，在本来没有同一性的东西之间塞进同一性。黑格尔说："因为诡辩是依据未加批判和反复思考的毫无根据的假设而发的议论。"列宁在《黑格尔〈逻辑学〉一书摘要》中摘引了黑格尔的这句话。①黑格尔的这个说法是对的。诡辩论的一个重要特征，就是从虚假的前提出发大发议论。这就是说，谣言和诡辩是难以分家的，诡辩常常以谣言为前提。"四人帮"就是用主观臆造的同一性，即虚构的矛盾和联系，作为他们发表议论的前提。

他们在老干部和"民主派"之间塞进同一性，又在"民主派"和走资派之间塞进同一性，老干部就都成了"走资派"。他们攻击老干部头脑里是一个"资产阶级的王国"，在社会主义时期仍"坚持资产阶级民主主义的世界观"，"只有走资本主义道路的经验"，以至什么"党内形成了一个资产阶级"，"走资派比反革命还反革命"等，这一大串议论，都是以这种虚构的同一性为前提的。"四人帮"的反革命政治纲领就是靠这种诡辩论的同一性建立的。

"卫星上天"与"红旗落地"本来是不相干的两件事，"四人帮"却硬在它们之间塞进同一性，把"卫星上天，红旗落地"说成"天经地义"。难道"卫星上天"是以"红旗落地"为存在前提或"红旗落地"是以"卫星上天"为存在前提的吗？又难道"卫星上天"，必然转化为"红旗落地"或者相反吗？这二者之间在客观上根本不存在相互依存又相互转化的同一性，"四人

---

① 参见列宁：《黑格尔〈逻辑学〉一书摘要》，《列宁全集》第 38 卷，人民出版社 1959 年版，第 108 页。

帮"却在主观上非把它们同一不可。这完全不是现实的同一性，只是"四人帮"虚构的同一性。他们对于所谓"唯生产力论"的"批判"，他们攻击四个现代化是"资本主义复辟"，是什么"西方化""法西斯化"等，都是从这个虚假的前提出发的。

王洪文说："加强企业管理，提出这个问题就是复旧，复旧就是复辟。"这简直是泼皮无赖的胡搅蛮缠！他在加强企业管理和复旧、复辟之间塞进同一性，于是，企业管理是管、卡、压，管理人员是官僚主义者阶级，社会主义企业中领导和群众的关系是阶级对立的关系等议论就可以无边无际地大发特发了。

此外，还有什么整顿就是复辟，整顿和复辟之间被塞进了同一性；什么"大干大修，小干小修，不干不修，坐着反修"，"干"和"修"之间也被塞进了同一性。在"四人帮"的"辩证法"里，诸如此类的同一性到处都是，而无一不是主观臆造的同一性，无一不是用虚构的同一性代替现实的同一性。

恩格斯曾经辛辣地讽刺杜林说："思维，如果它不做蠢事的话，只能把这样一种意识的要素综合为一个统一体，在这种意识的要素或它们的现实原型中，这个统一体以前就已经存在了。如果我把鞋刷子综合在哺乳动物的统一体中，那它绝不会因此就长出乳腺来。"①客观上不同一的东西，主观上怎样把它们同一，也都只能是枉然。历史发展的客观辩证法不是终于把"四人帮"用这类"同一性"给一切反动事物戴上的桂冠统统打掉，把他们给一切革命事物强加的诬蔑之词统统推倒了吗？

---

① 恩格斯：《反杜林论》，《马克思恩格斯选集》第3卷，人民出版社1972年版，第81页。

二、把对立面的统一化为对立面的直接同一

把对立面的统一化为对立面的直接同一，是诡辩论的一个重要手法。"四人帮"对于这种手法是十分熟练的。他们把精神和物质的对立统一化为精神和物质的直接同一，宣扬"精神可以代替物质"；把革命和生产的对立统一[1]化为革命和生产的直接同一，鼓吹"革命搞好了，生产自然而然地上去了"；此外，还有什么马克思主义哲学是自然科学的"最基础的基础理论"，"共产主义精神就是最大的岗位责任制"等，都是说的对立的一方与另一方直接同一、直接等同。他们用这种手法排除"矛盾"，抹杀事物的差别和对立，以达到混淆是非的目的。

毛泽东同志说："所谓对立统一，就是不同性质的对立的东西的统一。"[2]如果对立面能够直接同一、等同，那还叫什么对立面？还有什么对立统一？辩证法的同一，是具体的同一，有差别的同一。首先正因为它们是不同性质的对立的东西，才因一定条件具备着不同一性，而构成矛盾。也只是因为它们能构成矛盾，才谈得上它们之间的同一性。对立面的相互依存的同一性，是指矛盾的两个方面"各以和它对立着的方面为自己存在的前提"。[3]例如，没有生就没有死，没有死就没有生，而并不是生和死直接同一、等同。对立面的相互转化的同一性，是

---

① 这里说的革命，不仅是本来意义上的对于生产关系和上层建筑的变革即社会形态的质变、飞跃，而且是指广泛意义上的政治。因此，这里说的革命和生产的对立统一，实际上也就是政治和经济的对立统一。

② 毛泽东：《在中国共产党第八届中央委员会第二次全体会议上的讲话》，《毛泽东选集》第 5 卷，人民出版社 1977 年版，第 319—320 页。

③ 毛泽东：《矛盾论》，《毛泽东选集》第 1 卷，人民出版社 1969 年版，第 301 页。

指"事物内部矛盾着的两方面,因为一定的条件而各向着和自己相反的方面转化了去,向着它的对立方面所处的地位转化了去"。①也不是甲方成了乙方,对立面直接同一、等同。

革命和生产的同一,是对立的同一。革命可以转化为生产,是说的革命可以促进生产,变成生产发展的动力,而绝不是说革命就是生产,革命和生产直接同一、等同。所谓"革命搞好了,生产就自然而然地上去了",就是用所谓"革命"代替生产,就是只要"革命"而取消生产。

精神和物质的同一,也是对立的同一。精神可以转化为物质,是说的精神掌握了群众,就变成改造世界的物质力量;是说的精神的东西经过人民群众的实践可以变为物质的东西,而绝不是说精神等同于物质,精神可以代替物质,精神与物质直接同一、等同。精神转化为物质是辩证法的命题,而精神代替物质则是彻头彻尾的唯心论。

哲学是关于自然知识和社会知识的概括和总结。哲学和自然科学,是普遍和特殊的关系,同样是对立的同一。自然科学需要辩证唯物论哲学作为指导,自然科学如果没有充分的辩证唯物论的哲学论据,就会失去正确的方向。同时,自然科学的成果又可以丰富和发展辩证唯物论哲学。恩格斯说:"甚至随着自然科学领域中每一个划时代的发现,唯物主义也必然要改变自己的形式。"②19世纪自然科学的三大发现——能量守恒与转化定律、细胞学说和进化论,就是马克思、恩格斯创立辩证唯物论哲学的自然科学基础。自然科学离不开哲学,哲学的发展也离不开自然科学的发展,哲学和自然科学可以互相促进、互

① 毛泽东:《矛盾论》,《毛泽东选集》第 1 卷,人民出版社 1969 年版,第 303 页。
② 恩格斯:《路德维希·费尔巴哈和德国古典哲学的终结》,《马克思恩格斯选集》第 4 卷,人民出版社 1972 年版,第 224 页。

相转化，这就是它们之间的同一性。这种同一，是对立的同一，不是直接的同一、等同。哲学不是自然科学，自然科学也不是哲学。马克思主义哲学是一种基础理论，但这个"基础"是世界观基础，同自然科学基础理论是两码事。哲学对自然科学的指导作用绝不是代替作用。毛泽东同志说："马克思主义只能包括而不能代替文艺创作中的现实主义，正如它只能包括而不能代替物理科学中的原子论、电子论一样。"①姚文元公然狂妄地驳斥这个论点，他胡说什么："如所谓马列主义不能代替自然科学，对自然科学要有自己钻研，要有亲自实验，才能发言。那么列宁批判马赫是不是也要有自己的亲自实验，恩格斯批判杜林的力学，是不是也要自己去实验来做证明……这种论点是根本上否定自然科学方面唯心论和唯物论的斗争，否定马克思主义和修正主义的斗争。"（1976 年 1 月 6 日对原《红旗》杂志编辑部召集人的谈话）这条被江青封为"金棍子"的恶棍，居然把棍子打到毛泽东同志身上了。所谓自然科学方面唯心论和唯物论的斗争，只是围绕自然科学的哲学结论展开的斗争。马克思主义经典作家在同唯心论形而上学反动世界观斗争时，当然只是涉及自然科学的哲学结论，而不需去研究和解决自然科学实验中的具体问题。恩格斯和列宁虽然没有亲自去做自然科学方面的实验，但他们关于自然科学的哲学结论并不是凭空得出的，而是以自然科学家从科学实验的实践中产生又经过科学实验或生产实践的检验证明为正确的自然科学成果为依据的。马克思主义经典作家不一定要亲自去做每项自然科学的实验而可以对自然科学成果进行哲学概括，这难道可以证明自然科学家也只要记住哲学结论就够了吗？这里，姚文元完全把哲学和自

---

① 毛泽东：《在延安文艺座谈会上的讲话》，《毛泽东选集》，第 3 卷，人民出版社 1969 年版，第 831 页。

然科学等同起来，因而完全是一种抹杀对立和差别的诡辩论证。姚文元的"代替论"就是诡辩论。

共产主义精神和岗位责任制也是对立的同一、有差别的同一，不是直接同一、等同。

"四人帮"运用诡辩论的手法把对立面的统一化为对立面的直接同一，关键就在于抹杀对立面互相转化的条件性。毛泽东同志说："矛盾着的对立的双方互相斗争的结果，无不在一定条件下互相转化。在这里，条件是重要的。没有一定的条件，斗争着的双方都不会转化。"①抹杀矛盾转化的条件性，就必然陷入相对主义诡辩论。

一切事物都不是死的、凝固的东西，而是生动的、可变动的东西，但一切事物又都各有其质的规定性。例如，物质可以变成精神，精神可以变成物质；坏事可以变成好事，好事可以变成坏事。但是，物质总是物质，精神总是精神；坏事总是坏事，好事总是好事；它们各自的质的规定性不能混淆。物质和精神、坏事和好事可以相互转化，但必须具备一定的条件。没有这个条件，物质始终只能是"自在之物"，精神始终只能停留在思想意识的主观范畴，坏事始终只能是坏事，好事始终只能是好事。诡辩论就是抹杀这种转化的条件性，任意地把物质说成精神，把精神说成物质，把坏事说成好事，把好事说成坏事，抹杀它们的质的区别。

在无产阶级专政下，出乱子就是坏事，这是乱子的质的规定性。但我们又承认乱子有二重性，一重是坏，一重是好，在一定条件下，这种坏事可以变成好事。乱子出来了，用正确的政策和方法处理乱子，可以暴露敌人，教育人民，这就是在一

---

① 毛泽东：《关于正确处理人民内部矛盾的问题》，《毛泽东选集》第5卷，人民出版社1977年版，第398页。

定条件下把坏事变成了好事。而"四人帮"就不讲这个转化的条件性。张春桥说："我们这么大个国家，乱一点有好处。"姚文元说："中国近代史上詹大悲说：'大乱者，治中国之良药也。'大乱是大好事。"（1974年1月14日在原上海市委写作组各组负责人汇报会上的讲话）"四人帮"的大小爪牙都说："大乱大好，越乱越好。"在他们那里，乱子就是好处，大乱就是良药，坏事就是好事，对立面直接同一、等同。

工作中的失败就是失败，不是胜利，这个质的规定性不能模糊。失败可以转化为胜利，但必须具备一定的条件，这就是正确地总结失败的教训，端正认识，努力实践，等等。没有这个条件，失败永远不能转化为胜利。张春桥却说，"风庆"轮"就是沉了，也是伟大胜利"，并且板起面孔训人："难道马克思主义就不允许沉船吗？"（转引自1977年3月31日《文汇报》）这是什么"马克思主义"？这是纯粹的诡辩论！马克思主义首先要求不沉船，因为沉船是失败，是损失，是坏事。如果船沉了，马克思主义也决不把它叫作"伟大胜利"，而只是要求人们正确总结沉船的教训，争取不再沉船，即争取失败转化为胜利。

在正确方向指引下，多读书，多积累知识，完全是好事，是优点，这是它的质的规定性。但是，我们也承认它可以向对立面转化。这个转化的条件就是方向不对头，脱离实际，死读书，等等。而张春桥却不讲这个条件，说什么"读的书忘了倒好"，读书成了坏事，知识成了罪恶，好事与坏事直接同一、等同。这就是诡辩论。

诸如此类的诡辩术，在"四人帮"那里举不胜举。他们就是用这种把对立面的统一化为对立面的直接同一的诡辩手法，指鹿为马，混淆黑白的。

三、抓住事物的表面相似之处抹杀事物的本质区别

列宁说，诡辩论就是"离开事变的内部联系而抓住事件的表面相似之处"。[①]抓住事物的表面相似之处，在本质上不同的事物之间画等号，也是"四人帮"惯用的一种混淆是非的诡辩手法。他们使用这种手法，把尊重经验和经验主义等同起来，把发展生产和所谓"唯生产力论"等同起来，把引进先进技术与崇洋媚外等同起来，把遵守纪律与奴隶主义等同起来，把反潮流与反领导等同起来，等等。"四人帮"用这种"等号"论，把路线是非、思想是非、理论是非搞得混乱不堪。

这种诡辩论在理论上的谬误，就是混淆现象和本质的区别。例如，马克思主义同经验主义，都重视经验。从表面现象上看，它们似有共同之处。但在本质上，却是完全不同和完全相反的两回事。这是因为，事物的现象形态同事物的本质不是直接合而为一的。这里，除了会出现歪曲地表现本质的假象以外，还常常会出现这样的情况，即同一种现象可以表现不同的本质，而同一种本质在不同的条件下，即在不同的联系中，也可以表现为不同的现象。所以，单从现象上区分事物，就势必混淆事物的本质区别而流于诡辩。

表面上相似的东西，可以是本质上毫不相干的东西。"四人帮"就是把本质上毫不相干的东西拉扯到一起，用这一个来证明另一个。这是他们经常采用的一种论证方法。例如，张春桥说："不能讲青少年抽烟就不行了，我也抽烟。"（转引自 1977

---

① 列宁：《俄国的休特古姆派》，《列宁全集》第 21 卷，人民出版社 1959 年版，第 99 页。

年3月31日《文汇报》）他张春桥抽烟，就证明中学生可以抽烟，这不是在当教唆犯？为了论证他们的"宁要社会主义的（火车）晚点"，张春桥说，"第二次世界大战时，希特勒的火车最准点，分秒不差。怎么能比那个"（1976年5月的一次谈话）。这意思是说，希特勒的火车准点，我们就要"对着干"，应当晚点。如果我们的火车也准点，就证明我们成了希特勒，成了法西斯。列宁说："一切诡辩家的手法向来是：引用一些分明与当前实际情况根本不符的例子来作证。"①我们的火车准点同希特勒的火车准点有何相干？一个社会主义，一个法西斯主义，因为二者的火车都是"准点"，就把二者拉扯到一起了。这不是最卑鄙下贱的诡辩术是什么！

确定事物的性质，不能只凭个别现象，而必须对大量的、反复出现的现象进行分析、比较，找出它的本质。"任何运动形式，其内部都包含着本身特殊的矛盾。这种特殊的矛盾，就构成一事物区别于他事物的特殊的本质。"②区分事物的本质，就是认识事物的矛盾特殊性。所以，认识事物本质的过程，是一个由现象到本质的矛盾分析的过程。例如，确定一个东西是不是经验主义，就要看它如何处理经验和理论，即感性认识和理性认识的矛盾关系。如果只从矛盾的一个方面，即只从对待经验、感性认识的态度去看，就无法确定。马克思主义和经验主义，都重视经验，但前者尊重经验又重视理论，后者则重视经验而看轻理论。所以，单从对待经验这一个片面，就不能划清马克思主义和经验主义的界限。对于所谓"崇洋媚外""奴隶主义"等，无不如此。

① 列宁：《第二国际的破产》，《列宁选集》第2卷，人民出版社1972年版，第627页。
② 毛泽东：《矛盾论》，《毛泽东选集》第1卷，人民出版社1969年版，第283—284页。

"四人帮"的诡辩论就正在于它离开了正确的矛盾分析。他们抓住矛盾的一个方面，根本不看这一个方面处在什么样的矛盾关系中，就以偏概全，任意地确定事物的性质。这叫作"攻其一点，尽量夸大，不及其余"。而且，他们在搞诡辩论的时候，在许多情况下，又是抓住事物矛盾的次要方面，往往是把事物的非主要的、非本质的、非主流的方面抬到首位。然而，"事物的性质，主要地是由取得支配地位的矛盾的主要方面所规定的"。①矛盾的次要方面并不是决定事物性质的方面。"四人帮"恰恰只抓住这一方面去确定事物的性质，岂不是蓄意混淆是非？

"四人帮"用夸大事物表面现象的诡辩手法，在许许多多性质不同的事物之间画了等号。随着"等号"满天飞，就是帽子、棍子满天飞。"等号"论是"四人帮"开设"帽子工厂"和"钢铁工厂"的一个重要法宝。像这样把诡辩论变成系统的整人哲学，在诡辩史上真是绝无仅有的，这也可以称得上是"四人帮"反动哲学的一大特色。

四、摘取个别事实和玩弄实例，歪曲事物的本来面貌

列宁说："诡辩家抓住'论据'之中的一个，而黑格尔早就正确地说过，人们完全可以替世上的一切找出'论据'。辩证法要求从发展中去全面研究某个社会现象，要求把外部的表面的

---

① 毛泽东：《矛盾论》，《毛泽东选集》第 1 卷，人民出版社 1969 年版，第 297页。

东西归结于基本的动力。"①这也是辩证法与诡辩论的一个重要界限。辩证法是从事物的各个方面，对事物的各种现象进行分析、比较、研究，去判断事物。而诡辩论则是任意地抓住事物的一个方面、一种现象作为"论据"，去对事物进行判断。

"四人帮"用这种诡辩手法，对于许多十分重大的社会政治问题做出了完全错误的结论。例如，他们从"文化大革命"前大学生中个别工农子女受到资产阶级腐蚀的现象中，概括出所谓"一年土，二年洋，三年不认爹和娘"的"公式"，并由此推论出"文化大革命"前的大学是"修正主义大染缸"，是"一年又一年，一批又一批地造就资产阶级知识分子"，是"旧大学"，再由此推论出十七年教育是"黑线统治"，要"彻底否定"。在教育质量的问题上，他们随便找几个"文化大革命"前某些学生学用脱离的例子，"证明"整个十七年我们的学校都是给了学生"九分无用""一分歪曲"的知识。又随便找几个例子（多数是捏造的），"证明"按照他们的那一套去办，如何"赶超了世界先进水平"，"填补了空白"。然后由此推论出，"文化大革命"前十七年教育质量低在地下，是资产阶级教育，而他们的那一套教育质量高在天上，是"崭新的无产阶级教育"。他们要陷害一个干部，或者无中生有，或者抓住一时一事，无限上纲。他们为了推行反革命的修正主义路线和政策，只要在哪里发现了一点适合自己胃口的东西，就立即把它抓过来，无限膨胀，制成"典型"，大吹大擂。他们也搞些所谓"调查"，什么阶级关系"调查"，外贸"调查"，造船工业"调查"，人民公社所有制过渡"调查"等，都是先有结论，然后去搜寻印证结论的个别事实和实例。所有这些，都是典型的实用主义。从世界观上说

---

① 列宁：《第二国际的破产》，《列宁选集》第 2 卷，人民出版社 1972 年版，第 624 页。

是主观唯心论，从方法论上说就是诡辩论。

这种诡辩论在理论上的谬误，就是混淆了个别和一般的区别。个别和一般是对立的统一，而不是直接的同一。"任何一般只是大致地包括一切个别事物。任何个别都不能完全地包括在一般之中。"[①]因此，一般不能代替个别，个别也不能代替一般。辩证法要求从个别上升到一般，就是从大量的个别事实中找出共同的必然的本质的东西，而舍弃个别事实中的偶然的非本质的东西，这样，才能揭示事物的本质和规律。如果从大量事实中任意地抽取个别事实，据此做出一般的结论，就势必歪曲事物的本来面貌。列宁说："在社会现象方面，没有比胡乱抽出一些个别事实和玩弄实例更普遍更站不住脚的方法了。罗列一般例子是毫不费劲的，但这是没有任何意义的或者完全起相反的作用，因为在具体的历史情况下，一切事情都有它个别的情况。如果从事实的全部总和、从事实的联系去掌握事实，那么，事实不仅是'胜于雄辩的东西'，而且是证据确凿的东西。如果不是从全部总和、不是从联系中去掌握事实，而是片断的和随便挑出来的，那么事实就只能是一种儿戏，或者甚至连儿戏也不如。"[②]

对于十七年的教育，如果从事实的全部总和、从事实的联系中看，毫无疑问，成绩是主要的，执行的是无产阶级的教育路线和方针，培养的学生绝大多数在社会主义革命和建设的各条战线上发挥了巨大的积极作用，已成为各条战线的骨干力量。至于某些学生受到资产阶级思想腐蚀的情况，则只是个别的现象，而且这种现象，在存在阶级和阶级斗争的条件下，任何时

---

① 列宁：《谈谈辩证法问题》，《列宁选集》第 2 卷，人民出版社 1972 年版，第713 页。
② 列宁：《统计学和社会学》，《列宁全集》第 23 卷，人民出版社 1958 年版，第279 页。

候都是可能的，不仅学校如此，整个社会都如此。用这种个别事实去证明十七年的学校是"旧学校"，是"修正主义大染缸"，那就是在玩弄儿戏，就是诡辩。在关于教育质量的问题上，在其他所有问题上，都是这样。"四人帮"在他们多次疯狂表演中，那样连篇累牍地叫卖的那一套，根本没有人相信，原因就在于他们整个地是在玩弄儿戏。

列宁说："在社会科学中（也像在一般科学中一样），所研究的是大量的现象，而不是个别的事件。"[①]科学研究要求从个别上升到一般，这也是一个从现象到本质，从感性认识上升到理性认识的过程。"只有感觉的材料十分丰富（不是零碎不全）和合于实际（不是错觉），才能根据这样的材料造出正确的概念和论理来。"[②]感性材料要十分丰富和合于实际，这是形成正确概念和理论的先决条件。这就是要求人们详细地占有材料，并审慎地鉴别材料。如果根据道听途说的和一鳞半爪的东西去做判断，就只能歪曲事物的本来面貌。

"四人帮"诡辩论的表现，显然远不止于上述种种。辩证法的任何一个命题，都可以被歪曲成诡辩论。"四人帮"是一小撮玩弄诡辩术的"专家"。他们没有真理，只有谣言和诡辩。因此，要把"四人帮"的诡辩论的全部表现一一列举出来，那是一部专著才能完成的任务。我们只需剖析它的几种比较典型的表现，看看他们究竟把革命的辩证法糟蹋到了一种什么样的地步，就足以揭穿这伙骗子的卑鄙和下贱了。

---

① 列宁：《第二国际的破产》，《列宁选集》第 2 卷，人民出版社 1972 年版，第651 页。

② 毛泽东：《实践论》，《毛泽东选集》第 1 卷，人民出版社 1969 年版，第 267页。

以华国锋同志为首的党中央号召我们，要在揭批"四人帮"的斗争中，正确地总结新中国成立以来正反两方面的经验，分清各条战线上的具体的路线是非。因此，批判"四人帮"的诡辩论，划清辩证法同诡辩论的界限，也是当前一项重要的理论工作。

第九章 上层建筑决定论
——历史唯心论的总表现

恩格斯说："在马克思使自己的名字永垂于科学史册的许多重要发现中"，"第一点就是他在整个世界史观上实现了变革"。[①]列宁也说："马克思的历史唯物主义是科学思想中的最大成果。"[②]可以说，没有历史观上的革命变革，就没有马克思主义哲学。马克思、恩格斯在创立无产阶级世界观时，把主要的精力放在"使唯物主义哲学向上发展"即把唯物主义哲学路线贯彻到社会历史领域，绝不是任意的。这一方面是因为在社会历史观上唯心主义一直占着统治地位，由于剥削阶级的阶级偏见经常地歪曲社会的历史，也由于生产规模的狭小限制着人们的眼界，在社会历史领域内的思想混乱比在其他领域更为严重；另一方面是因为历史观的问题同无产阶级革命的路线和策略问题关系更加紧密，更加直接。如果不完成历史观上的变革，就不可能有完整的革命世界观，不可能有科学的社会主义。

正是这个缘故，马克思主义同修正主义在哲学上的斗争也就往往大量地直接地表现在历史观上。"四人帮"的反动世界观就是集中地表现为反动的历史观。我们在前面批判过的"四人帮"在认识论和发展观上的种种反动观点，都是在社会历史问

---

① 恩格斯：《卡尔·马克思》，《马克思恩格斯选集》第 3 卷，人民出版社 1972 年版，第 40 页。

② 列宁：《马克思主义的三个来源和三个组成部分》，《列宁选集》第 2 卷，人民出版社 1972 年版，第 443 页。

题上暴露出来的。因此，深入批判"四人帮"的历史观，对于清算这股反动哲学思潮有着决定性的意义。

"四人帮"唯心史观的总表现，就是上层建筑决定论。许多年来，"四人帮"及其余党，同林彪的"政权决定一切"一脉相通，用各种不同的语调宣扬所谓"上层建筑决定一切"。他们声称对社会的生产、对生产数字、对出多少吨煤打多少斤粮等"不感兴趣"，而只对所谓上层建筑的变革"感兴趣"。这种对于物质资料生产活动的轻蔑，决定了他们历史观的整个方向和整个特征。在他们看来，决定社会历史前进的不是社会生产力的发展，不是物质资料生产方式的变化，而是上层建筑的变更。他们对于各种历史现象的解释都是由这个观点出发的，或者说，他们在社会历史问题上的种种谬论都反反复复地是围绕着论证这个论点的。所以，抓住了他们的上层建筑决定论，也就抓住了他们唯心史观的体系，并且在一定程度上抓住了他们整个世界观的体系。

恩格斯在批判杜林的荒谬的"暴力论"时说："显赫的国家的政治行为是历史上决定性的东西这种观念，已经像历史记载本身一样古老了。"①"四人帮"的上层建筑决定论，就是这样一种同历史一样古老的唯心史观。他们宣扬这套陈腐的货色时，在有些问题上是赤裸裸的，而在许多问题上却玩弄了一些花招，甚至用马克思主义的词句做了堂皇的伪装。这里，我们剖析若干带关键性的基本理论问题，看看"四人帮"的上层建筑决定论的反动实质在哪里，以及他们在马克思主义不断胜利的新形势下究竟是用什么样的新手法去复活这种古老的唯心史观的。

---

① 恩格斯：《反杜林论》，《马克思恩格斯选集》第3卷，人民出版社1972年版，第199页。

一、否定生产力在社会发展中的最终决定作用就是整个儿地否定历史唯物论

"四人帮"及其御用工具直言不讳地宣称:"人们在生产和交换中的相互关系,是阶级与阶级的关系的反映,是与上层建筑,特别是与人们的思想的影响分不开的。人们之间的关系总是在一定意识形态指导下形成和发展的。"①这就是说,人们在生产和交换中的相互关系即生产关系是阶级关系的产物,是由上层建筑特别是人们的思想决定的。他们又说:"生产力的发展离不开生产关系及其上层建筑的改革。"②这就是说,生产关系和上层建筑一起又决定着生产力。这样,生产力这个本来是最革命最活跃的因素成了被层层决定着的最消极最保守的因素,而上层建筑特别是人们的思想反而成了决定生产关系、决定生产力发展、决定社会生活的一切的东西。谁要说句反对的话吗?那就是所谓"唯生产力论",就是"修正主义"!

这套谬论,绝不是个别观点的错误,而是全部历史观的整个颠倒。它涉及的是马克思主义历史唯物论的最基础的理论问题,这个问题不弄清楚,我们同"四人帮"在历史观上的一切分歧都是不可能澄清的。

意识和存在的关系问题是哲学的根本问题,社会意识和社会存在的关系问题则是历史观的根本问题。历史唯物论坚持社会存在决定社会意识,历史唯心论则主张社会意识决定社会存在,这就是两种历史观的根本对立。所谓社会存在,最基本的

---

① 方海:《学一点政治经济学》,《红旗》1972年第2期。
② 程越:《一个复辟资本主义的总纲》,《红旗》1976年第4期。

就是物质资料的生产方式，就是物质生产。人类的生产活动是最基本的实践活动，是决定其他一切活动的东西。因此，一切历史现象归根到底应由物质资料的生产活动去说明，这就是用物质的原因说明历史，承认"人类社会的发展也是由物质力量即生产力的发展所决定的"。①所谓社会存在决定社会意识的观点，从根本上说，就是社会物质资料的生产活动决定其他活动从而最终地决定社会意识的观点。这是历史唯物论的最基本的观点。

马克思、恩格斯在创立历史唯物主义时指出："我们首先应当确定一切人类生存的第一个前提也就是一切历史的第一个前提，这个前提就是：人们为了能够'创造历史'，必须能够生活。但是为了生活，首先就需要衣、食、住以及其他东西。因此第一个历史活动就是生产满足这些需要的资料，即生产物质生活本身。同时这也是人们仅仅为了能够生活就必须每日每时都要进行的（现在也和几千年前一样）一种历史活动，即一切历史的基本条件。"②人们首先必须吃、喝、住、穿，就是说，首先必须从事生产劳动，然后才能从事政治、宗教、哲学、文化、艺术等上层建筑领域的活动，这是一个很明显的事实。而马克思和恩格斯在整个世界史观上实现的伟大革命变革，就正是从确立这样一个很明显的事实在历史上应有的权威开始的。

列宁在谈到马克思、恩格斯研究人类历史的基本观点和基本方法时说："他们的基本思想……是把社会关系分成物质关系和思想关系。思想关系只是不以人们的意志和意识为转移而形成的物质关系的上层建筑，而物质关系是人们维持生存的活动

---

① 列宁：《弗里德里希·恩格斯》，《列宁选集》第 1 卷，人民出版社 1972 年版，第 88 页。
② 马克思、恩格斯：《德意志意识形态》，《马克思恩格斯选集》第 1 卷，人民出版社 1972 年版，第 32 页。

的形式（结果）。"①把社会关系分成物质关系和思想关系，就能够用社会的物质关系去说明思想关系，因而把物质决定精神的唯物主义路线贯彻到底。

　　所谓社会的物质关系，就是人们在物质资料生产过程中形成的关系即生产关系。这种物质关系绝不像"四人帮"的御用工具所胡说的，是什么"在一定意识形态指导下形成和发展的"即由社会的思想关系决定的，而是由社会生产力的发展状况决定的。"各个人借以进行生产的社会关系，即社会生产关系，是随着物质生产资料、生产力的变化和发展而变化和改变的。"②社会不能停止消费，也就不能停止生产。社会生产是永不停止地进行的，社会生产力是永不停止地发展的，它是一种不以人的意志为转移的客观的物质力量。由这种客观物质力量决定的人们的生产关系也就是一种不以人们意志为转移的客观的必然的关系，不是人们能够自由选择的关系。人们不能在刀耕火种的生产力水平下选择资本主义的生产关系，或在大机器工业的生产力水平下选择封建制、奴隶制的生产关系。历史上也会有处于落后生产方式的民族征服处于先进生产方式的民族的事实，但他们都不能在自己的"意识形态指导下"把被征服者的生产方式拉向后退，反而使自己被"同化"。马克思说："野蛮的征服者总是被那些他们所征服的民族的较高文明所征服，这是一条永恒的历史规律。"③这条历史规律，正是生产关系一定要适合生产力性质的基本规律的一个表现，是人们不能自由地选择生产方式的一个证明。马克思主义把生产关系这种物质关

---

　　① 列宁：《什么是"人民之友"以及他们如何攻击社会民主主义者？》，《列宁选集》第 1 卷，人民出版社 1972 年版，第 18 页。

　　② 马克思：《雇佣劳动与资本》，《马克思恩格斯选集》第 1 卷，人民出版社 1972 年版，第 363 页。

　　③ 马克思：《不列颠在印度统治的未来结果》，《马克思恩格斯选集》第 2 卷，人民出版社 1972 年版，第 70 页。

系作为社会的基础，又认为这种物质关系是由社会的物质力量即生产力的发展所决定的，这就把唯物主义的路线在社会历史领域贯彻到底了。

列宁说："只有把社会关系归结于生产关系，把生产关系归结于生产力的高度，才能有可靠的根据把社会形态的发展看作自然历史过程。不言而喻，没有这种观点，也就不会有社会科学。"[①]生产力决定生产关系，生产关系又决定社会的思想关系即上层建筑，这样一个根本观点的确立，廓清了笼罩在社会历史上的层层迷雾，把一切传统的和习惯的历史观点否定了。

社会历史领域同自然界不同。"在社会历史领域内进行活动的，全是具有意识的、经过思虑或凭激情行动的、追求某种目的的人；任何事情的发生都不是没有自觉的意图，没有预期的目的的。"[②]从表面上看，这里完全是人们的意见支配着一切，历史似乎是一个偶然性的王国。马克思以前的历史观，就正是只抓住了这种浮在历史表面的东西，完全从个别人物的思想动机去解释各种历史现象和历史事件，这就是用精神的原因说明历史。列宁指出，马克思以前的历史理论有两个主要的缺点："第一，以往的历史理论，至多是考察了人们历史活动的思想动机，而没有考究产生这些动机的原因，没有摸到社会关系体系发展的客观规律性，没有看出物质生产发展程度是这种关系的根源；第二，过去的历史理论恰恰没有说明人民群众的活动，只有历史唯物主义才第一次使我们能以自然史的精确性去考察群众生活的社会条件以及这些条件的变更。"[③]唯心主义历史观

---

① 列宁：《什么是"人民之友"以及他们如何攻击社会民主主义者？》，《列宁选集》第 1 卷，人民出版社 1972 年版，第 8 页。
② 恩格斯：《路德维希 • 费尔巴哈和德国古典哲学的终结》，《马克思恩格斯选集》第 4 卷，人民出版社 1972 年版，第 243 页。
③ 列宁：《卡尔 • 马克思》，《列宁选集》第 2 卷，人民出版社 1972 年版，第 586 页。

的这两个致命缺点又是有内在联系的，它否认物质生产发展程度是社会关系的根源，否认人类历史是物质资料生产方式发展的历史，也就必然否认人类历史是物质资料生产者的历史，否认人民群众的历史作用。而这两个致命缺点，以及由此而发生的其他一切荒谬，归结于一点，就是它否认了生产力在社会发展中的最终决定作用。

马克思、恩格斯用物质资料生产方式是社会发展的决定力量的观点研究历史，就不再是停留在历史的表面现象上，而是透过表面现象抓住了历史的本质。他们从在社会历史中起作用的精神的动力背后，发现了还有这种动力的动力，即还有物质的动因。他们用物质的动因去说明精神的动力，并说明整个历史的发展，这就从根本上克服了旧历史观的一切缺陷和荒谬，不再把历史看成由人们思想支配的偶然性的王国，而揭示了历史本身固有的最一般的发展规律，形成了科学的唯物主义的历史观。

马克思这样概括了他所创立的唯物史观的基本观点："我所得到的、并且一经得到就用于指导我的研究工作的总的结果，可以简要地表述如下：人们在自己生活的社会生产中发生一定的、必然的、不以他们的意志为转移的关系，即同他们的物质生产力的一定发展阶段相适合的生产关系。这些生产关系的总和构成社会的经济结构，即有法律的和政治的上层建筑竖立其上并有一定的社会意识形式与之相适应的现实基础。物质生活的生产方式制约着整个社会生活、政治生活和精神生活的过程。不是人们的意识决定人们的存在，相反，是人们的社会存在决定人们的意识。社会的物质生产力发展到一定阶段，便同它们一直在其中活动的现存生产关系或财产关系（这只是生产关系的法律用语）发生矛盾。于是这些关系便由生产力的发展形式变成生产力的桎梏。那时社会革命的时代就到来了。随着经济基础的变更，全部庞大的上层建筑也或慢或快地发生变革。"①马克思主义历史唯物论的总的观点，或者说，历史唯物论之所以是历史唯物论，就在于它说明了这样一点：生产关系的变革，由生产关系所决定的上层建筑的变革，整个人类历史的变迁，归根到底都是由生产力的发展所决定的，生产力归根到底决定着社会的性质，决定着社会的发展。可见，生产力在社会发展中起最终的决定作用的观点，虽然不能说它本身就是历史唯物论的全部的观点，但却可以说，如果抛弃了这个观点，就会抛弃历史唯物论的全部的观点。

"四人帮"否定生产力在社会发展中的最终决定作用而鼓吹"上层建筑决定一切"，就是露骨地宣扬人们的意识决定人们的存在，就是整个儿地推倒历史唯物论。恩格斯说，社会存在决定社会意识"这个事实不仅对于理论，而且对于实践都是最革命的结论"。②相反，人们看到，从"四人帮"的上层建筑决定论即人们的意识决定人们的存在的谬论中，则不论在理论上和实践上都只能引出一系列极端反革命的结论。

二、怎样歪曲了历史唯物论关于上层建筑反作用的原理?

否定生产力对生产关系的决定作用，就是把生产关系看成不是由物质的力量决定的客观的必然的关系，而把它看成由人

---

① 马克思：《〈政治经济学批判〉序言》，《马克思恩格斯选集》第 2 卷，人民出版社 1972 年版，第 82—83 页。
② 恩格斯：《卡尔·马克思〈政治经济学批判〉》，《马克思恩格斯选集》第 2 卷，人民出版社 1972 年版，第 117 页。

们的思想即上层建筑决定的、可以自由选择的关系，因而也就是否定了生产关系（经济基础）对于上层建筑的决定作用。"四人帮"就是既否定生产力决定生产关系，又否定经济基础决定上层建筑，而把上层建筑说成决定一切的东西。他们的上层建筑决定论是通过根本颠倒生产力和生产关系、经济基础和上层建筑之间的"决定作用"和"反作用"的关系而宣扬的。因此，揭露和批判他们对历史唯物论关于生产关系对生产力、上层建筑对经济基础的反作用原理的歪曲和篡改，也就成为揭露和批判他们的上层建筑决定论以至整个反动历史观的主要内容。这里我们着重就经济基础和上层建筑的关系问题，揭露和批判"四人帮"对于上层建筑反作用的歪曲。这是他们篡改历史唯物论的一个主要表现，他们在生产关系对生产力的反作用问题上的歪曲也是归结到上层建筑决定论上来的。鼓吹上层建筑决定一切，同否认生产力在社会发展中的最终决定作用，这两种说法所表达的是一个观点。所以，关于上层建筑的作用问题是必须弄清的关键问题。

马克思主义的历史观是唯物的，又是辩证的。它坚持经济基础决定上层建筑的原理，同时又承认并高度重视上层建筑对经济基础的反作用。显然，我们同"四人帮"争论的问题根本不在于承认不承认上层建筑的反作用，而在于如何说明这种反作用。

恩格斯说："根据唯物史观，历史过程中的决定性因素归根到底是现实生活的生产和再生产。无论马克思或我都从来没有肯定过比这更多的东西。如果有人在这里加以歪曲，说经济因素是唯一决定性的因素，那么他就是把这个命题变成毫无内容的、抽象的、荒诞无稽的空话。经济状况是基础，但是对历史斗争的进程发生影响并且在许多情况下主要是决定着这一斗争的形式的，还有上层建筑的各种因素：阶级斗争的各种政治形式和这个斗争的成果——由胜利了的阶级在获胜以后建立的宪法等等，各种法律形式以及所有这些实际斗争在参加者头脑中的反映，政治的、法律的和哲学的理论，宗教的观点以及它们向教义体系的进一步发展。这里表现出这一切因素间的交互作用，而在这种交互作用中归根到底是经济运动作为必然的东西通过无穷无尽的偶然事件……向前发展。否则把理论应用于任何历史时期，就会比解一个最简单的一次方程式更容易了。"[1]恩格斯的这段话，是马克思主义关于经济因素和上层建筑在历史过程中的作用问题的一段经典论述。它把经济基础的决定作用和上层建筑的反作用以及二者的相互关系阐发得清清楚楚，既旗帜鲜明地坚持了经济基础决定上层建筑的历史唯物论的根本原理，又批判了把这个原理简单化、庸俗化的错误倾向。

恩格斯首先明确肯定，"历史过程中的决定性因素归根到底是现实生活的生产和再生产"。这就是说，在归根到底的意义上，物质资料生产方式是历史过程的决定因素。因此，不是上层建筑决定经济基础，而是经济基础决定上层建筑。经济基础的性质决定着上层建筑的性质，有什么样的经济基础就有什么样的上层建筑；经济基础的变化又决定着上层建筑的变化，经济基础的根本变革或慢或快地必然地要引起上层建筑的根本变革。恩格斯明确指出，肯定经济基础对于上层建筑的决定作用，是历史唯物论在关于经济基础和上层建筑的作用和相互关系问题上必须坚持的"主要原则"或"主要原理"。[2]

在毫不动摇地坚持这个"主要原则""主要原理"的前提下，

---

[1] 恩格斯：《致约·布洛赫（1890年9月21—22日）》，《马克思恩格斯选集》第4卷，人民出版社1972年版，第477页。
[2] 参见恩格斯：《致约·布洛赫（1890年9月21—22日）》，《马克思恩格斯选集》第4卷，人民出版社1972年版，第479页。

恩格斯又指出:"对历史斗争的进程发生影响并且在许多情况下主要是决定着这一斗争的形式的,还有上层建筑的各种因素"。"四人帮"的御用工具在引证恩格斯的话时,只引到"荒诞无稽的空话"为止,而对于后面的这些话是极力回避的。他们把问题说成,似乎恩格斯反对把经济因素说成"唯一决定性的因素",而主张上层建筑也是决定性的因素,这样,在他们的笔下,恩格斯就成了历史的二元论者。这纯粹是对恩格斯的诬蔑。我们看看恩格斯的这一整段话,就会十分清楚,他所批评的"如果有人在这里加以歪曲,说经济因素是唯一决定性的因素"的情况,就是指的否定上层建筑各种因素在历史过程中的作用。显然,恩格斯决不认为上层建筑也同经济因素一样是决定性的因素。

恩格斯讲得很明确,上层建筑的各种因素只是"对历史斗争的进程发生影响"。这就是说,它只能加速或延缓历史运动的进程,而不可能改变历史运动的总的方向和趋势。恩格斯在另一个地方就说过:"所谓伟大政策造成的'震撼世界的'重大国家事件,并不能使历史运动的方向发生什么变化。"①这些事件只能加速或延缓历史运动的进程。林彪和"四人帮"不都是极力造成上层建筑决定一切的舆论,并且使用阴谋手段妄图制造一系列的"重大国家事件"去改变历史运动的方向,在中国复辟封建法西斯主义吗? 然而这只能是一种极端愚蠢的反革命妄想。这样的阴谋即使暂时得逞,也只能造成历史的暂时倒退,只能暂时地延缓历史的进程,而绝不可能改变历史的总趋势。这原因不是别的,就因为经济的因素是决定性的,社会的经济必然性终将为自己开辟道路,无情地摧毁一切不适合生产力发

---

① 恩格斯:《〈德国农民战争〉序言》,《马克思恩格斯选集》第 2 卷,人民出版社 1972 年版,第 296 页。

展的上层建筑。

在上面引证的恩格斯的那段话里，也讲了上层建筑的"决定"作用，但他明确指出主要是决定着历史斗争的形式，并且特意在"形式"上用了着重号，以强调他指的并不是决定着历史斗争的内容。上层建筑在许多情况下，对于历史斗争采取什么样的形式起着决定的作用，这是毫无疑问的。例如，在欧洲资产阶级兴起的时候，"当时反对封建制度的每一种斗争，都必然要披上宗教的外衣，必然首先把矛头指向教会"[①]。这种情况显然不仅需要从经济上去说明，而且还需从上层建筑的情况即欧洲中世纪的长期严酷的宗教统治这一点去说明。然而，这只是斗争的形式问题。至于决定着当时资产阶级反对封建制度这种历史斗争的内容的，则只能是经济的原因，即中世纪封建社会内部资本主义生产方式的产生，随着生产力发展而产生和发展的资本主义生产关系同封建制度的矛盾。当然，上层建筑对于历史斗争形式的这种决定作用也是十分重要的，丝毫不可忽视的。革命的阶级和政党，能不能根据一定时代的上层建筑的特点选择正确而有效的斗争形式，对于摧毁旧的上层建筑，加速历史运动的进程，往往具有决定性的意义。例如，毛泽东同志根据旧中国同资本主义各国不同的特点，根据旧中国在内部没有民主制度，在外部没有民族独立，"无议会可以利用，无组织工人举行罢工的合法权利"的情况，规定了中国革命"主要的斗争形式是战争，而主要的组织形式是军队"。[②]这对于中国革命的胜利发展就有着决定性的意义。但是，这种决定意义仍然是就它加速历史进程这点说的。至于决定中国革命的内容、

---

① 恩格斯：《社会主义从空想到科学的发展》，《马克思恩格斯选集》第 3 卷，人民出版社 1972 年版，第 390 页。
② 参见毛泽东：《战争和战略问题》，《毛泽东选集》第 2 卷，人民出版社 1969 年版，第 506—510 页。

性质、方向的东西，则只能是旧中国半殖民地半封建的经济关系及由此产生的阶级关系。中国革命必然胜利的最终原因，也只能在于要求摧毁旧中国腐朽的生产关系、解放中国社会生产力这种经济的必然性。

可见，经济因素和上层建筑的各种因素在历史过程中虽然都起作用，但这两种作用绝不是一样的。只讲经济因素的决定作用，就是恩格斯所批评的把历史唯物论庸俗化、简单化的错误。而把这两种作用说成同样的，鼓吹经济的因素和上层建筑都是决定性的因素，那就是历史的二元论。"四人帮"把恩格斯阐明的历史唯物论的一元论歪曲成历史的二元论，则是要从二元论达到历史唯心论的一元论即上层建筑决定论。

毛泽东同志说："我们承认总的历史发展中是物质的东西决定精神的东西，是社会的存在决定社会的意识；但是同时又承认而且必须承认精神的东西的反作用，社会意识对于社会存在的反作用，上层建筑对于经济基础的反作用。这不是违反唯物论，正是避免了机械唯物论，坚持了辩证唯物论。"①承认物质的东西决定精神的东西，就是肯定精神的东西对物质的东西的依赖性。然而，物质决定精神并不是机械的决定，就是说，精神的东西对物质的东西又具有一定的独立性。精神对物质的依赖性是绝对的，精神对物质的独立性则是相对的。精神对物质的这种绝对的依赖性和相对的独立性的统一，体现着唯物论和辩证法的统一。经济基础和上层建筑的关系也是这样。所谓经济基础对上层建筑的决定作用，就是讲的上层建筑对于经济基础的绝对的依赖性；所谓上层建筑对经济基础的反作用，则正是上层建筑的相对独立性的突出表现。不能离开唯物论去讲辩

---

① 毛泽东：《矛盾论》，《毛泽东选集》第 1 卷，人民出版社 1969 年版，第 300—301 页。

证法，不能脱离上层建筑对于经济基础的绝对的依赖性去讲它的独立性。这是考察上层建筑反作用问题的一个基本的立足点。

"四人帮"及其御用工具说，"生产力的发展离不开生产关系及其上层建筑的改革"，而生产关系的改革又与上层建筑的改革"分不开"，这里说的"离不开""分不开"就是说的依赖性。但是，他们说的不是上层建筑对经济基础的依赖性，而是经济基础对上层建筑的依赖性。这样，也就在实际上把上层建筑对经济基础的独立性说成不是相对的而是绝对的了。上层建筑成了绝对独立的、本原的东西，那么，它对经济基础的影响也就不再是"反作用"，而是"决定作用"了。

下面，我们看看"四人帮"及其御用工具是怎样采用诡辩手法把上层建筑的反作用歪曲为"决定作用"的。这种歪曲主要是从以下三个方面进行的。

第一，他们把上层建筑的革新在一定条件下的主要的决定的作用歪曲成"一般地表现为主要的决定的作用"。

毛泽东同志讲得非常明确："诚然，生产力、实践、经济基础，一般地表现为主要的决定的作用，谁不承认这一点，谁就不是唯物论者。然而，生产关系、理论、上层建筑这些方面，在一定条件之下，又转过来表现其为主要的决定的作用，这也是必须承认的。"[①]那么，是在什么条件之下，上层建筑表现其为主要的决定的作用呢？毛泽东同志说："当着政治文化等等上层建筑阻碍着经济基础的发展的时候，对于政治上和文化上的革新就成为主要的决定的东西了。"[②]这就是说，只是在上层建筑阻碍着经济基础的发展因而也阻碍着生产力发展的时候，上

---

① 毛泽东：《矛盾论》，《毛泽东选集》第 1 卷，人民出版社 1969 年版，第 300 页。

② 毛泽东：《矛盾论》，《毛泽东选集》第 1 卷，人民出版社 1969 年版，第 300 页。

层建筑的改革才表现其为主要的决定的作用，而在除此以外的条件下，即在一般情况下，都不会表现为主要的决定的作用。

"四人帮"是怎么说的呢？他们所谓"生产力的发展离不开生产关系及其上层建筑的改革"，所谓生产关系的改革与上层建筑的改革"分不开"，都是作为一般规律宣布的。这就是说，生产力和生产关系的发展在任何时候、任何条件下，在任何意义上都是"离不开"上层建筑的改革的，不仅在上层建筑已经腐朽、严重阻碍生产关系和生产力发展的时候，而且在上层建筑并不腐朽、并不阻碍生产关系和生产力发展的时候，甚至在新的上层建筑刚刚确立、正在积极促进新的生产关系和生产力发展的时候，都是"离不开"的。按照这种观点，既然生产力的任何发展，生产关系的任何变化都依赖于上层建筑的改革，那么，只要上层建筑一不"改革"，生产力就要停止发展，以至人类社会就要停止生产。这样，上层建筑就应当毫不停顿地"改革"，不能允许它有任何的稳定性。由此得出的实际结论就是：以马克思列宁主义的意识形态和无产阶级专政为主要内容的社会主义上层建筑，也应当毫不停顿地"改革"。这在实际上就是根本抹杀社会主义上层建筑的优越性。"四人帮"就是在这样的理论基础上建立起他们的实质上是不断反革命的所谓"不断革命论"的。关于这一点，我们在批判他们的托洛茨基式的"不断革命论"时已经揭露过了。

这里需要指出的是，这种谬论根本歪曲了历史唯物论关于上层建筑反作用的原理。历史唯物论确认的上层建筑在一定条件下的"决定作用"，同经济基础对上层建筑的决定作用，是在两种不同的意义上说的。上层建筑在一定条件下的决定作用，是就矛盾双方地位的相互转化来说的。在历史发展过程中，当着不变更上层建筑就阻碍经济基础的发展的时候，上层建筑就成为矛盾的主要方面，而表现其为主要的决定的作用。在由奴隶制向封建制转变和由封建制度向资本主义制度转变的过程中，如果不变更旧的上层建筑而建立起新的上层建筑，旧的经济关系就因为有旧的上层建筑的保护而不能迅速被破除，新的经济关系也因为旧的上层建筑的压制和没有新的上层建筑的保护而不能迅速发展和巩固。在由资本主义向社会主义转变的过程中，如果无产阶级不用革命暴力打碎资产阶级的国家机器而建立无产阶级专政，社会主义的公有制就不能产生。在这样的时候，解决上层建筑的问题就成为社会发展整个链条中的决定性环节，改革上层建筑的革命就起着历史的火车头的作用。显然，这都恰恰是说的上层建筑的巨大反作用，是说的在上述情况下这种反作用具有决定性的意义。而经济基础对上层建筑的决定作用，则是在何者第一性、何者第二性的意义上说的，是在谁是本原的、谁是派生的这种意义上说的。经济基础永远是第一性的，上层建筑永远是第二性的，从归根结底的意义上说，经济基础对上层建筑永远是决定的东西。因此，在总的历史过程中，经济基础也就是这个矛盾的主要方面。即使在上述情况下，当上层建筑转化为矛盾的主要方面，上层建筑的改革表现其为主要的决定的作用时，也并不能改变经济基础和上层建筑何者第一性、何者第二性的关系，经济基础仍然是第一性的，仍然是决定的东西。它不仅决定着上层建筑变更的方向，而且使上层建筑的变更成为起主要的决定的作用的"一定条件"归根到底也是由经济必然性造成的。不是生产力的发展提出了根本变革生产关系的要求，也就不会提出根本变革上层建筑的要求而使解决上层建筑的问题成为迫切的问题。所以，经济基础对上层建筑的决定作用同上层建筑在一定条件下的决定作用，虽然都叫作"决定作用"，但它们是就两种不同的关系说的，绝不可以混为一谈。

经济基础与上层建筑是一个矛盾统一体。经济基础与上层建筑的统一构成一定的社会形态。社会形态的更替，就是在生产力发展的推动下，在生产力与生产关系、经济基础与上层建筑的矛盾运动中实现的。经济基础的决定作用，上层建筑的反作用，是矛盾双方的相互作用。在这个矛盾的发展过程中，矛盾双方所处的地位和各自发生作用的特点可能依据条件的变化而变化，但作为社会物质关系的生产关系总是决定着作为社会思想关系的上层建筑，这一点是不能改变的。否认这一点，就是历史唯心论。

第二，他们把上层建筑在经济必然性基础上的反作用歪曲为超脱经济必然性的决定作用。

恩格斯说："政治、法律、哲学、宗教、文学、艺术等的发展是以经济发展为基础的。但是，它们又都互相影响并对经济基础发生影响。并不是只有经济状况才是原因，才是积极的，而其余一切都不过是消极的结果。这是在归根到底不断为自己开辟道路的经济必然性的基础上的互相作用。"[1]不论上层建筑各个方面之间的相互作用，还是上层建筑对经济基础的反作用，都是在经济必然性基础上的作用，都是受着经济必然性制约的。这个思想，就是上层建筑对于经济基础的相对的独立性和绝对的依赖性相统一的思想。

"四人帮"却把上层建筑说成可以超脱经济必然性而绝对独立地起作用的东西。姚文元曾经把他们的上层建筑决定论的论点发挥到了极端。他在 1967 年一次关于国际形势的讲话中说："由于先进思想、先进党的领导（即上层建筑），社会（经济基

---

[1] 恩格斯：《致符·博尔吉乌斯（1894 年 1 月 25 日）》，《马克思恩格斯选集》第 4 卷，人民出版社 1972 年版，第 506 页。

础）可以飞跃，可以超阶段。"他这句话中说的社会可以"飞跃"，并不是我们通常说的质变、革命，而是"超阶段"的重复语，就是他们最热衷的"火箭式"。他的意思是，只要有了他们所谓的"先进思想""先进党"，就不要管它什么经济必然性，而可以为所欲为，可以跳过历史的必由之路。姚文元的这通胡说，不论从思想实质上看，还是从夸夸其谈的方式上看，都最为鲜明地表现了"四人帮"哲学的特色。

历史唯物论无疑是高度重视先进思想（以及先进党）的巨大作用的，但却决然否认任何思想具有可以超越历史阶段的作用。斯大林说："新的社会思想和理论，只有在社会物质生活的发展向社会提出新的任务以后，才会产生。可是，一经产生，它们就会成为促进解决社会物质生活的发展所提出的新任务、促进社会前进的最重大的力量。正是在这里表现出新思想、新理论、新政治观点和新政治设施的那种极其伟大的组织作用、动员作用和改造作用。新的社会思想和理论所以产生，正是因为它们是社会所必需的，因为没有它们那种组织工作、动员工作和改造工作，就不可能解决社会物质生活发展中的已经成熟的任务。"[①]这里说得很清楚，先进思想只有在社会物质生活发展的客观基础上才能产生。它之所以为先进思想，就在于它正确地反映了客观的经济必然性，因而能预见历史发展的必然趋势。先进思想对于革命斗争的实践有着巨大的指导作用，但它也只能解决社会物质生活发展中的已经成熟的任务。就是说，它只能促进经济必然性的实现，而不能在经济必然性所限定的范围以外去实现什么。那些违反和对抗经济必然性的思想固然只能是反动的思想，就是那些脱离经济必然性的所谓"超阶段"

---

① 斯大林：《论辩证唯物主义和历史唯物主义》，《列宁主义问题》，人民出版社1974年版，第642页。

的思想，也只是空想，而绝不是先进思想，它不是对历史发展趋势的科学预见，而只是对未来的乌托邦的幻想，是根本不可能实现的。

马克思说："一个社会即使探索到了本身运动的自然规律……它还是既不能跳过也不能用法令取消自然的发展阶段。但是它能缩短和减轻分娩的痛苦。"①思想不论如何先进，不论它对社会发展的规律认识得如何深刻，它也不可能超脱社会客观规律的制约。这是唯物论的基本原理。姚文元的"超阶段"论不过是彻头彻尾的唯心论。

第三，他们借口社会主义时期上层建筑反作用显著增大，而把上层建筑的作用夸大和歪曲为主要的决定的作用。

"四人帮"的论客们说："在整个社会主义历史阶段，生产关系对生产力、上层建筑对经济基础，始终起着主要的、决定的作用。"（1976年辽宁省宣传工作简报第31期）这就是说，到了社会主义时期，马克思主义所揭示的生产力决定生产关系并最终决定包括上层建筑在内的整个社会关系的一般规律不适用了，而应当"倒过来"，是上层建筑决定生产关系并决定生产力，决定整个历史进程了。

诚然，到了社会主义时期，如恩格斯所说的，是开始进入了人们"完全自觉地自己创造自己的历史"②的时期，上层建筑的反作用无疑是显著地增大了。"四人帮"正是抓住这一事实，加以无限夸大，把这种反作用歪曲成决定作用。这种诡辩同样是徒劳的。

这里，我们又遇到了前面已经详细论述过的那个唯物主义

---

① 马克思：《〈资本论〉第一卷第一版序言》，《马克思恩格斯选集》第2卷，人民出版社1972年版，第207页。

② 恩格斯：《反杜林论》，《马克思恩格斯选集》第3卷，人民出版社1972年版，第323页。

同唯心主义斗争的老问题，即主观能动性和客观规律的关系问题。社会主义时期上层建筑的反作用，从它对社会发展起促进作用的方面说，主要就是马克思列宁主义思想的指导作用以及无产阶级政党和无产阶级专政国家的领导作用。这是社会历史发展过程中的主观能动作用。究竟应当如何看待这种主观能动作用？是不是到了社会主义时期它就可以代替和否定客观规律而成为起决定作用的东西？

生产力决定生产关系并最终决定整个社会关系，这是人类社会发展的普遍的客观规律，在任何社会形态、任何历史阶段都不会有例外。区别只是在于，在马克思主义以前，人们没有认识和揭示这条客观规律，它只是作为一种"盲目的必然性"在起作用，社会的前进是这种"盲目的必然性"作用的结果；在马克思主义揭示了这条客观规律，并被无产阶级所掌握以后，无产阶级就可以自觉地运用这个规律，率领革命人民去从事革命，改造社会，推动社会前进；而无产阶级专政和生产资料公有制的建立，则既是这条客观规律作用的结果，又为无产阶级自觉地运用这个规律提供了更大的可能性和更为有利的条件。所有这些历史的区别，显然都绝不意味着某个时候可以否定或改变这个客观规律。

恩格斯在《反杜林论》里曾经深刻地阐明了这个道理。他指出，到了由社会占有生产资料的时期，"人们自己的社会行动的规律，这些直到现在都如同异己的、统治着人们的自然规律一样而与人们相对立的规律，那时就将被人们熟练地运用起来，因而将服从他们的统治"。①生产关系一定要适合生产力的性质，生产力决定生产关系并最终决定整个社会关系，都是人们

---

① 恩格斯：《反杜林论》，《马克思恩格斯选集》第 3 卷，人民出版社 1972 年版，第 323 页。

自己的社会行动的规律。社会主义时期，具有越来越充分的条件和可能使人们日益熟练地运用这些规律去达到革命的目的。革命人民懂得了生产力的发展必然引起生产关系和整个社会关系的变革，就可以运用这个规律，有领导地，一环接一环、一浪接一浪地实行城乡技术革命运动，迅速提高劳动生产率，自觉地造成生产力的巨大发展，以便为生产关系和整个社会关系的进一步变革准备物质条件。同时，又可以根据生产力发展的客观要求，自觉地及时地改革生产关系和上层建筑中与生产力发展不相适应的部分，即"经过社会主义制度本身"解决生产关系与生产力、上层建筑与经济基础的矛盾。这就是表现社会主义时期上层建筑的反作用。这种反作用无疑会越来越增大起来，但不论如何增大，都显然不是改变和否定了生产力决定生产关系并最终决定整个社会关系的客观规律，而只是越来越自觉地运用了这个规律。

三、怎样歪曲了毛泽东同志关于"思想　　上政治上的路线正确与否是决定一　　切的"的论断？

毛泽东同志关于"思想上政治上的路线正确与否是决定一切的"这个论断，是对于我们党和整个国际共产主义运动历史经验的总结。它指明了无产阶级革命政党制定和执行正确路线、批判和克服机会主义错误路线，对于发展无产阶级革命事业的重要性。无产阶级政党的正确路线对革命实践的指导作用，是革命过程中主观能动作用的突出表现，是上层建筑巨大反作用的表现。我们党历来极其重视解决路线问题，同各种"左"的和右的机会主义路线进行了不断的、不调和的斗争。我国革命的胜利，就是马克思列宁主义路线的胜利。历史和现实都反复证明了毛泽东同志这个论断的正确。

但是，"四人帮"及其御用工具却对这个论断进行了肆无忌惮的歪曲和篡改，把它用来作为他们的上层建筑决定论的"经典根据"。他们无限夸大这个论断的适用范围，任意歪曲这个论断的精神实质，把毛泽东同志揭示的这个重要的革命真理变成了荒谬绝伦的历史唯心论。

毛泽东同志的这个论断分明是总结无产阶级革命运动发展和胜利的经验，"四人帮"却把它夸大为整个社会历史发展的规律，把"路线"这种精神的东西说成了历史运动的最终动因。在梁效以"柏青"署名的一篇文章《坚持古为今用，研究儒法斗争》里写道："儒法斗争的历史表明，不同的路线，对于国家的统一、独立、强盛，对于生产和文化科学技术的发展，产生两种完全不同的结果。……从这些方面研究儒法斗争的历史，我们对于毛主席关于'思想上政治上的路线正确与否是决定一切的'的教导，就会有更深刻的理解。"①像这样的胡乱"引证"，在他们所谓"评法批儒"的文章中比比皆是。这种"引证"想说明什么呢？就是企图证明在整个历史发展中，从来都是路线决定一切。在梁效的另一篇黑文《论三国时期的法家路线》里就直截了当地说，所谓路线决定一切"是古往今来的历史所证实的一条普遍规律"。②在罗思鼎以"康立"署名的一篇文章中也说："一条正确的政治路线""决定着整个历史进程的发展"。③如此等等，这些是对这个论断的"更深刻的理解"吗？

① 柏青：《坚持古为今用，研究儒法斗争》，《北京大学学报》1974年第4期。
② 梁效：《论三国时期的法家路线》，《北京大学学报》1974年第4期。
③ 康立：《论张良政治立场的转变》，《历史研究》1974年第1期。

这纯粹是用反动的"张春桥思想"对这个论断的卑劣的曲解!

且不说所谓"路线"斗争贯串古今的编造究竟如何,我们这里只说,如果所谓路线决定一切是古往今来的"普遍规律",如果一条路线"决定着历史进程的发展",那么,生产力在社会发展中的决定作用,经济基础对上层建筑的决定作用,岂不是都化为乌有了?路线是上层建筑的东西。路线决定一切岂不就是上层建筑决定一切?

毛泽东同志的这个论断,是总结了国际共产主义运动和我党几十年斗争的历史经验,指明无产阶级革命运动发展和胜利的关键是什么,而根本不是讲的整个人类社会历史的发展问题。首先,无产阶级革命运动的发生,就不是由什么思想和路线决定的,而归根到底是由客观的经济必然性决定的。不具备引起革命的经济必然性,思想和路线无论如何正确,也不可能把革命"制造"出来。毛泽东同志在驳斥艾奇逊用所谓思想影响解释中国革命原因的唯心史观时说:"任何思想,如果不和客观的实际的事物相联系,如果没有客观存在的需要,如果不为人民群众所掌握,即使是最好的东西,即使是马克思列宁主义,也是不起作用的。我们是反对历史唯心论的历史唯物论者。"[①]显然,毛泽东同志关于"思想上政治上的路线正确与否是决定一切的"这个论断讲的是,在归根到底由经济必然性造成的无产阶级革命的客观条件已经具备的情况下,革命党人的思想和路线即主观指导的正确与否,对于革命运动能否发展和胜利是决定性的。"四人帮"不仅把我们党的历史和我们党领导的中国革命的历史说成只是所谓"路线斗争史",而且把毛泽东同志这个论断胡乱地套在他们的所谓"儒法斗争"上,而他们的"儒法

---

① 毛泽东:《唯心历史观的破产》,《毛泽东选集》第 4 卷,人民出版社 1969 年版,第 1404 页。

斗争"又是上溯到奴隶社会，下延至今天的。这样，就把整个中国共产党的历史，把整个中国革命的历史，把整个中国社会的历史都说成了所谓路线发展史。这还不是地地道道的历史唯心论？

毛泽东同志这个论断固然是对整个无产阶级革命历史经验的一个总结，但他提出这个论断时，则是直接针对林彪的"政权决定一切"的。林彪鼓吹："无产阶级拿到了政权，百万富翁，千万富翁，亿万富翁，一下子就可以打倒，无产阶级就有了一切"，因此，"要念念不忘政权"（1966 年 5 月 18 日在中央政治局扩大会议上的讲话）。这显然是荒谬的。我们并不是有了政权才革命，而是革命胜利了才有政权。革命的胜利并不决定于我们手里是否有权，而决定于我们手里是否有真理，决定于我们的思想和政治路线是否正确。所以，只要不是蓄意歪曲的话，毛泽东同志这个论断的意思是十分清楚的。这个论断说的就是思想上和政治上的路线正确与否对于革命的成败有着决定性的意义，而并不是在说"路线"决定着这个，决定着那个，似乎"路线"是本原的东西，一切都由"路线"派生。"四人帮"及其余党说，"只要路线正确，不出煤也要开庆功大会"，"完不成任务也是伟大胜利"（转引自 1977 年 11 月 23 日《光明日报》），等等。"路线"可以代替出煤，代替打粮，代替织布，代替一切，八亿人民可以靠他们说的"路线"过日子。这不是把毛泽东同志的论断弄到了荒谬绝伦的地步吗？

毛泽东同志强调思想上政治上的路线正确与否对于革命事业的成败具有决定性的意义，就是充分肯定主观能动性在革命过程中的巨大反作用，充分肯定上层建筑的巨大反作用。马克思主义看待路线的作用，也同看待理论、思想等其他一切精神的东西的作用一样，是坚持主观和客观、精神和物质的辩证统一的。这就是说，不能离开客观规律性去谈主观能动性，不能离开客观的经济必然性去谈上层建筑的反作用，不能离开路线的"正确与否"去谈它的"决定一切"。

按照唯物论的反映论的观点，所谓路线的正确与否，就是路线正确地反映客观实际与否，正确地反映客观的经济必然性与否。毛泽东同志曾明确指出："中国一切政党的政策及其实践在中国人民中所表现的作用的好坏、大小，归根到底，看它对于中国人民的生产力的发展是否有帮助及其帮助之大小，看它是束缚生产力的，还是解放生产力的。"①政策（路线也当然如此）只有正确反映经济基础发展的客观必然性，维护和促进新的生产关系，从而有利于生产力的发展，才是正确的，否则就是不正确的，甚至是反动的。

张春桥说："主席讲'思想上政治上的路线正确与否是决定一切的'，没有讲其他决定一切。"（1972 年 10 月 18 日在上海的一次讲话）这里，既是谣言，又是诡辩。难道毛泽东同志没有讲过总的历史过程中是物质的东西决定精神的东西，没有讲过人们的社会存在决定人们的意识，没有讲过按照实际情况决定工作方针，等等？难道我们上面引述的《论联合政府》中的论述，不是讲的是否有助于生产力的发展决定着一切政党政策的好坏？把毛泽东同志关于"思想上政治上的路线正确与否是决定一切的"的论断，从毛泽东思想的整个体系中割裂出来并加以歪曲，把它同毛泽东同志的许多其他论述对立起来，这正是"四人帮"篡改毛泽东思想的一种基本的诡辩手法。张春桥造谣说毛泽东同志"没有讲其他决定一切"，就是妄图否认物质的东西的决定作用。我们在前面已经揭露过，张春桥曾经直言

---

① 毛泽东：《论联合政府》，《毛泽东选集》第 3 卷，人民出版社 1969 年版，第 980 页。

不讳地说什么"思想上正确与错误，决定于理论"即思想上正确与否决定于思想。这种"高超的胡说"，就是他们对毛泽东同志关于"思想上政治上的路线正确与否是决定一切的"这个论断进行种种歪曲之后得出的总结论。不超出思想关系、上层建筑的范围，去寻求决定思想、理论、路线等的正确与否的东西，抹杀决定思想和路线正确与否的客观标准，就是妄图把他们的反革命思想和反革命路线冒充"正确思想"和"正确路线"去"决定一切"。可见，在他们那里，所谓路线决定一切，也就是意志决定一切，就是唯意志论。他们说的路线决定一切，是同毛泽东同志的论断水火不容、绝对对立的货色。

四、怎样歪曲了马克思主义关于阶级斗争是历史的直接动力的论点？

用上层建筑决定论歪曲马克思主义的阶级斗争学说，又借高谈"阶级斗争"去偷运上层建筑决定论的黑货，这也是"四人帮"历史唯心论的一个突出表现。

毛泽东同志说："阶级斗争，一些阶级胜利了，一些阶级消灭了。这就是历史，这就是几千年的文明史。拿这个观点解释历史的就叫作历史的唯物主义，站在这个观点的反面的是历史的唯心主义。"[①]阶级斗争的观点，是马克思主义历史唯物论的一个重要的根本观点。在阶级社会中，只有运用阶级斗争的观点和阶级分析的方法，才能抓住各种社会现象的本质，才能在社会历史领域各种矛盾和斗争互相交错这种看来迷离混沌的状

---

① 毛泽东：《丢掉幻想，准备斗争》，《毛泽东选集》第 4 卷，人民出版社 1969 年版，第 1376 页。

态中发现规律性。因此，承认不承认阶级斗争，是历史唯物论和历史唯心论的一条十分重要的界限。但是，这却并不是它们的最后的界限。"四人帮"肆意歪曲毛泽东同志的论述，用他们的那一套"阶级斗争"理论冒充马克思主义的阶级斗争理论，并且以为只要唱唱"阶级斗争"的高调，就可以冒充历史的唯物主义了。实际上，在用什么样的观点去解释阶级和阶级斗争的问题上仍然存在着历史唯物论和历史唯心论的严重分歧。

马克思在论述他的阶级斗争学说时指出："至于讲到我，无论是发现现代社会中有阶级存在或发现各阶级间的斗争，都不是我的功劳。在我以前很久，资产阶级的历史学家就已叙述过阶级斗争的历史发展，资产阶级的经济学家也已对各个阶级做过经济上的分析。我的新贡献就是证明了下列几点：（1）阶级的存在仅仅同生产发展的一定历史阶段相联系；（2）阶级斗争必然要导致无产阶级专政；（3）这个专政不过是达到消灭一切阶级和进入无阶级社会的过渡……"①张春桥在他的论"全面专政"的黑文中引述马克思的这段话时，装腔作势地说："这三点是互相联系的，不能割裂。"而实际上，正是他进行了粗暴的割裂。在他的文章中，不论在字面上还是在内容上，都通篇没有提到过其中的第一点，即"阶级的存在仅仅同生产发展的一定历史阶段相联系"这一点。但恰恰是这第一点，使马克思的阶级斗争学说奠立在坚牢的唯物主义基础上。如果从历史观的根本观点上说，正是这第一点，划清了马克思主义的唯物论的阶级斗争学说同资产阶级的唯心论的阶级斗争学说的根本界限。

马克思提到的资产阶级历史学家即法国复辟时代的历史学家梯叶里、基佐、米涅、梯也尔和资产阶级经济学家即英国古

---

① 马克思：《致约·魏德迈（1852 年 3 月 5 日）》，《马克思恩格斯选集》第 4 卷，人民出版社 1972 年版，第 332—333 页。

典经济学家亚当·斯密和大卫·李嘉图，他们的阶级斗争学说的一切缺陷，都是从不能把阶级的存在同生产发展的一定历史阶段相联系这一点开始的。他们或者指出过财产同阶级区分的关系，但却不能进一步说明决定财产关系的东西是什么；或者从收入的来源和方法即从分配上说明阶级的存在，但却不能进一步说明决定分配关系的东西又是什么。他们离开物质资料的生产活动去解释阶级的产生和存在，最后还是不得不到思想领域去找根源，或者用战争征服一类的原因去解释，因而陷入历史唯心论。

承认阶级的存在仅仅同生产发展的一定历史阶段相联系，把阶级和阶级斗争这种历史现象同物质资料生产活动的发展联系起来，就能科学地阐明阶级的产生和消灭。阶级的存在只是在生产力有了一定的发展而又生产不足这样一个历史阶段的现象。这就是说，只是在生产有了一定的发展，使人的劳动力能够生产出超过维持劳动力所必需的产品，因而能够提供剩余劳动的时候，才有可能划分为阶级；同时，又只是在生产还不充分发展的时候，阶级才能存在。恩格斯说："当社会总劳动所提供的产品除了满足社会全体成员最起码的生活需要以外只有少量剩余，因而劳动还占去社会大多数成员的全部或几乎全部时间的时候，这个社会就必然划分为阶级。"[①] 因此，阶级的消灭也就依赖于生产的极大发展。如果不是用这个观点去看，那就势必认为，阶级的存在是一种从来就有而且永远不会消灭的永恒的现象。

马克思主义从阶级的存在同生产发展的一定历史阶段相联系的根本观点出发，深刻地揭示了阶级斗争的发展同生产力发

---

① 恩格斯：《社会主义从空想到科学的发展》，《马克思恩格斯选集》第3卷，人民出版社1972年版，第439页。

展之间的内在联系，从而把阶级斗争的理论同生产力在社会发展中起决定作用的原理统一起来，使阶级斗争的理论成为彻底的唯物主义一元论历史观的有机部分。恩格斯指出："互相斗争的社会阶级在任何时候都是生产关系和交换关系的产物，一句话，都是自己时代的经济关系的产物。"①经济关系是受生产力水平制约的。有什么样的生产力水平，就有什么样的生产关系，因而也就产生什么样的阶级关系。"社会关系和生产力密切相联。随着新生产力的获得，人们改变自己的生产方式，随着生产方式即保证自己生活的方式的改变，人们也就会改变自己的一切社会关系。手推磨产生的是封建主为首的社会，蒸汽磨产生的是工业资本家为首的社会。"②可见，阶级斗争的具体内容归根到底是由生产力发展水平所决定的。在以手工工具为标志的生产力水平下，形成封建制的生产关系，农民和地主阶级的矛盾成为主要的阶级矛盾。而在以大机器为标志的生产力水平下，则是资本主义的生产关系，因而使无产阶级同资产阶级的矛盾成为主要的阶级矛盾。"四人帮"及其御用工具明目张胆地修正马克思主义的这个基本原理，胡说"人们在生产和交换中的相互关系，是阶级与阶级的关系的反映"，就是说，生产关系是由阶级关系决定的。而他们所说的阶级关系又是可以由他们任意虚构的。"四人帮"就正是这样主观任意地虚构阶级关系，颠倒敌我，搅乱阶级阵线，在所谓"阶级斗争"的口号下向无产阶级和革命人民疯狂进攻。张春桥在他的论"全面专政"的黑文里，奢谈消灭"四个一切"，却只字不提生产，而只胡诌一通"打土围子"一类的混话，就是这种唯心主义的阶级斗争理

---

① 恩格斯：《社会主义从空想到科学的发展》，《马克思恩格斯选集》第3卷，人民出版社1972年版，第423页。

② 马克思：《哲学的贫困》，《马克思恩格斯选集》第1卷，人民出版社1972年版，第108页。

论的典型。

恩格斯说，马克思的新的历史观从"生产还是如此不发达"这一点出发，对以往的阶级统治做了自然而合理的解释，"不然这种阶级统治就只能用人的恶意来解释"。①"四人帮"在实际上就正是"用人的恶意"去解释阶级斗争。在他们的所谓"评法批儒"的影射史学里，这种唯心论的阶级斗争观点，简直是一条贯穿于他们全部文章和言论的黑线。他们对于现实的阶级斗争，也是用这个观点看待的。他们把阶级斗争说成只是上层建筑领域的事情，说成只是为着争夺领导权而进行的斗争，这样，也就同林彪一样，把阶级斗争的历史看成了宫廷政变的历史。"四人帮"就是一个心怀恶意的黑帮，他们高喊的"阶级斗争"就是要向无产阶级争夺党和国家领导权的斗争。因此，他们的阶级斗争观点，也就不可能不是"用人的恶意"解释阶级斗争的观点。

马克思主义坚持从社会物质生活的矛盾中说明阶级斗争的根源，因而断然认为，只是高高地悬在上层建筑领域而不归根到底同人们的经济利益相联系的阶级斗争，只是为了争夺所谓领导权的阶级斗争，是不会有的。阶级斗争的最后的、最深刻的根源总是在经济方面，总是在各个阶级之间物质利益的对立。恩格斯指出：各个阶级之间的斗争，"首先是为了经济利益而进行的，政治权力不过是用来实现经济利益的手段"。"任何政治斗争都是阶级斗争，而任何争取解放的阶级斗争，尽管它必然地具有政治的形式（因为任何阶级斗争都是政治斗争），归根到底都是围绕着经济解放进行的。"②"四人帮"反对讲经济利益、

① 恩格斯：《卡尔·马克思》，《马克思恩格斯选集》第 3 卷，人民出版社 1972 年版，第 42 页。
② 恩格斯：《路德维希·费尔巴哈和德国古典哲学的终结》，《马克思恩格斯选集》第 4 卷，人民出版社 1972 年版，第 246 页，第 247 页。

物质利益，似乎人们是为阶级斗争而阶级斗争。他们把广大的从帝国主义、资产阶级的压迫和剥削下获得政治上经济上翻身解放的老工人诬蔑为"既得利益者"，把这种翻身解放说成是老工人"右倾保守"的根源。试问：这种"既得利益"有何不应当？难道工人阶级遭受帝国主义、资产阶级的压迫和剥削、永远当牛做马反而是应当的吗？中国共产党领导的革命的胜利给予苦难深重的劳苦大众带来的这种"既得利益"，恰恰是广大人民那样深深地热爱共产党、热爱社会主义，那样坚决地跟着共产党干革命的重要原因，而绝不是什么"右倾保守"的根源。毛泽东同志指出："马克思列宁主义的基本原则，就是要使群众认识自己的利益，并且团结起来，为自己的利益而奋斗。"[①]他反复强调，要给人民以看得见的物质利益，对广大群众的切身利益问题一点儿也不能看轻，并且把"对被领导者给以物质福利，至少不损害其利益，同时对被领导者给以政治教育"[②]规定为无产阶级及其政党实现自己的领导权的两个必备条件之一。关心和谋求人民群众的物质利益，体现着共产党为人民服务的根本宗旨。而不顾人民死活，则完全是国民党的做法。"四人帮"就正是一小撮国民党的残渣余孽，他们剥夺广大人民群众的物质利益，而自己却过着令人发指的穷奢极欲的糜烂生活。这充分说明，他们反对讲物质利益完全是虚伪的。显然，问题绝不在于讲不讲经济利益，而在于谋求哪个阶级的经济利益。

"四人帮"宣传把阶级斗争限制在所谓上层建筑领域，把所谓争夺领导权说成阶级斗争的目的，或者索性把阶级斗争本身说成无产阶级革命的目的，这不过是一种理论上的欺骗。无产阶级

---

① 毛泽东：《对晋绥日报编辑人员的谈话》，《毛泽东选集》第4卷，人民出版社1969年版，第1213页。

② 毛泽东：《关于目前党的政策中的几个重要问题》，《毛泽东选集》第4卷，人民出版社1969年版，第1168页。

要争夺政治权力，正是因为"无产阶级的基本经济利益只能经过用无产阶级专政代替资产阶级专政的政治革命来满足"①。这同时也就说明，无产阶级在夺取政权以后，必须运用这个政权去满足无产阶级的基本经济利益。"无产阶级取得国家政权以后，它的最主要最根本的利益就是增加产品数量，大大提高社会生产力。"②只有这样，才能既满足无产阶级的整体利益，又满足无产阶级和劳动人民的个人物质利益。所以，无产阶级专政条件下的阶级斗争，绝不能离开发展生产力这个根本任务，而必须为这个根本任务服务。如果像"四人帮"所胡诌的，只许空喊所谓上层建筑领域的"阶级斗争"，而不运用无产阶级专政去建设强大的社会主义经济，去创造比资本主义高得多的劳动生产率，不使阶级斗争为发展生产力服务，反而破坏生产力的发展，那就不仅不能够满足无产阶级的基本经济利益，不能够不断提高人民群众的物质生活和文化生活水平，而且会造成历史的大倒退。这样的"阶级斗争"只能是反动的。

　　"四人帮"正是从资产阶级唯心论的阶级斗争观点出发，把阶级斗争理论同生产力在社会发展中起决定作用的原理对立起来，把阶级斗争同发展社会主义经济、发展生产力对立起来。他们胡说什么："宁愿两年不搞生产，也不能一时不搞阶级斗争"（转引自 1976 年 12 月 3 日《人民日报》），只要抓好阶级斗争，"工厂可以不出产品"，"农场颗粒无收也不要紧"（转引自《红旗》1976 年第 12 期）。谁要提发展生产，谁就是"唯生产力论""阶级斗争熄灭论"。按照他们的说法，有了阶级斗争就有了一切，阶级斗争是历史发展的唯一的、最终的动力。

---

① 列宁：《怎么办？》，《列宁选集》第 1 卷，人民出版社 1972 年版，第 262 页。
② 列宁：《工会在新经济政策条件下的作用和任务》，《列宁选集》第 4 卷，人民出版社 1972 年版，第 586 页。

　　这是对马克思主义关于阶级斗争是"历史的直接动力"这个论点的带根本性质的歪曲和篡改。

　　马克思、恩格斯说过这么一段话："将近四十年来，我们都非常重视阶级斗争，认为它是历史的直接动力，特别是重视资产阶级和无产阶级之间的阶级斗争，认为它是现代社会变革的巨大杠杆；所以我们决不能和那些想把这个阶级斗争从运动中勾销的人们一道走。"①这段话是被"四人帮"经常引用来攻击他们所谓的"唯生产力论"和"阶级斗争熄灭论"的。好像马克思、恩格斯也是只讲阶级斗争，不讲生产力发展，因而好像他们是最拥护马克思、恩格斯的。但是，人们看到，这里又是一个随心所欲地、肆无忌惮地歪曲马克思主义的典型。

　　马克思、恩格斯的这段话是在无产阶级夺取政权以前的情况下说的，并且清清楚楚地说阶级斗争是历史的"直接动力"，这就是说，它不是历史的最终动力；清清楚楚地说阶级斗争是"社会变革的巨大杠杆"，既然是杠杆，就还需要有别的东西提供动力，因此它就不是社会变革的最终的决定的东西。

　　毛泽东同志说："社会的变化，主要地是由于社会内部矛盾的发展，即生产力和生产关系的矛盾，阶级之间的矛盾，新旧之间的矛盾，由于这些矛盾的发展，推动了社会的前进，推动了新旧社会的代谢。"②而在这些矛盾中，基本的矛盾就是生产力和生产关系的矛盾，因而社会历史前进的最终动力就是生产力的发展。诚然，生产力在社会发展中的决定作用并不是自发地实现的。生产关系一定要适合生产力的性质，生产力决定生产关系并最终决定整个社会关系，这些"人们自己的社会行动

----

　　① 马克思、恩格斯：《给奥·倍倍尔、威·李卜克内西、威·白拉克等人的通告信》，《马克思恩格斯选集》第 3 卷，人民出版社 1972 年版，第 374 页。
　　② 毛泽东：《矛盾论》，《毛泽东选集》第 1 卷，人民出版社 1969 年版，第 277 页。

的规律"①是通过人们的活动实现的，在阶级社会里则是通过一定阶级的人们的活动实现的。代表新的生产力的革命阶级要求变革旧的生产关系，促进生产力的发展；而代表旧的生产关系的反动阶级则依靠各种物质的手段和精神的手段竭力维护已经腐朽的生产关系和为它服务的上层建筑。因此，阶级斗争是不可避免的。生产方式的变化要经过由量变到质变的发展过程，这是通过人们的自发活动到自觉的革命活动的过程实现的。在以私有制为基础的阶级社会里，当生产力同生产关系的矛盾发展成为冲突的时候，生产力同生产关系的矛盾的根本解决，生产关系的根本变革，就必须通过革命的阶级斗争，通过社会革命去实现。只有通过革命阶级反对反动阶级的阶级斗争，通过社会革命，才能促使旧的生产方式向新的生产方式的根本转变，才能促使旧的社会形态向新的更高级的社会形态的过渡。

这就是说，在阶级社会里，不论生产力的决定作用还是上层建筑的反作用，都要通过阶级斗争这个杠杆去发挥。在社会主义社会，在一定时期，在一定范围和一定程度上，阶级斗争也还起着这种"杠杆"的作用。正因为如此，马克思主义才重视阶级斗争。但这种重视，显然不是作为历史的最终动力去重视的。

马克思说过，理论的彻底"就是抓住事物的根本"。②只承认阶级斗争是历史的动力还不是彻底的唯物史观。只有把阶级斗争理论同生产力的决定作用的原理统一起来，才是抓住了历史的根本，才是彻底的一元论的唯物主义历史观。

---

① 恩格斯：《反杜林论》，《马克思恩格斯选集》第 3 卷，人民出版社 1972 年版，第323 页。
② 马克思：《〈黑格尔法哲学批判〉导言》，《马克思恩格斯选集》第 1 卷，人民出版社 1972 年版，第 9 页。

五、怎样歪曲了社会革命的过程、原因和目的？

张春桥在他的论"全面专政"的黑文里说："历史上任何一种所有制的大变更，不论是封建制代替奴隶制，还是资本主义代替封建主义，都是先夺取政权，再运用政权的力量大规模地改变所有制，巩固和发展新的所有制。"①他的意思是说，历史上从来都是政权即上层建筑决定经济基础的。张春桥在这篇文章里讲得比较含糊，也没有做什么论证，但在另外一个场合则是讲得十分明确而且做了论证的。他的"论据"就是在旧的社会里不能产生新的生产关系。他说："社会主义的生产关系不可能在资本主义社会里面产生，只能在无产阶级专政的条件下才能出现。这同奴隶社会和封建社会里面不能产生资本主义的生产关系的道理一样。"（1975年3月1日在全军各大单位政治部主任座谈会上的讲话，转引自1977年1月26日《人民日报》）社会主义的生产关系只能在无产阶级专政下产生，由此证明封建生产关系只能在地主阶级专政下产生，资本主义生产关系只能在资产阶级专政下产生。这就是张春桥奉献给人们的高超的理论！

这位"理论权威"总是逼着人们不论在理论知识方面还是在历史知识方面都不得不去重复一些众所周知的常识。这实在是一件枯燥无味的事情，但又不能不这样做。

先讲点儿历史常识吧。

中国古代社会，封建制的生产关系是什么时候出现的？而封建地主阶级专政的政权又是什么时候建立的？早在西周中

---

① 张春桥：《论对资产阶级的全面专政》，《红旗》1975年第4期。

期，井田制就开始破坏了，"私田"开始出现了。公元前 594年鲁国实行"初税亩"，即按私人所有土地的亩数征收赋税，说明表示着封建生产关系的"私田"已经是一种很强大的经济力量。而由新兴地主阶级夺取奴隶主政权的事情，却最早也不过是公元前 481 年才在齐国发生的。

在欧洲，资本主义生产关系是在什么时候出现的？而资产阶级专政的政权又是什么时候建立的？在英国，早在 14 世纪末，农奴制就已经解体，资本主义生产关系开始出现。到 16世纪，已经是"羊吃人"的时代，所谓"圈地运动"已经广泛开展。而英国资产阶级和新贵族在选举中获得胜利的"长期国会"是在 1640 年，英国资产阶级共和国的建立则是在 1649 年。

马克思说："资本主义社会的经济结构是从封建社会的经济结构中产生的。"[①]列宁说："对于从封建制度中生长起来的资产阶级革命来说，还在旧制度内部，新的经济组织就逐渐形成起来，它逐渐改变着封建社会的一切方面。"[②]斯大林也说："还在封建社会内部，资产阶级经济制度就已显示出它比封建经济制度优越，并且优越得多。"[③]封建生产关系在奴隶社会内部生长的情形，也是这样。张春桥为了论证他的上层建筑决定论，竟如此不顾起码的历史常识！

下面需要再讲点理论上的常识了。

张春桥谈的是社会革命的过程。他是把先夺取政权，后改变生产关系，作为社会革命的"一般规律"去宣布的。那么，人们要问：为什么会有"夺取政权"这样的事情发生呢？为什

① 马克思：《资本论》第 1 卷，人民出版社 1975 年版，第 783 页。
② 列宁：《关于战争与和平的报告》，《列宁选集》第 3 卷，人民出版社 1972 年版，第 454 页。
③ 斯大林：《共产党国际执行委员会第七次扩大全会》，《斯大林全集》第 9 卷，人民出版社 1954 年版，第 122 页。

么恰恰是把奴隶制改变成封建制、又把封建制度改变成资本主义制度而不是改变成别的什么东西呢？这一切，恐怕又只好"用人的恶意"去解释了。

张春桥肆意歪曲社会革命的过程，首先正是因为他歪曲了社会革命的原因。他把生产关系的变革，社会关系的变革，说成是由"夺取政权"决定的，也就归根到底说成是由人们的头脑决定的。正如马克思批判巴枯宁时所说的："他根本不懂得什么是社会革命，只知道关于社会革命的政治词句。在他看来，社会革命的经济条件是不存在的。""他的社会革命的基础是意志，而不是经济条件。"[①] 而历史唯物论则认为，革命"是由那些叫作'生产力的发展'的完全确定的和极端重大的社会原因产生的"。[②] 所有制的变化，社会关系的变化，都是生产力发展的必然结果。中国古代奴隶社会里，井田制的破坏，"私田"的出现，就是生产力的发展造成的。只是在"私田"不断发展，地主阶级的经济力量足够强大时，才可能有向奴隶主阶级夺取政权的地主阶级革命。在欧洲，在一段长时间里，"当社会日益成为资产阶级社会的时候，国家制度仍然是封建的"。[③] 也是先有了生产力的发展，造成了资本主义的生产关系，而到资本主义生产关系的发展同封建的国家制度不相容了的时候，才有向封建阶级夺取政权的资产阶级革命。当然，不能否认，不论是新兴地主阶级还是新兴资产阶级，他们的政权的建立对于促进新的所有制关系的发展和巩固是起了巨大作用的。但这正是上层建筑的反作用，而不是决定作用，不是先有了新的政权才有

---

① 马克思：《巴枯宁〈国家制度和无政府状态〉一书摘要》，《马克思恩格斯选集》第 2 卷，人民出版社 1972 年版，第 635 页，第 636 页。
② 斯大林：《无政府主义还是社会主义？》，《斯大林全集》第 1 卷，人民出版社 1953 年版，第 284 页。
③ 恩格斯：《反杜林论》，《马克思恩格斯选集》第 3 卷，人民出版社 1972 年版，第 144 页。

新的所有制关系。

毛泽东同志说："生产力是最革命的因素。生产力发展了，总是要革命的。生产力有两项，一项是人，一项是工具。工具是人创造的。工具要革命，它会通过人来讲话，通过劳动者来讲话，破坏旧的生产关系，破坏旧的社会关系。"①这里讲得再清楚不过了。生产工具要革命，通过人来讲话，讲破坏旧的生产关系和社会关系的话，这就是革命！生产工具是生产力水平的标志。生产工具的革命就是生产力性质的革命。所谓生产关系一定要适合生产力的性质，归根到底就是要适合生产工具的性质。没有首先在生产工具上的革命，就谈不上生产关系进而至于整个社会关系的革命。人类历史上一切对于社会发展具有决定性影响的革命，追溯到底，都是由生产工具的革命开始的。没有金属工具代替石器，就没有原始社会的解体和奴隶制的诞生，没有铁器工具的制造和普遍采用，就没有中国古代社会由奴隶制到封建制的过渡；没有 18 世纪开始的产业革命，就不能"孕育着一个由无产阶级来进行的社会革命"②。所以，马克思说："蒸汽、电力和自动纺机甚至是比巴尔贝斯、拉斯拜尔和布朗基诸位公民更危险万分的革命家。"③

社会主义革命同历史上的地主阶级革命、资产阶级革命不同。过去的革命是一种私有制代替另一种私有制的革命，新的私有制经济关系在旧社会内部就已经形成。而社会主义革命是公有制代替私有制的革命，公有制的经济关系不可能在旧社会内部形成和出现。因此，在革命的实际过程上，也就同过去的

---

① 毛泽东：《在中国共产党第八届中央委员会第二次全体会议上的讲话》，《毛泽东选集》第 5 卷，人民出版社 1977 年版，第 319 页。
② 恩格斯：《共产主义原理》，《马克思恩格斯选集》第 1 卷，人民出版社 1972 年版，第 216 页。
③ 马克思：《在〈人民报〉创刊纪念会上的演说》，《马克思恩格斯选集》第 2 卷，人民出版社 1972 年版，第 78 页。

革命有所不同。社会主义革命是从无产阶级用暴力革命夺取政权开始，然后运用无产阶级专政的力量改变旧的生产关系，建立社会主义的生产关系。然而，引起革命的最终原因却是相同的。社会主义革命同样是社会生产力发展的必然结果，同样是由于生产力发展到超出资本主义生产关系的范围时才把它爆破，同样是为着改变资本主义生产关系、解放生产力而去推翻资产阶级的政治统治、摧毁资本主义的上层建筑。"当使资产阶级生产方式必然消灭、从而也使资产阶级的政治统治必然颠覆的物质条件尚未在历史进程中、尚未在历史的'运动'中形成以前，即使无产阶级推翻了资产阶级的政治统治，它的胜利也只能是暂时的。"①这就说明，政权落在谁手里，绝不是引起社会变革的原因，绝不是社会历史发展的最终的决定的东西，相反，它本身却是被决定的东西。

　　杜林曾经鼓吹"暴力论"，认为"政治状态是经济情况的决定性的原因"。张春桥把所有制的变更说成是由政权决定的这个谬论，就正是杜林的"暴力论"的翻版。恩格斯对杜林的"暴力论"的批判，是早已为人们所熟知的。那么，张春桥为什么竟在众目睽睽之下胆敢为杜林的"暴力论"翻案，并且如此不顾历史常识呢？这只能用他们的野心去说明。张春桥在他的黑文里，竭力论证在我们的国家还有一个相当大的多数的企业，是名义上的公有制实际上的私有制。为什么会有这种情况呢？他说是领导权决定了所有制的性质，那就是说，我们的国家政权并没有掌握在无产阶级手里。怎么办呢？只有一个办法，即由他们"先夺取政权，再运用政权的力量大规模地改变所有制"。可见，张春桥的政权决定论即上层建筑决定论，完全是为他们

---

　　① 马克思：《道德化的批判和批判化的道德》，《马克思恩格斯选集》第1卷，人民出版社1972年版，第171页。

篡党、夺权、复辟直接制造舆论的反革命理论。

张春桥及其一帮歪曲社会革命的原因，也就必然歪曲社会革命的目的，根本否定马克思主义关于革命就是解放生产力的论点。1969 年，张春桥对他们在上海的御用写作班子说："一次革命高潮过后，必定有唯生产论的思潮抬头。"张春桥的这番话是什么意思呢？人们知道，在张春桥及其一帮的帮话里，"唯生产力论"就是发展生产力，发展生产力就是"唯生产力论"。所以，张春桥说的"一次革命高潮过后，必定有唯生产力论的思潮抬头"，就是说的革命高潮之后必定会有生产力的大发展这样一种情况。他是把这样一种情况的出现作为"唯生产力论的思潮抬头"，即作为"修正主义"的东西去加以攻击的。

革命是什么？革命就是改变束缚生产力发展的旧的生产关系和保护这种生产关系的旧的上层建筑，建立适合于生产力发展要求的新生产关系和保护这种生产关系的新上层建筑，就是生产力的大解放。革命高潮之后，革命胜利之后，被解放了的生产力必定出现一种大发展的情况，这是完全符合客观规律的。旧的生产关系的变革、新的生产关系的产生，依赖于生产力的一定的必要程度的发展；然而，生产力的巨大飞跃，则总是在改变了旧的生产关系、建立了新的生产关系之后。这正是生产关系的巨大反作用的表现，正是革命之为"历史的火车头"的表现。张春桥把在经过革命而建立的新的经济制度、政治制度的保护下发展生产力作为所谓"唯生产力论"去攻击，这就使人们再透彻不过地看清了，"四人帮"多年来喋喋不休地攻击的所谓"唯生产力论"到底是什么，而他们高喊的"革命"又是什么。他们攻击的"唯生产力论"正是马克思主义的历史唯物论，而他们高喊的"革命"则正是破坏生产力的反革命。

第十章　用所谓"革党内资产阶级的命"篡改无产阶级专政的理论

　　毛泽东同志运用对立统一规律观察社会主义社会，指出在生产资料所有制的社会主义改造基本完成以后，还存在着矛盾、阶级和阶级斗争，无产阶级还必须率领劳动群众在各个领域进行革命，巩固无产阶级专政，全面实现无产阶级专政的历史任务。这就在新的历史条件下坚持和捍卫了马克思列宁主义的无产阶级专政学说。"四人帮"肆意歪曲甚至伪造毛泽东同志的论述，全面地篡改了无产阶级专政学说。他们颠倒敌我关系，用封建法西斯的"全面专政"代替无产阶级专政，从根本上篡改了无产阶级专政的性质；他们抓住毛泽东同志关于应当注意解决上层建筑问题的某些论述并加以歪曲，鼓吹"八亿人民主要是抓上层建筑"（转引自 1976 年 12 月 15 日《文汇报》），从根本上篡改了无产阶级专政的任务；再经过"四人帮"及其资产阶级帮派体系的一系列的理论活动和实际活动，所谓"八亿人民主要是抓上层建筑"的论点，又变成了"把十分之九的精力放在同走资派的斗争上"（迟群 1976 年 8 月 28 日在清华大学、北京大学党委常委扩大会议上的讲话）。这样一个反革命的行动口号。而为了论证这一点，他们就要歪曲社会主义的经济基础和上层建筑，歪曲社会主义时期的阶级关系，炮制出一整套关于所谓"走资派"、所谓"党内资产阶级"的谬论。"四人帮"

对于马克思列宁主义无产阶级专政学说的篡改，集中到一点，就是他们叫嚷的所谓"革党内资产阶级的命"。

"四人帮"鼓吹的这一套，不论在理论基础和实际结论上都是极端荒谬和反动的。在政治实践上，他们的所谓"革党内资产阶级的命"就是革共产党的命、革无产阶级专政的命，因而不过是篡党夺权的同义语；在理论上，则充分暴露了他们的上层建筑决定论的反动唯心史观。

一、驳所谓"彻底改善无产阶级专政"

在"文化大革命"刚刚开始时，张春桥就抛出了所谓"彻底改善无产阶级专政"的反动口号。他疯狂叫嚣："'文化大革命'就是改朝换代"（张春桥对马天水的一次谈话），扬言对无产阶级专政的国家机器"要下定决心"把它"砸烂"。在"彻底改善无产阶级专政"这个总口号下，他们还提出了一大串极端反革命的行动口号。他们提出要"重建一个党"，用所谓"造反队"代替共产党；提出"打倒旧政府"，用所谓"新文革"代替"旧政府"；提出建立"第二武装"取代人民解放军；提出"彻底砸烂公检法"；还提出什么"矛头向上就是大方向"，"带'长'字的靠边站"，"造反派打江山坐江山"，等等。一小撮反革命分子，麇集在"彻底改善无产阶级专政"的黑旗下，向无产阶级专政展开了空前猖狂的大反扑。所谓"彻底改善无产阶级专政"的口号，以及以"四人帮"为代表的反革命复辟势力在这个口号下进行的破坏活动，以极大的尖锐性表明，他们所谓的"继续革命"就是要革无产阶级专政本身的命。

"四人帮"为了论证他们的"彻底改善"论，在理论上首先极力歪曲关于社会主义社会基本矛盾的理论。毛泽东同志指出："社会主义生产关系已经建立起来,它是和生产力的发展相适应的;但是,它又还很不完善,这些不完善的方面和生产力的发展又是相矛盾的。除了生产关系和生产力发展的这种又相适应又相矛盾的情况以外,还有上层建筑和经济基础的又相适应又相矛盾的情况。"①如果否认它们之间相矛盾的一面,固然是否认了社会主义社会的矛盾;但如果否认它们之间相适应的一面,也就会歪曲社会主义社会矛盾的性质。"四人帮"就是片面夸大并肆意歪曲社会主义生产关系同生产力、上层建筑同经济基础之间相矛盾的一面,否认它们之间相适应的一面,从而歪曲无产阶级专政的性质,否定社会主义制度的优越性的。

在社会主义生产关系的问题上,他们借社会主义时期不能不保留的那一部分资产阶级权利大做文章,炮制了一个所谓社会主义生产关系"二重性"论。他们说的社会主义生产关系的"二重性",就是"一方面是生长着的共产主义因素",另一方面是"衰亡着的资本主义",而这个"衰亡着的资本主义"就是所谓"集中表现为资产阶级法权"的"资本主义因素"。他们根本抹杀社会主义时期存在的资产阶级权利同资本主义制度中的资产阶级权利的本质区别,抓住资产阶级权利中的"资产阶级"这个词,就把它同资本主义画了等号,并由此而把社会主义的按劳分配、商品交换等等同资本主义画了等号。同时,又通过他们的"权力决定论",即所谓领导权决定所有制性质的谬论,肆意歪曲社会主义生产关系的性质。张春桥说:"不论是全民所有制,还是集体所有制,都有一个领导权问题,就是说,不是

---

① 毛泽东:《关于正确处理人民内部矛盾的问题》,《毛泽东选集》第 5 卷,人民出版社 1977 年版,第 374 页。

名义上而是实际上归哪个阶级所有的问题。"①"四人帮"的御用工具按照张春桥的这种"理论"，竭力论证在我们的国家里有一个相当大的多数的工厂和企业，领导权不是掌握在无产阶级手里，而是在"走资派"手里，成了"走资派所有制"，"党内资产阶级所有制"。这样一来，哪里还有什么"二重性"？只有资本主义的"一重性"了，它同生产力的发展只有相矛盾的方面，是"阻碍生产力发展"，"甚至破坏生产力"的东西了。既然经济基础在本质上仍然是资本主义生产关系，是什么"走资派所有制"，那么，建立在这种经济基础之上并为这个经济基础服务的上层建筑，也就不是无产阶级专政，而是所谓"黑线专政"了。于是，他们提出在各级领导机构中要"全面夺权"，专政机关要"彻底砸烂"，党要"重建"，党所制定的路线和政策要"彻底否定"，党所领导的文化教育事业要"彻底摧毁"，如此等等，一句话，无产阶级专政要"彻底改善"。这一整套反革命谬论，完全是对毛泽东思想的明目张胆的篡改，是对无产阶级专政和社会主义制度的恶毒攻击，是他们仇恨党、仇恨社会主义、仇恨无产阶级专政的狼子野心的彻底暴露。

毛泽东同志在分析社会主义社会的基本矛盾时，首先指明了社会主义社会的基本矛盾同资本主义社会的基本矛盾在性质上的根本区别，坚决肯定了社会主义制度的无比优越性。他明确指出："在社会主义社会中，基本的矛盾仍然是生产关系和生产力之间的矛盾，上层建筑和经济基础之间的矛盾。不过社会主义社会的这些矛盾，同旧社会的生产关系和生产力的矛盾、上层建筑和经济基础的矛盾，具有根本不同的性质和情况罢了。我国现在的社会制度比较旧时代的社会制度要优胜得多。如果

---

① 张春桥：《论对资产阶级的全面专政》，《红旗》1975 年第 4 期。

不优胜，旧制度就不会被推翻，新制度就不可能建立。"①这就说明，社会主义时期生产关系同生产力之间、上层建筑同经济基础之间相适应的一面是基本的方面，它们之间的矛盾是在基本适应基础上的矛盾。毛泽东同志指出，社会主义生产关系同生产力发展相矛盾的只是它的"不完善的方面"。一个新的经济制度总需要一个逐步完善的过程。而且，生产力总是不断发展的，所以，社会主义的生产关系虽然在社会主义阶段不会发生根本质变，但它也会随着生产力的发展而发生部分的质变，或者对某些环节进行必要的调整。这就是社会主义生产关系不断完善的过程。所谓"相矛盾"，主要地就是指的这样一种情况。"四人帮"及其御用工具却把社会主义生产关系同生产力之间之所以有相矛盾的一面说成是因为社会主义生产关系包含了资本主义因素，因为它本质上是资本主义生产关系。按照他们的"理论"，就不是使社会主义生产关系逐步完善的问题，而是要根本推翻它；就不是"经过社会主义制度本身"解决矛盾，而是只有根本推翻社会主义制度才能解决矛盾。这还不是彻头彻尾的反党反社会主义的反革命理论？关于上层建筑和经济基础之间的矛盾，毛泽东同志首先指出："人民民主专政的国家制度和法律，以马克思列宁主义为指导的社会主义意识形态，这些上层建筑对于我国社会主义改造的胜利和社会主义劳动组织的建立起了积极的推动作用，它是和社会主义的经济基础即社会主义的生产关系相适应的。"②同社会主义经济基础相矛盾的，只是资产阶级意识形态的存在，国家机构中某些官僚主义作风的存在，国家制度中某些环节上缺陷的存在，等等。同样地，它们

---

① 毛泽东：《关于正确处理人民内部矛盾的问题》，《毛泽东选集》第5卷，人民出版社1977年版，第373页。

② 毛泽东：《关于正确处理人民内部矛盾的问题》，《毛泽东选集》第5卷，人民出版社1977年版，第374页。

之间相适应的一面也是基本的方面，绝不是像"四人帮"所诬蔑的那样，统统不相适应，就连无产阶级专政本身也同社会主义生产关系和生产力发展不相适应，而要"彻底改善"，"彻底砸烂"。

同"四人帮"的这一整套反革命宣传恰恰相反，不仅绝不是因为社会主义生产关系和无产阶级专政失去了优越性无产阶级才需要在各个领域里进行革命，而且无产阶级专政的首要的任务就正是巩固社会主义公有制、巩固无产阶级专政本身。为了巩固社会主义制度和无产阶级专政，就要在经济领域里打击一切危害社会主义公有制的资本主义活动，坚持社会主义道路；在上层建筑领域里，清除混进无产阶级专政机构内部的资产阶级分子，批判剥削阶级意识形态。

社会主义的生产关系和无产阶级专政的国家机构等上层建筑，也要随着生产力和生产关系、经济基础和上层建筑的矛盾运动，经历一个逐步完善的过程，就是说要根据高速度发展生产力、建设现代化的社会主义大经济的要求，不断地在生产关系和上层建筑领域进行多方面的改革。这正是一个不断巩固和发展社会主义制度、巩固和加强无产阶级专政的过程，而绝不是像"四人帮"所叫嚣的"彻底改善"，绝不是因为社会主义的生产关系同生产力、社会主义的上层建筑同经济基础根本不相适应或基本不相适应。

从社会发展的一般规律看，一种新的生产关系刚刚建立不久，就同生产力的发展不适应了；或者一种新的上层建筑刚刚建立不久，就同它的经济基础不适应了，这都是不可思议的。从社会主义社会发展的特殊规律看，社会主义的生产关系同生产力、上层建筑同经济基础之间的矛盾不同于资本主义社会的这些矛盾，资本主义社会的矛盾表现为剧烈的对抗和冲突，"社会主义社会的矛盾是另一回事,恰恰相反,它不是对抗性的矛盾,它可以经过社会主义制度本身,不断地得到解决"①。社会主义的生产关系是无产阶级自己通过革命建立起来的。无产阶级始终是新的生产力的代表者,因而也就是生产关系不断变革要求的代表者。同时,无产阶级有马克思主义世界观的武装,国家政权等上层建筑又是掌握在自己手里。因此,只要努力认识和运用客观规律,它就可以遵循生产力和生产关系、经济基础和上层建筑的矛盾运动的客观进程,依靠自己建立起来的社会主义制度和无产阶级专政本身去不断地解决矛盾,推动生产力、生产关系和上层建筑各个方面辩证地向前发展。无产阶级在建立了无产阶级专政并基本上实现了生产资料所有制的社会主义改造以后,还要继续清除资本主义关系的残余,打击资本主义的活动,批判资产阶级的意识形态,以及清除混进无产阶级专政机构内部的资产阶级分子等,因而还会遇到资产阶级的各种形式的反抗,还会有无产阶级同资产阶级之间的阶级斗争。无产阶级正是因为有了社会主义的经济制度和无产阶级专政,才能有效地解决各种社会矛盾,包括解决阶级斗争的问题。这正是无产阶级专政和社会主义制度的优越性。我们的任务就是要充分发挥无产阶级专政和社会主义制度的优越性,把无产阶级革命继续推向前进。而"四人帮"所谓的无产阶级专政下的革命就是要革无产阶级专政的命,所谓社会主义条件下的革命就是要革社会主义的命。这就使人们再清楚不过地看到,"四人帮"成天叫喊的"继续革命"究竟是什么东西了。

在张春桥的论"全面专政"的黑文出笼以后,"四人帮"的一个经常从张春桥、姚文元那里领取"密旨"的亲信人物说:

①　毛泽东:《关于正确处理人民内部矛盾的问题》,《毛泽东选集》第5卷,人民出版社1977年版,第373页。

"列宁仅仅说过只有承认无产阶级专政的人，才是马克思主义者。张春桥在写这篇文章的时候，认为列宁的说法不够，他认为只有承认无产阶级对资产阶级全面专政，承认无产阶级专政下的继续革命，才是真正的马克思主义者。但是因为怕大家看了，会认为列宁不是马克思主义者，所以才没有把这句话写上。"（转引自1977年2月14日《文汇报》）从这一通热昏的胡话里，人们可以看到，"四人帮"是何等狂妄和反动的一帮！其实，这句话写上不写上，无关大局，张春桥攻击列宁的罪恶嘴脸已经在字里行间显露得淋漓尽致，无法掩盖了。至于怕人家说列宁不是马克思主义者，那完全是多虑，因为如果张春桥的那套货色也称之为"马克思主义"的话，不用说列宁，就是马克思还活着，他也不会承认自己是"马克思主义者"。这个"四人帮"亲信的话是什么意思呢？他的意思亦即张春桥的意思就是，列宁关于"只有承认阶级斗争、同时也承认无产阶级专政的人，才是马克思主义者"①的论点"过时了"；他们说的"无产阶级专政下的继续革命"，即张春桥的"全面专政"，同列宁说的无产阶级专政不是一个东西，而是互不相容、互相对立的东西。这就不打自招地供认，张春桥的"全面专政""继续革命"等是一种"离经叛道"的货色。事实正是如此。

如果说，前面我们揭露了"四人帮"如何歪曲社会主义社会基本矛盾的性质，还只是说了他们的"彻底改善无产阶级专政"这一口号的理论前提的话，这里就涉及这一口号的实际内容了。怎么"彻底改善"呢？"四人帮"要把无产阶级专政"彻底改善"成什么东西呢？张春桥的论"全面专政"的文章就是从理论上回答这个问题的。他们就是要把无产阶级专政"彻底

---

① 列宁：《国家与革命》，《列宁选集》第3卷，人民出版社1972年版，第199页。

改善"成张春桥说的"全面专政"。

那么，所谓"全面专政"是什么货色呢？所谓"全面专政"根本不是马克思主义的语言，而是张春桥精心制造的"帮话"。这个家伙极端仇恨列宁，却偏偏用列宁的名义说话，无中生有地胡诌什么"列宁指出，这个专政是对旧社会的势力和传统进行的顽强的斗争，流血的和不流血的，暴力的和和平的，军事的和经济的，教育的和行政的，是对资产阶级的全面专政"，并且说列宁"反复地强调"了"全面的专政"。[①]这个家伙也极端仇恨马克思，却偏偏用马克思的名义说话，胡说马克思 1852 年给魏德迈信中说的对于阶级斗争学说的三点新贡献就是他张春桥说的"全面专政"；又说马克思在《1848 年至 1850 年的法兰西阶级斗争》一书中讲的四个"一切"也是他张春桥说的"全面专政"。他东扯西拉，"引证"一通列宁和马克思之后，才说他自己的解释。他怎样解释的呢？他又是"资产阶级法权"，又是"安乐窝"，又是"臭豆腐"，把人弄得眼花缭乱，其实，归总起来一句话，他的"全面专政"，就是所谓用"铁扫帚""全部地打掉资产阶级的一切土围子"。我们看看，他"引证"的列宁和马克思的论述，同他说的"铁扫帚""土围子"一类的所谓"全面专政"论究竟有一点相干没有？

张春桥引证的列宁的话，是《共产主义运动中的"左派"幼稚病》中的一段著名论述。列宁这整个一段话，都是在谈如何对待小商品生产者。在张春桥胡乱引证的这段话前面，列宁说："消灭阶级不仅意味着要驱逐地主和资本家，——这个我们已经比较容易地做到了，——而且意味着要消灭小商品生产者，可是对于这种人不能驱逐，不能镇压，必须同他们和睦相处；可以（而且必须）改造他们，重新教育他们，这只有通过很长

---

① 参见张春桥：《论对资产阶级的全面专政》，《红旗》1975 年第 4 期。

期、很缓慢、很谨慎的组织工作才能做到。"在张春桥胡乱引证的这段话后面，紧接着的一句话不是什么"是对资产阶级的全面专政"，而是"千百万人的习惯势力是最可怕的势力"。①列宁在这段话里也讲了"铁"，但讲的是"铁一般"的党、"铁的纪律"，而并没有讲什么"铁扫帚"。显然，对千百万小商品生产者，无产阶级是不会用"铁扫帚"去扫他们的，只有资产阶级才用什么"铁扫帚"对付他们。有的家伙公然叫嚷："要用无产阶级专政的办法办农业"，扬言现在的专政对象包括"没有改造好的小生产者"，要把"小生产者""小农经济思想""旧的习惯势力"等统统列入专政的范围，并且说这是学习张春桥的"全面专政"论的"心得"（见 1978 年 2 月 4 日《人民日报》）。这是一个绝好的注脚，张春桥的"全面专政"正是对包括小生产者在内的劳动群众的专政。

张春桥"引证"的马克思 1852 年给魏德迈的信中讲的那三点，讲的主要是阶级的产生和存在是同生产发展一定历史阶段相联系的历史现象，无产阶级专政是阶级斗争发展到无产阶级与资产阶级之间阶级斗争的必然结果，无产阶级专政的伟大历史作用，等等。张春桥却说这三点"包括了无产阶级专政的全部任务和实际内容"，并由此而荒谬地同他的"全面专政"画了等号。这种捏造、阉割和篡改是很明显的，我们在前面已经初步地揭露过了。关于无产阶级专政的任务问题，在后面的有关问题上还将进一步地论述。

张春桥"引证"的马克思《1848 年至 1850 年的法兰西阶级斗争》中的话，原文是这样的："这种社会主义就是宣布不断革命，就是无产阶级的阶级专政，这种专政是达到消灭一切阶

① 参见列宁：《共产主义运动中的"左派"幼稚病》，《列宁选集》第 4 卷，人民出版社 1972 年版，第 200 页。

级差别，达到消灭这些差别所由产生的一切生产关系，达到消灭和这些生产关系相适应的一切社会关系，达到改变由这些社会关系产生出来的一切观念的必然的过渡阶段。"①这就是马克思主义的不断革命论的基本思想。毛泽东同志所坚持和捍卫的正是这个思想。可是张春桥在"引证"了这四个"一切"之后说："要做到这一点，就只有对资产阶级全面专政"，并且明明白白地说这就是要"在一切领域专政"，"在一切阶段专政"，是要"全部地打掉资产阶级的一切土围子"，把马克思的不断革命论同他的"全面专政"画了等号。这里，先顺便揭露一下，张春桥在谈论这四个"一切"时做了一个在他看来不易被人察觉的改动，他把马克思说的第四个"一切"即"改变"由这些社会关系产生出来的一切观念，同前三个"消灭"一切合在一起，统称"消灭这四个一切"。这绝不是为了省事，而完全是别有用心的。马克思对于阶级差别、旧的生产关系和旧的社会关系是主张消灭的，而对于历史上产生的观念形态的东西，却不是统统要消灭，而是要"改变"即批判、改造，也就是后来毛泽东同志说的剔除糟粕，吸取精华。张春桥把"改变"换成"消灭"，一是为了偷运历史虚无主义，二是为他们对知识分子、脑力劳动者实行专政留下伏笔。显然，马克思说的三个"消灭"也好，一个"改变"也好，都不是一律靠"铁扫帚"，用"打土围子"的办法去达到的。消灭阶级差别，既包括消灭阶级剥削，又包括消灭工农差别、城乡差别、脑力劳动和体力劳动的差别；消灭这些差别所由产生的一切生产关系，既包括剥夺剥夺者的任务，又包括改造小生产者的任务；消灭和这些生产关系相适应的一切社会关系，既包括消灭阶级压迫、阶级剥削的关系，又

① 马克思：《1848年至1850年的法兰西阶级斗争》，《马克思恩格斯选集》第1卷，人民出版社1972年版，第479—480页。

包括改变劳动人民内部的相互关系；改变由这些社会关系产生出来的一切观念，既包括批判剥削阶级的反动意识形态，又包括肃清剥削阶级思想在劳动人民内部的影响，改变小生产者的私有观念、狭隘意识以及克服旧的传统习惯势力，等等。这四个"一切"，都存在着两类不同性质的矛盾，只有把专政的方法和民主的方法结合起来，才能正确解决。而张春桥却对所有这四个"一切"，都要用"铁扫帚"，都当作地主豪绅盘踞的"土围子"去打，都要实行专政。这就是他的"全面专政"。

张春桥的"全面专政"，确实"全面"得很，工人、农民、知识分子、干部，没有哪一类人逃脱得了。他们叫嚷："公安机关的注意力要集中到党内资产阶级身上，专政矛头要指向党内走资派"（转引自1977年1月3日《人民日报》）。可见，他们的"全面专政"，就是由他们的资产阶级帮派体系依靠一小撮反革命分子，首先向他们所谓的"党内资产阶级"即我们党的广大老干部专政，当然也同时向广大人民群众实行专政。这叫什么专政？这叫全面的法西斯专政！这里，还请不要轻轻地读过那个"铁"字。张春桥说"铁扫帚"，江青赞赏武则天的"铁鞭"，张铁生嚎叫要用"铁的手腕"，他们就是要用"铁"的东西对付党，对付无产阶级，对付人民。张春桥叫喊的"彻底改善无产阶级专政"，原来就是要把无产阶级专政彻底地（即"全面"地）"改善"成封建法西斯专政！

二、驳所谓"阶级关系新变动"

毛泽东同志说："决定革命性质的力量，是主要的敌人和主要的革命者两方面。"①"四人帮"歪曲和篡改无产阶级专政的性质，也就必然要从根本上歪曲主要的敌人和主要的革命者，颠倒敌我关系。这种歪曲和颠倒，就是通过他们所谓"阶级关系新变动"的喧嚣达到的。

张春桥狂妄地说他读《毛泽东选集》一至四卷，"越读越感到自己对今天各阶级的情况，真是不甚了了，越是觉得应当弄清楚"（转引自1977年9月3日《文汇报》），并且在毛泽东同志的光辉著作《中国社会各阶级的分析》一文上横加批语："在社会主义社会，阶级、阶层的划分，似无一篇明确分析的文章。"（转引自1977年12月5日《人民日报》）扬言要由他来写一篇《社会主义社会各阶级分析》，作为今后制定政策的依据。张春桥及其一帮的罪恶目的，就是要根本推倒毛泽东同志依据我国阶级关系及其变动的科学分析而制定的党的全部路线和政策，推行他们反革命的修正主义路线和政策。

马克思主义认为，无产阶级政党在任何时候也不能离开分析阶级关系的正确立场。列宁说："马克思主义要求我们对每个历史关头的阶级对比关系和具体特点，做出经得起客观检验的最确切的分析。我们布尔什维克总是努力执行这个要求，因为要对政策做科学的论证，这个要求是绝对必需的。"②所以，问题显然不在于要不要分析阶级关系及其变动，而在于如何进行这种分析。

毛泽东同志在领导中国革命的过程中，历来极其注重阶级关系的分析。他强调对社会各阶级政治经济情况的调查研究，目的就是"要明了各种阶级的相互关系，得到正确的阶级估量，

① 毛泽东：《关于民族资产阶级和开明绅士问题》，《毛泽东选集》第4卷，人民出版社1969年版，第1183页。
② 列宁：《论策略书》，《列宁选集》第3卷，人民出版社1972年版，第24页。

然后定出我们正确的斗争策略,确定那些阶级是革命斗争的主力,那些阶级是我们应当争取的同盟者,那些阶级是要打倒的"。①毛泽东同志运用历史唯物主义的观点和方法,首先总是着眼于社会的经济关系,从各阶级所处的经济地位判定他们的政治态度,弄清各阶级之间的关系;又总是运用唯物辩证法的观点和方法,根据各个时期主要阶级矛盾的变化以及阶级力量对比的重大变化,及时地把握住社会阶级关系的变动,因而为我们党制定了各个历史时期的正确路线和政策。

"四人帮"恶毒地攻击说毛泽东同志对于我国社会阶级关系的基本分析"过时了",甚至说从来就没有"明确分析",那么,他们又是怎样"明确分析"的呢?

他们也装作分析人们的"经济地位",但他们把分配关系放在首位,把社会主义时期人们在分配上存在的差别同阶级剥削混为一谈,胡说"资产阶级法权的存在""是产生新的资产阶级分子的重要的经济基础"(《红旗》1975年第3期),说什么"党内资产阶级的一个重要部分,就是从处在大官们的利益这种经济地位上转化过来的"(转引自1977年10月27日《人民日报》),以至荒谬地提出"工资一百元以上"就是划分"走资派"的经济标准。他们说,在"资产阶级法权"的土壤上,从共产党内会每日每时地产生出资产阶级来,从而形成了一个所谓"党内资产阶级"。这首先是对按劳分配的社会主义原则的恶毒诋毁,而从历史观的角度说,也是一种早已被马克思主义驳得体无完肤的"分配决定论"。列宁说:"阶级差别的基本标志,就是它们在社会生产中所处的地位,因而也就是它们对生产资料的关

---

① 毛泽东:《反对本本主义》,《毛泽东著作选读》(甲种本),人民出版社1966年版,第24页。

系。"①在社会主义社会，生产资料已经归全民所有或劳动群众集体所有。在生产资料公有制基础上的按劳分配，虽然还保留了资产阶级权利，还承认人们在收入上的差别，但这只是劳动者在走共同富裕道路上存在的富裕程度上的差别，完全不能与阶级剥削相提并论。

"四人帮"也讲所有制关系，但他们把所有制归结为领导权问题；而领导权又是看"路线"，"路线"又随他们任意说。例如姚文元就说："苏修的领导阶层都是搞技术，而不是搞理论的。"（转引自1977年2月9日《人民日报》）于是"四人帮"的余党跟着说：要抓"搞技术、搞经济的走资派"，又于是搞技术、搞经济的都是"走资派"。要是搞技术、搞经济的都是"走资派"，那就只剩下他们这几条寄生虫不是"走资派"了。张春桥正是根据这样的逻辑，断定"现在全国上下左右形成了一个走资派网，把持社会主义经济，成了走资派所有制"（转引自1977年8月17日《人民日报》）。这哪里是在分析客观的经济关系？完全是在进行纯主观的反革命捏造！

因此，他们讲的阶级关系新变动，也就不是客观上阶级矛盾和阶级力量对比的变化，而是无产阶级变成了资产阶级，资产阶级变成了无产阶级；革命变成了反革命，反革命变成了革命。"四人帮"的爪牙叫嚷："要把颠倒了的革命力量颠倒过来，把颠倒了的革命对象颠倒过来，把颠倒了的历史颠倒过来。"（转引自1977年12月3日《人民日报》）这就是他们所谓"阶级关系新变动"的真实内容。他们所谓的"新变动"就是老干部变成"走资派"，老工人变成"既得利益者"，青年工人"更不行"，贫下中农搞社会主义革命"思想跟不上"，知识分子是

---

① 列宁：《社会革命党人所复活的庸俗社会主义和民粹主义》，《列宁全集》第6卷，人民出版社1959年版，第233页。

"臭老九"。而像马天水、于会泳、迟群、张铁生、翁森鹤、陈阿大那样一些政治野心家、叛徒、新生反革命分子、流氓、打砸抢者，则是他们依靠的所谓"先进分子"。这样，他们就全面地颠倒了社会主义历史阶段的敌我关系，把自己放在同全国人民为敌的地位。

"四人帮"所谓"阶级关系新变动"论的中心点，是所谓老干部由"民主派"变成"走资派"。张春桥明确提出，现在的阶级关系主要是所谓"走资派问题"。他们搞的所谓"阶级关系调查"，就是调查"现在在政治舞台上活动的能起左右作用的那些人。"（转引自 1977 年 3 月 14 日《文汇报》）特别值得注意的是，张春桥规定的所谓"新变动"的时间界限，是要"具体地研究 1966 年以及以后的阶级关系"。（转引自 1977 年 9 月 3 日《文汇报》）很显然，他们的"阶级关系新变动"论，完全是为炮制"老干部是民主派，民主派就是走资派"的反革命政治纲领捏造理论根据的。因此，我们的批判也必须紧紧抓住这个中心点。

首先需要指出的是，他们所谓的这种"新变动"的前提就是虚假的。我们党的广大老干部根本不是什么资产阶级、小资产阶级民主派，因而整个地说来并不存在着向什么走资派变动的根据。

马克思、恩格斯、列宁和毛泽东同志都明确指出过，各个反封建的阶级都会投入到民主革命中去，因而也就会有各个阶级的民主派，除了资产阶级民主派、小资产阶级民主派，还有无产阶级民主派。马克思主编的《新莱茵报》的刊头就注明"民主派机关报"，标明它是民主派中无产阶级一翼的机关报。德国无产阶级最初就是作为最极端的民主派登上政治舞台的。这种情况，是由当时德国比法英两国落后得多的经济情况以及因此同样落后的阶级关系决定的。列宁也说："俄国共产主义者，马克思主义信徒，比其他任何人都更应把自己称为社会民主主义者"。①又说："只有工人阶级才毫不犹豫，毫不反顾地绝对拥护民主主义。其他一切阶级、集团和阶层，都不是绝对反对专制制度，他们的民主主义始终是向后反顾的"。②所以，列宁称工人阶级是"唯一彻底的民主派"。③这是因为，当时的俄国农奴制度的残余还异常强而有力，只有实现一般民主要求，才能为战胜工人阶级的主要敌人即资本主义扫清道路。中国的情况同德国、俄国的情况更加不同。从 1840 年的鸦片战争以后，中国沦为半殖民地半封建的社会。帝国主义、封建主义、官僚资本主义像三座沉重的大山压在中国人民的头上。"中国迫切需要一个资产阶级的民主革命，这个革命必须由无产阶级领导才能完成。"④无产阶级是遭受三座大山压迫最深的阶级，因此，"无产阶级是最彻底的革命民主派"。⑤我们党的老干部，英勇地参加了推倒三座大山的民主革命，他们完全是以彻底的革命民主派即无产阶级民主派的身份投入斗争的。"四人帮"恶毒地攻击我们党的老干部参加民主革命是要在中国建立"资产阶级民主共和国"，这是从根本上混淆无产阶级民主派同资产阶级、小资产阶级民主派的阶级区别。

毛泽东同志在民主革命时期，反复地阐明了民主革命同社会主义革命的区别和联系。他指出："两篇文章，上篇与下篇，只有上篇做好，下篇才能做好。""现在的努力是朝着将来的大

① 列宁：《什么是"人民之友"以及他们如何攻击社会民主主义者？》，《列宁选集》第 1 卷，人民出版社 1972 年版，第 70 页。
② 列宁：《俄国社会民主主义者的任务》，《列宁选集》第 1 卷，人民出版社 1972 年版，第 102 页。
③ 列宁：《工人民主派和资产阶级民主派》，《列宁全集》第 8 卷，人民出版社 1959 年版，第 59 页。
④ 毛泽东：《中国的红色政权为什么能够存在？》，《毛泽东选集》第 1 卷，人民出版社 1969 年版，第 48 页。
⑤ 毛泽东：《论联合政府》，《毛泽东选集》第 3 卷，人民出版社 1969 年版，第 976 页。

目标的，失掉这个大目标，就不是共产党员了。然而放松今日的努力，也就不是共产党员。"①毛泽东同志并且尖锐地指出："对于任何一个共产党人及其同情者，如果不为这个目标奋斗，如果看不起这个资产阶级民主革命而对它稍许放松，稍许怠工，稍许表现不忠诚、不热情，不准备付出自己的鲜血和生命，而空谈什么社会主义和共产主义，那就是有意无意地、或多或少地背叛了社会主义和共产主义，就不是一个自觉的和忠诚的共产主义者。只有经过民主主义，才能到达社会主义，这是马克思主义的天经地义。"②不推倒三座大山，不夺取民主革命的胜利，中国从哪里开始去搞社会主义？"四人帮"把曾经为民主革命付出了鲜血和生命的老一辈无产阶级革命家诬蔑为"资产阶级民主派"，这岂止是"背叛"了社会主义和共产主义？对他们来说，谈不上"背叛"，他们本来就是民主革命的敌人，更是社会主义和共产主义的敌人！

"四人帮"攻击说，我们党的老干部在民主革命时期头脑里是一个"资产阶级的王国"，到社会主义时期又坚持"资产阶级民主主义的世界观"。张春桥在毛泽东同志的《论联合政府》旁做了一个恶毒攻击敬爱的邓小平同志的反动批注，胡说邓小平同志"抱着科学救国的思想去法国，半个世纪以后，仍然是科学领先那一套"。这不仅是恶毒攻击和诽谤邓小平同志，而且恶毒攻击和诽谤了敬爱的周总理及一大批老一辈无产阶级革命家。周总理、邓小平同志等老一辈无产阶级革命家，他们作为我国第一代共产党人，在半个多世纪前，完全是抱着研究共产主义的崇高目的而远涉重洋，留学欧洲的。当时周恩来同志坚

---

① 毛泽东：《为争取千百万群众进入抗日民族统一战线而斗争》，《毛泽东选集》第 1 卷，人民出版社 1969 年版，第 254 页。

② 毛泽东：《论联合政府》，《毛泽东选集》第 3 卷，人民出版社 1969 年版，第 960—961 页。

定地宣布:"我们当信共产主义的原理和阶级革命与无产阶级专政两大原则。"[①]在周恩来同志主持下,邓小平同志等参与编辑出版的刊物《少年》《赤光》等,就是宣传只有共产主义能够救中国的伟大真理,并且中肯地批判过"科学救国""教育救国"一类的错误思想。在长期的艰难曲折的民主革命过程中,他们坚持马克思列宁主义,坚持共产主义的伟大目标,在毛泽东同志的统率下,参加和领导了中国人民推翻帝国主义、封建主义、官僚资本主义黑暗统治的伟大斗争,建立了不朽的功勋。我们党的广大老干部,是为着实现共产主义的伟大理想而投身民主革命的。在整个民主革命过程中,毛泽东同志始终强调共产主义思想的指导,强调无产阶级对民主革命的领导权,强调共产党员首先要在思想上入党。而二十八年艰难困苦的斗争,尤其是"炮火连天,弹痕遍地"的武装革命斗争,又正是共产主义的伟大熔炉。怎么能说老干部头脑里都是"资产阶级的王国"呢?在民主革命时期就根本不是带着"资产阶级民主主义世界观"参加革命的,到了社会主义时期又怎么谈得上"坚持"这样的世界观呢?

"四人帮"为了论证由"民主派"必然走到"走资派",捏造了一种理论,叫作"革命对象转化论",或叫"半截子革命论"。他们说,"前半生革命,后半生不革命"的"半截子革命派",是一种普遍现象,是一条"必然规律"(见 1977 年 10 月 27 日《人民日报》)。根据这样的"必然规律",他们说"走资派(实际上指我们党的老干部)从 1949 年就开始成为革命的主要对象"(转引自 1977 年 10 月 26 日《文汇报》)。这还叫什么"新变动"?早就在他们的思维中"变动"了!这还需要做什么"论

---

① 周恩来:《西欧的"赤"况》,转引自《历史的见证》,《光明日报》,1977 年 2 月 10 日。

证"？由他们宣布一下就是了！

这样的"必然规律"，只能是彻头彻尾的历史唯心论的伪造。这种伪造在理论上的荒谬和反动，就在于根本抹杀了无产阶级革命和历史上一切剥削阶级革命之间的本质区别。

历史上剥削阶级的革命，例如地主阶级的革命，资产阶级的革命，都是用一种私有制代替另一种私有制，即用一种剥削方式代替另一种剥削方式。对它们来说，革命面前只有一个任务，就是破坏旧社会的桎梏。革命的基本任务就是夺取政权，并使政权适合于在旧社会已经生长的新经济。"资产阶级革命通常是以夺取政权来完成的"①，地主阶级的革命当然也是这样。毛泽东同志说："历史上奴隶主阶级、封建地主阶级和资产阶级，在它们取得统治权力以前和取得统治权力以后的一段时间内，它们是生气勃勃的，是革命者，是先进者，是真老虎。在随后的一段时间，由于它们的对立面，奴隶阶级，农民阶级和无产阶级，逐步壮大，并同它们进行斗争，越来越厉害，它们就逐步向反面转化，化为反动派，化为落后的人们，化为纸老虎，终究被或者将被人民所推翻。"②毛泽东同志这里讲的，才是正确的革命对象转化论，才是真正的必然规律。但这个规律只适用于剥削阶级，即奴隶主阶级，地主阶级和资产阶级。

至于无产阶级革命，则是完全不同的情况。无产阶级革命是要用公有制代替私有制，是要彻底消灭阶级剥削和阶级本身。无产阶级并没有本阶级的私利需要巩固，它只有解放全人类才能解放自己，因而是人类历史上最彻底的一个革命阶级。马克思、恩格斯在他们刚刚创立无产阶级世界观的时候就指出："无

---

① 斯大林：《论列宁主义的几个问题》，《斯大林全集》第8卷，人民出版社1954年版，第21页。
② 毛泽东：《关于帝国主义和一切反动派是不是纸老虎的问题》，《人民日报》，1977年9月11日。

产阶级在获得胜利之后,无论怎样都不会成为社会的绝对方面,因为它只有消灭自己本身和自己的对立面才能获得胜利。"[①]无产阶级夺取政权远不是革命的终结。无产阶级为着最终完成自己的历史使命,在夺取政权以后,还需要运用这个政权进行非常长时期的多方面的艰巨斗争。任何别的阶级的革命,不论地主阶级的革命,资产阶级的革命,都谈不上什么在本阶级专政条件下的革命,只有无产阶级的革命才是这样。无产阶级是彻底革命的阶级,怎么可能在这个阶级中大批地产生出"半截子革命派"呢?怎么能够说这种情况对于彻底革命的无产阶级来说也是"必然规律"呢?

"四人帮"的这种"革命对象转化论",实际上不过是老牌修正主义者的旧调重弹。考茨基就说过:无产阶级专政"把无产阶级本身提高为特权阶级",在无产阶级之上又形成了一个"在老的共产主义理想家和战士的领导下组成的""新的官吏阶级",而被无产阶级革命打倒的阶级则成了新的"贱民阶层""奴隶阶层",并号召这些"奴隶""贱民"起来造反。"四人帮"的"掌权必修"一类的"转化论"不就正是考茨基这套货色吗?

"四人帮"为了炮制"老干部是民主派,民主派就是走资派"的反革命政治纲领,捏造了数不清的"规律",杜撰了数不清的所谓"新变动"的瞎说,炮制了一整套所谓"走资派"、所谓"党内资产阶级"的谬论。经过"四人帮"的"新变动",他们嘴里和笔下的"走资派",就恰恰是我们党的坚持马列主义的好干部;他们嘴里和笔下的"党内资产阶级",就恰恰是我们伟大、光荣、正确的党,即中国无产阶级的先锋队。

由此,人们也就清清楚楚地看出"四人帮"的"阶级关系

---

① 马克思、恩格斯:《神圣家族》,《马克思恩格斯全集》第2卷,人民出版社1957年版,第44页。

新变动"同他们的"彻底改善无产阶级专政"这一反动口号之间的联系了。要"彻底改善"无产阶级专政，首先就必然要"彻底改善"无产阶级专政的核心——共产党。他们把我们党的广大老干部和各级领导骨干诬蔑为"走资派"，狂叫无产阶级专政机关要把矛头指向党内，"对走资派实行专政"，文艺要写"与走资派斗争"的作品，学校要办成"同走资派做斗争的专业"，等等。这就是他们所谓的"上层建筑革命"的实际内容。在"四人帮"正发疯的时候，曾经出现过这样一幅大标语："走资派不下地狱，造反派难上天堂！"（转引自1977年10月8日《人民日报》）这比一万篇"新变动"的长篇大论都更能说明问题的要害和实质。"四人帮"的所谓"阶级关系新变动"论以及建立在这种"新变动"论上的所谓"上层建筑革命"，就是要整个地打倒我们党，整个地打倒无产阶级专政。

三、驳所谓无产阶级专政不需要物质基础

现在已经很清楚了，如果说张春桥的"八亿人民主要是抓上层建筑"这句话是把什么革命限制在上层建筑领域内，那就显然没有抓住它的实质。因为在"四人帮"那里，所谓上层建筑革命是加引号的，实际上是要破坏上层建筑的革命，是在上层建筑领域进行反革命，同时通过这样的舆论，把人们的思想搞乱，从而破坏生产关系方面的革命，破坏社会主义经济，摧毁社会生产力，达到颠覆无产阶级专政的目的。因此，对于"四人帮"来说，只需指出他们鼓吹这种谬论不过是一种反革命的阴谋手段就够了。但是，由于"四人帮"长时期地进行歪曲宣传的结果，也确实在一些人中造成了一种错觉，似乎无产阶级

在夺取政权并基本上实现生产资料所有制方面的社会主义改造以后，剩下的就是解决上层建筑方面的问题，或主要地就是解决上层建筑方面的问题，而把生产关系方面的革命特别是发展生产力，则放在无足轻重的位置上。因此，为了清除这种反动宣传在思想理论上造成的流毒，也就不能不对"四人帮"在这方面的谬论进行认真的批判。

"四人帮"抓住毛泽东同志说过的这样一句话："整个过渡时期存在着阶级矛盾、存在着无产阶级和资产阶级的阶级斗争、存在着社会主义和资本主义的两条道路斗争。忘记十几年来我党的这一条基本理论和基本实践，就会要走到斜路上去。"（转引自《红旗》1966 年第 13 期社论）他们到处引用这个论述去论证他们的论点，但是，他们的"引证"却没有一次不是表现为十足的历史唯心论的。

他们把这个论述同毛泽东同志的其他许多论述割裂开来，并且完全抛开这个论述的具体历史条件，从而把事情歪曲成似乎只有阶级斗争才是无产阶级专政的基本任务，而搞生产，搞经济建设，搞科学文化事业，搞四个现代化，都是离开了党的基本理论和基本实践而走到了斜路上去。由于"四人帮"长时期地这样蓄意制造混乱，因而使得如何理解"这一条基本理论和基本实践"这个问题本身，就成了十分重大的理论问题和实践问题。

党在整个过渡时期即无产阶级专政时期的基本理论和基本实践，归根到底是从无产阶级专政的根本任务即无产阶级专政的历史使命出发的。无产阶级专政的根本任务，就是要消灭阶级和阶级差别，以便最终实现共产主义。而要实现这个任务，显然需要无产阶级运用国家政权，率领劳动群众，从事多方面的长期艰巨的革命和斗争，包括上层建筑方面、经济基础方面、发展生产力方面的革命和斗争，以便从多方面创造消灭阶级的充分条件，包括物质方面的条件和精神方面的条件。

如果是这样去理解，那就会毫不含糊地认为，搞经济建设，发展社会生产力，不但没有离开而且正是完全符合党的基本理论和基本实践的。因为发展生产，增强无产阶级专政和社会主义制度的物质基础，正是为了增强无产阶级战胜资产阶级的物质力量，正是为最终消灭阶级、实现共产主义创造极为必要的条件。

恩格斯说：阶级的划分"是以生产的不足为基础的，它将被现代生产力的充分发展所消灭"。[①]一切由物质的东西造成的东西，终归要靠物质的东西去消灭。阶级和阶级差别的消灭也只能是这样。因此，如果按照列宁正确地指出的"社会主义就是消灭阶级"[②]去理解社会主义和共产主义的话，那就必须承认，发展生产力不仅是建成社会主义、实现共产主义的必要的条件，而且是带根本性的条件。

社会主义社会的发展以及由社会主义向共产主义的过渡，还必须在生产关系和上层建筑方面进行一系列的变革。在所有制方面每一次重大的变革，不论是人民公社经济由目前的生产队为核算单位过渡到生产大队为核算单位再过渡到公社为核算单位，还是由集体所有制过渡到全民所有制，再由社会主义的全民所有制过渡到共产主义的全民所有制，都不能不依赖于生产力的一定的必要程度的发展，绝不可能有张春桥鼓吹的那种"无条件过渡"或什么"靠穷精神过渡"。在上层建筑方面，一些重要制度的带根本性质的改革，同样要适应于和依赖于生产

---

① 恩格斯：《反杜林论》，《马克思恩格斯选集》第 3 卷，人民出版社 1972 年版，第 321 页。
② 列宁：《无产阶级专政时代的经济和政治》，《列宁选集》第 4 卷，人民出版社 1972 年版，第 89 页。

力的发展；就是对于旧社会上层建筑残余的清除能够彻底到什么程度，归根到底也取决于生产力的发展水平，而不是像林彪、"四人帮"所宣扬的那样，可以单靠"精神力量"去摧毁的。

没有生产力的发展，不用说在生产关系和上层建筑方面的变革，更不用说最后消灭阶级，就是无产阶级专政本身也不可能巩固。毛泽东同志在《一九五七年夏季的形势》一文里说：只有社会生产力的比较充分的发展，"我们的社会主义的经济制度和政治制度，才算获得了自己的比较充分的物质基础（现在，这个物质基础还很不充分），我们的国家（上层建筑）才算充分巩固"。①任何社会的经济制度和政治制度都是建立在一定的物质基础之上的。没有物质基础，社会主义制度就站立不稳。列宁也说过："如果经过10—20年的电气化，小农的个人主义和他们在地方流转中的自由贸易就一点也不可怕。如果没有电气化，回到资本主义去反正是不可避免的。"②这就是说，如果创造了比资本主义高得多的劳动生产率，回到资本主义去就很困难了，正像资本主义的大机器生产所造成的比封建社会高得不可比拟的劳动生产率使资本主义再回到封建主义去成为不可能一样。而"四人帮"却反而把发展生产力说成会引起资本主义的复辟，把"卫星上天"说成是"红旗落地"的原因，把实现四个现代化说成是为资本主义复辟准备物质基础。在"四人帮"所"批判"的《论总纲》中写了这样的话："继续坚持独立自主、自力更生的方针，我们就一定能够实现在本世纪内把我国建设成为一个社会主义强国的宏伟目标"。姚文元在这句话下面批道："一定能复辟吗？痴心梦想！"（转引自1977年3月12

① 毛泽东：《一九五七年夏季的形势》，《毛泽东选集》第5卷，人民出版社1977年版，第462页。
② 列宁：《〈论粮食税〉一书纲要》，《列宁全集》第32卷，人民出版社1974年版，第313页。

日《人民日报》）这种攻击，除了说明他对社会主义、对无产阶级专政的发自肺腑的刻骨仇恨以外，还能说明什么呢？生产力在本质上是一种最革命的因素。生产力的发展绝不会引出旧的社会制度的复辟，而只会引起社会关系的革命。加速发展社会主义经济，加速发展社会生产力，绝不会造成社会主义向资本主义的倒退，而只会加速向共产主义前进的步伐。相反，如果生产力停滞以至被破坏，那才是包藏着资本主义复辟的极大危险。

马克思主义肯定发展社会生产力对于建设社会主义并最终过渡到共产主义的决定作用，也就必然肯定发展科学的伟大意义。科学是生产力。进行现代化的大生产，不论是生产工具的迅速改进，劳动者劳动技能的迅速提高，或者社会生产的合理组织和管理，都一刻也不能离开科学。我们要建设现代化的社会主义强国并为向共产主义过渡准备充分的物质条件，就不是要求劳动生产率有一般程度的提高，而是要求劳动生产率的大幅度、高速度的提高，这就必须极大地提高整个民族的科学文化水平。实现四个现代化，科学技术现代化是关键。科学研究不走在前头，科学研究搞不上去，四个现代化就是一句空话。

恩格斯说："在马克思看来，科学是一种在历史上起推动作用的、革命的力量。任何一门理论科学中的每一个新发现，即使它的实际应用甚至还无法预见，都使马克思感到衷心喜悦，但是当有了立即会对工业、对一般历史发展产生革命影响的发现的时候，他的喜悦就完全不同了。例如，他曾经密切地注意电学方面各种发现的发展情况，不久以前，他还注意了马赛尔·德普勒的发现。"①对于一个无产阶级革命家来说，即使是

---

① 恩格斯：《在马克思墓前的讲话》，《马克思恩格斯选集》第3卷，人民出版社1972年版，第575页。

在资本主义条件下,科学中的新发现尚且引起如此衷心的喜悦,那么,在社会主义条件下,无产阶级已经成了国家和社会的主人,科学直接成为无产阶级改造自然、改造社会的武器,科学中的新发现就更会引起衷心的喜悦了。在社会主义条件下,科学的巨大革命意义不仅在于它会造成社会生产力的巨大发展,从而引起生产关系和上层建筑的革命变革,而且在于,它对消灭三大差别,对人们头脑的革命化,都有着极大的作用。科学技术的大发展,现代科学技术在工农业生产中的广泛应用,就会从根本上消除工业和农业在生产条件上的差别,而这正是最终消灭工农差别、城乡差别的基础。科学文化的大提高、大普及,对于大大减轻体力劳动的强度,对于培养全面发展的新人,从而对于最终消灭脑力劳动和体力劳动的差别也就有着带根本性的意义。恩格斯说过:"日益发展的工业使一切传统的关系革命化,而这种革命化又促使头脑革命化。"[①]日益发展的工业所起的这种促使人们头脑革命化的作用,当然首先包括在工业中应用的科学技术的作用。无产阶级的辩证唯物论和历史唯物论的世界观就是最革命最科学的世界观。真正树立这种世界观,当然需要有现代科学的武装。从反面来看,旧的剥削阶级的意识形态、旧的传统和习惯势力等,也总是同科学文化上的落后状态相联系的。在我们国家,例如封建主义思想的残余为什么还能够存在,林彪、"四人帮"为什么能够利用封建主义思想向无产阶级进攻,这显然是同我国目前在经济上、科学文化上的落后状态有着密切联系的。因此,要同一切旧的传统观念决裂,要极大地提高全体人民的共产主义觉悟,也就不能没有科学的极大发展。如果没有科学的大发展,连封建残余思想都清除不

---

① 恩格斯:《致弗·阿·左尔格(1892年12月31日)》,《马克思恩格斯全集》第38卷,人民出版社1972年版,第561页。

了，还谈得上什么向共产主义过渡？

马克思主义者总是用革命的观点看待科学的发展，总是从科学的发展中看到革命的意义。而"四人帮"仇视科学，也首先正是因为他们仇视革命。他们胡说，"把科研搞上去"是"唯生产力论"，叫嚷"即使全国都成了文盲，也是最大的胜利"（转引自1977年2月7日《人民日报》），等等。他们的罪恶目的，就是要把我们的国家拉回到愚昧黑暗的旧时代去。

没有科学文化的大发展，没有社会生产力的大发展，没有充分强大的物质基础，现在的社会主义都站立不住，将来的共产主义又从何谈起！因此，要实现无产阶级专政的历史任务，实现向共产主义的过渡，就必须把发展生产，发展经济，发展科学文化，提到最重要的位置上来。离开这一条，就会使无产阶级专政流于空谈，使共产主义流于空谈。这是马克思列宁主义科学共产主义理论的一个根本思想，绝不能动摇。

张春桥说什么："说共产主义总得要物质基础，真是个'物质迷'。"（转引自1977年3月12日《人民日报》）他大概是一个不靠物质过日子、不食人间烟火的鬼。试问：共产主义不要物质基础，难道共产主义是吊在天上的东西吗？"四人帮"说共产主义不要物质基础，也不要科学文化，只要"有女皇"。《共产党宣言》批判过一种反动的社会主义即封建的社会主义，我们不是可以说"四人帮"发明的有女皇的"共产主义"正是一种封建的"共产主义"吗？这种贫穷的"共产主义"、愚昧的"共产主义"、有女皇的封建的"共产主义"，不用说是一种假共产主义，它甚至连假共产主义都够不上！

为了使人们彻底识破"四人帮"的这种"共产主义"的反动本质，在人们心目中恢复科学共产主义的本来面目，不妨针对"四人帮"在这个问题上的一些主要的奇谈怪论，再引述几段马克思主义经典作家的论述。

"四人帮"把他们所说的"继续革命"归结为所谓"限制资产阶级法权",在他们的"限制"的喧闹声中,曾经大驳特驳所谓"基础论",把限制资产阶级权利需要一定的物质基础的论点当作"修正主义"去批驳。且不说他们关于资产阶级权利问题的一整套货色是什么,就说资产阶级权利的消亡,由按劳分配向按需分配的过渡,最终的决定性的条件究竟是什么呢?马克思说:"在共产主义社会高级阶段上,在迫使人们奴隶般地服从分工的情形已经消失,从而脑力劳动和体力劳动的对立也随之消失之后;在劳动已经不仅仅是谋生的手段,而且本身成了生活的第一需要之后;在随着个人的全面发展生产力也增长起来,而集体财富的一切源泉都充分涌流之后,——只有在那个时候,才能完全超出资产阶级权利的狭隘眼界,社会才能在自己的旗帜上写上:各尽所能,按需分配!"①这是为一切初具马克思主义常识的人们所熟知的经典论述。马克思讲的生产力的增长、集体财富一切源泉的充分涌流,不就是资产阶级权利消亡的物质基础吗?

"四人帮"曾经到处引用列宁的这样的话大做文章,即无产阶级专政时期进入了"同资产阶级斗争的新阶段",这个阶段的任务"就是要造成使资产阶级既不能存在,也不能再产生的条件"。列宁的话当然是对的,但被"四人帮"肆意歪曲了。他们只要列宁的这句话,然后用自己的解释代替列宁的解释。什么是使资产阶级既不能存在也不能再产生的条件呢?"四人帮"说,就是"限制资产阶级法权",就是所谓"上层建筑革命"即"革党内资产阶级的命"。列宁自己又是怎样说的呢?列宁分明

---

① 马克思:《哥达纲领批判》,《马克思恩格斯选集》第 3 卷,人民出版社 1972 年版,第 12 页。

提出了两个条件：一个是"在产品的生产和分配上建立最严格的全民计算和监督"，这个条件是属于生产关系方面的；另一个是"在全国范围内提高劳动生产率"，这是"第二个同样重大的物质条件"，这个条件就是属于生产力方面的。①对于列宁自己讲的这两个条件，特别是第二个条件，"四人帮"在他们连篇累牍的文章里却没有提到过一个字。其实，这正是使资产阶级既不能存在也不能再产生的起最终的决定作用的条件。

"四人帮"及其御用工具说，发展国民经济，实现四个现代化"不是我们党的根本任务"，只是"一项任务"；如果把这叫作根本任务，就是"什么阶级斗争，什么无产阶级革命和无产阶级专政，统统都不要了"，就是"彻底篡改了我们全党全国人民的根本任务和前进方向"②，等等。我们看看列宁和毛泽东同志是怎样说的吧！列宁说："在任何社会主义革命中，当无产阶级夺取政权的任务解决以后，随着剥夺剥夺者及镇压他们反抗的任务大体上和基本上解决，必然要把创造高于资本主义社会的社会经济制度的根本任务，提到首要地位；这个根本任务就是提高劳动生产率，因此，（并且为此）就要有更高形式的劳动组织。"③列宁还说："提高劳动生产率是一个根本的任务，因为不这样就不可能最终地过渡到共产主义。"④"劳动生产率，归根到底是保证新社会制度胜利的最重要最主要的东西。"⑤在我国生产资料所有制的社会主义改造基本完成以后，毛泽东同志也曾及时地指出："我们的根本任务已经由解放生产力变为在

---

① 参见列宁：《苏维埃政权的当前任务》，《列宁全集》第 3 卷，人民出版社 1959 年版，第 498—499 页。
② 程越：《一个复辟资本主义的总纲》，《红旗》1976 年第 4 期。
③ 列宁：《苏维埃政权的当前任务》，《列宁选集》第 3 卷，人民出版社 1972 年版，第 509 页。
④ 列宁：《俄共（布）党纲草案》，《列宁选集》第 3 卷，人民出版社 1972 年版，第 748 页。
⑤ 列宁：《伟大的创举》，《列宁选集》第 4 卷，人民出版社 1972 年版，第 16 页。

新的生产关系下面保护和发展生产力。"①这些论述中，不都是讲了发展生产力是"根本任务"，是"最重要最主要的东西"吗？我们说发展生产力是无产阶级专政的一项根本任务，就是说实现这个任务对于用社会主义战胜资本主义，对于解决社会主义和资本主义的矛盾，对于巩固无产阶级专政具有带根本性质的意义。社会主义经济建设的速度问题，不仅是经济问题，而且首先是政治问题，是同国内、国际阶级斗争，同彻底解决社会主义与资本主义的矛盾，同巩固和加强无产阶级专政紧密相关的问题。

"四人帮"及其舆论工具说，把发展社会主义经济，实现四个现代化作为20世纪内党和人民的奋斗目标，就是"彻底否定了我们党的基本纲领"。②而恰恰列宁就曾说过："我们党的纲领不能始终只是党的纲领。它应当成为我们经济建设的纲领，不然它就不能作为党的纲领。它应当用第二个党纲，即恢复整个国民经济并使它达到现代技术水平的工作计划来补充。"列宁并且说："共产主义就是苏维埃政权加全国电气化。"③我们党的基本纲领，本身就包含了发展社会主义经济、发展生产力的内容。不然，它就不叫共产党的纲领。

以上批判的，还不是"四人帮"在这个问题上的奇谈怪论的全部。但从中已经可以看出，他们的那一套货色，同科学共产主义毫无共同之处。

这里，还仅仅是从由社会主义向共产主义过渡的一般规律说的。如果再从我国的特殊情况说，那么，迅速发展社会生产

① 毛泽东：《关于正确处理人民内部矛盾的问题》，《毛泽东选集》第5卷，人民出版社1977年版，第377页。
② 程越：《一个复辟资本主义的总纲》，《红旗》1976年第4期。
③ 列宁：《关于人民委员会工作的报告》，《列宁选集》第4卷，人民出版社1972年版，第398页，第399页。

力就尤其显得重要和迫切了。我们的国家，原来就是一个国民经济很落后的大国。在这样一个生产力相对不发达的国家，要建设社会主义，并为将来向共产主义过渡准备条件，发展生产力就是一项不可稍有迟疑、稍有懈怠的极其艰巨和重大的任务。

毛泽东同志曾经尖锐地指出："我国从 19 世纪 40 年代起，到 20 世纪 40 年代中期，共计 105 年时间，全世界几乎一切大中小帝国主义国家都侵略过我国，都打过我们，除了最后一次，即抗日战争，由于国内外各种原因以日本帝国主义投降告终以外，没有一次战争不是以我国失败、签订丧权辱国条约而告终。其原因：一是社会制度腐败，二是经济技术落后。现在，我国社会制度变了，第一个原因基本解决了；但还没有彻底解决，社会还存在着阶级斗争。第二个原因也已开始有了一些改变，但要彻底改变，至少还需要几十年时间。如果不在今后几十年内，争取彻底改变我国经济和技术远远落后于帝国主义国家的状态，挨打是不可避免的。""我们应当以可能挨打为出发点来部署我们的工作，力求在一个不太长久的时间内改变我国社会经济、技术方面的落后状态，否则我们就要犯错误。"①这说明，在我国实现四个现代化是一个何等紧迫的重大政治任务！这不一定需要多么高的共产主义觉悟，凡是有点爱国心的中国人，无不盼望"四个现代化日"的到来。而姚文元却恶毒咒骂中国人民实现四个现代化的急切愿望是"痴心梦想"！把实现四个现代化咒骂为"资本主义复辟"。这伙黑帮就是要把我们的民族再推向挨打受辱的苦难深渊！

张春桥轻飘飘地说："共产主义的物质，我就管不了。"（转引自 1977 年 3 月 16 日《人民日报》）这是一种多么可恶的流氓

---

① 转引自《团结起来，为建设社会主义的现代化强国而奋斗》，《中华人民共和国第五届全国人民代表大会第一次会议文件》，人民出版社 1978 年版，第 13—14 页。

腔调！如果真的仅仅是"管不了"，还可以说不算罪大恶极。事实上，他是"管"了，他和他的一帮是处心积虑地要破坏我国无产阶级专政和社会主义制度的物质基础。正是由于他们的疯狂的破坏活动，使我国国民经济遭受了严重的摧残。"四人帮"的理论和实践都充分表明，这伙祸国殃民的害人虫就是无产阶级专政的死敌！

第十一章　上层建筑决定论的实质和核心是法西斯的权力意志决定论

　　"四人帮"反动世界观的灵魂的东西、核心的东西是什么呢？现在可以来说明这个问题了。

　　"四人帮"及其御用文人很喜欢用这样一句话："历史是一面镜子。"我们就正好给他们找到了一面镜子，这就是法西斯主义的思想先驱、19世纪德国的唯意志论哲学家尼采。尼采说："这个世界就是权力意志——岂有他哉！"①在"四人帮"那里，同样是世界除了权力意志以外"岂有他哉！"作为"四人帮"反动世界观的灵魂和核心的东西，就是权力意志，即"追求权力，追求更多的权力"的意志。

一、上层建筑决定论归结为权力意志决定论

　　"四人帮"鼓吹上层建筑决定一切，并非他们认为上层建筑中所有的方面都具有同样的决定作用。他们特别强调的是政治的上层建筑的决定作用，而中心就是所谓"领导权"决定着一切。在他们看来，所谓"领导权"就是个人权力。张春桥说：

---

　　① 尼采：《权力意志》，引自《西方现代资产阶级哲学论著选辑》，商务印书馆1964年版，第24页。

"我的兴趣在领导权",因此,要"寸权必夺";王洪文叫喊:"一切为了权";姚文元说:"要把权拿到自己手里"(转引自 1977年 7 月 3 日《人民日报》);江青更是一心要当权力最高的"女皇";"四人帮"的大小爪牙鼓吹"造反做官论",奉行"闹而优则仕",也都是念念不忘一个"权"字。"一朝权在手,便把令来行",就是"四人帮"的行动原则。他们以为只要占有了权力,就是占有了世界,就可以为所欲为,就可以作弄历史,宰制现实。所以,"四人帮"的上层建筑决定论说到底就是权力意志决定论。

这种上层建筑决定论或权力意志决定论必然通向法西斯主义。法西斯主义世界观的特征就是迷信权力的作用、意志的作用。因此,尼采的哲学曾经为希特勒的法西斯主义奠立了思想理论基础。我们看看希特勒在《我的奋斗》中的一段话吧!他写道:"国家同任何固定的经济概念或经济发展都一点没有关系……一个国家的内在力量只有在极偶然的情况下才同所谓经济繁荣同时出现;后者,在大多数情况下,似乎只表明一个国家的接近衰亡……普鲁士的经验极其鲜明地表明,只有靠思想力量,而不是靠物质因素,才有可能组成一个国家。只有在思想力量的保护下,经济生活才能繁荣。在德国,往往是在政治力量高涨的时候,经济情况才开始改善;反过来,往往在经济成了我国人民生活中的唯一内容,窒息了思想力量的时候,国家就趋于崩溃,而且在很短时间内,把经济生活也拖着一起崩溃……从来没有一个国家是靠和平的经济手段建立的……"希特勒说的"政治力量"就是权力的力量,"思想力量"就是意志的力量。所谓国家同经济完全无关,不靠物质因素而靠思想力量组成,这就是说,国家不是由客观的经济必然性所决定而是任凭少数人的意志去左右的,不是建立在一定经济基础之上的上层建筑而是野心家权力意志所追逐的猎物。"四人帮"的上层建筑决定论，整个地说来，正是希特勒的这种观点。我们再听听"四人帮"在辽宁的一个余党是怎样叫嚣的吧："无产阶级靠着精神上的胜利，走上了统治舞台，今后也只有靠着一系列精神上的新胜利才能巩固自己的统治地位。"（1976 年 7 月在辽宁省理论讨论会上的讲话）这番话，除多贴了一个"无产阶级"的标签以外，简直使人无法同希特勒的《我的奋斗》区分开来。所谓靠精神胜利走上统治舞台和巩固统治地位，不一丝不差地就是希特勒说的靠思想力量组成国家吗？他们就是妄图凭借精神的力量即意志的力量篡夺党和国家的最高权力，在历史舞台上"独来独往"，横行无忌。

尼采说："除了从意志到意志以外，根本没有别的因果联系。"[①]法西斯主义就是只承认权力的作用、意志的作用，而根本否认任何客观因果性、客观规律性、经济必然性等，认为历史不是按照它本身固有的规律发展的，而是由统治者、征服者的意志决定的，是由权力落于谁手这一点所决定的。"四人帮"也正是从意志到意志，从权力到权力。在他们看来，只要所谓"领导权"掌握在谁手里，谁就可以牵着历史朝任何方向走去。如果江青篡党夺权的阴谋得逞，她大概会认为自己可以牵着中国历史向"母系社会"走去的。列宁说，马克思"推翻了那种把社会看作可按长官的意志（或者说按社会意志和政府意志，都是一样）随便改变的、偶然产生和变化的、机械的个人结合体的观点"。[②]"四人帮"却完全复活了，而且是在极其恶劣的形态上、在封建法西斯主义的形态上复活了这种观点。在他们

---

① 尼采：《权力意志》，引自《西方现代资产阶级哲学论著选辑》，商务印书馆 1964 年版，第 17 页。
② 列宁：《什么是"人民之友"以及他们如何攻击社会民主主义者？》，《列宁选集》第 1 卷，人民出版社 1972 年版，第 10 页。

眼里，"长官的意志"决定着一切，整个世界就是权力意志。一部世界历史，就是一部权力意志发展史，就是少数统治者争权夺势的历史。林彪为了论证"政权决定一切"，大讲宫廷政变史。"四人帮"同林彪一样，只是换了个堂皇的题目，叫作"儒法斗争史"。江青公然说："没有儒法矛盾，历史就不能存在。"（1974年6月12、15日对梁效的两次讲话）他们用所谓"儒法斗争"代替阶级斗争，把剥削阶级内部不同派别的代表人物之间争权夺势的斗争说成历史的主线。秦王朝迅速覆亡的原因被说成"赵高发动沙丘反革命政变，代表奴隶主贵族篡夺了政权，中断了法家路线，代之以儒家路线"①。刘邦死后汉朝没有乱起来被说成"就是因为有吕后"（江青1974年6月14日在批林批孔座谈会上的讲话）。吕后的掌权成了历史的决定因素。赫赫于历史舞台的只是帝王将相，左右历史进程的是今天某人"上台"明天某人"下台"。什么农民的起义和斗争，什么生产力的发展，什么经济的必然性，统统被远远地抛在历史之外了。

他们不仅对于历史的演变，而且对于现实生活的矛盾和斗争，对于现实生活的发展变化，也都是用权力意志去说明的。张春桥说："一个官僚资本或者民族资本的企业，怎样变成社会主义企业的呢？还不是我们派了一个军管代表或者公方代表到那里。"②你看他讲得何等轻松！一个什么"代表"就有那么大的神力，还要什么党的领导和群众斗争？中国的官僚资本和民族资本竟这样轻而易举而且莫名其妙地变成了社会主义企业，历史简直成了变戏法了！"四人帮"正是戴着他们自己特有的"权力意志决定论"的眼镜，把我国社会主义革命的过程，把

---

① 上海《哲学小辞典》编写组：《哲学小辞典》，上海人民出版社1975年版，第417—418页。

② 张春桥：《论对资产阶级的全面专政》，《红旗》1975年第4期。

我国社会主义时期两个阶级、两条道路和党内两条路线的斗争，都看成了一幕又一幕的"权力意志"的表演。臭名昭著、遗臭万年的张春桥2月3日《有感》，就是"四人帮"权力意志的代表作。《有感》用极其阴暗、下流的语言，恶毒攻击别人"得志更猖狂"。这恰恰暴露了张春桥及其一帮正是得志猖狂的中山狼。"四人帮"就是用所谓"得志"不"得志"的权力意志论这种极端腐朽黑暗的反动世界观，去看待我们党内的斗争，看待我们党的领袖和干部的。这完全是对我们党的诬蔑，对人民革命斗争历史的诬蔑！

鼓吹权力意志决定一切，否认客观规律，也就必然否认客观真理。尼采说，"真理的标准就在于提高权力感"①；"认识是被当作权力的工具使用的。所以很明显，认识是随着权力的增长而增长的"②。在这里，意志主义同实用主义相通了。"四人帮"就是把实用主义同权力意志论结合在一起的。在他们那里，所谓真理的"效用"，主要就是追求权力的"效用"。真理只是权力的工具。真伪，善恶，荣辱，阶级的是非，路线的是非，统统以能否满足权力意志及满足的程度如何而定。有权就有真理，权力越大真理就越多。这也就是所谓"成者王侯败者寇"，以成败论"英雄"，即以权力落于谁手论"英雄"。"罗思鼎"的头目对一个人说："你将来如果当了大总统，你平时一些出洋相的事也可以写到传记中去，成为英雄事迹。我是搞历史的，知道历史就是这么写出来的。"③有了权力，丑可以说成美，恶可以说成善，历史罪人可以说成亘古英雄。"四人帮"的历史

---

① 尼采：《权力意志》，引自《西方现代资产阶级哲学论著选辑》，商务印书馆1964年版，第16页。

② 尼采：《权力意志》，引自《西方现代资产阶级哲学论著选辑》，商务印书馆1964年版，第15页。

③ "罗思鼎"的头目1974年、1975年和原上海市委写作组成员的几次谈话。

观，就是这种权力意志论的、实用主义的历史观。

张春桥曾经拼命鼓吹"理论决定一切"。我们如果只是一般地把它当作一种唯心论的认识论，显然是不够的；如果只是一般地当作一种上层建筑决定论的唯心史观，也是不够的。"四人帮"的余党说，"共产党的领导总要会搞理论的"，"理论上的权威必然转化为组织上的权威"（转引自1977年10月27日《人民日报》）。在"四人帮"余党的这个注解中，明明白白地说出了张春桥的理论决定论的实质。他鼓吹理论决定一切，把自己装扮成理论"权威"，真正的目的就是为了"转化为组织上的权威"。理论的活动也同其他的活动一样，只是追求权力、满足权力意志的工具和手段。权力意志决定论是"四人帮"整个反动世界观的灵魂，"四人帮"的一切言论行动，都是从这个核心出发的。他们的唯心论的先验论，他们的实用主义和唯我论，他们的斗争哲学，他们的上层建筑决定论的唯心主义历史观，他们唯心论和形而上学的一切表演，都是为了篡党夺权，都是围绕着权力意志决定论这个核心的。只有抓住权力意志决定论，才能抓住"四人帮"整个反动世界观的本质。

二、标榜"爱人民"的反人民哲学

权力意志主宰历史，也就是个人主宰历史，根本没有人民群众的历史地位。尼采就露骨地叫嚣："我的学说是：有上等人，也有下等人，一个个人是可以使千万年的历史生色的——也就是说，一个充实的、雄厚的、伟大的、完全的人，要胜过无数残缺不全、鸡毛蒜皮的人。"[1]他说"上等人是非人和超人","目标并不是'人类',而是超人!"[2]"超人"的意志是"坚强的意志","凡人"即最广大群众的意志是"软弱的意志",永远是坚强的意志指挥、征服软弱的意志,人民群众永远是被指挥者、被征服者。这就是所谓"超人"哲学。这种"超人"哲学,是反人民的法西斯主义的理论基础,是迄今最露骨、最带血腥气的反动英雄史观。

"四人帮"就是尼采的"超人"哲学的信奉者。他们的历史观,就是法西斯主义的英雄史观。江青自比"天公",自喻"奇峰",这不就是尼采的"超人"吗?而人民群众在江青及其一帮的眼里,不是"脏"就是"笨",不过是一堆"死了的机械"。

可是,人们却又看到了一种颇为奇怪的现象。在许多场合,在光天化日之下,"四人帮"满嘴是"爱人民"的词句,显出一副比谁都更"支持"群众和群众运动的姿态。江青说,法家是"爱人民"的,这无疑是在隐喻他们这些"现代法家"也是"爱人民"的。他们把"群众运动"的口号喊得震天价响,开口"工农兵",闭口"工农兵",一篇文章,一项科研成果,都要贴个"工农兵"的标签才能"放行"。姚文元把一切专门家都骂为"资产阶级的'家'",曾经咬牙切齿地叫嚷:"家、家、家,就是没有工、农、兵"。[3]他们动不动"专家路线!""对群众管、卡、压!"什么工农兵"受压",什么群众运动"天然合理",真俨然是"爱人民"的青天。

这又是一个本质和现象的矛盾。但是,在这里,现象对本

---

① 尼采:《权力意志》,引自《西方现代资产阶级哲学论著选辑》,商务印书馆1964年版,第22页。

② 尼采:《权力意志》,引自《西方现代资产阶级哲学论著选辑》,商务印书馆1964年版,第23页。

③ 姚文元:《评陶铸的两本书》,《人民日报》,1967年9月8日。

质的掩盖却比在其他问题上都更浮浅，以致使人们几乎不须用更多的思考就可以抓到它的本质。

这一小撮一贯反共反人民的东西，为什么会发出这许多对于革命人民的廉价和虚伪的颂扬呢？一个最直接也是最明显的目的，就是为了制造群众和党的领导的对立以及群众和专家的对立。他们把群众和干部对立起来，把群众运动和党的领导对立起来，鼓吹"踢开党委闹革命"，是要煽动"打倒一切"的无政府主义，搞垮我们的党。他们把群众和专家对立起来，根本抹杀专家的作用，同样是要搞垮我们的社会主义事业。这绝不是代表群众和尊重群众，而是愚弄群众。他们抬出"群众"，是要借刀杀人，即假群众之口去达到他们反革命的目的。列宁曾经揭露沙俄的官僚是"最危险的伪君子"，他们"巧于用爱人民的辞藻"来掩饰自己的贪欲。①"四人帮"就是这样一些"最危险的伪君子"。我们党以自己半个多世纪以来的艰苦奋斗的经历，以无数党员和干部的流血牺牲和模范工作，赢得了全国人民的衷心爱戴和拥护，同人民群众建立了鱼水般、血肉般的密切联系。党是人民群众目前利益和长远利益的最忠实的代表者。在我们的时代，没有党的领导，哪里谈得上人民群众真正的历史创造？在党的领导下，在社会主义革命和建设事业中涌现出来的各种对革命有用的专门家，都是人民和国家的宝贵财富。专家的涌现，正是人民群众创造历史的一部分。尊重专家同尊重人民群众是完全一致的。"四人帮"伪装尊重群众而否定干部，否定专家，又是他们假左派真右派的特征在哲学上的一个突出表现。

---

① 参见列宁：《什么是"人民之友"以及他们如何攻击社会民主主义者？》，《列宁选集》第 1 卷，人民出版社 1972 年版，第 71 页。

尼采是公开狂叫："上等人有必要向群众宣战！"[①]而"四人帮"却不得不打出"爱护"群众、"支持"群众的旗号。这是不是"四人帮"的思想同尼采的思想有了距离呢？是不是用几句"爱人民"的廉价词句就能掩盖其法西斯的本质呢？这是不可能的。我们只要透过他们用"爱人民"的虚伪辞藻散布的那一层薄薄的迷雾，就可看到他们法西斯的"超人"的全部狰狞面目。

他们抬出"群众"，绝不是把群众当作历史的主人。他们需要"群众"，最多不过是用群众作为"铺垫"，作为"材料"。很能说明他们对待群众的真实观点的，是他们炮制的所谓"开辟道路"说。他们借所谓"评法批儒"，对我国历史上连绵不断的农民革命战争进行了骇人听闻的诬蔑和诽谤。他们胡说，农民革命战争只是为所谓"法家路线"的推行"开辟了道路"。直接打击封建统治的农民战争，居然为封建统治的巩固和加强开辟了道路！农民革命战争在历史上的革命作用岂不统统化为乌有了？毛泽东同志曾经批判过电影《武训传》"甚至用革命的农民斗争的失败作为反衬"[②]来歌颂像武训那样的丑恶行为。"四人帮"的"开辟道路"说则是用革命的农民斗争作为陪衬，来歌颂地主阶级的残暴统治。前者歌颂地主阶级的奴才，后者则歌颂地主阶级本身。"开辟道路"说提出的问题岂不比《武训传》提出的问题更加带有根本的性质？这里宣扬的正是农民和地主阶级的调和，正是农民和地主阶级"共同创造历史"的唯心史观。

更重要的是，他们把这种污蔑农民革命斗争，污蔑中国历史，污蔑中华民族的反动宣传，作为正当宣传，在他们控制的

---

① 尼采：《权力意志》，引自《西方现代资产阶级哲学论著选辑》，商务印书馆1964年版，第22页。
② 毛泽东：《应当重视电影〈武训传〉的讨论》，《毛泽东选集》第5卷，人民出版社1977年版，第46页。

报纸刊物上连篇累牍，完全是有着极其现实的反动目的的。他们从事这种反动宣传，就是要隐喻"文化大革命"为他们这些"现代法家"上台开辟了道路，就是要为他们篡党夺权捏造所谓历史的根据。事实不正是这样吗？他们动辄"对待'文化大革命'的态度！""对待群众运动的态度！"谁要是被扣上了这样一顶帽子，那就离"反革命"不太远了。而实际上，在他们那里，这不过就是说的对待他们"四人帮"的态度。"四人帮"的余党向主子献策，要对"文化大革命"进行"科学论证"。张春桥听了，如获至宝，立即赞许。"论证"什么？就是要"论证""四人帮"应当上台。"文化大革命"的群众运动成了他们施展野心的机会，"群众"成了他们借以杀人的刀，成了他们追求权力的工具。这就是他们眼中的人民群众的"历史作用"！他们嘴上喊的是"群众运动"，实际干的是运动群众，哪里谈得上承认人民群众的历史主动性？哪里谈得上稍许尊重人民群众的历史首创精神？

　　他们利用文艺形式，也进行了这种英雄史观的大规模的反动宣传。所谓"三突出"，就是贬损人民，突出"四人帮"，特别突出江青。所谓"三陪衬"，就是要人民给"英雄"当陪衬，实际上是要人民群众为"四人帮"这些"超人"当铺垫、当材料。他们要求所谓主要英雄人物"始终居于主宰地位"，一出戏，一个电影，一本小说，唱来唱去，说来说去，无非是"超人"指挥"凡人"，"坚强的意志"征服"软弱的意志"，最后是一个类似"四人帮"的人物坐了第一把交椅。这叫什么"文艺"？完全是"权力意志论"的丑恶表演！

　　列宁批判民粹派时说"民粹派分子在议论一般居民、特别是议论劳动居民时，总是把他们看作某些比较合理的措施的对象，当作应当听命走这一条或那一条道路的材料，而从来没有把各个居民阶级看作在既定道路上独立的历史活动家"。①我们看看"四人帮"是怎样议论人民群众的吧！张春桥在1956年抛出的一篇大毒草里，就曾污蔑工人像"算盘珠"，只能"拨一拨动一动"（转引自1976年12月19日《人民日报》）。工人如此，其他劳动群众当然也如此。张春桥在他不戴什么假面具说话时吐出来的这句话，才是他们的阶级真话，它使后来那一切冠冕堂皇的"爱人民"的伪装都成了碎片。民粹派把群众看成一串"零"，张春桥则把群众看成他们手指头底下的一堆"算盘珠"。他们只能允许群众像"算盘珠"那样任凭"超人"的手指头去拨弄。因此，他们极力宣扬奴隶主义，要求对他们的头子江青的"指示"绝对忠实地执行；又极力推行愚民政策，要中国人民及其子孙后代都成为"没有文化的劳动者"，以便驯服地听从他们的拨弄。这也就是问题的实质所在。

"四人帮"的英雄史观还有一大特色，这就是他们心目中的"英雄"非同一般，固然不是无产阶级说的英雄，也不同于过去剥削阶级史家老生常谈中的角色，而是流氓。他们鼓吹："开国皇帝都是小流氓"，"打头阵的都是流氓"，"规规矩矩的人是搞不起来的"（转引自《红旗》1977年第7期）。总之，是流氓创造历史。因此，"四人帮"的历史观又可以称作流氓史观。

他们用这种下流的流氓史观污蔑我们的党，污蔑无产阶级的革命事业，胡说什么"新的流氓无产阶级"，是"我们党的一部分基础"（转引自1977年9月3日《文汇报》）。无怪乎张春桥之流是那样热烈颂扬流氓阿飞的"勇敢"，无怪乎他们是那样不拘一格地搜罗各种各色的恶棍、地痞去充当他们帮派体系的骨干，无怪乎他们把翁森鹤、陈阿大那样的社会渣滓誉为"先

---

① 列宁：《我们究竟拒绝什么遗产？》，《列宁选集》第1卷，人民出版社1972年版，第146页。

进分子",而又无怪乎他们把千千万万战斗在三大革命第一线的规规矩矩的工人、农民、战士和知识分子都诬为"只知埋头拉车"的"保守分子"。

对于流氓,毛泽东同志在民主革命时期就做过明确的分析,指出:"他们缺乏建设性,破坏有余而建设不足。"①那时是夺取政权的时期,因为主要的任务是破坏旧世界,流氓中的一部分有参加革命的可能性,但即使在吸收他们参加革命时,毛泽东同志也是特别强调"应该善于改造他们,注意防止他们的破坏性"。②而在巩固政权的时期,即在无产阶级专政时期,主要的任务是建设新世界,因此,流氓就只能是社会的消极因素,只能被"四人帮"这样的反动势力所收买,成为反动势力破坏无产阶级专政、破坏社会主义事业的工具。尤其是"四人帮"欣赏的"新的流氓",它本来就是作为一种对抗无产阶级专政的力量生长出来的,它对社会主义事业的危害极大。不论列宁还是毛泽东同志,都明确指出过管制和改造流氓是无产阶级专政的一项重要任务。列宁明确地把流氓和富人、骗子、懒汉等放在一起,称为"万恶的资本主义社会的这些残余","人类的这些渣滓","这些无可救药的、腐烂的、坏死的部分","这些由资本主义遗留给社会主义的传染病、瘟疫和溃疡"。③"四人帮"却把它视为"党的一部分基础",视为"英雄",视为"历史的创造者"!他们要把我们党改造成什么样的党,要"创造"什么样的历史,不是清清楚楚了吗?

可见,"四人帮"的"爱人民"不过是爱流氓。他们宣扬流

---

① 毛泽东:《中国革命和中国共产党》,《毛泽东选集》第 2 卷,人民出版社 1969 年版,第 609 页。

② 毛泽东:《中国革命和中国共产党》,《毛泽东选集》第 2 卷,人民出版社 1969 年版,第 609 页。

③ 参见列宁:《怎样组织竞赛?》,《列宁选集》第 3 卷,人民出版社 1972 年版,第 396 页。

氓史观，只因为他们自己是流氓。他们鼓吹流氓创造历史，只是想说他们自己是历史的主宰。他们特别提倡流氓的"邪气"和"霸气"，说什么"创业的人都要有霸气，还要有点邪气，没有霸气不能创业"（转引自《红旗》1977 年第 7 期）。什么是流氓的"邪气"？朝三暮四，投机成性，背信弃义，卖身变节，口蜜腹剑，两面三刀，台上握手台下踢脚，翻手为云覆手为雨，跟着他跑拍你肩膀，不跟他跑敲你脊梁骨，等等都是。什么是流氓的"霸气"？横行霸道，心黑手狠，趁风高时放火，借月黑时杀人，草菅人命，杀人如麻，等等都是。这确确实实是"四人帮"这些流氓"英雄"们的特点。这样的流氓"英雄"怎么能"爱人民"呢？当人民不愿意听任他们当作"算盘珠"去拨弄的时候，他们不是把一切"支持群众""依靠群众"之类的面纱扯得精光，而露出了对广大群众血腥镇压的青面獠牙吗？他们在 1976 年的天安门事件中对革命群众的血腥镇压，他们制造的无数假案、错案、冤案乃至血案，就是有力的证明。而且，正因为他们的法西斯主义带有浓烈的流氓特色，他们在迫害我们党的干部和镇压人民群众的手段方面才真称得上千奇百怪，令人发指！

利用流氓这种"由各个阶级的堕落分子构成的糟粕"[①]作为工具，作为打手，是历史上反动阶级中最反动的分子的共同特征，蒋介石、希特勒都曾是这么干的。而"四人帮"在利用流氓进行捣乱破坏方面，则远远地超出了历史上的一切反动流氓头子。他们利用流氓疯狂破坏社会主义事业，利用流氓疯狂残害革命干部，残害人民群众，利用流氓制造了我们国家民族的一场浩劫。"四人帮"利用流氓祸国殃民的种种滔天罪恶充分

---

① 恩格斯：《〈德国农民战争〉序言》，《马克思恩格斯选集》第 2 卷，人民出版社 1972 年版，第 293 页。

表明，流氓史观可以说是他们整个反动世界观中最腐烂、最黑暗的一部分，是腐朽没落的地主资产阶级对前途已经绝望而又垂死挣扎的反动阶级本性的最尖锐的表现。

三、要害是用封建法西斯主义改造中国

"四人帮"的反动世界观就是这样一个体系，有天才论、先验论、暴力论、穷凶极恶的捣乱哲学，有帝国主义时代资产阶级的实用主义、意志主义、法西斯主义，有中国封建地主阶级的复古主义、专制主义和阴谋权术，有老的和新的修正主义，还有他们的流氓史观。这是一个封、资、修的大杂烩，一个封、资、修的集大成者。这里全部是腐败和黑暗，人们休想从中发现一丝一线哪怕是极其微淡的光明。但是，人们却可以清楚地看出它的一条主线，这就是封建法西斯主义，即中国封建专制主义同帝国主义法西斯主义的混合。

"四人帮"曾一度热衷于"研究"中国历史，但他们专门研究中国封建地主阶级变换手法对人民实行残暴的专制统治的历史。他们的"古为今用"，就是把中国古代封建主义中一切直接地或间接地同现代法西斯主义相通的东西都收而用之。他们主要搜集了三个东西：专制、屠杀、权术，这都是与法西斯主义可以直接合而为一的。

在封建国家中，皇帝有至高无上的权力，一切都由皇帝一人独裁。皇帝，是"权力意志"追求的最高目标。江青梦寐以求的，正是要做个女皇帝。她以当代吕后、当代武则天自居，恬不知耻地说："有人说我是武则天，有人又说是吕后。我也不胜荣幸之至。"（转引自1977年3月15日《光明日报》）黄袍还没有加身，派头却绰绰有余了。她曾经这样训斥身边的一位工作人员："你敢犟嘴！两千年前你敢这样吗？两千年前你和我会是什么关系？"（转引自 1977 年 1 月 4 日《人民日报》）这就是她的"爱人民"，这就是她的世界观。她就是要在中国恢复两千年前的关系，建立以她为头子的封建王朝。在这个梦幻中的封建王朝里，张春桥、姚文元之流无疑是宰相了。他们为什么借"评法"之名，那样不遗余力地颂扬封建专制，目的就在这里。

他们用使人难以置信的疯狂，喋喋不休地颂扬封建统治者的屠杀政策，而每一次这样的颂扬，都情不自禁地几乎喊出他们的"快哉！"他们反反复复地渲染历史上所谓"复辟反复辟"的长期性和残酷性，而每一次造成"复辟"的原因又总是归结于一条，即新的统治者"杀人太少"。这样的"历史经验"，最后由他们的"理论权威"、流氓"英雄"中的"老头子"、狗头军师张春桥做出了简明扼要的总结。他问自己："怎样巩固政权"？答案是两个鲜血淋淋的大字："杀人"。

他们"急用先学"，为着先把党和国家的领导大权篡夺到手，以极大的精力"研究"了地主阶级法家的阴谋权术，并且在"用"字上狠下了功夫。

人民正是从他们满嘴的"辩证法""斗争性""反复旧""抓上层建筑""总结历史经验"之类的马克思主义词句里，看出了他们的专制，狠毒，阴险，看到了封建法西斯专政复辟的严重危险。"四人帮"反动世界观的要害，就是妄图用封建法西斯主义改造中国。然而，历史注定了祸国殃民的"四人帮"只能是短命的。

结束语　否定历史规律的人必然被历史规律所否定

列宁说："据说，历史喜欢作弄人，喜欢同人们开玩笑。本来要到这个房间，结果却走进了另一个房间。"[①]1967 年，"四人帮"刚刚崛起的时候，"暴发户"姚文元踌躇满志地说，"《史记·五帝本纪》中说，舜到了东海之滨，全国老百姓都到了东海之滨；舜到了南山之麓，全国老百姓也跟着到了南山之麓"；接着说，现在他们"也是这样"（转引自 1977 年 6 月 18 日《光明日报》）。真以为他们可以"指挥一切""调动一切"了。可是，短短几年之后，这些其势汹汹地向"舜"的房间走去的人们，却被全国老百姓用真正的铁扫帚扫进了最不干净的一间——茅厕里去了。

这是怎么回事呢？这个黑帮的迅速崛起又迅速覆亡说明了什么呢？

"四人帮"是极其迷信上层建筑的力量的。然而，任何一种上层建筑本身都不能决定自己的命运。恩格斯在谈到国家权力这种上层建筑的作用时说过，如果它沿着同经济发展相反的方向起作用，"在这种情况下它现在在每个大民族中经过一定的时期就都要遭到崩溃"。[②]"四人帮"及其资产阶级帮派体系作为

[①] 列宁：《资产阶级分子反对工人的方法》，《列宁全集》第 20 卷，人民出版社 1958 年版，第 459 页。

[②] 恩格斯：《致康·施米特（1890 年 10 月 27 日）》，《马克思恩格斯选集》第 4 卷，人民出版社 1972 年版，第 483 页。

一种上层建筑，迅速崩溃的根本原因，正在于它自始至终违反经济发展的方向，阻碍了中国社会生产力的发展。它要保护和复辟人民不喜欢的那种生产关系，结果是"牛也不高兴，锄头也不高兴，土地也不舒服"①，因为使用这些生产资料的劳动者不高兴。这就叫作"天怒人怨"。激起天怒人怨的东西而免遭崩溃的命运是可能的吗？历史上从来没有过这种事！

"四人帮"是极其迷信自己的力量的。江青无比狂妄地说："林彪有舰队，我们有炮队。"（转引自 1977 年 4 月 20 日《人民日报》）然而，决定历史命运的，却既不是林彪的舰队，也不是江青的炮队，而是人民。人类的历史，是物质资料生产方式发展的历史，因而也就是物质资料生产者的历史，它不是几个野心家、阴谋家可以恣意作弄的。毛泽东同志曾经这样说过国民党反动派的垮台："国民党死硬派就是这样倒霉的，他们坚决地反对人民，站在人民的头上横行霸道，因而把自己孤立在宝塔的尖顶上，而且至死也不悔悟。"最后不能不"从宝塔尖上跌下去"。②"四人帮"把全国人民作为专政对象，骑在人民头上拉屎撒尿，作威作福，因而以历来的反动派很少有过的加速度，飞快地爬上了宝塔的尖顶。摇晃在宝塔尖顶上的东西而免遭粉碎的下场是可能的吗？历史上也从来没有过这种事！

"四人帮"恶事做尽，恶贯满盈。他们的每一个倒行逆施，都是为自己制造的一块墓砖。他们的坟墓是他们自己掘成的。

张春桥曾说他是"赤条条来赤条条去"。这一小撮赌徒，赤条条地来到历史舞台上，迅速地披上了一层层五光十色的伪装，又迅速地被剥成赤条条，回到历史早已安排好的地方去了。历

---

① 毛泽东：《在中国共产党第八届中央委员会第二次全体会议上的讲话》，《毛泽东选集》第 5 卷，人民出版社 1977 年版，第 317 页。

② 毛泽东：《国民党反动派由"呼吁和平"变为呼吁战争》，《毛泽东选集》第 4 卷，人民出版社 1969 年版，第 1305 页。

史为何这样地无情？回答很简单：历史若不是无情的，它就不叫作历史！

否定历史规律的人必然被历史规律所否定，这本身就是一条不可抵抗的历史规律。

相关论文

历史地辩证地看待资产阶级法权*

——批判"四人帮"在资产阶级法权问题上的谬论

在资产阶级法权问题上，"四人帮"花样翻新地抛出了一连串蛊惑人心的反党谬论，以此作为他们那个"老干部是民主派，民主派就是走资派"的反革命政治纲领的一个组成部分。全面清除"四人帮"在这个问题上散布的毒素，是当前理论战线上的一项严重任务。

资产阶级法权在社会主义时期与在资本主义时期的历史区别

"四人帮"一手推翻毛主席亲自主持制定的八届六中全会决议中关于社会主义社会存在"资产阶级法权的残余"的正确论断，极力夸大资产阶级法权存在的范围和程度，歪曲社会主义时期资产阶级法权的性质。他们全部"立论"的一个基本前提，就是抹杀资产阶级法权在社会主义时期同在资本主义时期的历史区别。

我们先看看所谓"资产阶级法权在所有制范围内，也没有

---

* 本文蕴酿于 1975 年夏天，是一篇基本上属于政治经济学的文章。因是作者"文化大革命"后第一篇使用自己的真实姓名署名的文章，且有极重要的背景，故也收入文集。原载《光明日报》1977 年 10 月 17 日。

完全取消"。张春桥摆出了三个论据。第一个论据是，在工业、农业、商业中各有百分之零点几的私有制。显然，在这几个百分之零点几上面建立这么重大的命题，连他自己也不能不觉得是靠不住的，所以他的文章并不做在这里。第二个论据是，"社会主义的公有制并不都是全民所有制，而是两种所有制"，"马克思、列宁所设想的在社会主义社会资产阶级法权在所有制范围内已经不存在了，是指的全部生产资料已经归整个社会所有"。这里显然是说社会主义集体所有制还存在资产阶级法权。当然，马克思和列宁都由于历史条件的局限，没有去设想所有制的社会主义改造在不同的国家会经过哪些不同的具体途径和步骤。然而，资产阶级法权首先"在已经实现的经济变革的范围内，也就是在对生产资料的关系上取消"①却是明确无疑的，而经济变革的标志就是公有制代替私有制。列宁明确指出："'资产阶级法权'承认生产资料是个人的私有财产。"②所以，在所有制范围内的资产阶级法权，就是生产资料的个人私有权，而且是资本主义的个人私有权。因此，必须肯定，本来意义上的资产阶级法权，不论在全民所有制还是集体所有制的范围内，都已经取消了。无疑，由于存在两种公有制，国家和集体、集体和集体之间的产品，只能通过商品形式互相转让，而不能互相平调。同时，各集体单位占有的生产条件不同，投入等量劳动所具有的生产率也不同。这种差别会部分地（在公有制的条件下，不可能是全部地）转化为劳动者个人收入的差别，我们还必须承认这种差别。这都说明，在处理两种所有制经济之间以及集体所有制经济各个单位之间的关系上，还需要一定的法

---

① 列宁：《国家与革命》，《列宁选集》第 3 卷，人民出版社 1972 年版，第 252 页。

② 列宁：《国家与革命》，《列宁选集》第 3 卷，人民出版社 1972 年版，第 252 页。

权规范。但这种法权规范，是在生产资料公有制的基础上，只是由于公有化程度不够高而存在的，因而只是资产阶级法权的残余。张春桥抹杀所有制变更前后资产阶级法权有本质的不同，就是妄图把社会主义的集体所有制说成一种扩大了的私有制。第三个论据是，"不论是全民所有制，还是集体所有制，都有一个领导权问题。就是说，不是名义上而是实际上归哪个阶级所有的问题。"显然，这里主要的是企图论证全民所有制也存在资产阶级法权，所有制问题被他轻而易举地变成了领导权问题，并且歪曲毛主席的指示，硬说现在还有相当大的一个多数领导权问题没有解决。对于张春桥的这种诡辩，已经有不少文章揭穿了，在此不需赘述。总之，根据张春桥的论断，在我们社会主义的国家里哪里还有公有制？这样，把"没有完全取消"改成"完全没有取消"，岂不是更符合他的原意吗？

张春桥提出的所谓资产阶级法权"在人们的相互关系方面还严重存在"的论断是他的领导权即所有权的谬论在逻辑上的继续，因而同样是荒谬的。人们在生产过程中的相互关系，直接决定于生产资料的占有关系。在资本主义的占有关系下，人与人相互关系方面的资产阶级法权，就是资本家按着最大限度地榨取剩余价值的意志，支配工人劳动力、统治和剥削工人的权利。随着公有制代替私有制，劳动者成了生产资料的主人，也成了企业和社会的主人。人们在生产过程中的相互关系，其主导方面只能是劳动者之间平等的互助合作的关系。张春桥及其追随者为了论证所谓"严重存在"，玩弄了种种诡辩手法。第一，他们把人们在生产过程中结成的相互关系同人们在整个社会生活中结成的其他各种关系，如政治上、文化上等各方面的关系混同起来，用整个社会阶级斗争的严重性论证人们相互关系方面资产阶级法权的严重性，这当然是驴唇不对马嘴。第二，他们把职权和法权混同起来，把职能的不同，把社会生产过程中必要的权威和服从，一概说成权利不平等的资产阶级法权，这显然是妄图用无政府主义篡改马克思主义。第三，他们把资产阶级法权和资产阶级法权思想混同起来。资产阶级法权在人们的相互关系方面基本上取消以后，资产阶级法权思想还会长期留在人们的头脑里。这无疑仍然会使某些企业和生产组织的管理人员，产生官僚主义一类的东西。因此，对于资产阶级法权思想，不是限制的问题，而是必须进行批判的问题。怎么能够用资产阶级法权思想的存在去论证人们相互关系方面资产阶级法权的"严重存在"呢？

张春桥提出的所谓资产阶级法权"在分配方面还占统治地位"，也是对列宁思想的明目张胆的篡改。他把列宁的"就产品'按劳动'分配这一点说，'资产阶级法权'仍然占着统治地位"①这样一个有特定含义的具体命题，偷换成"在分配方面还占统治地位"的抽象命题，蓄意制造混乱。在社会主义社会，取消了生产资料的私有权，因而也就取消了产品按资本分配的资产阶级法权。但是，按等量劳动领取等量产品的平等权利仍然默认不同等的工作能力是天然特权，仍然掩盖着由于个人能力不同、家庭负担不同而形成的事实上的不平等，因而这种平等权利仍然被限制在一个资产阶级的框框里。所谓就产品"按劳动"分配这一点说，资产阶级法权仍然占着统治地位，只是在这个意义上说的。它同资本主义制度下就产品"按资本"分配的意义上说的资产阶级法权占统治地位，在性质上是完全不同的。这种不同主要在于：第一，它不包含剥削关系，没有剩余价值的提供和占有；第二，它不承认任何阶级差别，不再是阶级不平等；第三，它只限于个人消费品的分配，不包含社会

---

① 列宁：《国家与革命》，《列宁选集》第 3 卷，人民出版社 1972 年版，第 251 页。

产品分配的其他方面。而造成上述这些区别的基础，就是"所有制变更了"。

列宁在《马克思主义论国家》一书中，曾经把社会主义时期的国家称作"半资产阶级的"国家，把社会主义时期的法权称作"半资产阶级的"法权。可以说，正像社会主义时期的国家是"没有资产阶级的资产阶级国家"一样，社会主义时期的法权是没有资产阶级的资产阶级法权。它只是资产阶级法权的残余，而不是本来意义上的资产阶级法权，或者说，它只是资产阶级式的权利，而不是资产阶级的权利。它同资本主义时期的资产阶级法权，有其形式上平等而实际上不平等的共同特征，但却有其不同的本质。这是它们之间不容抹杀的历史区别。

社会主义时期资产阶级法权的两重性

"四人帮"抹杀资产阶级法权在社会主义时期与资本主义时期的历史区别，也就必然抹杀它在社会主义时期存在的历史正当性。姚文元为了论证所谓资产阶级法权"是产生新的资产阶级分子的重要的经济基础"，有意造谣，假借工人之口放毒，说什么"你不限制资产阶级法权，资产阶级法权就要限制社会主义的发展"，把资产阶级法权说成同社会主义只是互相限制、互不相容的东西，这就把社会主义时期的资产阶级法权同资本主义画了等号。

诚然，马克思和列宁都说过社会主义时期保留的资产阶级法权是一种"缺点"。但这是不是像张春桥、姚文元所诬蔑的那样，一说它是"缺点"，就成了同资本主义没有区别的东西，成了什么一群苍蝇围着嗡嗡叫的"旧事物"呢？不论马克思还是列宁，指明它是一种"缺点"，都是在阐明共产主义社会的发展进程时说的。马克思把共产主义的发展区分为表示经济上成熟程度不同的两个阶段。列宁指出，在它的低级阶段即社会主义阶段，还"不能立即消灭'按劳动'（不是按需要）分配消费品这一仍然存在的不公平现象"①，因而是一种"缺点"。但这个"缺点"不能立即克服，只有到了可以实行不需要任何法权规范的按需分配的时候，这个"缺点"才能完全克服，才能把它当成完全的"旧事物"而加以否定。但对于刚刚被否定的资本主义的按资分配来说，它又是新事物。不但在当前来说，应当肯定它，一直到社会主义历史阶段结束之前，都不能完全否定它。如果站在一种超越历史、超越现实的观点上，任意指责它是什么"旧事物"，那就是在说疯话！不但是幼稚的，而且是反动的。

正是从把共产主义社会的发展作为一个历史过程的观点上，我们说社会主义时期的资产阶级法权有它的两重性。它虽然承认劳动者之间事实上的不平等，但却否定了剥削与被剥削的阶级不平等。因此，它对于向消灭一切不平等的共产主义阶段前进来说，是消极的东西，如果把它绝对化，就会限制、阻碍共产主义因素的发展；但是，它在社会主义阶段又有保护现存的生产关系、保护生产力发展的积极作用，如果任意破坏它，就会削弱甚至瓦解社会主义制度。"四人帮"只讲它的消极一面，并加以无限夸大，荒谬地把体现按劳分配的工资等级歪曲为社会等级，把党政军领导干部和广大群众在分配上存在的差别，同阶级剥削混为一谈，为他们炮制的党内军内有"一个资产阶级"的谬论提供所谓经济上的论据。这就使得如何看待社会主义时期存在的资产阶级法权问题，远远超出了问题本身的重要性和尖锐性。

---

① 列宁：《国家与革命》，《列宁选集》第3卷，人民出版社1972年版，第251页。

无疑，我们并不否认按劳分配中的资产阶级法权有向资本主义转化的可能性。依据马克思主义的观点，社会主义社会是过渡性的社会，同样地，社会主义时期的资产阶级法权是过渡性的法权。一切过渡性的事物，既是对旧事物的否定，又包含着旧事物的残余，因而都明显地存在着前进和倒退的两种发展趋势。社会主义社会的资产阶级法权既可以成为从法权向无法权、从形式上的平等转到事实上的平等，即向共产主义发展的杠杆；同时，又可能倒退回去，在一定条件下由劳动者之间的不平等重新转化为阶级不平等。按劳分配中的资产阶级法权，保障的是社会主义的分配制度。但是，它又毕竟还承认劳动者之间在富裕程度上的实际不平等。在存在着阶级和阶级斗争的情况下，如果把按劳分配中的资产阶级法权绝对化，使人们富裕程度的差别不是越来越小，而是越来越扩大，就会造成贫富悬殊，以致改变按劳分配的社会主义性质。因此，我们并不否认按劳分配中的资产阶级法权在某种意义上、某种形式上向资本主义转化的可能性。如果不承认这种可能性，还谈得上什么限制资产阶级法权的必要性？承认这种可能性，同"四人帮"把按劳分配中的资产阶级法权与资本主义混同起来，并进而把它说成是产生资产阶级的"经济基础"的诡辩论，是完全不同的两回事。正如列宁所指出的："我们始终是辩证论者，我们同诡辩论做斗争时，所使用的手段不是根本否认任何转化的可能性，而是对某一事物及其环境和发展进行具体的分析。"①

"四人帮"根本否认对资产阶级法权及其环境和发展的任何具体分析，而借口转化，玩弄了一系列的诡辩术：第一，他们只讲它转化为资本主义的可能性，而否定它作为一个重要杠杆，

---

① 列宁：《论尤尼乌斯的小册子》，《列宁选集》第2卷，人民出版社1972年版，第850页。

实现由需要法权向不需要任何法权的共产主义发展的可能性。第二，他们在片面强调它向资本主义转化时，又完全抹杀这种转化的一定条件。张春桥的文章断言，在无产阶级专政下，不管对资产阶级法权是否加以限制，资本主义都是不可避免的。这就把这种转化的可能性说成了必然性。第三，他们把资本主义复辟的原因，完全归结为资产阶级法权的存在。姚文元的文章反复论证的，正是这样。这种论点是反辩证法的。在辩证法看来，一种结果往往不是由一种原因引起的，像社会主义制度向资本主义复辟这样严重的恶果，它的原因毫无疑问是极其复杂的。就以按劳分配来说，如果它发生了向资本主义分配形式的变化，那也总是伴随着整个社会主义向资本主义的复辟而发生的。所有制不蜕变，分配制度却根本蜕变了，无产阶级专政不蜕变，所有制却根本蜕变了，都是不可思议的。"四人帮"把资本主义复辟的原因归结为资产阶级法权本身，显然是为了掩盖更根本、更重大的原因，转移人们对"林彪一类如上台"的视线，为他们篡党夺权复辟施放烟雾。

对资产阶级法权既要限制又要保障

"四人帮"在资产阶级法权问题上，把毛主席关于"这只能在无产阶级专政下加以限制"的论断，篡改成只能限制不能保障。任何有关保障资产阶级法权的言论都被诬蔑为"修正主义"，任何有关保障资产阶级法权的政策和措施都被诬为"资本主义复辟"。真是荒谬绝伦。

"这只能在无产阶级专政下加以限制"，就是既不能任其自流，又不能立即取消。这个论断正是建立在社会主义时期资产阶级法权的两重性的客观基础之上的。它规定了无产阶级政党对按劳分配中的资产阶级法权既限制又保障的政策。

必须对资产阶级法权加以限制，就是因为它所体现的实际不平等毕竟是一种"弊病"。所以，所谓限制资产阶级法权，就是把它的弊病限制在不可避免的范围内。凡是可以避免的，例如某种特殊高薪，工资差别过大，劳动者因劳动力缺乏或家庭负担过重造成的严重生活困难等，都应加以避免。

限制以至最后消灭资产阶级法权，是整个社会主义时期的历史任务。我们只有从资产阶级法权所依赖的历史条件及其发展变化出发，去研究它存在和消亡的辩证过程，才能实行恰当的政策。资产阶级法权的"弊病"可以避免到什么程度，归根结底，取决于社会主义物质基础的发展状况。党的八届六中全会决议正确地指出："我们既然热心于共产主义事业，就必须首先热心于发展我们的生产力"。"四人帮"把他们那个否认生产力在社会发展中起决定作用的观点，运用到资产阶级法权问题上，得出了一个限制资产阶级法权不需要物质基础的结论。这无非是他们那一套"不干不修，坐着防修"的超等胡话的稍具理论伪装的说法，无非是要人们空着肚皮去跟他们营造假社会主义的"仙山琼阁"。

列宁指出："生活中的经济事实并不因某个政党不懂得它们就会改变。"①无产阶级政党只能严格地遵循生产力和生产关系、经济基础和上层建筑矛盾运动的进程，客观地而不是主观随意地确定对资产阶级法权限制的范围和程度。因此，限制的概念辩证地包含着保障的概念。毛主席指出："列宁说建设没有资本家的资产阶级国家，为了保障资产阶级法权，我们自己就

---

① 列宁：《关于用自由平等口号欺骗人民》，《列宁选集》第 3 卷，人民出版社 1972 年版，第 848 页。

是建设了这样一个国家。"在社会主义阶段，不仅生产力的发展水平还不很高，而且人们的思想觉悟也还不可能普遍地达到可以用共产主义态度去对待劳动和对待产品的分配，这就不能没有一定的法权规范来对社会的劳动和产品分配进行监督。"可是，除了'资产阶级法权'以外，没有其他规范。"①试想，如果按照"四人帮"鼓吹的办法，无条件地限制以至马上取消资产阶级法权，那么整个社会将成个什么样子？在人们还没有学会不需要任何法权规范而为社会劳动的情况下，保障按劳分配方面的资产阶级法权，防止它遭到破坏，无疑是保卫生产资料公有制、保卫社会主义制度的必要措施。

对资产阶级法权限制和保障的统一，体现了马克思主义的不断革命论和革命发展阶段论的统一。坚持不断革命论，就是在运动的现在要把握运动的将来，时刻不能忘记最终要消灭资产阶级法权，消灭一切不平等，实现完全的共产主义。因此，决不能以它现在存在的理由去证明它将来永远存在，把资产阶级法权绝对化。坚持革命发展阶段论，就是要从当前社会发展和革命发展的实际情况出发，决定对资产阶级法权限制到什么程度、怎样限制等，坚持党在现阶段的现行政策。因此，决不能以它将来没有存在的理由来否定它现在的存在，任意破坏资产阶级法权。这不是一种什么玩弄聪明的辩证把戏，我们的理论和实践完全是由无产阶级的历史使命和社会主义历史阶段的本质决定的。

---

① 列宁：《国家与革命》，《列宁选集》第3卷，人民出版社1972年版，第252页。

"四人帮"上层建筑决定论批判

多年来，"四人帮"操着同林彪的"政权决定一切"一样的腔调，竭力宣扬上层建筑决定一切。张春桥鼓吹说："八亿人民主要是抓'上层建筑'"。"四人帮"的其他成员及其余党也都声称，他们对于社会的生产、对生产数字、对出多少吨煤打多少斤粮等"不感兴趣"，而只对所谓上层建筑问题"感兴趣"。这种对于物质资料生产活动的轻蔑，决定着他们历史观的整个方向和整个特征。在他们看来，决定社会历史前进的不是社会生产力的发展，不是物质资料生产方式的变化，而是上层建筑的"变更"。他们对于各种历史现象的解释，都是从这个观点出发的。上层建筑决定论是"四人帮"反动唯心史观的总表现。

恩格斯在批判杜林的暴力论时说："显赫的国家的政治行为是历史上决定性的东西这种观念，已经像历史记载本身一样古老了。"[①] "四人帮"的上层建筑决定论就是这样一种同历史一样古老的唯心史观，只不过它披上了一层层"左"得吓人的时髦伪装罢了。剥掉它的伪装，从理论上暴露它的历史唯心论的本来面目，并从政治上揭穿它的反革命极右本质，是批判"四人帮"唯心论世界观的一项十分重要的内容。

---

* 本文指出上层建筑决定论是"四人帮"唯心史观的总表现，阐明了生产力决定社会的发展还是上层建筑决定社会的发展，乃是两种历史观的根本对立，历史唯物论与历史唯心论的一切分歧均由此发端。原载《教学与研究》1979年第1期。

① 恩格斯：《反杜林论》，《马克思恩格斯选集》第3卷，人民出版社1972年版，第199页。

把上层建筑的反作用歪曲成决定作用就是
把历史唯物论篡改成历史唯心论

　　"四人帮"的上层建筑决定论是打着"重视"上层建筑反作用的幌子，颠倒经济因素的决定作用和上层建筑反作用的关系而宣扬的。因此，如何看待上层建筑的反作用，是全部问题的关键。

　　马克思主义的历史观是唯物的，又是辩证的。它肯定总的历史过程中经济因素的决定作用，又承认并高度重视上层建筑的反作用。恩格斯说："……根据唯物史观，历史过程中的决定性因素归根到底是现实生活的生产和再生产。无论马克思或我都从来没有肯定过比这更多的东西。如果有人在这里加以歪曲，说经济因素是唯一决定性的因素，那么他就是把这个命题变成毫无内容的、抽象的、荒诞无稽的空话。经济状况是基础，但是对历史斗争的进程发生影响并且在许多情况下主要是决定着这一斗争的形式的，还有上层建筑的各种因素……这里表现出这一切因素间的交互作用，而在这种交互作用中归根到底是经济运动作为必然的东西通过无穷无尽的偶然事件……向前发展。否则把理论应用于任何历史时期，就会比解一个最简单的一次方程式更容易了。"[①]恩格斯的这段话，是对于历史过程中经济因素和上层建筑的作用及其相互关系问题的一段经典论述，既旗帜鲜明地坚持了经济因素归根到底决定着历史进程这个历史唯物论的基本原理，又批评了把这个基本原理庸俗化、

---

　　① 恩格斯：《反杜林论》，《马克思恩格斯选集》第3卷，人民出版社1972年版，第199页。

简单化的错误倾向。

"四人帮"的御用工具在引证恩格斯的这段话时，常常只引到"荒诞无稽的空话"为止。他们通过这样的"引证"蓄意造成一种错觉，似乎恩格斯反对说经济因素是唯一决定性的因素，是主张上层建筑也是决定性的因素。这样，恩格斯所阐明的历史唯物论的一元论竟被歪曲成了历史的二元论。恩格斯的这段话，对于任何一个不是蓄意曲解的人来说，都是非常明确的。他所说的把经济因素说成唯一决定性的因素，就是指的否认上层建筑各种因素在历史过程中的作用这种情况。恩格斯在这段话之后紧接着说："……经济的前提和条件归根到底是决定性的。但是政治等等的前提和条件，甚至那些存在于人们头脑中的传统，也起着一定的作用，虽然不是决定性的作用。"恩格斯明确指出，上层建筑各种因素的作用只是"对历史斗争的进程发生影响"，就是说，它只能加速或延缓历史运动的进程，而不能决定历史运动的方向。恩格斯也讲了上层建筑的"决定"作用，但明明白白地指出它在许多情况下部分地决定着历史斗争的形式，并且用了粗体字，以强调他指的不是决定着历史斗争的内容。上层建筑的因素在许多情况下对历史斗争的形式起着决定的作用，这是毫无疑义的。例如，欧洲资产阶级兴起的时候，资产阶级反对封建制度的每一种斗争都要披上宗教的外衣并且首先把矛头指向教会，这种情况就显然不止需要从经济因素去说明，而且还需从上层建筑的情况即欧洲中世纪长期严酷的宗教统治这一点去说明。然而，这只是斗争的形式问题。至于决定着当时资产阶级反对封建制度这个历史斗争的内容的，则只能是经济的因素，即中世纪封建社会内部资本主义生产方式的产生，资本主义生产关系同封建制度的矛盾。总之，从归根到底的意义上说，历史过程的决定因素只能是经济的因素而不是上层建筑，上层建筑所起的只能是反作用而不能是决定作用。马克思主义者在这个最根本的问题上不能有任何让步。在这个问题上的任何让步，都是对于历史唯心论的让步。

"四人帮"及其御用工具为了把上层建筑的反作用歪曲成决定作用，采用种种诡辩手法，在理论上制造了一系列的混乱，必须一一澄清。

第一，他们把上层建筑在一定条件下的主要的决定的作用歪曲成一般地表现为主要的决定的作用。

历史唯物论肯定在历史过程中经济的因素一般地表现为主要的决定的作用，同时又承认上层建筑在一定条件之下转过来表现其为主要的决定的作用。毛泽东同志说："当着政治文化等等上层建筑阻碍着经济基础的发展的时候，对于政治上和文化上的革新就成为主要的决定的东西了。"①这就是说，上层建筑表现为主要的决定的作用是有条件的，只是在上层建筑阻碍着经济基础的发展因而也阻碍着生产力发展的时候，上层建筑的改革才表现其为主要的决定的作用，而在除此以外的条件下，即在一般情况下，都不会表现为主要的决定的作用。

"四人帮"是怎么说的呢？他们是一般地谈论"生产力的发展离不开生产关系及其上层建筑的改革"，又一般地谈论生产关系与上层建筑特别是与人们的思想影响"分不开"。这就是说，生产力和生产关系的发展在任何时候、任何条件下都是"离不开"上层建筑的改革的。不仅在上层建筑已经腐朽、严重阻碍生产关系和生产力发展的时候，而且在上层建筑并不腐朽、并不阻碍生产关系和生产力发展的时候，甚至在新的上层建筑刚刚确立、正积极促进生产关系和生产力发展的时候，都是"离

---

① 毛泽东：《矛盾论》，《毛泽东选集》第 1 卷，人民出版社 1969 年版，第 300 页。

不开"的。这样，上层建筑就应当毫不停顿地"改革"，不能允许它有任何稳定性，而一旦停止了上层建筑的"改革"，生产关系就不能有任何发展，社会生产就要停止，社会历史就要停滞。在"四人帮"及其御用工具的笔下，上层建筑成了决定生产关系、决定生产力、决定整个社会历史的因素，上层建筑的变更成了历史运动的最终动因。

这种谬论，显然是对历史唯物论关于上层建筑反作用原理的根本歪曲。历史唯物论确认的上层建筑在一定条件下的决定作用，同经济因素在总的历史过程中的决定作用，是两个不同的范畴。上层建筑在一定条件下的决定作用，是就经济基础和上层建筑这一矛盾双方地位的相互转化说的。在历史发展过程中，当着不变更上层建筑就阻碍经济基础发展的时候，上层建筑就成为矛盾的主要方面，变革旧的上层建筑成为历史发展整个链条的决定性环节，因而表现其为主要的决定的作用。但它仍然是一种反作用，只不过在这种情况下，这种反作用具有决定性的意义罢了。而经济因素在历史过程中的决定作用，则是在何者第一性、何者第二性的意义上说的。在社会历史发展过程中，生产力永远是第一性的；在经济基础和上层建筑的关系中，经济基础永远是第一性的。因此，经济的因素始终是决定的东西。在经济基础和上层建筑的矛盾中，经济基础一般地居于矛盾的主要方面，表现为主要的决定的作用。就是在上述情况下，当上层建筑的改革表现其为主要的决定的作用时，也并不能改变何者第一性、何者第二性的关系，经济基础仍然是第一性的，仍然是决定的东西。经济的必然性不仅决定着上层建筑变革的方向，而且使上层建筑的变革成为主要的决定的东西的"一定条件"，也归根到底是由经济必然性决定的。可见，这两种"决定作用"是在不同意义上说的，不可混为一谈。"四人帮"及其御用工具抓住"决定"这个字眼，把这两种"决定作用"都在归根到底的意义上谈论，把历史说成有着两个本原的决定的东西，这就是蓄意把历史唯物论的一元论篡改成历史二元论，并经过二元论达到历史唯心论的一元论即上层建筑决定论。

第二，他们把上层建筑在经济必然性基础上的反作用歪曲为超脱经济必然性的决定作用。

历史唯物论认为总的历史过程中是物质的东西决定精神的东西，即肯定精神对物质的依赖性，又认为物质对精神的决定不是机械的决定，即承认精神对物质的一定的独立性。而精神对物质的依赖性是绝对的，精神对物质的独立性则是相对的。上层建筑对于经济基础的关系就是如此。恩格斯说："政治、法律、哲学、宗教、文学、艺术等的发展是以经济发展为基础的。但是，它们又都互相影响并对经济基础发生影响。并不是只有经济状况才是原因，才是积极的，而其余一切都不过是消极的结果。这是在归根到底不断为自己开辟道路的经济必然性的基础上的互相作用。"①不论上层建筑各个方面之间的相互作用还是上层建筑对经济基础的反作用，都是在经济必然性基础上的作用，都是受着经济必然性制约的。这个思想，就是上层建筑对于经济基础的相对独立性和绝对依赖性相统一的思想。

"四人帮"却把上层建筑说成可以超脱经济必然性而绝对独立地起作用的东西。姚文元曾经把他们的这种上层建筑决定论的论点发挥到了极端。他说："由于先进思想、先进党的领导（即上层建筑），社会（经济基础）可以飞跃，可以超阶段。"这就是说，只要有了他们所谓的"先进思想""先进党"，就可以为

---

①《恩格斯：《致符·博尔吉乌斯（1894年1月25日）》，《马克思恩格斯选集》第4卷，人民出版社1972年版，第506页。

所欲为，可以超脱客观的经济必然性，可以跳过历史的必由之路。姚文元的这通胡说，不论从思想实质上看还是从夸夸其谈的方式上看，都最为鲜明地表现了"四人帮"反动哲学的特色。

历史唯物论高度重视先进思想（以及先进党）的巨大作用，但却决然否认任何思想具有可以超越历史阶段的作用。先进思想只有在社会物质生活发展的客观基础上才能产生，它之所以为先进思想，也就在于它正确地反映了客观的经济必然性，因而能够预见历史发展的必然趋势。先进思想对于革命斗争实践有着巨大的指导作用，但它也只能解决社会物质生活发展中的已经成熟的任务，就是说，它只能促进经济必然性的实现，而不能在经济必然性所限定的范围以外去实现什么。马克思说过："一个社会即使探索到了本身运动的自然规律……它还是既不能跳过也不能用法令取消自然的发展阶段。但是它能缩短和减轻分娩的痛苦。"[①] 思想不论如何先进，不论它对社会发展的客观规律认识得如何深刻，也不可能超脱社会客观规律即经济必然性的制约。姚文元的"超阶段"论只能是彻头彻尾的历史唯心论。

第三，他们借口社会主义时期上层建筑反作用显著增大，而把上层建筑的反作用歪曲为决定作用。

"四人帮"的论客们说："在整个社会主义历史阶段，生产关系对生产力、上层建筑对经济基础，始终起着主要的、决定的作用。"这就是说，到了社会主义时期，马克思主义所揭示的生产力决定生产关系并最终决定包括上层建筑在内的整个社会关系的一般规律不适用了，而应当"倒过来"，是上层建筑决定生产关系、决定生产力从而决定整个历史进程了。

---

① 马克思：《〈资本论〉第一卷第一版序言》，《马克思恩格斯选集》第 2 卷，人民出版社 1972 年版，第 207 页。

诚然，到了社会主义时期，如恩格斯说的，是开始进入了人们"完全自觉地自己创造自己的历史"的时期，上层建筑的反作用无疑是显著地增大了。究竟应当如何看待这种历史现象？这个问题，实际上就是一个主观能动性和客观规律的关系问题。社会主义时期上层建筑的反作用，从它对社会发展起促进作用的方面说，主要是马克思列宁主义思想的指导作用以及无产阶级政党和无产阶级专政国家的领导作用。这是社会历史发展过程中的主观能动作用。无疑，这种主观能动作用是十分重要的。为了适应高速度发展生产力、建设现代化的社会主义大经济的要求，我们必须在改革生产关系的同时，进行上层建筑的多方面的改革，以便使我们的社会主义的经济制度和政治制度不断完善，使党和国家对于经济工作的领导和管理更加符合客观的经济规律。这就是充分重视上层建筑的反作用，充分重视革命和建设过程中的主观能动作用。在加速实现四个现代化的伟大进军中，社会主义的上层建筑必将越来越发挥出它的巨大促进作用。但是，能不能说随着这种作用越来越增大，社会发展的客观规律就越来越不算数了？这本来是一个早已写进普通《哲学问答》的常识问题，但"四人帮"的"理论家"们却逼着人们不得不一再去温习它。

生产力决定生产关系并最终决定整个社会关系，这是人类社会发展的普遍的客观规律，在任何社会形态、任何历史阶段都不会有例外。区别只是在于，在马克思主义以前，人们没有认识和揭示这条客观规律，它只是作为一种"盲目的必然性"在起作用，社会的前进是这种"盲目的必然性"作用的结果；在马克思主义揭示了这条客观规律，并被无产阶级所掌握以后，无产阶级就可以自觉地运用这个规律，率领革命人民去从事革命，改造社会，推动社会前进；而无产阶级专政和生产资料公有制的建立，则既是这条客观规律作用的结果，又为无产阶级自觉地运用这个规律提供了更大的可能性和更为有利的条件。所有这些历史的区别，显然都绝不意味着某个时候可以否定或改变这个客观规律。社会主义时期具有越来越充分的条件和可能使人们日益熟练地运用这个客观规律去达到革命的目的，但是上层建筑的这种反作用不论如何增大，它总是反作用而不是决定作用。生产力永远是在社会发展中起最终决定作用的东西。从归根到底的意义上说，经济基础总是决定着上层建筑，上层建筑总是被决定的东西。

第四，他们肆意歪曲毛泽东同志关于"思想上政治上的路线正确与否是决定一切的"的科学论断，用所谓"路线决定一切"去论证上层建筑决定一切。

"四人帮"及其御用工具在他们多如牛毛的"评法批儒"的影射史学里，几乎到处引用毛泽东同志的这个论断，企图说明所谓路线决定一切"是古往今来的历史所证实的一条普遍规律"。在"罗思鼎"的一篇以"康立"署名的文章里就直截了当地说："一条正确的政治路线"，"决定着整个历史进程的发展。"要是"路线"这种属于上层建筑范畴的东西成了决定整个历史进程的东西，那么，历史唯物论关于生产力在社会发展中起最终决定作用的论点，阶级斗争是历史的直接动力的论点，人民群众是创造世界历史的动力的论点，岂不统统化为乌有了！

这种谬论，完全是用反动的历史唯心论对毛泽东同志科学论断的恶意歪曲。毛泽东同志的这个论断根本不是讲的整个人类社会历史的发展问题，而是总结了国际共产主义运动和我党几十年斗争的历史经验，指明无产阶级革命运动发展和胜利的关键是什么。"四人帮"的影射史学中对于毛泽东同志这个论断的全部"引证"，都是实用主义的为"帮"所用。

就从无产阶级革命运动发展的过程来说，首先，革命运动的发生就不是由什么思想和路线决定的，而归根到底是由客观的经济必然性决定的。如果不具备引起革命的经济必然性，人们的思想和路线无论怎样正确，也不能把革命"制造"出来。毛泽东同志在驳斥艾奇逊用所谓思想影响解释中国革命原因的唯心史观时说："任何思想，如果不和客观的实际的事物相联系，如果没有客观存在的需要，如果不为人民群众所掌握，即使是最好的东西，即使是马克思列宁主义，也是不起作用的。我们是反对历史唯心论的历史唯物论者。"[1]很显然，毛泽东同志的科学论断讲的是，在归根到底由经济必然性造成的无产阶级革命的客观条件已经具备的情况下，革命党人的思想和路线即主观指导的正确与否，对于革命运动的发展和胜利是决定性的因素。

毛泽东同志的科学论断固然是对整个无产阶级革命运动历史经验的总结，但提出这个论断时则是针对林彪的"政权决定一切"的。林彪胡说："有了政权，无产阶级，劳动人民，就有了一切。没有政权，就丧失一切。"这显然是荒谬的。我们并不是因为有了政权才革命，而是因为革命胜利了才有政权。革命的胜败并不决定于我们手里是否有权，而决定于我们手里是否有真理，即我们的思想和路线是否正确。所以，只要不是蓄意曲解的话，毛泽东同志的论断是很清楚的。毛泽东同志说的思想上政治上的路线正确与否是决定一切的，就是说的路线正确与否对于革命的成败具有决定性的意义，而不是说路线决定着这个、决定着那个，似乎路线是本原的东西，其他一切都是由路线派生的。"四人帮"的余党说："只要路线正确，不出煤也

---

① 毛泽东：《唯心史观的破产》，《毛泽东选集》第 4 卷，人民出版社 1969 年版，第 1404 页。

要开庆功大会"，"完不成任务也是伟大胜利"。按照这种逻辑，"路线"可以代替出煤，代替打粮，代替织布，代替一切，八亿人民可以靠着他们说的"路线"过日子！这不是把毛泽东同志的科学论断弄到了荒谬绝伦的地步吗？

毛泽东同志的科学论断是唯物论和辩证法的高度统一。毛泽东同志强调坚持正确路线、克服错误路线的极端重要性，就是高度尊重革命过程中革命党人的主观能动作用，但这是以尊重客观规律为基础的，就是说，路线的"决定一切"同它的"正确与否"是不能分割的。按照唯物论的反映论的观点，所谓思想上政治上的路线正确与否，就是思想和路线正确地反映事物发展的客观规律与否，从根本上说就是正确地反映客观的经济必然性与否。路线作为一种上层建筑，只有正确反映经济基础发展的必然性，维护和促进进步的生产关系，从而有利于生产力的发展，才是正确的，否则就是不正确的甚至反动的。所以，所谓"思想上政治上的路线正确与否是决定一切的"，说到底，还是说明了客观的经济必然性是决定一切的。张春桥胡说什么："主席讲'思想上政治上的路线正确与否是决定一切的'，没有讲其他决定一切。"这里，既是诡辩，又是谣言。难道毛泽东同志没有讲过人们的社会存在决定人们的意识，没有讲过总的历史过程中是物质的东西决定精神的东西，没有讲过按照实际情况决定工作方针，等等？把毛泽东同志的某一论断同毛泽东同志的其他许多论述割裂开来并加以歪曲，正是"四人帮"篡改毛泽东思想的基本手法。离开唯物论而妄谈"辩证法"，离开客观规律性而奢谈主观能动性，离开思想和路线的"正确与否"而强调它的"决定一切"等，则正表现着"四人帮"整个唯心论世界观的基本特征。

把上层建筑决定论贯彻到底
就是把历史唯心论贯彻到底

"四人帮"从上层建筑决定论出发，对于阶级斗争、社会革命、个人和群众的作用等历史现象，都不是从社会物质生活的矛盾运动而单从上层建筑方面去说明，因而把社会意识决定社会存在的历史唯心论贯彻到了历史领域的各个方面，全面地复活了头足倒置的历史观。

他们不是从社会物质生活领域而是从精神领域寻找阶级存在和阶级斗争的根源，公然宣扬什么，"人们在生产和交换中的相互关系，是阶级与阶级的关系的反映"，"人们之间的关系总是在一定意识形态指导下形成和发展的"。这就是说，不是经济关系决定阶级关系，而是阶级关系决定经济关系，阶级关系又是由人们的意识形态决定的。这不是个别观点的错误，而是整个地用唯心论的阶级斗争观篡改了历史唯物论的阶级斗争观。

马克思在论述他的阶级斗争学说时指出，他所做的三点新贡献中第一点就是证明了"阶级的存在仅仅同生产发展的一定历史阶段相联系"。①正是这一点，使马克思的阶级斗争学说奠立在坚牢的唯物主义基础上。承认阶级的存在仅仅同生产发展的一定历史阶段相联系，就是把阶级和阶级斗争这种历史现象同物质资料生产活动的发展联系起来，它说明阶级的存在只是在生产力有了一定的发展而又生产不足这样一个历史阶段的现象，因而阶级的消灭也就依赖于生产的极大发展。这样，就从

---

① 马克思：《致约·魏德迈（1852年3月5日）》，《马克思恩格斯选集》第4卷，人民出版社1972年版，第332页。

社会生产力的发展状况科学地说明了阶级的产生、存在和消灭的历史过程。恩格斯说过，马克思的新的历史观从"生产还是如此不发达"这一点出发对以往的阶级统治做了自然而合理的解释，"不然这种阶级统治就只能用人的恶意来解释"。①

不仅整个说来阶级的存在应由生产力的发展状况去说明，而且每一时代的阶级关系和阶级斗争的具体内容归根到底都应由那个时代的生产力发展状况去说明。阶级关系总是自己时代的经济关系的产物，而绝不像"四人帮"的御用工具所胡诌的是什么阶级关系决定着经济关系。经济关系即生产关系又是由生产力的发展状况决定的，而绝不像"四人帮"的御用工具所胡诌的是什么在一定意识形态指导下形成的。马克思说："社会关系和生产力密切相联。随着新生产力的获得，人们改变自己的生产方式，随着生产方式即保证自己生活的方式的改变，人们也就会改变自己的一切社会关系。手推磨产生的是封建主为首的社会，蒸汽磨产生的是工业资本家为首的社会。"②在以手工工具为标志的生产力水平下形成的是封建的阶级关系，地主阶级同农民阶级的矛盾是主要的阶级矛盾；而在以大机器为标志的生产力水平下形成的则是资本主义的阶级关系，资产阶级同无产阶级的矛盾成了主要的阶级矛盾。可见，各个历史时代的特定的阶级关系和阶级斗争的具体内容，归根到底是由各个历史时代的生产力发展状况决定的；阶级斗争由这一历史阶段向另一历史阶段的发展，也归根到底是由社会生产力的发展所推动的。

"四人帮"把阶级的存在和各阶级间的斗争说成是同社会物

---

① 恩格斯：《卡尔·马克思》，《马克思恩格斯选集》第 3 卷，人民出版社 1972 年版，第 42 页。
② 马克思：《哲学的贫困》，《马克思恩格斯选集》第 1 卷，人民出版社 1972 年版，第 108 页。

质资料生产活动完全无关的事情，把阶级斗争学说同生产力在社会发展中起决定作用的原理割裂开来、对立起来，也就把阶级斗争这个"历史的直接动力"歪曲成了最终动力。他们鼓吹"宁愿两年不搞生产，也不能一时不搞阶级斗争"，似乎只要抓了阶级斗争就有了一切。马克思和恩格斯曾明确指出，阶级斗争只是"历史的直接动力"，并且把阶级斗争恰当地比喻为"社会变革的巨大杠杆"。既然是杠杆，就还需要别的东西提供动力，它本身并不是社会变革的最终动力。社会历史前进的根本原因在于社会内部基本矛盾的运动，即生产力和生产关系、经济基础和上层建筑的矛盾运动，因而社会历史前进的最终动力就只能是生产力的发展。在以私有制为基础的阶级社会里，社会基本矛盾必然表现为阶级矛盾。这就是代表新的生产力的革命阶级要求改革旧的生产关系，促进生产力的发展，而代表旧的生产关系的反动阶级，则依靠他们手中掌握的物质的和精神的手段特别是上层建筑的力量，维护已经腐朽的生产关系，阻碍社会生产力的发展。只有革命阶级进行反对反动阶级的阶级斗争，摧毁旧的上层建筑，消灭旧的生产关系，建立和发展新的生产关系，才能促进生产力的进一步发展，才有历史的前进。这就说明，阶级斗争是历史的直接动力。在阶级社会里，不论生产力的决定作用还是上层建筑的反作用，都要通过阶级斗争这个杠杆去发挥。正因为如此，马克思主义才非常重视阶级斗争。但这显然不是作为历史的最终动力去重视的。

从社会基本矛盾运动的观点，从经济关系决定阶级关系的观点去观察阶级和阶级斗争，就能清楚地看出，阶级对立的真正根源在于社会各阶级之间物质利益上的对立。阶级的划分，是由于人们经济地位的不同，主要是由于人们对生产资料的关系不同，因而各阶级间的斗争也就归根到底是为了维护或改变自己的经济地位。恩格斯指出：各个阶级之间的斗争，"首先是为了经济利益而进行的，政治权力不过是用来实现经济利益的手段。"①那种只是高高地悬在上层建筑的领域而不同人们的物质利益相联系的"阶级斗争"，不论在历史上还是在现实中都是根本不存在的。"四人帮"这伙穷奢极欲的吸血鬼装作极端鄙薄物质利益而高谈上层建筑领域的"阶级斗争"，只不过是企图以此掩盖他们所维护的地主资产阶级的物质利益罢了。

"四人帮"及其御用工具割断阶级斗争同社会物质生活领域的联系，否认经济关系决定阶级关系，否认阶级对立根源于人们物质利益的对立，那就只能"用人的恶意"去解释阶级的存在和各阶级之间的斗争了。"四人帮"就是一个心怀恶意的黑帮，他们高喊的上层建筑领域的"阶级斗争"，就是要向无产阶级争夺党和国家领导权的斗争，因此，他们的阶级斗争观点当然也就不能不是"用人的恶意"去解释阶级斗争的观点。他们所说的阶级关系"在一定意识形态指导下形成和发展"，不就是说的阶级关系是可以由人们任意虚构的吗？他们正是按照自己的"意识形态"即篡党夺权的主观需要虚构出所谓"造反派和走资派""现代法家和现代儒家""革命派和投降派"的矛盾等去代替无产阶级和资产阶级的矛盾，虚构出所谓"阶级关系新变动"，去炮制"老干部是民主派，民主派就是走资派"的反革命政治纲领。可见，"四人帮"的那一套"阶级斗争"的高调，不论在理论上还是在实践上都是彻底反动的。

"四人帮"用上层建筑决定论篡改马克思主义的阶级斗争学说，也必然同样地篡改马克思主义关于社会革命的理论。他们把"革命是历史的火车头"的论点同生产力在社会发展中起决

---

① 恩格斯：《路德维希·费尔巴哈和德国古典哲学的终结》，《马克思恩格斯选集》第 4 卷，人民出版社 1972 年版，第 246 页。

定作用的原理割裂开来、对立起来，只从上层建筑方面说明革命的发生，否认革命归根到底是由生产力的发展所引起的。这样，就从根本上歪曲了社会革命的过程、原因和目的。

张春桥说："社会主义的生产关系不可能在资本主义社会里产生，只能在无产阶级专政条件下才能出现。这同奴隶社会和封建社会里面不能产生资本主义的生产关系的道理一样。"社会主义生产关系只能在无产阶级专政下产生，由此证明封建生产关系只能在地主阶级专政下产生，资本主义生产关系只能在资产阶级专政下产生，又由此证明不夺取政权就不能改变所有制，一句话，"政治状态是经济情况的决定性的原因"，杜林的"暴力论"应当翻案！

需要指出的是，张春桥肆意歪曲社会革命的过程，首先正是因为他歪曲了社会革命的原因。他把生产关系的变革，社会关系的变革，说成是由"夺取政权"决定的。那么，人们要问：为什么会有"夺取政权"这样的事情发生呢？为什么要把奴隶制改变成封建制、又把封建生产关系改变成资本主义生产关系而不改变成别的什么呢？这一切，恐怕又只能"用人的恶意"去解释了。张春桥就如马克思所痛斥的巴枯宁一样，"他根本不懂得什么是社会革命，只知道关于社会革命的政治词句"，"他的社会革命的基础是意志，而不是经济条件"。①

历史唯物论则认为，革命绝不是由人们的头脑"制造"的，而是"由那些叫作'生产力的发展'的完全确定的和极端重大的社会原因产生的"。②所有制的变化，社会关系的变化，都是生产力发展的必然结果。毛泽东同志说："生产力是最革命的因

---

① 马克思：《巴枯宁〈国家制度和无政府状态〉一书摘要》，《马克思恩格斯选集》第2卷，人民出版社1972年版，第635页，第636页。
② 斯大林：《无政府主义还是社会主义》，《斯大林全集》第1卷，人民出版社1953年版，第284页。

素。生产力发展了，总是要革命的。生产力有两项，一项是人，一项是工具。工具是人创造的。工具要革命，它会通过人来讲话，通过劳动者来讲话，破坏旧的生产关系，破坏旧的社会关系。"①生产工具是生产力水平的标志。生产工具的革命就是生产力性质的革命。没有首先在生产工具上的革命，就谈不上生产关系进而整个社会关系的革命。人类历史上一切对于社会发展具有决定性影响的革命，追溯到底，都是由生产工具的革命开始的。没有金属工具代替石器，就没有原始社会的解体和奴隶制的诞生；没有铁器工具的制造和普遍采用，就没有中国古代社会由奴隶制到封建制的过渡；没有 18 世纪开始的产业革命，就不能"孕育着一个由无产阶级来进行的社会革命"。所以，马克思说过："蒸汽、电力和自动纺机甚至是比巴尔贝斯、拉斯拜尔和布朗基诸位公民更危险万分的革命家。"②

社会主义革命同过去的革命不同。过去的革命是一种私有制代替另一种私有制的革命，新的私有制经济关系在旧社会内部就已经形成。而社会主义的革命是公有制代替私有制的革命，公有制的经济关系不可能在旧社会内部形成和出现。因此，在革命的实际过程上，它同过去的革命也就有所不同。社会主义革命就是从无产阶级用暴力夺取政权开始，然后运用无产阶级专政的力量改变旧的生产关系，建立社会主义的生产关系。然而，引起革命的最终原因却是相同的。社会主义革命同样是社会生产力发展的必然结果，同样是由于生产力发展到超出资本主义社会的范围时才把它爆破，同样是为着改变资本主义的生产关系而去推翻资产阶级的政治统治，摧毁资本主义的上层建

---

① 毛泽东：《在中国共产党第八届中央委员会第二次全体会议上的讲话》，《毛泽东选集》第 5 卷，人民出版社 1977 年版，第 319 页。

② 马克思：《在〈人民报〉创刊纪念会上的演说》，《马克思恩格斯选集》第 2 卷，人民出版社 1972 年版，第 78 页。

筑。因此，对于任何形态的社会革命来说，政权落在谁手里都绝不是引起革命的原因。

歪曲革命的原因，也就必然歪曲革命的目的。1969年，张春桥曾对他们的御用写作班子说过："一次革命高潮之后，必定有唯生产力论的思潮抬头"。众所周知，在"四人帮"的帮话里，所谓"唯生产力论"就是修正主义。革命必定革出个修正主义的思潮来，这又是张春桥的一大"新发现"。其实，他说的什么"唯生产力论的思潮抬头"，就是说的在革命高潮之后，在革命胜利之后，必定会出现生产的大发展这样一种情况。这不是完全合乎规律的现象吗？革命的发生固然要以生产力的一定程度的发展为基础，然而生产力的大发展则总是在革命胜利之后。这正是表现着革命解放生产力的作用，表现着革命之为历史火车头的作用。张春桥之流把这样一种情况的出现当作"修正主义"去攻击，这就再清楚不过地说明，他们多年来喋喋不休地攻击的"唯生产力论"正是历史唯物论，而他们成天高喊的"革命"则正是同最革命的因素——生产力的发展不相容的东西，正是破坏生产力的反革命。

否定了生产力在社会发展中的决定作用，也就根本否定了首要的生产力——劳动者的历史作用。既然"革命"只是由少数人的头脑"制造"的，"阶级斗争"只是少数人争夺领导权的斗争，那么，人民群众就不是阶级斗争和社会革命的主力军，而只不过是少数人争权夺势的工具。"四人帮"对待人民群众的观点，整个地说来，就正是这样的观点。很能说明"四人帮"这种观点的实质的，是他们炮制的所谓"开辟道路"说。他们说，我国历史上连绵不断的农民革命战争都只是为法家路线的推行"开辟道路"。他们从事这种污蔑农民革命斗争，污蔑中国历史的反动宣传，无非是要隐喻"文化大革命"的"群众运动"

为他们这些"现代法家"上台开辟道路。人民群众不过是他们追求权力的工具，不过是他们通向实现个人野心的道路上的铺路石。因此，他们嘴里喊的是群众运动，而实际干的则是运动群众。他们一面说着"爱人民"的虚伪词句，一面却干着残害人民的法西斯暴行。他们实行专制主义，推行愚民政策，提倡奴隶主义，宣传蒙昧主义，他们的一切倒行逆施，无不暴露出彻底反人民的法西斯主义的英雄史观。

可见，是生产力决定社会的发展还是上层建筑决定社会的发展，这是两种历史观的根本对立，历史唯物论同历史唯心论的一切分歧都是由此发端的。马克思说过，理论的彻底"就是抓住事物的根本"。只有抓住生产力在社会发展中的最终决定作用才是抓住了历史的根本。阶级斗争是历史的动力的论点，革命是历史的火车头的论点，人民群众创造历史的论点，都只有同生产力在社会发展中起决定作用的原理统一起来，才能成为彻底的唯物主义一元论历史观的有机部分。"四人帮"鼓吹上层建筑决定论，否定了生产力在社会发展中的决定作用，也就全部地篡改了历史唯物论而贯彻了历史唯心论。

"四人帮"上层建筑决定论的实质和核心是法西斯的权力意志决定论

上层建筑决定论必然通向法西斯主义。法西斯主义的重要特征就是迷信权力的作用、意志的作用，法西斯主义的历史观也就是上层建筑决定论的历史观。我们看看希特勒在《我的奋斗》中的一段话吧！他写道："国家同任何固定的经济概念或经济发展都一点没有关系……一个国家的内在力量只有在极偶然的情况下才同所谓经济繁荣同时出现；后者，在大多数情况下，似乎只表明一个国家的接近衰亡……只有靠思想力量，而不是靠物质因素，才有可能组成一个国家。只有在思想力量的保护下，经济生活才能繁荣。在德国，往往是在政治力量高涨的时候，经济情况才开始改善；反过来，往往在经济成了我国人民生活中的唯一内容，窒息了思想力量的时候，国家就趋于崩溃……"希特勒说的思想力量、政治力量，就是意志的力量、权力的力量。所谓国家不是靠物质因素而是靠思想力量组成，就是说国家并不是由一定的经济基础决定的上层建筑，而只是野心家权力意志追逐的猎物。我们再听听"四人帮"在辽宁的一个余党的叫嚣吧！他说："无产阶级靠着精神上的胜利，走上了统治舞台，今后也只有靠着一系列精神上的新胜利才能巩固自己的统治地位。"所谓靠精神胜利走上统治舞台和巩固统治地位，不就是靠思想力量组成国家吗？如果不是多了一个"无产阶级"的标签，人们会以为这句话也是从《我的奋斗》里摘下来的。"四人帮"的上层建筑决定论的观点，说到底，一丝不差地就是希特勒的这种观点。

法西斯主义的思想先驱尼采说过："这个世界就是权力意志——岂有他哉！""除了从意志到意志以外，根本没有别的因果联系。""四人帮"就是从意志到意志，从野心到野心，根本否认任何客观因果性、客观规律性、经济必然性，等等。姚文元曾经恶毒咒骂"客观第一、主观第二"的唯物论是"反动的形而上学"，胡说离开了什么"奋斗"，"客观第一"就会成为一纸空文！他们的"奋斗"是什么？就是"追求权力，追求更多的权力"。他们鼓吹上层建筑决定一切，显然并非认为上层建筑中所有的方面都具有同样的决定作用，而主要是所谓"领导权"决定着一切。在他们看来，历史不是按照它本身固有的规律向前发展的，而是由人们的意志决定的，只要所谓"领导权"掌握在谁手里，谁就可以牵着历史朝任何方向走去。如果江青篡党夺权的阴谋得逞，她大概会认为可以牵着中国历史向母系社会走去的。在"四人帮"看来，整个世界就是权力意志。一部世界历史，就是·部权力意志演变史，就是少数统治者争权夺势的历史。他们用所谓"儒法斗争"代替阶级斗争，把剥削阶级内部不同派别的代表人物之间争权夺势的斗争说成历史的主线。赫赫于历史舞台的是帝王将相，左右历史进程的是今天某人"上台"，明天某人"下台"。什么农民的起义和斗争，什么生产力的发展，都被远远地抛在历史之外。他们对于现实生活的矛盾和斗争，也都是用权力意志去说明的。"一个官僚资本或民族资本的企业，怎样变成社会主义企业的呢？还不是我们派了一个军管代表或者公方代表到那里！"张春桥讲得何等轻松！一个什么"代表"就有那么大的神力，还要什么党的领导和群众斗争？中国的官僚资本和民族资本竟这样轻而易举而且莫名其妙地变成了社会主义企业，历史简直成了变戏法了！"四人帮"正是戴着他们特有的权力意志决定论的眼镜，去看待我国社会主义时期两个阶级、两条道路的生死搏斗，看待党内的斗争，看待我国政治生活、经济生活中的一切现象的。在他们的头脑里只容得下两个大字：权力。

　　"四人帮"及其帮派体系的一切言论行动，都是由这种上层建筑决定论、权力意志决定论的历史观支配的。他们的全部理论活动和实际活动，都是为了篡取权力。而一当他们篡取了一部分权力以后，就立即滥用这种权力，实行法西斯的专制主义，这叫作"一朝权在手，便把令来行"。他们只承认权力的作用，不承认其他一切。因此，他们极端蔑视和敌视客观规律，极端蔑视和敌视人民群众，唯"我"为高，唯"我"为中心，为所欲为，称王称霸，冒天下之大不韪，同普天下为敌。"四人帮"鼓吹上层建筑决定论的要害，就是要用封建法西斯主义改造中国，在中国建立以江青为女皇的法西斯的封建王朝。

然而，历史注定了这个祸国殃民的黑帮只能是短命的。他们如此迷信上层建筑的力量，但任何一种上层建筑本身都不能决定自己的命运。恩格斯在谈到国家权力这种上层建筑的作用时说过，如果它沿着同经济发展相反的方向起作用，"在这种情况下它现在在每个大民族中经过一定的时期就都要遭到崩溃"。[①]"四人帮"及其资产阶级帮派体系作为一种上层建筑，迅速崩溃的根本原因，正在于它从始至终违反经济发展的方向，阻碍中国社会生产力的发展。它要保护和复辟人民不喜欢的那种生产关系。结果是"牛也不高兴，锄头也不高兴，土地也不舒服"[②]，因为使用这些生产资料的劳动者不高兴。这就叫作"天怒人怨"。激起天怒人怨的东西而免遭崩溃的下场是绝不可能的。"四人帮"的迅速覆灭，本身就是经济必然性不可抗拒的又一有力证明。

---

① 恩格斯：《致康·施米特（1890 年 10 月 27 日）》，《马克思恩格斯选集》第 4 卷，人民出版社 1972 年版，第 483 页。

② 毛泽东：《在中国共产党第八届中央委员会第二次全体会议上的讲话》，《毛泽东选集》第 5 卷，人民出版社 1977 年版，第 317 页。

下部
清理 20 世纪 50 年代以来
我国主要错误哲学思潮

第一部分　清理"唯意志论"

论自觉的能动性

前　言

　　人的自觉能动性即所谓主观能动性的问题，是一个同人们的实际生活关系最为密切的问题。人们对周围世界的认识和改造，都表现着主观对于客观的能动的关系。随着人类认识和实践的发展，对于自觉能动性问题的理论说明也就越来越显出它的重要意义。因此，在近代以来的哲学史上，在现实生活中，这个问题曾一再被尖锐地提了出来，引起人们的激烈争论。

　　在我国，主观能动性的问题也是哲学思想领域里斗争最为激烈、最为经常的重大问题之一。在林彪、"四人帮"反动哲学里得到了极端表现的那股唯意志论思潮，就是披着马克思主义的主观能动性理论的外衣出场的。它打着批判机械唯物论的旗号，把主观能动性说成是同"客观第一、主观第二"的唯物论原则水火不容的东西。主观能动性成了盲动性和狂热性的代名词，马克思主义的主观能动性学说这样一个理论内容极为丰富而深刻的哲学学说被归结为几句耸人听闻的时髦口号。这样，就不仅带来了哲学理论的贫困，而且造成了严重的思想混乱，使得许多人弄不清楚马克思主义的主观能动性学说为何物。近几年来，经过深入认真的批判和清理，唯意志论的实质和危害已经被越来越多的人在越来越深刻的程度上所认识了。但是，实际经验说明，纠正一种思想上的错误，特别是纠正一种曾经产生过十分广泛的社会影响的哲学思想上的错误，要比纠正实际工作中的错误需要的时间长久得多。继续批判在主观能动性问题上的唯心论特别是唯意志论，仍然是哲学战线上的一项重要任务。

诚然，批判唯心论夸大和歪曲主观能动性的错误，绝不意味着可以否认或贬低主观能动性的意义，而只是为了恢复马克思主义主观能动性学说的本来面目，并为继续发展这个学说扫清道路。科学地阐明人的主观能动性，是马克思主义哲学的题中应有之义。在恩格斯称之为"包含着新世界观的天才萌芽的第一个文件"的著名论纲即《关于费尔巴哈的提纲》里，马克思写的第一条论纲就是总结欧洲近代哲学史在主观能动性问题上的理论教训。仅此一点就可说明，这个问题在马克思主义哲学中占据何等重要的地位。马克思主义哲学是指导人们的实际斗争的哲学，它必然地要强调高度发扬人的主观能动性，并为人们如何发扬主观能动性指明正确的思想路线。

当代人类改造自然和改造社会的斗争都达到了一个新的水平，标志着人类的自觉能动性发展到了一个新的阶段。就改造自然的斗争来说，现在越来越展现出同过去时代完全不同的态势。以控制论、相对论、量子力学、高能物理学、遗传工程等为代表的现代科学的发展，以原子能利用、空间技术和电子计算机等为代表的现代科学技术的应用，使人类向自然进军的深度和广度都为以往任何时代所不可比拟。人们认识的对象，不论在宏观方面的扩展和在微观方面的深入，都越来越远离人的感官所能达到的范围和层次，人们的认识手段也相应地有了巨大的发展，思维的能动性越来越显示出它在科学认识中的作用。同样，人们改造社会的斗争也出现了许多新的情况和特点。以我国社会主义现代化建设来说，这场根本改变祖国面貌的伟大斗争，是在十分复杂的国际和国内条件下进行的。要正确地认识和处理社会主义现代化建设中各种错综复杂的矛盾，卓有成效地推进"四化"事业，就比之过去历史时期更要强调发扬符合客观实际的自觉能动性。这都说明，对于自觉能动性问题的科学的理论研究，是实际斗争的迫切需要。

研究自觉能动性问题还有着更为深远的意义。自觉能动性的问题是关于人本身的问题，是科学地理解人本身的基础所在。因此，这个问题的研究，对于探讨人类本身发展的未来趋势，从而对于理解科学共产主义的原理，也就有着直接的关系。我国人民正在进行的社会主义现代化建设，是朝着共产主义的伟大目标迈步。它不仅要建设高度的物质文明，而且要建设高度的精神文明。建设社会主义精神文明的最重要的目标就是造就一代共产主义的新人，而高度的精神文明以及物质文明本身也只有依靠成长中的这一代新人才能建立起来。指明一代新人产生的历史必然性，阐明一代新人培育和形成的历史过程，无疑是马克思主义的主观能动性学说所应担当的重大理论任务。

总之，对于自觉能动性问题的研究，不论在理论上或实践上都有着极其重要的意义，它同对于人类本身的研究一起，是哲学科学的永不枯竭的课题。这是一个内容极为丰富的课题。它涉及哲学基本理论的许多方面，例如自觉能动性的产生、实质及其实现的途径，自觉能动性和客观规律、客观条件及由它们所规定的客观可能性的关系，必然和自由，以及人类自觉能动性的发展同人的本质的发展、人的解放的关系，等等。笔者由于知识水平所限，对于这些问题都只能停留在所谓"宏观"的说明上，而且，即使是这种说明也未必都是正确的。涉及自觉能动性问题的许多方面，还有待于更加深入地、展开地加以研究。

第一章　哲学史的回顾

人类一有自我意识，开始思考人自身的问题，就在实际上涉及所谓主观能动性的问题。但在人类思维发展的早期，关于人自身的这种自我意识还很不明晰。思考人自身，即把人自身作为意识的对象，这是以主观和客观的明显对立为前提的。在人类的实践水平和科学水平还十分低下的时候，人们征服自然、支配自然的能力相当微弱，主观和客观的对立还很不深刻，人们对于自身的认识也就同对于自己周围世界的认识一样，只能是朦胧和肤浅的。因此，在人类哲学思想发展的早期，主观能动性的问题不可能作为一个相对独立的哲学问题被提出来，只是个别哲学家做过一些零散的朴素的论述。而在漫长的封建统治的时期里，哲学的发展也同整个历史的发展一样缓慢。就欧洲哲学史来说，整个中世纪都由神学占据着统治的地位，哲学的任务主要是注经解经，教导人们把为统治阶级服务的经典和教义当作绝对真理去盲目崇拜和服从，这当然也就谈不上重视研究人的问题包括人的主观能动性问题。

把主观能动性问题逐渐明确地作为一个专门的哲学问题提了出来，是在欧洲封建制度开始崩溃、资产阶级已经兴起的时期。资产阶级在它的上升时期，是社会的革命因素。它要按照自己的面貌为自己创造出一个世界，首先就要相信自己的力量。而且，这时社会生产力和科学技术的发展也越来越显示出人的力量。因此，人的问题包括主观能动性的问题就历史地提了出来，并日益突出起来。

随着资产阶级的出现和兴起，从 14 世纪末，产生了所谓"人文主义"的运动，即文艺复兴运动。所谓文艺复兴，就是复兴古代文化，以与中世纪的封建文化相对抗。当时的资产阶级思想家说从古代希腊、罗马的文化中发现了"人"，这就是要求人们把目光从神的世界转向人的世界。这个时期的人文主义者们，都曾以各种方式歌颂人，歌颂人的理性、智慧和能力，宣传世界可知，提倡"英雄热情"，等等。可见，这场文艺复兴运动也包括哲学的复兴，它开始恢复了"人"在哲学中的地位，这在思想史上无疑是一个巨大的进步。但这时对于人的主观能动性问题的阐述，显然还不具备哲学的理论形态。

到了 17 世纪，英国的唯物主义哲学家弗兰西斯•培根则作为新兴资产阶级的代言人，真正从哲学上提出了人的主观能动性问题。在培根的时代，社会生产力和自然科学有了进一步的发展，科学知识日益表现出它在推动生产发展和社会进步中的重要作用。当时的自然科学家已普遍开始采用实验的方法主动地向自然提出问题，让自然做出回答，明显地显示了人的认识的主动性。这些，都不能不使认识论的问题在哲学中突出起来。培根的哲学思想就鲜明地表现了这个时代的特征。他明确地提出了人类认识自然、征服自然的任务。他的"知识就是力量"这句彪炳于世界哲学史和科学史的名言，表达了新兴资产阶级重视知识并要求运用知识的力量去改变世界的创造精神。在培根看来，人类曾经经历的无穷灾难都是由于对自然的无知，只有知识才是人类支配自然的力量所在；人们要支配自然就必须服从自然，向自然学习。他明确提出，追求知识不是为了争辩，而是为了生产。这些思想，无疑都是关于人的主观能动性问题的很有价值的思想。尽管培根对于人的主观能动性问题的解释避免不了他的历史的和阶级的局限性，例如看不到社会实践的决定作用，并且把实践只是看作单纯的科学实验和技术活动，从而也就不能不是离开人的社会性和人的历史发展去考察主观能动性的问题等，但是，这些缺陷并不能抹杀他作为近代唯物主义的"第一个创始人"在哲学史上的重要贡献。他的贡献就在于他提出了人的主观能动性的问题，并且是以唯物主义的方式提出了这个问题。

令人深思的是，自培根以后，在一个长时期里，关于主观能动性的思想并不是由唯物主义哲学去发展的。到了18世纪的某些法国唯物主义者甚至干脆认为人是没有任何主动和自由的。和唯物主义相反，唯心主义却发展了能动的方面。18世纪末、19世纪初的德国哲学家康德、费希特和黑格尔，都从他们的唯心主义哲学前提出发，发挥了主观能动性的思想，并以此攻击唯物论，而这一点也确实成为他们优于机械唯物论者的地方。只是到了马克思主义产生以后，关于主观能动性的思想才又重新回到了唯物主义哲学的手中，并在真正科学的基础上得到了发展。

回顾自培根以来的近代欧洲哲学史，研究唯物主义哲学怎样提出了主观能动性的问题，又怎样丢掉了它，最后又怎样夺回了它，总结这个历史的教训，极为重要。这对于我们把主观能动性的理论建立在牢固的唯物主义哲学基础之上，是不可缺少的历史借鉴。

一、形而上学唯物主义怎样贬低了主观能动性

马克思和恩格斯在《神圣家族》中指出，"唯物主义在它的第一个创始人培根那里，还在朴素的形式下包含着全面发展的萌芽"；"唯物主义在以后的发展中变得片面了"。①在培根稍后一些的霍布斯，把培根的唯物主义系统化了，但同时也把它片面化了。在培根那里，"物质带着诗意的感性光辉对人的全身心发出微笑"②，而在霍布斯那里，"感性失去了它的鲜明的色彩而变成了几何学家的抽象的感性"③，就是说，物质失去了质的多样性而被归结为抽象的量的规定；在培根那里，强调人的作用，重视人的创造精神，而在霍布斯那里，"唯物主义变得敌视人了"④，他把人看作一架按照力学原理运动的机器。当时法国的笛卡儿也是这种机械论的代表。霍布斯和笛卡儿的机械论在 18 世纪的法国唯物论那里，获得了更进一步的发展。这种机械论主要是以牛顿的力学作为自然科学的背景进行哲学思考的。它受着当时自然科学水平的局限，对于一切都是运用力学的尺度去衡量，包括衡量人和人的生活。"正如在笛卡儿看来动物是机器一样，在 18 世纪的唯物主义者看来，人是机器。"⑤拉美特利曾以《人是机器》为题著述，把人看成许多机械的集合。

---

① 马克思、恩格斯：《神圣家族》，《马克思恩格斯全集》第 2 卷，人民出版社 1957 年版，第 163 页。
② 马克思、恩格斯：《神圣家族》，《马克思恩格斯全集》第 2 卷，人民出版社 1957 年版，第 163 页。
③ 马克思、恩格斯：《神圣家族》，《马克思恩格斯全集》第 2 卷，人民出版社 1957 年版，第 164 页。
④ 马克思、恩格斯：《神圣家族》，《马克思恩格斯全集》第 2 卷，人民出版社 1957 年版，第 164 页。
⑤ 恩格斯：《路德维希·费尔巴哈和德国古典哲学的终结》，《马克思恩格斯选集》第 4 卷，人民出版社 1972 年版，第 224 页。

对于人的精神现象,他们也企图用纯粹机械运动的观点去解释,认为"肉体的需要是精神的尺度"①,不懂得人和人的精神生活的真正本质。

按照这种机械唯物论的观点,人就如同其他动物和自然界的物体一样,只是动物史或自然史的消极客体,而不是自己创造自己历史的积极主体。这样,就只是自然界处处决定着人,而人却不能反作用于自然界。这种机械决定论的倾向在霍尔巴赫那里表现得最为鲜明、最为彻底。在他看来,人和其他的一切事物一样,只是一种自然产物,因而凡是支配着物理世界的必然性,也都支配着人的精神世界。"我们所做的和想的,以及我们的现在和将来,只不过是无所不包的自然在我们身上做的事情所产生的结果;我们的一切观念、意志、活动,都是这个自然所赋予我们的本质和特性的必然产物,也是自然用来强迫我们前进、强迫我们改变的那些环境的必然结果。"②因此,他干脆地说,"人在生存的每一个瞬间都是处在必然性掌握之中的一个被动的工具"③,整个宇宙不过是一条由生生不已的原因和结果构成的链条,一切都是必然的。人们的所想和所做,人们走过的步伐,都是在这个因果链条中,为纯粹的必然性所规定好了的。"永远健行不息的自然向人指出了他应当画出的线上的每一个点"④,它没有给人的主观努力留下任何余地。这种机械唯物论的观点,就它坚持了唯物论的决定论这个基本点来说,无疑是正确的。它坚持用客观世界本身的必然性和因果联

---

① 拉美特利:《人是植物》,《十八世纪法国哲学》,商务印书馆1963年版,第286页。

② 霍尔巴赫:《自然体系》,《十八世纪法国哲学》,商务印书局1963年版,第570页。

③ 霍尔巴赫:《自然体系》,《十八世纪法国哲学》,商务印书局1963年版,第612页。

④ 霍尔巴赫:《自然体系》,《十八世纪法国哲学》,商务印书局1963年版,第612页。

系去说明各种现象，反对唯心主义的神学目的论；它坚持了必然性、规律性的客观性，反对了唯心主义的自由意志；如此等等，这些都是具有积极意义的。但是，它对于唯物主义的决定论原则却做了机械的解释，因而在反对唯心主义的时候走上了另一个极端。显然，如果把一切都看成必然的，把人的一切活动和活动的一切结果都看成被赤裸裸的必然性所规定好了的，那么，人们就只能像期待命运一样去接受这种"必然性"的摆布。可见，这种机械决定论的观点实质上是一种宿命论的观点。

这种机械唯物论不懂得，人虽然也是物质发展的产物，但人不同于自然界的物体，也不同于一般的动物，人不仅是自然的产物，而且是社会的产物；决定人的历史发展的，主要的不是自然条件，而是人们自己的社会生活的条件；支配着人类社会生活包括精神生活的，是根本不同于自然规律（例如力学规律、生物规律等）的特殊规律。其根本原因，就是不理解人类社会生活的实践的本质。马克思说："如维科所说的那样，人类史同自然史的区别在于，人类史是我们自己创造的，而自然史不是我们自己创造的。"①如果没有人类的社会实践，没有人类凭借自己的主观努力所进行的创造活动，就不会有人类的历史。这种创造活动首先就是生产劳动。机械唯物论不理解人类史同自然史的这个根本区别，因而只看到人的活动的受动的一面，看不到人的活动的创造的、能动的一面，看不到人之所以为人正在于他能够通过实践反作用于自然界，看不到人与自然界的相互作用。这样，它当然也就不理解人所特有的主观能动性。

机械唯物论在认识论上大都采取直观唯物主义感觉论的立场。"法国唯物主义有两个派别：一派起源于笛卡儿，一派起源

---

① 马克思：《机器和大工业》，《资本论》第一卷，人民出版社 1975 年版，第 409—410 页。

于洛克。"①这后一派系统地发展了洛克的经验论，把人的一切
认识活动归结于感觉，认为理性也只是感觉的变形。例如爱尔
维修说："精神的全部活动就在于我们具有一种能力，可以觉察
到不同的对象之间的相似之处或相异之处，相合之处或相违之
处。然而，这种能力无非就是肉体的感受性本身；因此一切都
归结到感觉。"②这种感觉论肯定一切认识活动离不开感觉，并
且肯定客观物质世界是感觉的唯一源泉，这是唯物主义反映论
的观点，当然是正确的。但是，它把一切认识活动都归结于感
觉，认为理性也只是感觉的简单组合，否认了理性认识和感性
认识的质的区别，那就不正确了。否认了理性认识和感性认识
的质的区别，也就抹杀了人类认识不同于动物心理的根本特点。
显然，如果把人的认识能力看成只是肉体的感受性，那就是把
人的认识活动看成了只是对于外界的动物式的消极被动的反
映。事情正是如此。在法国唯物论者看来，人之比其他动物高
明，只不过在于人的外部器官比其他动物发达，因而能够具有
更多的观念罢了，人的智力和动物的智力只有程度上的不同而
没有根本性质上的区别。他们不懂得人的意识不同于动物心理
的特殊本质，不懂得在社会实践中产生和发展的人类意识的特
点正在于以语言为基础的概念思维。他们不理解人的认识由感
性向理性发展的这种能动性质，就会贬低人的认识能力，并且
有可能由此而滑向不可知论；同时，他们也就当然不能理解人
的认识为何能够指导实践，人的实践为何能够具有创造性，因
而不能理解人的全部活动的能动性。这种直观唯物主义的认识
论，是同他们机械唯物主义的世界观相一致的。

---

① 马克思、恩格斯：《神圣家族》，《马克思恩格斯全集》第 2 卷，人民出版社 1957
年版，第 160 页。
② 爱尔维修：《论精神》，《十八世纪法国哲学》，商务印书馆 1963 年版，第 435
页。

　　18 世纪法国唯物论的机械决定论在历史观上的表现，就是片面的"环境决定论"。他们从直观唯物主义的感觉论出发，提出了"人是环境的产物"的著名观点，认为人生下来的时候是没有任何倾向的，是无所谓善恶的，人们智力上或道德上的差异是后天形成的，是由环境造成的。要改变人，改变人的观念，就要改变环境。而他们说的环境，又主要的是指法律和执行法律的政治制度。所谓环境决定一切，主要就是"法律造成一切"。这种观点，是资产阶级改变封建政治法律制度的革命要求的理论表现，在资产阶级反对封建制度的斗争中无疑具有进步的意义。在哲学上，它也包含着唯物主义的合理因素。但是，他们只看到了环境决定人，却弄不清环境又是由什么决定的，弄不清环境变更的根源在哪里。他们既然把环境理解为主要是政治法律制度，而又总是把政治法律制度的不完善归之于理性发展的缺陷，那么，就只好把希望寄托于能够启发人们理性的教育，寄托于天才的立法者的出现。这就是法国唯物主义者以及后来受到他们影响的空想社会主义者所宣扬的教育万能论和英雄史观。这样，他们由"环境决定人"的唯物论出发，又回到了"意见支配世界"的唯心论。

　　环境改变人，人又改变环境，这是一个明显的事实。但是，这个事实对于机械唯物论者来说，却是一个无法解决的"二律背反"。他们的理论在这个矛盾面前只能向两个极端走去：承认环境改变人时，向机械决定论走去；承认人改变环境时，则向唯心论走去。其原因何在？就在于他们找不到社会实践这个既决定环境的改变又决定人的改变的因素，从而不能理解环境的改变和人的改变的一致。因此，他们只能在"下半截"是唯物论，而在"上半截"（社会历史观）则是唯心论。正如马克思所说的，这种唯物主义学说，"认为人是环境和教育的产物，因而认为改变了的人是另一种环境和改变了的教育的产物，——这种学说忘记了：环境正是由人来改变的，而教育者本人一定是受教育的。因此，这种学说必然会把社会分成两部分，其中一部分高出于社会之上"。①机械唯物论由于不了解人的主观能动性而终于在历史领域掉进唯心论，这是逻辑地必然的。

费尔巴哈的"人本学"唯物主义在许多方面都优越于18世纪的机械唯物主义，但是他关于人的主观能动性问题的基本观点，也仍然没有超出机械唯物主义的局限。在阐述人和自然的关系上，他虽然不再像法国唯物论那样把人看作机器，也不像黑格尔那样把人看作理念的形式或工具，而承认人是"感性的对象"，但是，"毋庸讳言，他把人只看作'感性的对象'，而不是'感性的活动'"②。因此，尽管费尔巴哈把人和自然作为自己哲学的基础，但是，正如恩格斯所指出的，在费尔巴哈那里无论人和自然都只是空话。费尔巴哈离开人生活于其中的社会去观察人，认为决定人的发展的主要不是社会条件，而是自然条件，这样，也就不能从人的感性活动即实践活动去揭示人的本质，因而对于人的理解只能是抽象的。费尔巴哈眼里的人，虽然不再是机械力学上的人，却也只不过是生物学上的人，而不是在社会历史发展中实践着的人。他讲的自然，当然也就不是人们感性活动的对象即实践的对象。人和自然的关系，只是反映和被反映的关系，而不存在改造和被改造的关系。所以，在费尔巴哈的哲学里，同样只是自然界处处制约着人，而谈不上重视人的主观能动性。同时，费尔巴哈既然只是从生物学的眼光看人，也就把物质和精神的统一简单地理解为人的肉体和

---

① 马克思：《关于费尔巴哈的提纲》，《马克思恩格斯选集》第1卷，人民出版社1972年版，第17页。

② 马克思、恩格斯：《德意志意识形态》，《马克思恩格斯选集》第1卷，人民出版社1972年版，第50页。

灵魂的统一。他不了解人的社会本质，也就不了解人的认识过程的本质，不了解人是在改变事物的过程中能动地反映事物的。在感性和理性的关系上，费尔巴哈也同样地不懂得认识的辩证法，弄不清由感性认识向理性认识能动地发展的问题，而只是肤浅地提出过"直观与思维结合"这类的命题。

包括费尔巴哈在内的形而上学唯物论者都不理解人的主观能动性。这种唯物论哲学坚持了客观决定主观的反映论，这是应当加以肯定的。但是，它只是消极被动的反映论，因而不可能把唯物主义的认识路线坚持到底，抵挡不住唯心主义的进攻。

二、唯心主义怎样抽象地发展了主观能动性

贬低和抹杀主观能动性的机械唯物主义无法解释许多复杂的意识现象，也同科学技术日益发展的事实不能调和。这种机械决定论的唯物主义哲学，给唯心主义留下了可乘之隙。18 世纪末、19 世纪初的德国古典唯心主义哲学就正是抓住了法国唯物主义的这个主要弱点，去攻击整个唯物主义哲学。也正是在同机械唯物主义的斗争中，他们着重地探讨了人的主观能动性问题。

德国古典唯心主义哲学的最大功绩，就是恢复了辩证法这一最高的思维形式。它在认识论上着重探讨主观能动性的问题，也是同它在辩证法思想方面取得的重大成果紧密联系着的，这是德国古典唯心主义哲学的一个明显特点。从康德开始，经过费希特到黑格尔，他们都从自己唯心主义的哲学立场出发，反对机械决定论，高扬人的主观能动性，并对主观能动性的问题进行了程度不同的理论阐述。

康德是德国古典唯心主义哲学的奠基人。康德哲学之所以称为"批判哲学"，就是他主张以批判地研究和考察人的认识能力作为哲学的出发点。这样，康德就在欧洲近代哲学史上进一步把认识论的问题突出了出来。从康德开始，认识论更加获得了独立的意义，并日益成为哲学研究和争论的主要课题。哲学史发展的这种情况本身已经表明，从这时开始，关于主观能动性的问题在哲学中占据着越来越重要的地位。

康德关于"自我意识"的论述，集中地发挥了认识的能动性的思想。他认为"自我"有一种能动的综合作用，即人类理性思维具有一种能起综合统一作用的功能。正是由于"自我"即认识主体具有这种功能，才能通过范畴的形式把感性材料加以综合，给它们以统一性。这就是说，只是人的理性把范畴运用于感性的东西，才使感性对象具有规律性。这里，康德是以唯心主义的方式提出和解决理性认识和感性认识的关系问题，表述了理性认识具有对于感性认识进行改造制作的能动作用的思想。康德这个思想在哲学史上颇为重要。唯理论用天赋观念去解释一切，经验论则把人的一切认识活动归结于感觉，归结于个体的消极的静观。这两种片面的认识论，显然都解释不了当时已经发展起来的自然科学，解释不了科学真理的普遍性、必然性的问题。康德看到了唯理论和经验论的片面性，试图去解决科学真理的普遍性、必然性的问题，提出一切科学知识都是感性材料和知性形式的结合，即所谓"思维无内容是空的，直观无概念是盲的"。①认识就是依靠"自我"的综合统一性对于感性材料的综合，"自我"的先验的综合统一性是一切知识的根本条件。康德这样明确提出人类理性在认识上的能动性，无

---

① 康德：《先验逻辑》，《十八世纪末—十九世纪初德国哲学》，商务印书馆1961年版，第30页。

疑是哲学史上一个意义重大的进步。当然，他对于人的理性认识的这种能动性是抽象地加以发展的。他片面地夸大了理性认识的作用，把理性认识看成在认识过程中起决定作用的东西，根本颠倒了认识过程中的本末。其原因，就在于他歪曲了人的理性的综合统一功能的真正根源。在康德看来，作为理性思维形式的范畴，并不是对于客观现实的反映，并不依赖于感性经验，而是先验的。所谓理性认识对于感性认识的改造制作的能动作用，不过就是用一些固定不变的先验框架去规范感性材料，即把人的头脑里所固有的普遍性、必然性从外面强加到客观的事物之上。康德的所谓"人是自然的立法者"的命题，就是一个这样抽象地发展人的认识能动性的典型命题。

康德的"自我意识"的提出，开出了一条抽象地发展主观能动性的道路。紧接康德之后，费希特提出了"自我"创造"非我"的主观唯心主义哲学。他把在康德那里作为认识形式的"自我意识"，变成了在行动中建立整个对象世界的精神实体。马克思和恩格斯指出，费希特的"自我"无非是"形而上学地改了装的、脱离自然的精神"。[①]"自我"是绝对的，它创造一切而不为一切所决定，没有独立于"自我"而存在的东西。这样，康德的二元论被唯心主义地排除了。在康德那里，感性和知性是两种平行的认识形式和认识来源，感性现象是由"物自体"显现出来的，思维范畴则只是先验的框架，这样，思维和存在就是互相割裂的。而在费希特那里，客观对象就是由"自我"所创造的，因此思维和存在是同一的。这显然是从右边对康德的批判。他批判了康德的二元论、不可知论，论证了人的认识能力、创造能力是无限的。这就远比康德更加高扬了人的主观

---

① 马克思、恩格斯：《神圣家族》，《马克思恩格斯全集》第 2 卷，人民出版社 1957 年版，第 177 页。

能动性，当然也是采取比康德更加抽象、更加片面的形式去宣扬的。

在费希特之后，并且和费希特的主观唯心论相反，黑格尔从客观唯心论的方向批判和发展了康德。他很注意康德关于认识的能动性的思想，并且在更加彻底的唯心主义基础上给予了发挥。他把在康德那里只是作为认识形式的先验逻辑范畴，变成了创造和主宰一切的客观的绝对精神。同费希特一样，把意识的能动性由认识世界的能动性推进到了创造世界的能动性。黑格尔作为德国古典唯心主义哲学的集大成者，关于主观能动性的理论也在他那里得到了最为系统的阐述，这是很自然的。

黑格尔的整个哲学体系，就是讲观念外化为客体，客体又复归到观念，即思维转化为存在，存在又转化为思维。在这里，思维是能动的。在思维和存在的这种矛盾发展中，主导的方面始终是思维。"在理念的否定的统一里，无限统摄了有限，思维统摄了存在，主观性统摄了客观性。"①思维凭借着自己的能动的力量，首先外化为客观存在，即从自身中分裂出自己的对立面，然后思维又凭借着自己的能动的力量去克服这种对立，使客观存在复归到观念、思维。这就是黑格尔的唯心主义的思维与存在同一说。

黑格尔的思维与存在同一说，比费希特更加深刻地批判了康德的二元论和不可知论。他反对康德把思维和存在完全割裂开来和绝对对立起来的形而上学观点，着重论证了思维和存在之间的相互转化。按照黑格尔的哲学，客观存在和人们头脑中的思想，都是"客观思想"即所谓绝对观念的产物。黑格尔不满意康德把范畴仅仅看作主观方面的东西，即把范畴的普遍性、必然性仅仅看作认识的普遍必然性，而要同时把它看作构成事

---

① 黑格尔：《小逻辑》，商务印书馆1980年版，第403页。

物自身的本质。事物的本质，就是蕴藏在事物中的"客观思想"。而思维能够认识那本来是思想内容的内容，这是不言而喻的。所以，黑格尔认为，人的思想是完全能够把握事物的本质的。更重要的是，根据他的思维和存在同一的原理，凡在人们头脑中认为是合理的思想，也就一定能够实现，转化为存在。这就是用思维和存在的同一性论证思维产物的现实性。这样的哲学，显然是极大地夸张了思维的能动性。在这里，思维的能动性不再只是认识事物的能动性，而且也是创造事物的能动性。黑格尔的这种观点，在形式上当然是极端唯心论的。他的所谓思维和存在的同一性，其根本出发点是把独立于人的"客观精神"看成决定一切的东西，认为思想是事物的本质，存在是思维的产物，这就完全颠倒了思维和存在的关系。然而，它在认识论的意义上，又有其辩证法的合理思想，特别是认为思维可以转化为存在的观点无疑是十分深刻的。因此，马克思主义经典作家对于黑格尔思想中的这些合理部分给予过充分的肯定。列宁在评价这些思想时写道："观念的东西转化为实在的东西，这个思想是深刻的：对于历史是很重要的。"①

　　思维和存在的同一是黑格尔哲学的一个基本命题。因此可以说，黑格尔的整个唯心主义哲学体系，都正是建立在肯定和高扬思维的能动性这个基础之上的。但是，如果认为黑格尔在主观能动性问题上的理论贡献仅仅在于他肯定了思维和存在的同一性这样一点，那么，这种认识就显然是不充分的。黑格尔哲学的最大成就是他的辩证法思想，而且他是自觉地把辩证法应用于认识论的，以至列宁说过辩证法也就是黑格尔的认

---

① 列宁：《黑格尔〈逻辑学〉一书摘要》，《列宁全集》第38卷，人民出版社1959年版，第117页。

识论①。这样，黑格尔在唯心主义的基础上，或者更确切地说在唯心主义的外壳下，在阐述认识论的辩证法时，也就必然地要对于有关主观能动性的许多理论问题做出他的说明。

在关于理性认识和感性认识的关系问题上，黑格尔远远地超越了康德。康德的先验论不懂得由感性认识到理性认识的辩证转化。黑格尔却抓住了这个关系。他批判康德割裂本质和现象、把理性认识和感性认识对立起来的观点，认为由存在到思维、由感性到理性并不是由一物到他物，而是感性存在进入自己本身的真理性的过程。因此，他认为理性认识对于感性认识的改造制作的能动过程，并不像康德所说是用一些先验的固定不变的框架去规范、整理感性材料，把普遍必然性由外面加给感性现象，而是通过思维的作用，从现象向本质推移，这就是由现象进入本质的认识深化过程。正是在这里，黑格尔很好地说明了抽象的思维在认识过程中的作用。他说："不应把抽象的思维简单地看成感性材料的被抛弃，感性材料的实在性不会因抽象思维而遭受任何损失，但是，抽象着的思维却是扬弃了感性材料并把它这种简单现象归结为只在概念中显现的本质的东西。"②正确的抽象思维不是简单地抛弃感性材料，而是对感性材料的"扬弃"。"扬弃"即是我们所说的去粗取精、去伪存真一类的改造制作的工作。因此，它能够抓住藏在感性现象背后的本质，能够更深刻地反映事物。这无疑是对于思维的能动作用的深刻见解。列宁在评价黑格尔这些思想时写道："实质上，黑格尔反对康德是完全正确的。当思维从具体的东西上升到抽象的东西时，它不是离开……真理，而是接近真理。物质的抽

象，自然规律的抽象，价值的抽象及其他等等，一句话，那一切科学的（正确的、郑重的、不是荒唐的）抽象，都更深刻、更正确、更完全地反映着自然。"①

黑格尔对于自由和必然相互关系的论述，也是他关于主观能动性理论的一个重要方面。他批判了把自由和必然割裂开来、对立起来的形而上学观点，论证了自由和必然的内在同一性，指出不包含必然性于其中的自由，或没有自由的单纯必然性，都是一些抽象而不真实的观念。"必然性的真理就是自由"。②"真正的理性的自由概念便包含着被扬弃了的必然性在自身内"。③这就是说，自由是由必然性转化而来的，是由于人们认识了必然性才有自由。恩格斯高度评价了黑格尔的这个思想，说"黑格尔第一个正确地叙述了自由和必然之间的关系。在他看来，自由是对必然的认识。"④黑格尔对于自由和必然的相互关系的正确理解，如果去掉它的唯心主义的外壳，那么，这实质上就正是对于主观能动性和客观规律性相互关系的正确理解。

值得注意的是，黑格尔还论述了认识过程中的理论活动和实践活动的统一。他认为认识过程分为两个阶段即理论的阶段和实践的阶段。理论的阶段是观念从客观世界中汲取内容而得到充实，实践的阶段则是观念把主观的目的实现于客观，二者相比，实践的阶段比理论的阶段更高级，因为它不仅具有普遍性的优点，而且具有直接现实性的优点。这就在一定程度上肯定了实践在认识过程中的决定作用。这里，尤其值得注意的是，黑格尔还在一定程度上看到了以制造和使用工具为特征的生产

① 列宁：《黑格尔〈逻辑学〉一书摘要》，《列宁全集》第38卷，人民出版社1959年版，第181页。

② 黑格尔：《小逻辑》，商务印书馆1980年版，第322页。

③ 黑格尔：《小逻辑》，商务印书馆1980年版，第358页。

④ 恩格斯：《反杜林论》，《马克思恩格斯选集》第3卷，人民出版社1972年版，第153页。

劳动的能动作用。他很重视生产工具的意义，认为"人因自己的工具而具有支配外部自然界的力量"①，人只是借助于工具才使自己的活动和自然界对立起来，又只是依靠使用工具的劳动才能克服这种对立。列宁说，这是"黑格尔的历史唯物主义的萌芽"。②黑格尔还猜测到了劳动在形成人的本质的过程中的决定作用。"他抓住了劳动的本质，把对象性的人、现实的因而是真正的人理解为他自己的劳动的结果。""他把劳动看作人的本质，看作人的自我确证的本质。"③马克思充分肯定了这一点，指出这正是黑格尔的否定性的辩证法的"伟大之处"④。当然，马克思同时又指出："黑格尔唯一知道并承认的劳动是抽象的精神的劳动。"⑤在黑格尔哲学里，不论自然界还是人类社会的历史都不过是观念的发展，一切都只是在思想的范围里实现的。他把一切活动都精神化了。所以，他虽然猜测到了劳动的作用，却又不能不唯心主义地歪曲劳动的性质。例如他虽然重视工具的作用，但他又用理性去解释工具的产生，因而把物质的生产活动归结为理性的活动。可见，黑格尔讲的劳动的作用，到头来还是讲的精神的作用。作为唯心主义者，他当然是不懂得真正现实的、感性的活动即物质的实践活动的。

　　总之，不论黑格尔还是费希特和康德，他们都在唯心主义的基础上，在不同的程度上抽象地发展了人的认识的能动方面。所谓抽象地发展，即是片面地发展，脱离主观能动性的客观基

---

　　① 参见列宁：《黑格尔〈逻辑学〉一书摘要》，《列宁全集》第 38 卷，人民出版社 1959 年版，第 202 页。

　　② 参见列宁：《哲学笔记》，《列宁全集》第 38 卷，人民出版社 1959 年版，第 202 页。

　　③ 马克思：《1844 年经济学哲学手稿》，《马克思恩格斯全集》第 42 卷，人民出版社 1979 年版，第 163 页。

　　④ 马克思：《1844 年经济学哲学手稿》，《马克思恩格斯全集》第 42 卷，人民出版社 1979 年版，第 163 页。

　　⑤ 马克思：《1844 年经济学哲学手稿》，《马克思恩格斯全集》第 42 卷，人民出版社 1979 年版，第 163 页。

础去发展。康德鼓吹人的理性为自然立法，费希特和黑格尔则
更进一步，用意识、思维的能动性去产生一切、决定一切，把
人的认识的这一个方面"片面地、夸大地、发展（膨胀、扩大）
为脱离了物质、脱离了自然的、神化了的绝对"①。所以，德
国古典唯心主义哲学关于主观能动性问题的一切议论，在它的
形式上都是荒唐的。但是，这里需要我们加以注意的是，德国
古典唯心主义哲学抽象地发展主观能动性，同在马克思主义产
生以后，在现实生活中那些蓄意鼓吹唯心主义的人们如林彪、
江青、康生之流抽象地夸大主观能动性的情况，是不能完全一
样看待的。后者是哲学上的反动，而前者则在一定意义上是哲
学上的一种进步。德国古典唯心主义批判法国唯物主义的机械
性和形而上学性，着重发挥了辩证法的思想，包括在认识论上
提出和研究主观能动性的问题，这是哲学发展的需要，在哲学
史上无疑有它的积极意义。正是在这点上，恩格斯曾经说过：
"我们德国社会主义者却以我们不仅继承了圣西门、傅立叶和欧
文，而且继承了康德、费希特和黑格尔而感到骄傲。"②德国古
典唯心主义的错误，是在于它把机械论和唯物论看成一个东西，
借反对机械论而攻击唯物论。我们对于它的整个哲学路线无疑
必须采取坚决的否定态度，但却不能因此而抹杀它的辩证法思
想的合理因素，不能认为它对于机械论的批判也是不可取的。
现实生活中例如林彪、江青、康生之流的问题则与此根本不同。
他们片面夸大主观能动性，完全是一种蓄意搞乱人们思想的反
动宣传。而且，这种情形虽然也以哲学斗争的形式表现出来，
但它的发生却可以说是在哲学以外，是出于他们政治上的反革

---

① 列宁：《谈谈辩证法问题》，《列宁全集》第 38 卷，人民出版社 1959 年版，第
411 页。
② 恩格斯：《〈社会主义从空想到科学的发展〉德文第一版序言》，《马克思恩格
斯选集》第 3 卷，人民出版社 1972 年版，第 378 页。

命需要。他们绝没有谈论主观能动性问题的哲学兴趣，而只不过是要为他们野蛮的封建法西斯主义的权力意志决定论披上一张马克思主义的主观能动性理论的伪装。因此，切不可把他们的唯心论同历史上的德国古典唯心论拉在一起做简单的类比，切不可认为他们也是在反对什么机械论。毫无疑问，对于他们抽象夸大主观能动性的谬论必须彻底批判。而对于哲学史上康德、费希特、黑格尔等唯心主义者抽象地发展主观能动性的理论，则不应当采取全盘否定的态度，而应当在批判其唯心主义哲学前提的基础上，改造和吸取它的合理内核，并把它放置在唯物主义的科学基础之上。

三、马克思主义的实践论怎样科学地说明了主观能动性

　　马克思对于欧洲近代哲学史在主观能动性问题上的理论教训，做出了十分深刻的科学总结。他指出："从前的一切唯物主义——包括费尔巴哈的唯物主义——的主要缺点是：对事物、现实、感性，只是从客体的或者直观的形式去理解，而不是把它们当作人的感性活动，当作实践去理解，不是从主观方面去理解。所以，结果竟是这样，和唯物主义相反，唯心主义却发展了能动的方面，但只是抽象地发展了，因为唯心主义当然是不知道真正现实的、感性的活动本身的。"①这就是说，旧唯物论不懂得主观能动性，唯心论抽象地发展主观能动性，其根本原因都在于不懂得人类的现实的、感性的活动即社会实践。

---

　　① 马克思：《关于费尔巴哈的提纲》，《马克思恩格斯选集》第 1 卷，人民出版社 1972 年版，第 16 页。

　　旧唯物论由于没有社会实践的观点，因而不能达到能动的反映论，而只是消极直观的反映论。一方面，它对于作为认识客体的事物、现实、感性等，不能"从主观方面去理解"，即不能从人对它们的干预和改造的角度，把它们当作人的实践活动的对象和结果去理解，因而看不到人对于客观世界的反作用；另一方面，它对于作为认识主体的人，又不能把他的活动当作客观的东西去理解，即不是把人的活动本身首先看作客观的物质活动即实践活动，而像费尔巴哈那样只认为理论的活动才是真正的人的活动，因而看不到人为什么能够反作用于客观世界，以及通过什么途径反作用于客观世界。这样，就当然地看不到人的主观能动性，不可能理解主观对客观的能动的反映，不可能理解人的认识过程的本质。实际上，作为单纯的直观对象的客体，在人的认识过程中是不存在的。马克思、恩格斯在批评费尔巴哈时说，"他没有看到，他周围的感性世界绝不是某种开天辟地以来就已存在的、始终如一的东西，而是工业和社会状况的产物，是历史的产物，是世世代代活动的结果"，甚至连费尔巴哈所能看到的樱桃树这样最简单的"可靠的感性"的对象，也是由于社会发展，由于工业和商业往来才提供给他的。[①]作为认识客体的东西，是人们在实践中加以改造的东西，是人们实践活动的对象和结果；同样地，作为认识主体的人，也不是静观着的人，而首先是实践着的人，因此，主体并不是从有人类以来就始终如一的，而是在历史中发展着的。人们在改变周围世界的同时，也改变着自己。人类本身也随着自己的社会实践的发展而经历着历史的发展，人们生活的环境的改变和人们自身的改变是一致的。18世纪的法国唯物论者深深地陷入"环

----

① 参见马克思、恩格斯：《德意志意识形态》，《马克思恩格斯选集》第1卷，人民出版社1972年版，第48页。

境改变人"和"意见支配世界"的恶性循环而不能自拔，其原因就正是在于没有实践的观点，不懂得"环境的改变和人的活动的一致，只能被看作是并合理地理解为革命的实践"①。就是说，他们不懂得革命实践是既决定环境的改变又决定人的改变的因素，也就无从了解人的能动性。

唯心论和旧唯物论相反，它看到了思维的能动性，但是，也由于没有实践的观点，因而不懂得思维能动性的现实根源在哪里，而以为思维的能动性只是来自思维自身。康德强调思维本身具有一种先验的综合功能，而不懂得思维的综合功能正是根源于实践的综合功能，是人类在长期的历史的实践中获得的。黑格尔认为思维本身有一种神奇的力量，它可以外化为客体，又可以克服客体和自己的对立。他不懂得，思维和存在的相互转化只是在人类的社会实践的过程中实现的，是受人们的社会实践制约的。离开了实践，就离开了主观能动性的客观基础。因此，唯心论者都不能不是抽象地即片面地夸大思维的能动作用。

唯心论，包括康德、费希特和黑格尔的唯心论在内，是从抽象的思维出发；形而上学唯物论，包括18世纪的法国唯物论和费尔巴哈的唯物论在内，则是从具体的感性出发，但不是从感性的活动而是从感性的直观出发。它们都不是从社会实践出发，因而各执一端，不能正确地理解主观和客观的统一，不能正确地理解人的主观能动性。科学地阐明人类特有的主观能动性这个哲学上的重大课题，只能由马克思主义的实践论来解决。

19世纪中叶，无产阶级作为独立的政治力量登上了历史舞台。这个新的伟大的革命阶级的历史活动，表示着人类主观能

---

① 马克思：《关于费尔巴哈的提纲》，《马克思恩斯选集》第1卷，人民出版社1972年版，第17页。

动性的发展进入了一个新的阶段。主观能动性的问题成为更加尖锐的哲学问题，迫切地要求无产阶级的理论家做出科学的解释。同时，随着以大工业为基础的近代生产力的发展和近代无产阶级的出现，生产规模日益扩大，阶级斗争日益发展，社会生活的实践的本质充分地显示出来，人们的眼界被不断地打开着，于是科学的社会实践观点有可能在人类思想史上确立起来，因而也就有了科学地阐明人类主观能动性问题的可能。马克思和恩格斯正是总结了社会实践的经验和科学发展的成果，借鉴了近代哲学史上机械唯物论和唯心论从两个极端所提供的深刻教训，牢牢地立足于社会实践的观点，对于主观能动性的问题做出了科学的全面的解释。

马克思主义把实践的观点作为认识论的基础，就对认识的主体和客体都能做出科学的规定，而这恰恰是科学的认识论得以确立的首要前提，也是科学地理解主观能动性问题的首要前提。

在马克思主义的认识论里，认识的主体不像在旧唯物论里那样是消极直观的主体，也不像在唯心论里那样只是思维着的主体，而首先是在社会历史中实践着的主体，是社会地改变着自己周围世界的人。只因为人首先是社会实践的主体，他才能够成为认识的主体。人作为认识主体所具有的一切属性（如意识性、社会性、能动性等），都是在人的社会实践中获得的，都是社会实践赋予的，或者干脆地说，如果没有社会实践首先是生产劳动，就不会有人作为主体同自然界的分化，就没有所谓主体。因此，离开实践，就不可能对于主体有任何科学的理解。

在马克思主义认识论里，认识的客体不再是旧唯物论所谓的"感性的对象"即人们消极静观的对象，也不是唯心论所谓由"自我"所创造或由"绝对观念"所外化的东西，而是现实的人们在实践中改造着的对象。客观事物，正因为它成为人们实践的对象，才能成为人们认识的对象。人们认识事物就是在变革事物的过程中反映事物。从认识是主体对客体的反映、从主体只有按照客体的本性去改造客体才能得到预想的结果这一方面说，是客体决定主体。而从客体是主体加以变革的对象、从主体是在变革客体的过程中反映客体这一方面说，主体又是能动地反作用于客体的。主体和客体是通过实践这个中介而联系的，因而它们是相互作用的，并且正是这种相互作用促使双方历史地变化着。

从实践论的观点，从主体和客体在社会实践中相互作用的观点，就可以说明，认识的主体不像在旧唯物论里那样是消极被动的，而是积极能动的，但是，主体的这种能动性又不像在唯心论里那样是绝对的、抽象的，而是受着社会实践这种客观的物质的历史的活动所制约的，因而是具体的历史的。这样，就既充分肯定了人的主观能动性，又防止了抽象地夸大人的主观能动性。以前的唯物主义哲学所根本无法克服的矛盾，在马克思主义哲学中都得到了完全合理的解决。"人创造环境，同样环境也创造人。"①这并不是什么"二律背反"，而是活生生的历史辩证法。这里，所谓"人创造环境"，并不是随心所欲地创造，并不像法国唯物论者所认为的那样是按照人性或单纯的人的愿望去改变环境，而是在既定的环境的制约下去改变环境。人们改变环境的活动是历史的实践的活动，它必然是受着客观的历史条件制约的。而所谓"环境创造人"，也不像法国唯物论者所认为的那样，人们只是消极地接受环境的"决定"。所谓环境就是人生活于其中的社会。社会生活在本质上是实践的，社

---

① 马克思、恩格斯：《德意志意识形态》，《马克思恩格斯选集》第 1 卷，人民出版社 1972 年版，第 43 页。

会就是人的社会实践活动。因此，所谓环境决定人，也就是人的活动决定人。人们通过自己的社会实践活动，一方面改变环境，一方面又改变人自身。这就是人和环境、主观和客观在社会实践基础上的具体的历史的统一。

马克思和恩格斯所创立的以实践为基础的认识论科学地规定了认识的主体和客体，因而能够既唯物又辩证地说明人的认识过程的一系列基本理论问题。这种认识论能够正确地说明人的认识活动的本质，说明人的认识来源于实践又指导实践、主观由客观所决定又反作用于客观这种对立同一的辩证关系，说明改造客观世界和改造主观世界的统一，即环境的改变和人的改变的一致，等等。这样，它就为正确理解人的主观能动性奠定了科学的哲学基础。

马克思说："哲学家们只是用不同的方式解释世界，问题在于改变世界。"①这说的是马克思主义哲学和一切旧哲学的根本区别。"改变世界"，这是人类主观能动性的真正所在，是人类主观能动性的真正基础。因此，一切对于主观能动性问题的科学的理论说明，都要归结到"改变世界"的观点上来，归结到实践的观点上来。实践的观点是马克思主义的主观能动性学说的基石，实践论是马克思主义者在主观能动性问题上的基本理论阵地。

---

① 马克思：《关于费尔巴哈的提纲》，《马克思恩格斯选集》第 1 卷，人民出版社 1972 年版，第 19 页。

第二章　辩证唯物论的主观能动性范畴

主观能动性作为一个哲学范畴，是随着哲学的发展而不断地得以明确和深化的。尽管在哲学史上，不论唯物论还是唯心论，都有一些哲学家从不同的哲学立场出发，提出和论述过主观能动性的问题，但是，只有马克思主义哲学才给这个范畴规定了真正科学的含义。研究关于主观能动性的理论问题，无疑必须首先正确理解主观能动性这个哲学范畴。

一、主观能动性是人区别于物的特点

辩证唯物论哲学在讲人的能动性的时候，总是在"能动性"之前冠以"主观"二字，这并不是多余的。如果只是笼统地说能动性，那就不仅为人所具有，而且也是为动物以至一切物质的东西所具有的。唯物辩证法讲物质的"自己运动"，就是讲物质自身具有能动的力量。至于动物的能动性就更不用说了。恩格斯说："动物通过它们的活动也改变外部自然界，虽然在程度上不如人所做的那样。"①动物对它周围事物中那些于自己的生命活动有意义的特性，都有一种反映的能力，因而能够采取趋

---

① 恩格斯：《自然辩证法》，《马克思恩格斯选集》第 3 卷，人民出版社 1972 年版，第 515 页。

利避害的行为。在某些高等动物身上，这种行为还往往表现得颇为复杂，例如猿猴能够选择不同的物体作为"工具"，狐狸善于利用地形而成功地逃避追逐者，等等。可见，动物也是有某种能动性的。但是，动物的活动，即使是像猿猴那样的高级动物的活动，都不能称之为"主观能动性"，因为它们没有"主观"。马克思说："动物和它的生命活动是直接同一的。动物不把自己同自己的生命活动区别开来。它就是这种生命活动。"①动物的生命活动不是有意识的活动，它属于自然史的内容。动物和它生活的环境都是自然界的一部分，都只是受着自然规律的支配。因此，对动物来说，没有什么主观和客观的关系问题。动物无所谓"我"。"凡是有某种关系存在的地方，这种关系都是为我而存在的；动物不对什么东西发生'关系'，而且根本没有'关系'；对于动物说来，它对他物的关系不是作为关系存在的。"②而所谓主观能动性则恰恰是就主观对于客观的关系而言的，它无非讲主观对于客观的关系不是消极被动的关系，而是积极主动的关系。显然，对于根本不存在主客观关系的动物来说，是无所谓主观能动性的。

人从动物界分化出来，就是把自己同自然界区分开来，使自己作为在质上不同于自然界的一个特殊部分而与自然界对立起来。人与自然界的对立，就是主观和客观的对立。只有这种同自然界区分开来和对立起来了的人，才有自己相对稳定的主观世界，才有自己对于周围世界的明确态度，才有主客观之间的关系，才有所谓主观能动性。

毛泽东同志在《论持久战》里，把人的主观能动性称为"自

---

① 马克思：《1844年经济学哲学手稿》，《马克思恩格斯全集》第42卷，人民出版社1979年版，第96页。
② 马克思、恩格斯：《德意志意识形态》，《马克思恩格斯选集》第1卷，人民出版社1972年版，第35页。

觉的能动性”，明确指出它是人之所以区别于物的特点。①毛泽东同志提出的“自觉的能动性”的概念，是一个十分准确的科学概念，它概括了人类主观能动性的本质特征。人的活动和动物活动的区别就在于自觉与不自觉，而所谓自觉的活动就是有意识有目的的活动，有主观思想支配的活动。②

马克思说：“有意识的生命活动把人同动物的生命活动直接区别开来。”③所谓“有意识的生命活动”，就是能把自己的生命活动变成自己意识的对象，因而能够意识到自己的生命活动。人具有这种自我意识，就能够知道自己在感觉什么、思考什么和做些什么，就能够看清自己同周围世界的关系，看清主观和客观的相互作用，也就使人的活动完全不同于动物的活动。

马克思曾经这样详细地比较过人的活动和动物活动的区别，他说：“通过实践创造对象世界，即改造无机界，证明了人是有意识的类存在物，也就是这样一种存在物，它把类看作自己的本质，或者说把自身看作类存在物。诚然，动物也生产。它也为自己营造巢穴或住所，如蜜蜂、海狸、蚂蚁等。但是动物只生产它自己或它的幼仔所直接需要的东西；动物的生产是片面的，而人的生产是全面的；动物只是在直接的肉体需要的支配下生产，而人甚至不受肉体需要的支配也进行生产，并且只有不受这种需要的支配时才进行真正的生产；动物只生产自身，而人再生产整个自然界；动物的产品直接同它的肉体相联系，而人则自由地对待自己的产品。动物只是按照它所属的那

---

① 参见毛泽东：《论持久战》，《毛泽东选集》第 2 卷，人民出版社 1969 年版，第 445 页。

② 主观能动性和自觉能动性是一个东西。在本书里，这两个概念是通用的。如果说这二者之间有所区别的话，那就是“自觉能动性”的概念更深刻些，它概括了人所具有的能动性即主观能动性的本质特征。

③ 马克思：《1844 年经济学哲学手稿》，《马克思恩格斯全集》第 42 卷，人民出版社 1979 年版，第 96 页。

个种的尺度和需要来建造，而人却懂得按照任何一个种的尺度来进行生产，并且懂得怎样处处都把内在的尺度运用到对象上去；因此，人也按照美的规律来建造。"①从这番比较中可以看出，人的活动和动物活动的区别是多方面的。动物是消极地适应自然界，而人则是积极地改造自然界，是"再生产整个自然界"；动物的活动是在直接的肉体需要的支配下进行的本能的活动，而人的活动则恰恰是超出本能的活动；动物的活动只具有获得性，它永远不能超出它所属的那个种的尺度和需要，而人的活动则具有创造性；动物的活动由于它是本能的活动，因而也就只能是片面的即狭隘的、个体性的活动，而人的活动则由于它是超出本能的活动、由理性所支配的活动，因而是具有一定程度和范围的普遍性的活动，是全面的活动。可以看出，上述种种区别归结于一点，就在于有没有意识，在于自觉或不自觉，即在于人的活动是他自己所意识到的活动，而动物的活动是它自己所不能意识到的活动。

所谓人能够意识到自己的活动，能够自觉地在自己的意识支配下进行活动，这就是说人能够具有活动的目的性。推动人去从事的一切都是经过人的头脑的。马克思还这样比较过人的活动和动物活动的区别："蜘蛛的活动与织工的活动相似，蜜蜂建筑蜂房的本领使人间的许多建筑师感到惭愧。但是，最蹩脚的建筑师从一开始就比最灵巧的蜜蜂高明的地方，是他在用蜂蜡建筑蜂房以前，已经在自己的头脑中把它建成了。劳动过程结束时得到的结果，在这个过程开始时就已经在劳动者的表象中存在着，即已经观念地存在着。他不仅使自然物发生形式变化，同时他还在自然物中实现自己的目的，这个目的是他所知

---

① 马克思：《1844 年经济学哲学手稿》，《马克思恩格斯全集》第 42 卷，人民出版社 1979 年版，第 96—97 页。

道的，是作为规律决定着他的活动的方式和方法的，他必须使
他的意志服从这个目的。"①人在行动之前就有关于这种行动的
设想和方案，不仅有整个行动的明确目的，而且能提出实现目
的的计划、办法，能选择实现目的所需要的手段。人的活动在
每一步上都有思想的指导，即在每一步上都能意识到自己的活
动。人能够使自己的意志和行动服从于自己所确立并为自己所
意识到的目的，这就是人的活动的本质特征。在某些动物的活
动中似乎也表现出某种"目的性"或"预见性"，这只是由于动
物长期生活于某种环境，对这种环境中重复地发生的那些于自
己生命活动有意义的变化形成了一种本能的反映能力，因而在
一定情况下能提前采取趋利避害的行动。这种"目的性"并不
是意识的表现，因为动物没有意识。这同人类由于意识到自己
的活动而产生的目的性，在性质上是根本不同的。因此，动物
的一切有计划的行动都不能在自然界打下它们的意志的印记。

　　无疑，造成人的活动和动物活动的上述区别的基础的东西，
并不在于人具有意识和目的这一点本身，而在于人能够从事生
产物质资料的劳动，在于人是"通过实践创造对象世界"。"动
物仅仅利用外部自然界，单纯地以自己的存在来使自然界改变；
而人则通过他所做出的改变来使自然界为自己的目的服务，来
支配自然界。这便是人同其他动物的最后的本质的区别，而造
成这一区别的还是劳动。"②人为什么能够把自己的活动变成自
己意识的对象？这本身就只有从人的劳动活动是一种改变客观
对象的创造性的活动这一点才能说明。人创造对象的过程，就
是人的意识对象化的过程。因此，人也就能够在自己所创造的

---

① 马克思：《劳动过程和价值增殖过程》，《资本论》第 1 卷，人民出版社 1975
年版，第 202 页。
② 恩格斯：《自然辩证法》，《马克思恩格斯选集》第 3 卷，人民出版社 1972 年
版，第 517 页。

对象中思考自身，从而意识到自己的活动。人对自身的认识和对外部世界的认识，是互相制约的。人的自我意识依赖于实践，依赖于对外部世界的改造和认识而发展；反过来，人的自我意识的发展又促进着对外部世界认识的发展。这两种意识，在生产劳动实践的基础上，互相推动，共同发展。随着人类劳动的发展，人的自我意识越来越明晰和深刻，也就越来越能够自觉地在自己的意识支配下进行认识和改造外部世界的活动，越来越使自己的活动具有明确的目的性，具有更大的成效。如果不是从事生产劳动这种创造性的活动，人就谈不上活动的目的性，或者干脆地说，人就不成其为人。

在前面引述的马克思的话里，也讲到动物的生产，但动物的生产不是真正意义上的生产。真正意义上的生产是从制造和使用工具开始的，这只有人才可能进行。工具是人类劳动经验的凝结，是人类智慧的物化。工具作为人类改造自然的手段，总是同一定的目的内在地联系着的。人有什么样的目的，就需要有什么样的工具；同样，有什么样的工具，也就表明人有什么样的目的。工具的制造和使用鲜明地体现着人的活动的目的性。工具的发展，标志着人类活动目的的发展。动物的活动也有"工具"，它的"工具"就是它自己的躯体（尽管就其萌芽状态来说，工具也为某几种动物所具有），这正说明动物是和它的生命活动直接同一的。动物不能制造工具，它所能做到的最多只是搜集，而不是生产。这正表明动物的活动只是本能的活动。

人的活动具有目的性，表明人具有积极改造周围世界的态度。"世界不会满足人，人决心以自己的行动来改变世界。"①人要创造自己所需要但自然界并不现成地存在的东西，要以自己

① 列宁：《黑格尔〈逻辑学〉一书摘要》，《列宁全集》第38卷，人民出版社1959年版，第229页。

的活动去改变世界，使之满足人的需要，这就是要以自己的自觉的努力去克服来自客观世界的种种障碍而实现自己的目的。人对周围世界的影响，都是一种按照自己的目的去支配周围世界的意志的表现。

人的实践活动的目的性，当然也就决定了人的认识活动的目的性。人的认识总是服从于一定的实践目的的，是为着满足一定的实践需要而去认识事物的，因此，人的认识活动也是人所意识到的活动，是有目的的活动。这是不言而喻的道理。

总之，人的全部活动，包括实践活动和认识活动，都有明确的目的性，亦即贯穿着自觉性。有没有意识和目的，就是人的活动和动物活动的区别。动物的活动是无意识无目的的本能的活动，在动物的本能活动中表现的能动性是盲目的能动性，人的活动是有意识有目的的活动，在人的有意识有目的的活动中表现的能动性就是自觉的能动性。可见，人具有对于自己活动（包括认识活动和实践活动）的自觉，因而能够能动地认识世界和改造世界，这就是所谓"自觉的能动性"的含义。

二、认识的能动性和实践的能动性

毛泽东同志说："思想等等是主观的东西，做或行动是主观见之于客观的东西，都是人类特殊的能动性。"[1]这就指明了主观能动性包括认识和实践两个方面的内容。

我们先看人的认识方面的能动性。

人们的认识事物，是在变革事物的过程中反映事物，因而

---

[1] 毛泽东：《论持久战》，《毛泽东选集》第2卷，人民出版社1969年版，第445页。

这种反映活动是一种主动的、创造性的活动，不论它的感性形式或理性形式都是能动的。也正因为如此，人们的认识过程才不是平滑的、死板的过程，而是包含着飞跃的曲折前进的生动过程。

首先，人的感性认识根本不同于动物的感觉，它不是对外界事物的消极的静观，而是对外界事物的能动的反映。人是在变革事物的过程中感觉事物的，因此，人的感觉在量上和质上都优于动物的感觉。从量上看，由于动物只是本能地适应环境，因而它至多只是反映周围环境中那些对于自己的生命活动有直接意义的东西；人则是要积极地改造环境，要把本来对自己的生命活动几乎没有意义的东西改造成有意义的东西。人的生命活动的需要，要求不断地扩大感觉对象的范围，因而他的视野要比动物广阔得不可比拟。同时，人既然是在变革事物的过程中感觉事物，那么他就能够感觉到一事物和他事物的联系，而不像动物那样只是孤立地感觉事物；人能够感觉到事物的不断变换着的形态，而不像动物那样只是感觉事物的静态的方面。此外，人还可以制造和使用各种观测工具，以延长和扩大自己的感官，例如使用光学感受器可以接收到红外线、紫外线，使用声呐等仪器可以接收到次声、超声。这些都说明，人的感觉要比动物的感觉丰富得多。从质上看，人的感觉是带着变革事物的明确目的的，是有倾向和选择的，也就是有理性的东西渗透于其中的。动物（例如猿猴）只有对于对象的注意，而没有对于自己活动的注意。人则有对于自己活动本身的自觉注意，因此他可以把自己的各种感官都调动起来去感知对象，这种感觉中就包含着理性的成分。动物只能感觉而不能理解，人则总是带着理解去感觉的。同时，人在实践中，在科学实验中，可以为着认识事物的本来面貌而有意识地先去改变事物的本来面貌；可以把隐藏在事物内部的本质的东西暴露出来，使之转化为感性的形态而被人感觉到。所以，人的感觉比动物的感觉深刻得多，而且它直接成为理性认识的基础。这都说明，人的感觉是和理性思维紧密联系的，是人的整个意识活动的一个部分或一个阶段，它在本质上不同于动物心理。人的感觉在量上和质上的这些特点，正是人的认识可以由感性认识能动地发展到理性认识的根据。

感性认识固然是能动的，然而，人的认识的能动性则主要是和理性认识联系着的，或者说，主要是表现为理性认识的能动性。如果仅仅是感觉，那么，虽然人的感觉也和动物的感觉不同，比动物的感觉"高明"，但这种"高明"毕竟是极其有限的，而有了以抽象思维为特点的理性认识，人的"高明"就为动物所不可比拟了。恩格斯在批驳那种企图以人的感官（例如眼睛）的特殊构造去规定人的认识界限的不可知论观点时说："除了眼睛，我们不仅还有其他的感官，而且有我们的思维活动。"[①]人的思维的能动性是很大的。感觉达不到的地方，思维却可以达到。"事实上，一切真实的、详尽无遗的认识都只在于：我们在思想中把个别的东西从个别性提高到特殊性，然后再从特殊性提高到普遍性；我们从有限中找到无限，从暂时中找到永久，并且使之确定起来。"[②]感觉只能反映个别的、有限的、暂时的东西，而通过思维却可以从个别中找到一般，从有限中找到无限，从暂时中找到永久，即揭示事物现象中普遍的、同一的、稳定的东西，发现事物的规律性。所谓从个别中发现一般、从有限中发现无限、从暂时中发现永久，就正是理性思维

---

① 恩格斯：《自然辩证法》，《马克思恩格斯选集》第 3 卷，人民出版社 1972 年版，第 560 页。

② 恩格斯：《自然辩证法》，《马克思恩格斯选集》第 3 卷，人民出版社 1972 年版，第 554 页。

对于感性认识进行改造制作的能动作用。人只是因为有了这种思维的能动性，才能够认识事物的规律，判断事物发展的趋势，具有一定的预见性。而如果没有预见性，所谓主观能动性是谈不上的。

人类因为有了理性思维的抽象功能，就能够超出感性现实的范围而不断创造新的观念。人们行动的结果之所以在行动开始时就能够在人的头脑中观念地存在，就是因为人具有这种思维的能动性。理性思维有借助于概念和判断进行推理的能力，推理就能够超出直接的感性经验的范围。经过正确的逻辑推理得出的结论，不是简单地重复前提中的东西，而是获得了某种新的知识。理性思维又有分析和综合的抽象能力。"思维既把相互联系的要素联合为一个统一体，同样也把意识的对象分解为它们的要素。"①人的思维可以把存在于各种现存事物中的要素分解开来、提取出来，又可以根据已知的原理，综合运用各种逻辑手段，按照这些要素的内在联系把它们综合起来，创造出一个新事物的观念。例如，人们在造出飞机以前，世界上根本没有飞机，但是，构成飞机的各种要素却是在现实中存在的。人的思维的作用就在于把这些要素从现实中提取出来又综合起来，创造出飞机的新观念。这就叫作能动的反映。

此外，人在进行理性的逻辑思维的同时，还可以发挥幻想、想象等非逻辑的思维形式的作用，进行创造性的构思。幻想、想象等认识活动固然不属于理性认识的范畴，但同理性认识有着十分密切的关系，它们在理性认识的形成过程中起着很重要的作用，并且这些认识形式也只有在人的理性思维能力有了相当的发展时才能运用。在科学发展中起着重要作用的"思想实

---

① 恩格斯：《反杜林论》，《马克思恩格斯选集》第 3 卷，人民出版社 1972 年版，第 81 页。

验",就是既借助于逻辑思维又借助于创造性的想象,把问题放在设定的理想环境中去推想,它充分地表现了思维的能动性。

人的认识既是运用概念进行判断、推理的逻辑过程,又有创造性的想象,因而它对客观事物的反映不是简单的、直接的、照镜子那样死板的动作,而是复杂的、曲折的过程。"即使在最简单的概括中,在最基本的一般观念(一般'桌子')中,都有一定成分的幻想。"①理性思维总是在概括,就总是包含着一定的幻想的成分即离开和超出感性经验的成分。正因为这一点,人的认识活动才具有创造性。这正是理性思维依赖于感性经验又高出于感性经验的原因所在,当然也是人的认识能够走在实践的前面而有力地指导实践的原因所在。

理性思维的能力是人类长期的历史发展的产物。现代科学技术的发展,已经取得了运用控制论、信息论的原理,使用机器去模拟人的思维这样巨大的成就。在这种情况下,从哲学上正确地说明思维的能动性,就成为更加尖锐的问题。这里,首先遇到的问题,就是机器能不能思维?具有能动性的思维是不是为人类所独有?

思维是人脑的属性。思维的主体只能是人,是社会地认识世界和改造世界的人。离开人和人脑的思维,只能是唯心主义的虚构。辩证唯物论断然认为,机器不可能有思维,它只能模拟人的思维。尽管随着科学技术的发展,它可以不断地逼近人脑的思维,但终究只能是模拟。机器对人脑思维的模拟是机械式地进行的,它能够做出十分可靠的"结论",那也只是人事先给它输入的程序和数据的逻辑结果,而机器本身是不会有任何创造能力的。人的思维活动则不同。它在本质上是一种创造性

①　列宁:《亚里士多德〈形而上学〉一书摘要》,《列宁全集》第 38 卷,人民出版社 1959 年版,第 421 页。

的活动，是一种有目的的认识过程，它能够提出新问题，并自觉地寻求对于新问题的解答。虽然，在一定意义上可以说，能思维的人脑也是一部结构极其复杂的"机器"，但是，人的思维能力却不能仅仅从这部"机器"的复杂的生理结构去说明，因为它同时还是人类在长期的历史的实践中经过不断训练而获得的能力。可见，要完全地模拟人的思维以至用机器去代替人脑，是根本不可能的。这不仅在于要完全地复制人脑的结构是极其困难的，而且在于，即使完全地复制了人脑的结构也还是不够的，还必须再现整个人类认识史、思维史的逻辑。认识史、思维史的逻辑是整个人类发展史的客观逻辑的反映，它的社会的历史的内容是任何机器所不可能具有的。恩格斯早就说过："终有一天我们可以用实验的方法把思维'归结'为脑子中的分子的和化学的运动；但是难道这样一来就把思维的本质包括无遗了吗？"①思维不仅具有不同于物理过程和化学过程的生理的本质，而且具有社会的本质。著名的"狼孩"的例子就再好不过地说明了这一点。"狼孩"的大脑无疑具有和一般人脑相同的结构，但是，由于他脱离了社会，他的大脑却不再具有思维的能力了。真正的人脑脱离了社会尚且不能具有思维的能力，复制人脑结构的机器根本不具有社会的属性，它怎么可能思维呢？那种企图用控制论取代能动的反映论，认为机器可以代替人脑甚至超过人脑的观点，是一种机械论的观点，它同哲学史上那种把人看作机器的观点是一样的。它把人脑思维这种高级的物质运动形式归结为机器运动这种低级的物质运动形式，抹杀了人脑思维运动的特殊本质。机械论早已被哲学和科学的发展所驳倒。立足于机械论的基础上鼓吹机器将统治人类的技术

_____

① 恩格斯：《自然辩证法》，《马克思恩格斯全集》第 20 卷，人民出版社 1973 年版，第 591 页。

悲观主义思潮，是思想史上的倒退。

固然，思维模拟机器的出现，给人类提供了新的强有力的认识工具，它使人类不论对于自身的认识首先是对于人的思维过程本身的认识，还是对于外部世界的认识，都跃进到一个新的水平。但是，它毕竟只是人的认识工具。它同为人类服务的所有工具一样，是由人创造和使用的，是由人支配的。尽管它的出现堪称人类认识工具的革命，尽管这种认识工具的革命可能引起人类科学史、认识史的革命，但这个革命毕竟是由人来发动和实现的。机器模拟思维的巨大科学技术成就，正是人类理性思维的巨大能动性的表现，而决不能以任何方式由此引出否定人类理性思维能动性的结论。

人类凭借理性思维的能动性，不知做出了多少奇迹般的创造。现代科学技术的发明，如电子计算机、宇宙飞船、航天飞机、遗传工程等，更加显示了人类理性的神奇力量。毫无疑问，没有理性思维的能动性，就没有人类文明的进步。然而，哲学理论上的危险也恰恰在这里发生。在主观能动性的问题上，唯心论和唯物论的分野正是从这里发端的。恩格斯这样叙述过唯心论世界观的根源："迅速前进的文明完全被归功于头脑，归功于脑髓的发展和活动；人们已经习惯于以他们的思维而不是以他们的需要来解释他们的行为（当然，这些需要是反映在头脑中，是被意识到的）。这样，随着时间的推移，便产生了唯心主义的世界观，这种世界观，特别是从古代世界崩溃时起，就统治着人的头脑。"[①]唯心主义在理论上的失足，主要的正是在于过分地片面地夸大了人的头脑即理性的作用（当然，这里应当排除唯意志论之类的反理性主义的浅薄的唯心论，它们夸大头

---

① 恩格斯：《自然辩证法》，《马克思恩格斯选集》第 3 卷，人民出版社 1972 年版，第 515 页。

脑的作用却并非夸大理性的作用）。旧的哲学，即使是某些唯物主义的哲学，都只能停留在"人是理性的动物"这类肤浅的命题上，都无法摆脱唯心论世界观的影响，也都是同它们不能正确地理解理性思维的能动性直接相联系的。只有马克思主义的辩证唯物论和历史唯物论，才给予了人类思维的能动性以彻底的科学说明。

马克思主义哲学高于以往任何哲学的地方，不在于它看到了人的思维的能动性，而在于它找到了思维能动性的现实根源，在于它阐明了劳动即实践的伟大能动作用，并且由人类实践的能动性而科学地说明了人类认识的能动性。

实践是认识发生和发展的基础。实践决定认识、认识依赖于实践，这个马克思主义认识论的基本原理是贯彻于认识论的全部问题的，在主观能动性的问题上也是如此。人们的认识之所以是能动的，正因为它是在实践的基础上发生和发展的，正因为作为认识基础的实践是能动的。认识的能动性正是根源于实践的能动性。

感性认识的能动性根源于实践，这是比较直接因而比较容易明白的。理性认识由于它具有抽象性、间接性的特点，它离开自己的现实根源较远，因而这个根源容易被掩盖起来。但是，只要稍加分析就可以说明，理性认识的能动性也同样是根源于实践，而不只是来自理性自身。恩格斯说："人的智力是按照人如何学会改变自然界而发展的。"①人的理性认识有它的相对独立性，人的智力的发展有它自身的规律和特点，但它的基础却始终是人类改变自然界的劳动，是社会实践。

第一，社会实践的需要推动着人类理性思维的产生和发展。

---

① 恩格斯：《自然辩证法》，《马克思恩格斯选集》第 3 卷，人民出版社 1972 年版，第 551 页。

人类思维是从动物心理发展而来的，而推动这一发展的决定力量则是劳动实践。动物心理只是以感性直观的形式反映事物的外表现象，而人类的劳动实践因为是一种有目的的改造世界的活动，它就要求反映事物的内在本质，把握事物的规律性，这是单纯的感性直观所绝对不可能达到的。正是这种实践的需要推动着动物心理向着以概念思维为特点的人类意识发展，推动着抽象的理性思维的发展。

第二，社会实践为人类理性思维的产生和发展创造了种种可能条件。首先，劳动实践创造了人所独有的能够思维的器官——人脑。"首先是劳动，然后是语言和劳动一起，成了两个最主要的推动力，在它们的影响下，猿的脑髓就逐渐地变成人的脑髓。"①劳动和语言是使动物的大脑变成人脑的两个决定性的推动力量。这里，语言的作用固然是不可忽视的。只有借助语言，才能把在劳动中得到的感性材料概括起来，才有抽象思维能力的形成和发展。然而，语言本身也是从劳动中并和劳动一起产生出来的。所以，创造出能思维的人脑的最根本的基础还是劳动实践，是人们通过劳动实践，在改造外部自然界的同时也改造了人本身的自然，包括人的大脑。其次，劳动实践又给人的意识提供了为动物心理活动所不可比拟的丰富内容。"随着手的发展、随着劳动而开始的人对自然的统治，在每一个新的进展中扩大了人的眼界。他们在自然对象中不断地发现新的、以往所不知道的属性。"②劳动创造出人脑，只是建设了一个制造意识产品的"加工厂"，只是创造了人类理性思维的可能条件之一。为这个"加工厂"提供丰富的原材料，也是人类理

---

① 恩格斯：《自然辩证法》，《马克思恩格斯选集》第 3 卷，人民出版社 1972 年版，第 512 页。
② 恩格斯：《自然辩证法》，《马克思恩格斯选集》第 3 卷，人民出版社 1972 年版，第 510 页。

性思维所必需的根本条件。要抽象和概括，就必须有可供抽象和概括的内容，而如果没有改造世界的劳动实践，人的生活内容仍然像动物一样贫乏，要发展理性的思维是绝不可能的。

第三，社会实践锻炼了人类理性思维的能力。在人类理性思维发展的整个过程中，任何一种能力的获得和提高，都离不开社会实践。例如分析和综合的抽象能力，就从根本上是来自实践。人们改造任何一个事物，哪怕是最简单的事物，都是在进行分析和综合。例如修理一辆自行车，就要把它的各个零件分解开，找出哪些零件出了毛病，加以修理之后再把它组装起来，这就是一个分析和综合的过程。科学实验中有所谓分析实验和合成实验，这也是实践中的分析和综合。任何一个复杂事物，都是一个复杂的矛盾体系。要变革事物，就要分析事物的各种矛盾及矛盾的各个方面，并在此基础上把握住各种矛盾及矛盾各个方面的内在联系，从总体上把握事物的矛盾运动，从而找出解决矛盾的方法。这就是分析和综合，是辩证思维的分析和综合。人类的实践总是由低级向高级发展的。人们的实践水平越高，变革的事物越复杂，这种分析和综合的能力也就越是高级和复杂。辩证思维的分析和综合，就是在人类实践发展的较高阶段才出现的。康德说人的理性所具有的综合功能是先验的，是来自理性自身的，他不懂得，"综合"首先正是人的实践活动的本性，人们改造客观对象就是一种行动上的综合。人正是经过无数次的实践中的"综合"，才锻炼出思维的综合能力。再如人的理性思维所具有的推理能力，也是在实践中获得的。正因为人的实践是一种有目的的活动，人们在行动之前必须对行动的后果做出一定的预测，这才需要推理。有目的的实践活动本身就是一种推理，是"行动的推理"。列宁说："'行动的推理'……对黑格尔说来，行动、实践是逻辑的'推理'，逻辑的格。这是对的！当然，这并不是说逻辑的格把人的实践当作它自己的异在（＝绝对唯心主义），相反地，人的实践经过千百万次的重复，它在人的意识中以逻辑的格固定下来。这些格正是（而且只是）由于千百万次的重复才有着先入之见的巩固性和公理的性质。"①逻辑的格，即理性思维所运用的推理形式，是在人类漫长的实践过程中形成的。推理的逻辑规则，也是在实践中产生的，是先有实践的逻辑，然后才升华为思维的逻辑。总之，理性思维的抽象能力和推理能力，都是在无数次地反复的实践中锻炼出来的。不仅从整个人类思维能力的形成和发展来说是如此，而且就人类个体思维能力的发展来说也是如此。每个大脑生理机能正常的人都具有进行理性思维的潜能。马克思把它叫作人的"自身的自然中沉睡着的潜力"②，它包括体力也包括智力。恩格斯把它叫作"天赋的能力"③。这种能力是在整个人类的历史发展中获得的，但在人生下来的时候，它只是潜在的，只有在后天的劳动实践中才能发挥出来并得到发展。无疑，人们的这种潜能是有差别的，这是生理禀赋上的差别，但这种差别不可夸大。人们思维能力上的真正差别是后天形成的。马克思在批判蒲鲁东的时候说："亚当·斯密比蒲鲁东先生所想象的要看得远些。他很清楚地看到：'个人之间天赋才能的差异，实际上远没有我们所设想的那么大；这些十分不同的、看来是使从事各种职业的成年人彼此有所区别的才赋，与其说是分工的原因，不如说是分工的结果。'搬运夫和哲学家之间的原始差别要比家犬和猎犬之间的差别小得多，他们之间的

---

① 列宁：《黑格尔〈逻辑学〉一书摘要》，《列宁全集》第 38 卷，人民出版社 1959 年版，第 233 页。
② 马克思：《劳动过程和价值增殖过程》，《资本论》第 1 卷，人民出版社 1975 年版，第 202 页。
③ 恩格斯：《自然辩证法》，《马克思恩格斯选集》第 3 卷，人民出版社 1972 年版，第 465 页。

鸿沟是分工掘成的。"①这就是说，人们的能力包括思维能力的差别，是由分工造成的，是由分工的不同所决定的实践地位的不同、实践领域的不同以及实践深度和广度的不同等造成的。所以，世界上无所谓"天赋聪明"，唯心主义的天才论是站不住脚的。

第四，人类理性思维的逻辑过程是在实践的基础上进行的。理性思维是运用概念的抽象思维的过程，这里似乎只见到概念和概念之间的联系，而且思维抽象和概括的水平越高，就似乎越是只剩下概念之间的联系。然而，任何概念都是对客观事物的反映，概念之间的联系归根到底反映着客观事物之间的联系，只不过有的是正确的反映，有的是歪曲的反映罢了。抽象的思维包含着幻想的成分，它高于现实，但却不能离开现实的基础。科学的抽象思维要求概念的高度灵活性，但这种灵活性不能主观地应用，而必须客观地应用，即必须反映事物的客观联系和发展。事物的联系和发展却并不是思维直接地把握到的，而首先是通过实践被把握到的。作为思维产物的理论固然具有普遍性的特点，然而理论的普遍性正是来源于实践的普遍性。理论的普遍性实质上是理论所反映的客观规律的普遍性，而事物的客观规律则正是通过反复的实践才被揭示的，只有在多次反复的实践中才能揭示事物现象中同一的、稳定的东西。思维的任务只是把在实践中揭示的事物现象中同一的、稳定的东西概括起来，使之去掉经验感性的形态，而具备理论的形态。理论概括的程度愈高，它就愈具普遍性。愈具普遍性的理论，似乎离现实愈远。其实，这只是它在愈广泛的范围和层次上揭示了客观事物的规律性，因而这样的理论正要求有更广泛的实践作为

① 马克思：《哲学的贫困》，《马克思恩格斯选集》第 1 卷，人民出版社 1972 年版，第 124 页。

基础。所以，理性思维的逻辑过程并不能离开实践，而是要以实践所提供的经验材料为依据，并要随时注意实践中发生的新变化，倾听实践的呼声，接受实践的检验。

物质在自己的长期发展中结出了它的最美的花朵——思维着的精神，这枝花朵是生长于人类生活实践之树的。人类实践是一种创造性的活动，它的创造的本性使它永远不会停止在一个水平上，而总是要日新月异地前进、更新。随着实践的发展，理性思维也在发展。理性思维所运用的概念、范畴，就可以看成人类思维发展水平的标志。列宁说过，范畴是人与自然区分过程中的一些小阶段。这种区分的阶段，从根本上说，首先正是人们改造自然的实践发展的阶段。现代人类理性思维达到如此的高度，表现出如此巨大的能动性，是经历了无数艰难曲折的发展阶段的，它是人类漫长的历史发展的结果，是实践发展的结果。总之，理性思维的能动性归根到底来源于实践的能动性。

实践的能动性不仅表现在它能动地推动认识的产生和发展，而且更重要的还表现在它能动地改造客观世界。因此，认识的能动性不仅根源于实践，而且只有通过实践才能表现出来，发挥出来。由感性的认识飞跃到理性的认识固然是主观能动性的表现，但是，如果只是停留在这一步上，那么它是没有实际意义的。因为这种能动性没有超出思想意识的主观范畴，对于人类的实际生活不会发生任何影响。只有在从感性的认识上升到理性的认识之后，再使之回到实践中去指导实践，才能表现出认识的能动性，并且检验出这种能动性的好坏和大小。

思想意识（主要指理性认识）没有直接的现实性，只有实践才具有直接的现实性，因此，意识也就只有通过人的实践才能证明自己的现实性。我们说意识对于物质具有反作用，这并不是说人的意识可以直接地作用于人身外的物质世界。很显然，只有物质的力量才能直接地作用于物质的东西。人在制造某个产品的时候，无疑是在关于这个产品的观念支配下改变自然物。然而，这个观念本身却不能引起自然物的任何变化。"单个人如果不在自己的头脑的支配下使自己的肌肉活动起来，就不能对自然发生作用。"①人的肌肉的活动当然不同于头脑中的观念，它是一种物质的力量。不通过这种物质的力量，人的意识是谈不上对于自然界的反作用的。人在劳动中所使用的工具的作用，也不过是使人的身体器官所拥有的物质力量增大起来而已。人在生产劳动中使用工具作用于自然界，也就是在自己头脑的支配下使用物质的力量作用于自然界。马克思在《资本论》的一个注里引用了黑格尔的这样一段话："理性何等强大，就何等狡猾。理性的狡猾总是在于它的间接活动，这种间接活动让对象按照它们本身的性质互相影响，互相作用，它自己并不直接参与这个过程，而只是实现自己的目的。"②理性的"狡猾"即它的力量，只是在于它可以支配人按照物的本性，利用一些物（劳动资料）去作用于另一些物（劳动对象），通过控制物与物之间的相互作用去改变物质的存在形式，实现自己的目的，就是说，是在于它可以指导人们改变物质存在的实践活动，而不是在于它本身可以直接地改变物质存在。单个人的意识如此，社会意识也是如此。马克思有一句名言："批判的武器当然不能代替武器的批判，物质力量只能用物质力量来摧毁。"③马克思、恩格斯还说过："思想从来也不能超出旧世界秩序的范围：在任何情

① 马克思：《绝对剩余价值和相对剩余价值》，《资本论》第 1 卷，人民出版社 1975 年版，第 555 页。

② 参见马克思：《劳动过程和价值增殖过程》，《资本论》第 1 卷，人民出版社 1975 年版，第 203 页。

③ 马克思：《〈黑格尔法哲学批判〉导言》，《马克思恩格斯选集》第 1 卷，人民出版社 1972 年版，第 9 页。

况下它都只能超出旧世界秩序的思想范围。思想根本不能实现什么东西。为了实现思想，就要有使用实践力量的人。"①思想意识只有掌握群众，化为群众的实践力量，才能改变存在。不通过实践，意识的能动性是无从发挥的。

综上所述，主观能动性包括思想和行动即认识和实践两个方面，而实践则是主观能动性的基础。人所特有的主观能动性，是在人所特有的实践活动的基础上产生和发展的。这里，还须再次强调，把人的自觉能动性和动物的盲目能动性区别开来的最根本的基础是生产劳动。创造物质资料的生产实践是人类最基本的实践，人类的其他形式的社会实践归根到底都是由生产实践所决定的。生产力是人们的实践能力的结果。生产实践的水平，就是人类改造自然、征服自然所达到的水平。因此，我们可以说，社会生产力发展的程度，也就体现着人类主观能动性发展的程度。

上述这些，是理解主观能动性这一哲学范畴时所必须把握的基本观点。坚持这些观点，对于我们在关于主观能动性的各种理论问题上彻底地坚持辩证唯物论和历史唯物论，有着根本性的意义。

三、澄清几个概念上的问题

为了正确地理解主观能动性的范畴，有几个长期有所争议的概念上的问题，需要加以澄清。

其一是，错误的思想和行动是不是自觉的能动性？

---

① 马克思、恩格斯：《神圣家族》，《马克思恩格斯全集》第2卷，人民出版社1957年版，第152页。

有一种意见认为，只有正确的思想和在正确思想指导下的行动才称得上自觉的能动性，而错误的思想和在错误思想指导下的行动是不能称作自觉的能动性的。这种意见是不对的。

这里讲的自觉与不自觉，主要的就是讲有没有目的。把人所特有的能动性称为"自觉的能动性"，就是说人的认识活动和实践活动都是有明确目的的，是认识世界和改造世界的自觉的活动和努力。列宁说过："本能的人，即野蛮人没有把自己同自然界区分开来，自觉的人则区分开来了。"①所谓"自觉的能动性"讲的"自觉"，和列宁这里讲的"自觉"，其含义是一样的。自觉的能动性就是"自觉的人"所具有的能动性。而所谓"自觉的人"，就是和自然界区分开来了的人，就是有了自己相对稳定的主观世界，因而能够意识到自己的行动目的的人。显然，这个"自觉"是同"本能"相对而言的。这里，自觉或不自觉并不是以正确或不正确来区别的。自觉的活动不一定都是正确的，而本能的活动既然出自本能，它就根本不属于认识论的范畴，谈不上正确或不正确。人们的错误思想和在错误思想指导下的行动，也是自觉的活动而不是本能的活动，因此，也是一种自觉的能动性，只不过是错误地发挥了它。在实际生活中，总是有人固守着完全不正确的思想和信念，并顽强地把它付诸行动，这难道不是一种自觉的能动性吗？这种错误地发挥的自觉能动性，会转化为一种破坏的力量，它也会改变存在，甚至给人类生活造成灾难性的后果。

人的主观能动性本来就应当而且必然会有正确和错误的区分，不然，研究认识论的问题就没有意义。正因为主观能动性有正确和错误的区分，我们才不是笼统地提倡发挥主观能动性，

---

① 列宁：《黑格尔〈逻辑学〉一书摘要》，《列宁全集》第38卷，人民出版社1959年版，第90页。

而是提倡发挥符合客观实际的主观能动性。还应看到，所谓正确和错误的区分也具有相对的意义。在一种历史条件下表现为正确的，在另一种历史条件下则可能表现为不正确的，反之亦然。人的主观能动性的发挥由小到大，由低级到高级，由比较地不正确到比较地正确，是一个不断发展的历史过程。如果只有正确的思想和行动才算自觉的能动性，而把一切不正确的思想和行动排除在人类自觉能动性的范畴之外，那么，这条正确和不正确的鸿沟应当从哪一点上划开呢？极而言之，人类的历史究竟应当从哪一点上开始呢？

诚然，除了有正确的主观能动性和错误的主观能动性的区分之外，就人的全部活动来说，自觉和不自觉的区分也还是存在的，并且也是重要的。人的活动并不都是自觉的活动，它也还包含着本能的成分。所谓自觉的能动性，只是指人的自觉的活动中体现的能动性。随着人的活动的自觉性的提高，本能的成分就越来越少，但永远不会绝对排除本能的成分。如果不看到自觉和不自觉的区分，也不能把自觉的能动性作为一个历史的范畴去理解。然而，这个区分同正确与错误的区分并不是一回事，它们在主观能动性的历史发展中只是互相交错在一起的，因此，应视为两个不同的问题分别加以探讨。

其二是，反动阶级有没有自觉的能动性？

有一种意见认为，自觉的能动性只是历史上的革命阶级才具有的，而反动阶级则谈不上什么自觉的能动性。这种意见，在理论实质上同上述那种意见是一样的，也是不正确的。

自觉的能动性是人与物区别的特点，不是革命和反革命区分的标志。我们常说，马克思主义的认识论是"能动的革命的反映论"，这里的"革命"是认识论概念，不是政治概念，它固然有强调人民群众革命实践的意义，但主要是指变革事物的意思。加上"革命"二字，主要是强调变革客观世界的实践在认识过程中的决定意义。因此，在这里，革命的也就是能动的。"能动的革命的反映论"，是一种科学的哲学认识论，它是对于整个人类认识过程本质的深刻概括，而不是对于某一个阶级的认识活动的概括。任何人，任何脱离了本能状态的自觉的人，都是这样或那样地在变革事物的过程中反映事物的，只是变革事物的立场、目的和方式各不相同，因而都是能动的反映，都表现为自觉的能动性。

反动阶级也要按照自己的目的改变世界，这种目的性甚至成为一种顽强地表现自己意志的疯狂性。怎么能说反动阶级没有自觉的能动性呢？我们说反动派在战略上是愚蠢的，这只是说它不能使自己的整个行动符合于历史发展的总方向，并不是说反动派的行动是没有任何战略目的的。它要竭力维护本阶级的利益，要避免自己的灭亡，这种目的性是非常鲜明的。同时，反动阶级虽然在根本战略上是愚蠢的，但却可能在具体问题上做到正确地认识和运用客观规律，因而可能取得战术上的胜利和成功。这就是我们在战略上要藐视敌人，而在战术上却要重视敌人的理由所在。如果认为反动阶级谈不上任何自觉的能动性，那么在革命斗争中又为何要强调革命阶级发扬自己的自觉能动性呢？诚然，革命阶级的自觉能动性和反动阶级的自觉能动性，在性质上，在它们的历史作用上，是有原则区别的。前者是推动历史前进的能动性，后者则是阻碍历史前进的力量。认识这种区别是十分重要的，但是不能用干脆宣布反动阶级的能动性不算自觉的能动性这种办法去解决问题。

其三是，科学态度和科学精神是否属于主观能动性的范畴？

过去，有些哲学文章中曾流行这样一种说法：主观能动性和客观规律性的统一就是革命精神和科学精神的统一，就是所谓"热"和"冷"的统一。对于这样一种说法，需要加以正确的解释，而不能把它简单化。如果简单化了，就有可能造成严重的理论错误。

如果说主观能动性和客观规律性的统一体现着革命精神和科学精神的统一，这是可以的。但如果在这两个"统一"之间简单地画上等号，似乎讲主观能动性就是讲革命精神，讲干劲、热情、勇气等，只在讲客观规律性时才是讲科学精神、科学态度，从而把科学精神、科学态度排除在主观能动性的范畴之外，那就是完全不正确的了。

革命精神，包括革命的意志、干劲、热情、勇气、毅力等，固然是主观能动性的表现，但是，主观的东西不只是包括意志、干劲、热情、勇气、毅力等，而且包括思想、理论、方针、计划、办法，等等。从思想意识的范围说，人的主观能动性在上述所有方面都会表现出来。人们提出科学的思想、理论、方针、计划、办法等，是科学精神的表现，但这也正是主观能动性的突出表现，正是发扬主观能动性的结果。显然，革命精神和科学精神都是属于主观能动性的范畴。革命精神和科学精神的统一，就是说革命精神要建立在科学的基础上，而科学精神既然是一种求实精神，它也就应当是百折不挠的，就体现着革命的精神。主观能动性和客观规律性的统一，就是说主观能动性的发挥要建立在正确地认识和运用客观规律的基础上，而正确地认识和运用客观规律既然是一个艰苦的认识和实践的过程，它也就依赖于主观能动性的高度发挥。所以，说主观能动性和客观规律性的统一体现着革命精神和科学精神的统一，只是说这两个"统一"在精神实质上的一致，而不是在二者之间画等号。

这些，都并不是在玩弄概念，而要涉及对于一些带根本性质的理论观点的澄清。显然，如果把科学态度和科学精神排除于主观能动性的范畴之外，只把意志、干劲、热情、勇气等所谓革命精神看作主观能动性的表现，那就有可能由此滑向抬高意志而排除理性的唯意志论。

革命精神和科学精神的统一，用哲学的提法，就是意志和理性的统一。毫无疑义，革命的意志即革命的精神是十分重要的，是革命党人认识世界和改造世界的极为重要的主观条件。人总是要有一点精神的。我们的革命事业和建设事业，都是改变世界的伟大历史创造。既然是伟大的历史创造，就总是在十分艰难的情况下开始的，它要越过重重叠叠的障碍，战胜无数的敌人和困难，才能达到胜利的彼岸。中国共产党人正是发扬了"愚公移山"的大无畏的革命精神，才领导中国人民推倒了压在头上的三座大山，夺得了人民大革命的伟大胜利。祖国四个现代化的宏伟目标，也只有依靠全国人民同心同德，艰苦奋斗，继续发扬"愚公移山"的伟大革命精神，才能胜利实现。如果没有革命党人和革命人民的坚强的革命意志、革命精神，任何事情都不可能成功。不论在战争年代还是在和平发展时期，我们都需要发扬革命精神，砥砺革命意志，这是毫无疑义的。但是，革命精神必须建立在科学的基础之上，否则，它就不可能沿着正确的方向去发扬，同样会一事无成，甚至适得其反。脱离科学基础的所谓革命精神，不是真正的革命精神。我们说革命精神应当建立在科学的基础之上，这实质上就是说意志应当由理性来支配。人们改变世界的活动是自觉的能动的活动，是有主观思想支配的活动，它是以对客观世界的正确认识为前提的，而意志并不是一种认识形式或认识能力，单凭意志不能认识世界，不能达到主观和客观的统一。正确地认识世界，解决主客观统一的问题，必须依靠理性。正确的理性就是对于客观规律的正确认识。因此，意志只有在正确的理性的基础上才有积极的作用。如果认为只是意志或所谓革命精神才表现出主观能动性，而把理性、科学精神则排除于主观能动性的范畴之外，那就是对于主观能动性的范畴做了唯意志论的理解。

还需顺便加以说明的是，对于敢于斗争和善于斗争，善于进攻和善于退却等问题，也应当用正确的观点去看待。敢于斗争固然是主观能动性的表现，没有敢于斗争、敢于胜利的革命精神，就一切都谈不上。但是，敢于斗争还只是我们战胜敌人或战胜困难的一种勇气和决心，只是表明我们行动目的的坚定性。单有目的是不行的，还必须采取一系列切切实实的行动，一步一步地实现自己的目的，这无疑也是发扬主观能动性的过程，这就是善于斗争。毛泽东同志说过，做一个战争指挥员，不但要有压倒敌人的勇气，而且要有驾驭整个战争变化发展的能力。这就是说要有勇有谋。"勇"和"谋"都是自觉能动性的表现。战争如此，一切实际斗争都如此。同样，在斗争中敢于和善于进攻固然是主观能动性的表现，但是，任何一种进攻都有它的合理的限度，而真正的正确地发扬的主观能动性就正是表现在掌握好这个限度。因此，需要进攻时敢于和善于进攻，不需要进攻时敢于和善于停止进攻，以至需要退却时敢于和善于退却，都是主观能动性的表现。如果认为只有一味地进攻、一味地"上马"才是发扬了主观能动性，而任何退却、任何"下马"都是主观能动性的丧失，那就是对于主观能动性范畴的严重误解，是把主观能动性理解为主观盲动性。

总之，革命精神和科学精神，"热"和"冷"，敢于斗争和善于斗争，善于进攻和善于退却等，都是正确的主观能动性的表现。

四、辩证唯物论哲学在主观能动性问题上的基本理论立场

自觉的能动性表现为人们认识世界和改造世界的自觉的活动和努力，而人们认识世界和改造世界，就是解决主观和客观的关系的问题。因此，我们应当从对于主客观关系的正确理解中确定自己在主观能动性问题上的基本理论立场。

辩证唯物论哲学对主观和客观（思维和存在、精神和物质是同主观和客观属于同一序列的范畴）的关系的理解，既是唯物的，又是辩证的。它承认在总的历史过程中是物质的东西决定精神的东西，同时又承认精神的东西对于物质的东西的反作用。肯定物质决定精神，就是肯定精神对于物质的依赖性。然而，这种决定并不是机械的决定，即是说，精神对于物质又有一定的独立性。精神的东西是物质的东西所派生的，是对于物质的东西的反映，因而精神对物质的依赖性是绝对的。精神对物质的独立性，是在物质决定精神的前提下的独立性，因而这种独立性只是相对的。精神对于物质的这种绝对依赖性和相对独立性的统一，在人的活动中表现为受动和能动的统一。从人的活动依赖于客观世界，由客观世界所规定这点说，它有受动的一面；从人的活动是有意识地认识和改造世界这点说，它又有能动的一面。精神对物质的绝对依赖性和相对独立性的统一，人的活动的受动和能动的统一，体现着唯物论和辩证法的统一。辩证唯物论哲学立足于科学的社会实践的观点，始终坚持着这个统一，这就是它在主观能动性问题上的基本理论立场。

辩证唯物论哲学牢牢地坚持这个基本的理论立场，就能够

在主观能动性的问题上把唯物主义的哲学路线贯彻到底。一方面，它坚决反对了各种形式的唯心论；另一方面，它又彻底地克服了机械唯物论的局限性。唯心论是离开主观对于客观的绝对依赖性去讲它的独立性，把主观方面的独立性看成绝对的，认为主观能动性可以绝对独立地发展，可以绝对独立地去发挥作用，这就是离开客观物质基础去抽象地夸大主观能动性，就是只讲人的能动的一面而否认受动的一面。机械唯物论则是机械地对待客观决定主观的原则，只讲主观对于客观的依赖性而否认它的相对独立性，只看到人的受动的一面而否认能动的一面，这就是贬低和抹杀人的主观能动性。机械唯物论不能科学地解释人的主观能动性，也就不能够把唯物主义的哲学路线贯彻到底。

在这个问题上，我们既要认真地研究和总结哲学史的经验教训，又要更加认真地研究和吸取现实的哲学斗争的深刻教训。在我们国家，曾经在一个时间里，在主观能动性的理论问题上，主要是唯心论的倾向得到了发展。例如，片面夸大人的因素，贬低和否定物的因素，一味地批判所谓"条件论"；片面强调干劲和热情，忽视科学态度和科学精神；片面夸大上层建筑的作用，否定经济因素的决定作用；片面夸大个别人物的作用，贬低人民群众的作用；以及把可能当作现实，把只在以后的阶段才能实现的可能性当作现阶段就可以实现的可能性，宣传社会主义社会已经从各个方面进入了自由王国，等等。所有这些，归结于一点，正是片面地抽象地夸大了人的主观能动性，而否定或忽视了客观规律、客观条件、客观可能性。林彪、江青一伙则把这种倾向推到极端，使主观唯心论、唯意志论猖獗一时。这种唯心论在人们思想上的影响既深且广，要加以彻底清除，还需要做很大的努力。毫无疑问，在主观能动性的问题上，必须坚决地批判一切形式的唯心论，特别是唯意志论。只有在不断批判唯心论的斗争中，才能牢固地坚持辩证唯物论的基本理论立场。但是，在坚决批判唯心论的同时，也要时刻注意防止和克服机械决定论的倾向。只有坚持辩证法，才能坚持彻底的唯物论。形而上学唯物论机械地对待客观决定主观的原则，它不但不能战胜唯心论，反而常常给唯心论留下可乘之隙，这是哲学史已经给我们提供了的历史教训。因此，我们批判夸大主观能动性的错误，并不意味着可以贬低主观能动性的意义；批判精神万能论，并不是主张精神无用论；我们强调尊重客观规律、客观条件，并不是无原则地限制主观能动性，而正是为了更好地发挥主观能动性。

第三章　主观能动性和客观规律性

主观能动性既然是人们认识世界和改造世界的自觉的活动和努力，那么它的正确发扬就是以正确地认识客观世界的规律性为首要前提的。因此，把发扬主观能动性的问题作为一个主客观关系问题去研究，最基本的就是主观能动性和客观规律性的关系问题。

一、规律的客观性

主观能动性和客观规律性的关系问题，就是在客观世界的发展过程中，人们改造客观世界的活动同客观世界本身固有的规律性之间的关系问题：客观世界是不是按照它自身所固有的规律发展的？如果是，那么人们改造客观世界的活动又起不起作用？起什么作用？显然，要回答这样的问题，首先就要弄清客观世界究竟有没有它自身的规律性的问题，或者说客观世界发展的规律性是不是为它自身所固有的问题，这就是规律的客观性问题。

关于规律，马克思主义经典作家有过许多论述。恩格斯说："自然界中的普遍性的形式就是规律。"他并且举例说："氯和氢在一定的压力和温度之下受到光的作用就会爆炸而化合成氯化

氢；而且只要我们知道这一点，我们也就知道：只要具备上述
条件，这件事情随时随地都可以发生，至于是否只发生过一次
或者重复了一百万次，以及在多少天体上发生过，这都是无关
紧要的。"①这就说明，规律是事物中普遍的东西。既然是普遍
的东西，那就是抛开了一切个别事物的差异性的东西。不论个
别事物之间的差别如何，这样的情形必然会发生的，这就是规
律性。人们认识规律，就是从特殊中发现普遍。列宁说，"规律
是现象中同一的东西"②，"规律是现象中巩固的（保存着的）
东西"③。列宁的这些论述同恩格斯是完全一致的。现象中同
一的、巩固的东西，就是现象中具有普遍性的东西。任何事物
都有现象和本质两个方面，即其外在的方面和内在的方面。事
物的现象形态是千差万别、千变万化的，这使物质世界显示出
它的无限多样性。但同时，在现象的千差万别中又有其共同的
东西，在现象的千变万化中又有其相对平静、相对稳定的东西，
这就是事物的内在的方面，即事物的本质或本质关系。不论就
整个宇宙来说，或者就物质世界各个不同层次的范围来说，都
是如此。这种情况又使物质世界的存在和发展显示出一定的秩
序，即一定的规律性。列宁还说，"规律和本质是表示人对现象、
对世界等的认识深化的同一类的（同一序列的）概念"④，规
律是"本质的关系或本质之间的关系"⑤。根据恩格斯和列宁
的这些论述，我们可以说，事物的规律就是事物内部的本质的

　　① 恩格斯：《自然辩证法》，《马克思恩格斯选集》第 3 卷，人民出版社 1972 年版，第 554 页。
　　② 列宁：《黑格尔〈逻辑学〉一书摘要》，《列宁全集》第 38 卷，人民出版社 1959 年版，第 159 页。
　　③ 列宁：《黑格尔〈逻辑学〉一书摘要》，《列宁全集》第 38 卷，人民出版社 1959 年版，第 158 页。
　　④ 列宁：《黑格尔〈逻辑学〉一书摘要》，《列宁全集》第 38 卷，人民出版社 1959 年版，第 159 页。
　　⑤ 列宁：《黑格尔〈逻辑学〉一书摘要》，《列宁全集》第 38 卷，人民出版社 1959 年版，第 161 页。

必然的联系，它体现事物发展过程中确定不移的基本趋势。

规律既然是事物内部的联系，那也就是说，它是事物自身所固有的，而不像唯心主义者所说的那样是神或人去建立的，是神或人从外面强加于客观事物的。物质运动的规律和物质运动本身一样，既不能被创造，也不能被消灭。物质运动规律的存在及其作用都是客观的，不管人们认识它或不认识它，承认它或不承认它，它都存在，都要起作用。自然界在还没有人类以前就按照自己所固有的规律运动发展着，人的意志对于自然规律的存在和变化不会起任何作用。昼去夜来，是由地球自转这种合乎规律的运动所引起的现象，绝不会因为有什么人只喜欢白天不喜欢黑夜或者相反，地球自转的规律就不起作用；春夏秋冬四季变换，是地球绕太阳公转这种合乎规律的运动所引起的现象，也绝不会因为有人只喜欢某一个季节不喜欢另一个季节，地球公转的规律就不起作用。中国古代的荀子说："天行有常，不为尧存，不为桀亡。"这说的就是自然规律的客观性。社会历史的运动也是如此。例如社会经济运动中的价值规律，尽管有一个时期，曾经有些人十分厌恶这个规律，甚至索性宣布社会主义时期不许有这么一个规律，但它并不因此就不存在或不起作用。价值规律不是任何人建立起来的，也就不是任何人可以废除的，它是商品生产和流通所固有的规律，只要不取消商品生产，也就取消不了价值规律。总之，不论自然领域还是社会领域，规律的存在及其作用都是不以任何人的意志为转移的。

在关于规律的客观性质的问题上，对于说明主观能动性和客观规律性的关系是具有重要意义的，主要是这样两个问题：一是关于社会规律的客观性质问题；二是关于规律的变化同人的活动的关系问题。

　　在规律的客观性质问题上，社会历史领域的情形显然比自然领域要复杂得多，人们对它的认识也要困难得多。在自然领域，历来有不少唯物主义者曾不同程度地论证过规律的客观性，而在社会历史领域，则只是马克思主义才真正科学地系统地论证了规律的客观性。而恰恰是社会历史规律的客观性质问题，对于科学地理解主观能动性具有关键的意义。这是因为，社会发展的规律就是人们社会实践的规律，是通过人的活动而实现的规律，而人的主观能动作用也只是在人的实践活动所能达到的地方才存在，即只在社会领域和某些有人的作用介入的自然领域中才存在。离开人，离开人的活动，就根本不存在主观能动性和客观规律性的关系问题。所以，主观能动性和客观规律性的关系，正是主要地和集中地表现于社会历史过程。马克思以前的各种哲学学说都不能科学地解释人的主观能动作用，也主要地正是因为它们不能唯物主义地解释人类社会的历史，而首先就是因为不能揭示社会历史规律的客观性质。①

　　在马克思以前，在社会历史领域内之所以由否认规律客观性的唯心主义占据着绝对统治地位，除了社会历史的和阶级斗争的原因以外，在认识上也有它的重要原因，这就是社会生活有着它根本不同于自然领域的特点，容易造成人们思想认识上的混乱。在自然界中起作用的是盲目的、不自觉的动力，而在社会历史领域内进行活动的，则是具有意识的、追求某种目的的人。在社会领域内活动的人都有自觉的意识，这样一种浮在历史表面的现象，像一层浓厚的迷雾掩盖着历史的本质，掩盖

---

　　① 前面说过，马克思以前的哲学，不论唯心论还是唯物论，它们不能科学地解释主观能动性的根本原因是没有科学的社会实践的观点。这个说法，同这里说的意思在实质上是一致的。旧哲学不能理解社会发展规律的客观性质，也是因为不能理解社会生活在本质上是实践的。不理解社会生活的实践的本质，就不能把社会过程即人的活动过程看作一个客观的物质过程。

着社会历史的内在规律性，以至人们即使推翻了上帝，克服了神的意志支配着人类历史的观点，也还是摆脱不了人的意志支配着世界的唯心主义观点。

诚然，在历史领域中活动的人都有自觉期望的目的，这是毋庸置疑的事实。但是，人们抱定的目的是各不相同的，这些彼此不同的目的并不都能如愿以偿。这就说明，人们活动的愿望和目的并不是决定的东西，而只具有从属的意义。要发现历史的本质，就不能只从人们的愿望和目的中寻找，而必须去研究隐藏在人们的愿望和目的背后并决定着这些愿望和目的的东西。

对于社会历史的发展，恩格斯有一段十分精辟的论述。他说："历史是这样创造的：最终的结果总是从许多单个的意志的相互冲突中产生出来的，而其中每一个意志，又是由于许多特殊的生活条件，才成为它所成为的那样。这样就有无数互相交错的力量，有无数个力的平行四边形，而由此就产生出一个总的结果，即历史事变，这个结果又可以看作一个作为整体的、不自觉地和不自主地起着作用的力量的产物。因为任何一个人的愿望都会受到任何另一个人的妨碍，而最后出现的结果就是谁都没有希望过的事物。所以以往的历史总是像一种自然过程一样地进行，而且实质上也是服从于同一运动规律的。但是，各个人的意志——其中的每一个都希望得到他的体质和外部的、终归是经济的情况（或是他个人的，或是一般社会性的）使他向往的东西——虽然都达不到自己的愿望，而是融合为一个总的平均数，一个总的合力，然而从这一事实中绝不应做出结论说，这些意志等于零。相反，每个意志都对合力有所贡献，

因而是包括在这个合力里面的。"①从我们这里所讨论的问题的
角度看，恩格斯的这段话至少包含这样两个重要意思：第一，
在历史中活动着的任何个人都是有明确目的的，但历史活动的
总的结果却是谁也没有希望过的事物，所以，历史过程虽有人
的意志在起作用，但它总是按照自身固有的规律像一种自然过
程一样地进行的；第二，每个人的意志虽然都对于历史过程起
作用，但不是作为单个的意志而是作为所有意志融合而成的总
的合力去起作用的，所以任何个人意志的作用都是服从于总的
历史规律的。毫无疑问，这是对于历史过程的唯一正确的唯物
辩证的理解。

历史是人的活动，但人的活动并不是孤立地而是社会地进
行的。因此，人们的活动是相互制约的。正是这种相互制约产
生了一种不以任何人的意志为转移的社会力量，即恩格斯说的
"总的合力"。这种社会力量的形成，绝不是许多个人意志和力
量的机械的偶然的结合，而是贯穿着内在的必然性的，对于社
会历史过程的科学认识就正在于揭示这种必然性。马克思的历
史唯物论就科学地揭示了这种必然性。

列宁说过，马克思研究人类历史的基本方法就是把社会关
系区分为物质关系和思想关系，这样，就不再是从思想到思想，
从意志到意志，而是可以用物质关系去说明思想关系。社会的
物质关系主要是人们在物质资料生产过程中结成的关系，即生
产关系，它是由社会生产力的发展这种物质的力量所决定的。
一定时代的生产力是由前代人遗留下来的既得的东西，由它所
决定的生产关系也是既得的，不是人们可以自由选择的。既得
的生产力和生产关系，就是人们历史活动的基础和出发点。人

---

① 恩格斯：《致约·布洛赫（1890 年 9 月 21—22 日）》，《马克思恩格斯选集》第
4 卷，人民出版社 1972 年版，第 478—479 页。

们活动的目的，是由各自特殊的生活条件决定的，它归根到底是一定时代的经济关系的反映。而人们的目的能否实现，也看其是否符合客观规律和具备借以实现的客观条件，归根到底也是取决于是否正确地反映了经济的必然性。因此，在种种看来纯粹偶然的社会现象背后，在由无数个似乎极不规则的"力的平行四边形"所汇成的社会力量背后，起着最终的支配作用的，就是经济的必然性，就是物质资料生产方式发展的客观规律性。马克思把社会的物质关系即生产关系作为决定其余一切社会关系的基本的原始的关系，并把这种物质关系归结于生产力的发展，人类历史就全部地归根到底由物质的原因得到了自然而合理的解释。人类社会的发展也是一个由物质力量所决定的自然历史过程，尽管它同自然界的发展有着多么重大的差别，都不能改变这样一个事实，即历史过程也同自然过程一样是受着内在的一般规律支配的。生产力决定生产关系并最终地决定包括思想关系在内的整个社会关系，就是人类社会发展的最基本的客观规律。

这样，社会历史规律的客观性，就不仅被人类的社会实践所证明，而且由马克思和恩格斯做出了最严密的科学论证。所谓历史唯物论的思想，从其根本点上说正是关于社会历史规律的客观性的思想。列宁认为，在一定的意义上（主要地正是在揭示规律的客观性这点上），可以把马克思和达尔文相比较，正像达尔文第一次把生物学放在完全科学的基础上一样，"马克思也推翻了那种把社会看作可按长官的意志（或者说按社会意志和政府意志，都是一样）随便改变的、偶然产生和变化的、机械的个人结合体的观点，第一次把社会学置于科学的基础上，确定了作为一定生产关系总和的社会经济形态的概念，确定了这种形态的发展是自然历史过程"①。把社会经济形态的发展看成一种自然历史过程，即看成遵循其自身固有规律而"自己运动"的客观过程，这是科学地解释一切社会历史现象的首要前提，当然也是科学地解释社会历史过程中人的主观能动性的首要前提。

关于规律的变化同人的活动的关系问题，也是在规律客观性质问题上经常地引起思想理论上的混乱的一个关键问题。

辩证唯物论认为，具体的物质运动的规律并不是不变化的。既然物质可以由一种运动状态转化为另一种运动状态，由一种存在形式转化为另一种存在形式，那么，随着物质的运动状态或存在形式的变化，在物质运动中起作用的规律也就可能发生变化。这个道理是很明白的。事物的规律，是事物的本质关系或本质之间的关系。不同的事物都有其自身特殊的本质，因而也就有其自己特有的规律性。这就是说，不同的物质运动形式都有着各自特殊的规律性，或者说，物质运动的不同状态有着不同的规律在起作用。在自然界，例如生物体有生物运动的规律，如同化异化的规律在起作用。一旦生物体死亡，即改变了生物体的物质存在形式，那么，那些只在生物运动中起作用的规律也就不再起作用，而代替它的则是譬如尸体腐烂的化学运动规律，等等。在社会领域，例如经济运动的某些规律也可以随着经济条件的改变而改变或消失。当着资本主义的生产资料私有制改变为社会主义的生产资料公有制以后，资本主义的基本经济规律即剩余价值规律以及资本主义的竞争和生产无政府状态的规律等就失去作用，而社会主义的基本经济规律、按劳分配的规律、国民经济有计划按比例发展的规律等则发生作用。

---

① 列宁：《什么是"人民之友"以及他们如何攻击社会民主主义者？》，《列宁选集》第 1 卷，人民出版社 1972 年版，第 10 页。

那么，客观事物发展规律的这种变化同人们的活动是什么关系呢？能不能说人们可以通过自己的活动而消灭什么旧规律和创造什么新规律呢？绝对不能这样说。规律是客观事物本身所固有的，它只能随着客观事物本身的变化而变化，因而只能是它本身作用的自行变化。这里，我们用"自行变化"这个说法，就是在规律的变化中完全排除了人的意志和活动的因素。这一点，在自然规律的变化上是比较明显的，关键是如何看待通过人的活动而起作用的社会规律的变化。对于这个问题，斯大林做过很好的说明。他在谈到旧的经济规律让位于新的经济规律时说："政治经济学的特点之一就在于：它的规律与自然科学的规律不同，不是长久存在的；政治经济学规律，至少是其中的大多数，是在一定的历史时期中发生作用的，以后，它们就让位给新的规律。但是原来的这些规律，并不是被消灭，而是由于出现了新的经济条件而失去效力，退出舞台，让位给新的规律，这些新的规律并不是由人们的意志创造出来，而是在新的经济条件的基础上产生的。"①斯大林在这里说的旧经济规律"退出舞台"，就是它的作用自行消失。它不是由什么人赶出舞台的，而是自己退出舞台的。当然，新的经济规律也不是由什么人请进舞台的，而是在新的经济条件具备时自然地出现的。不论旧规律消失还是新规律产生，人的意志都是不起作用的。这是因为，旧的经济条件的消失和新的经济条件的产生，也是遵循着一定的客观规律的，不是人们可以单凭自己的意志去任意地消灭或创造的。资本主义生产资料私有制这种经济条件的消失和社会主义生产资料公有制这种经济条件的产生，虽然是通过人的活动实现的，但人们的这种改变所有制的活动本身却

---

① 斯大林：《苏联社会主义经济问题》，《斯大林选集》下卷，人民出版社 1979 年版，第 541 页。

是遵循着生产关系一定要适合生产力状况的客观规律的,因此,这种经济条件的改变归根到底还是资本主义社会的生产关系和生产力的客观矛盾发展的必然结果。不仅经济现象如此,一切社会现象都是如此,自然现象更是如此。总之,任何一种物质存在状况和存在形式的变化,都是遵循着物质自身所固有的规律的。所以,只要承认规律的存在是客观的,也就必然地要承认规律的变化同样是不以人的意志为转移的客观过程。对于这个问题,在我们论述规律和条件的关系时,还将做进一步的说明。

需要注意的一点是,我们说规律随着物质存在状况和形式的变化而变化,这只是指物质存在状况和形式的质的变化,而不是指量变范围内的任何细小的变化。因为规律是现象中同一的、巩固的东西,是事物本质的关系,它不像事物的现象形态那样是易变的,而是具有相对稳定性的东西,所以,如果物质存在的状况和形式的变化仍在量变范围时,就不会引起事物规律的变化,即不会使旧规律失去效力而让位于新规律。例如从自由资本主义发展到垄断资本主义,这是资本主义这个事物在其总的量变范围内的部分质变。资本主义的生产资料私有制这种经济条件没有发生根本变化,因而,在这种经济条件基础上起作用的经济规律如剩余价值规律等,也就仍然起着作用。同资本主义的这种部分质变相适应,能够发生变化的只是某些个别的规律,或某些规律发生作用的局部情形。如果认为物质状况和形式的任何量的变化都会引起物质运动规律的变化,规律也就同现象一样成了瞬息万变的东西,那样,规律就不成其为规律,就没有任何规律,当然也就谈不上规律的客观性。

规律的客观性质的问题,是决定哲学基本方向的问题。承认规律的客观性,是唯物地解释人的主观能动作用的基本哲学前提。

二、客观规律制约主观能动性

承认规律的客观性，承认规律的存在及其作用不以人的意志为转移，这就承认了客观规律是第一性的，人的主观能动性是第二性的，承认了主观能动性要受客观规律的制约。

客观规律对主观能动性的制约，首先就在于它规定着人的主观能动作用发挥的限度。事物是按照它自身所固有的规律性发展的。事物发展的规律性是它发展的内在必然性，表现着事物发展中只能如此、一定要贯彻下去的基本趋势。这种基本趋势是人们的任何主观努力所改变不了的。马克思说过："一个社会即使探索到了本身运动的自然规律……它还是既不能跳过也不能用法令取消自然的发展阶段。但是它能缩短和减轻分娩的痛苦。"①这是就社会运动来说，跳过和取消自然的发展阶段尚且不可能，更不用说扭转历史运动的基本趋势。人们对于自然界的作用当然更是如此。人的主观能动作用所能达到的，只能是最大限度地加速或延缓事物发展的进程，而不能改变事物发展的基本方向。例如，社会主义代替资本主义，这是人类社会发展的客观规律性，是历史的必然性。这种规律性、必然性是社会本身所固有的，而不是因为某种社会集团譬如无产阶级喜欢它和需要它才具有的，当然也不会因为某种社会集团譬如资产阶级不喜欢它和不需要它而不具有。社会主义必然代替资本主义的内在根据，是资本主义社会的生产力和生产关系的矛盾

① 马克思：《〈资本论〉第一版序言》，《马克思恩格斯选集》第 1 卷，人民出版社 1972 年版，第 207 页。

发展，是社会化的大生产要求变生产资料的资本主义私有制为社会主义公有制。这个"代替"的基本趋势谁也改变不了。人的主观能动作用所能达到的，只能是最大限度地加速或延缓这个"代替"的历史进程。无产阶级可以依靠自己思想和政治路线的正确，依靠自己的努力斗争，去加速这个过程，但却不能人为地制造这个过程。资产阶级可以依靠它手中拥有的物质的和精神的手段，去延缓这个过程，但却绝对不能取消这个过程。这就说明，人的主观能动作用是有它的限度的，而不是无限的。人的主观能动作用不论有多大，都不能改变事物发展的基本趋势即不能改变客观规律本身，这就是它的限度。这样地确定主观能动作用的限度，就是反对了抽象地发展主观能动性，就是坚持了唯物论反对了唯心论。

还不仅如此，人的主观能动作用不但不能改变客观规律，不能超出客观规律所规定的限度，而且它本身的性质和大小反倒是由认识和运用客观规律的正确与否及其正确的程度所决定的。只有当人们正确地认识了客观规律，并能够在行动中自觉地运用客观规律的时候，人们才是正确地发挥了自己的主观能动性，才能使客观规律的作用出现有利于自己的结果，达到自己行动的预期目的。人们对于客观规律的认识越深刻、运用越自觉，主观能动作用也就越正确、越显著。相反，当人们不能认识事物的客观规律，以及由于种种原因而不能利用客观规律的时候，客观规律就起着盲目的、强制的和破坏的作用，它的结果就经常是和人们行动的预期目的不同甚至相反，人们也就像是被一种异己的力量统治着一样，觉得无能为力，只能听从这种异己的力量摆布，就根本谈不上正确的主观能动性。许多自然力量，类如风雪雷电，水旱虫灾，火山地震等，都在长时期里曾经是统治着人类的可怕的异己力量，而且至今仍然有许多自然力量是人们对它无可奈何的。只有当人们认识了某种自然力量的性质，即掌握了某种自然现象的内在规律，并具备了必要的条件去利用这种规律的时候，人们才能从这种自然力量的统治下解放出来，由被它统治的奴隶变为驾驭它的主人。

关于客观规律对主观能动性的制约，恩格斯有一段十分著名的论述。他说："我们统治自然界，决不像征服者统治异民族一样，决不像站在自然界以外的人一样，——相反地，我们连同我们的肉、血和头脑都是属于自然界，存在于自然界的；我们对自然界的整个统治，是在于我们比其他一切动物强，能够认识和正确运用自然规律。"[①]人们如果不顾自然界的客观规律，像征服者对待异民族一样对待自己生活于其中的自然界，为所欲为，那么，就不但不能达到自己的目的，而且确定无疑地会遭到自然界的报复。恩格斯曾以美索不达米亚等地的居民为了得到耕地而把森林砍光，后来使那里成为荒芜不毛之地，以及阿尔卑斯山的意大利人砍光山坡上的松林，结果毁坏了这个区域的畜牧业基础，破坏了抗旱防洪的力量等例子，说明了自然界对那些不顾自然规律的人们的报复，是怎样地无情。

其实，对于大自然的这类"惩罚"，我们自己也已经领受得够多的了。以我国农业生产的发展来说，这方面的教训就十分深刻。曾经在一个不短的时期里，我们片面地强调"以粮为纲"，抛弃"农林牧副渔同时并举"的正确方针，干了许许多多诸如毁林开荒、毁草种粮、围湖造田一类违反自然规律的蠢事，造成了十分严重的恶果。盲目地毁林开荒的结果，造成植被稀疏、水土流失，既毁了林业，也毁了农业。有些牧区毁草种粮，造成草原严重退化、沙化、碱化，有益的野生动物大量减少，鼠

---

① 恩格斯：《自然辩证法》，《马克思恩格斯选集》第 3 卷，人民出版社 1972 年版，第 518 页。

害虫害日趋严重。有些湖区围湖造田，也不但破坏了渔业，而且破坏了湖区抗旱防洪的调蓄能力，影响了农业。更严重的是，这样做的结果，使这些地区破坏了自然生态平衡，引起许多对于人类有害的怪异自然现象，而且各种恶果又互相作用，互相助长，恶性循环，以致难以收拾。这些都深刻地说明，自然界的规律总是作为一种内在的必然性制约着人们的行动。自然界是无情的，它并不像唯意志论者所想象的那样驯服。在社会生活领域里，情形也是如此。在经济工作中，在其他许多问题上，我们也都做了不少违背客观规律的事情，也都不同程度地受到了客观规律的"惩罚"。

整个人类生活的历史和我们自己的亲身经验，都反反复复地证明，人们的行动在每一步上都要受到客观规律的制约。可是，我们在实际生活中又常常看到，不论在自然领域还是在社会领域，客观规律对于人们行动的制约似乎总是在人们碰壁的时候才显示出来。当人们的行动比较顺利的时候，并不觉得自己的行动受到了什么客观规律的制约，只有当自己遭到了客观规律的"惩罚"的时候，才知道自己是违反了客观规律，才深切地感受到客观规律对自己行动的制约。这是怎么回事呢？原来，当人们的事情干得比较得手的时候，一般地说，是自己的认识和行动在一定程度上符合了客观规律，这时，他处处取得成功，自己目的的实现没有遇到来自客观世界的阻力，因此，客观规律似乎并不存在，似乎并不制约着人的活动。而当人们的认识和行动违反了客观规律，处处遭到失败，自己目的的实现总是遇到来自客观世界的阻力，或者虽然在第一步实现了自己的目的，但在第二步、第三步又把这个结果取消了，而走上了自己所预期的反面，这时，客观世界的规律就像一种有意和人们作对的异己的力量出现在人们的面前，才因它对于人们的威胁而以越来越大的鲜明性显示出来，引起人们的注意，才使人们感受到客观规律的存在和作用，感受到客观规律对自己行动的制约。这样一种情况说明什么呢？它主要地说明这样两点。第一，它说明自觉地认识和运用客观规律的重要性。规律的存在和作用，不论在人们遵循它或违反它的时候都是不变的，只是人们的认识和行动有自觉和不自觉的区别而已。人们自觉地认识和运用客观规律，就能逐步地减少盲目性，少走弯路，就能比较容易地取得事业的成功；相反，人们不能自觉地认识和运用客观规律，就容易违反客观规律，容易招致事业的失败，而且，即使是人们的行动在一定程度上符合了某种客观的规律性，那也只是自发的、盲目的，因而是不会巩固和持久的。对而不知其为对，不知其所以对；错而不知其为错，不知其所以错，这就叫作盲目性，或者叫作自觉能动性的丧失。要想取得实践的成功，就必须不断地减少盲目性，提高自觉性，而唯一的办法就是在实践中认真地深入地探索和研究事物的客观规律性。第二，这种情况还充分说明从失败中学习的重要性。客观规律对人们行动的制约，在人们违反客观规律而遭到失败的时候，才明显地显示出来，这就说明，人们在遇到失败的时候，对于尊重客观规律的意义的认识，比在取得成功的时候要深切得多。因此，失败和成功比较，是一种学习的更好机会。正是这个缘故，马克思、恩格斯、列宁和毛泽东同志都屡次强调要善于从我们的失败中学习。我们的革命和建设事业，都不是走的直路，总是有顺利和挫折、成功和失败。暂时的挫折和失败，不但是题中应有之义，而且可以变为我们正确认识客观规律的一个重要环节。试想，如果没有 1927 年和 1934 年由于陈独秀右倾投降主义和王明"左"倾冒险主义所造成的两次严重失败的痛苦经验，我们党对于中国民主革命客观规律的认识能够那么正确和深刻吗？在社会主义建设时期，我们在政治、经济、科学、教育和思想文化各个领域，在取得巨大成绩的同时，也做了一些违反客观规律的事情，使我们的事业受到了挫折。这笔学费也是不会白交的。党的十一届三中全会以来，我们党认真总结历史经验，就既是从我们的成功中学习，也是从我们的某些失败中学习。这个学习已经显出了巨大的成效，使我们对于社会主义时期各种客观规律的认识比过去要正确得多和深刻得多了。从失败中学习，历来是我们转败为胜、不断前进的一条重要经验。不正视失败的教训，只会酿成更大的失败。然而，在失败和挫折面前灰心丧气，只是无休止地表示痛惜，或者像一个旁观者一样怨天尤人，吹冷风，说怪话，也绝不是辩证唯物主义的态度，不是社会主义事业主人翁的态度。

肯定客观规律对主观能动性的制约，就是坚持客观决定主观的唯物主义决定论，反对唯心主义的非决定论、唯意志论。唯意志论者或者否认规律的存在，把世界看成偶然性的王国，认为一切都决定于人的意志；或者否认规律的客观性，认为人们可以随心所欲地制造规律、取消规律或改变规律，把人的主观意志看成凌驾于客观规律之上的东西。因此，在唯意志论者看来，人的主观能动性是不受任何制约的。在唯意志论的思想指导下去发挥主观能动性，就会采取违背客观规律的盲目行动，就会四处碰壁，招致事业的失败。要提倡按客观规律办事，就要坚持不懈地批判唯心论特别是唯意志论。

三、客观规律为主观能动性的发挥提供依据

客观规律限制着人的主观能动性，这只是客观规律性和主

观能动性相互关系的一个方面。这种相互关系还有它的另一个方面，就是客观规律又为主观能动性的发挥提供依据。

自觉性是人的主观能动性的本质特性，它表现为人们活动的目的性。人们行动中的目的性是同人们认识上的预见性密切联系的，而科学的预见之所以可能，则首先因为客观世界的发展是有规律的，并且这种规律是可以被人们认识的。如果客观世界没有任何规律，杂乱无章，一团混沌，人们对一件事情采取某种行动究竟能引出什么样的结果是根本无法估计的，那么人们怎样能够去规定自己行动的目的呢？列宁说："外部世界、自然界的规律，机械规律和化学规律的区分……乃是人的有目的的活动的基础。"①客观规律为人们有目的的活动提供基础，这也就是说，只因为客观世界是有规律的，人们主观能动性的发挥才在客观上是可能的。人们在同自然界的斗争中，正是依靠对于各种自然规律的认识，能够大致地预见到某些自然现象的变化和某些自然物生长、发展的趋势，才能够比较正确地规划自己改造自然的行动。人们在社会领域里，也只是依靠对于客观规律的一定程度的认识，预见到历史发展的某种必然趋势，才能有自觉的历史活动。马克思说过："内部联系一旦被了解，相信现存制度的永恒必要性的一切理论信仰，还在现存制度实际崩溃以前就会破灭。"②只有首先预见到历史发展的必然趋势，造成对于旧制度的理论信仰的破灭，才有推翻旧制度的实际斗争，这是不言而喻的。

人们认识了客观规律，就不仅能够判断事物发展的必然趋势，从而正确地规定行动的目的，同时，也就能够规划行动的

---

① 列宁：《黑格尔〈逻辑学〉一书摘要》，《列宁全集》第 38 卷，人民出版社 1959 年版，第 200 页。
② 马克思：《致路·库格曼（1868 年 7 月 11 日）》，《马克思恩格斯选集》第 4 卷，人民出版社 1972 年版，第 369 页。

实际步骤，运用客观规律去一步步地实现自己的目的。认识规律越正确越深刻，运用规律就越主动越有成效，人的主观能动作用也越大。列宁说："当我们不知道自然规律的时候，自然规律是在我们的意识之外独立地存在着并起着作用，使我们成为'盲目的必然性'的奴隶。一经我们认识了这种不依赖于我们的意志和我们的意识而起着作用的（马克思把这点重述了千百次）规律，我们就成为自然界的主人。"①恩格斯也说过："社会力量完全像自然力一样，在我们还没有认识和考虑到它们的时候，起着盲目的、强制的和破坏的作用。但是，一旦我们认识了它们，理解了它们的活动、方向和影响，那么，要使它们愈来愈服从我们的意志并利用它们来达到我们的目的，这就完全取决于我们了。"②列宁和恩格斯在这里都是讲的人在客观规律面前并不是无能为力的，而是可以依据对客观规律的正确认识去加以利用的。

既然规律是客观的，是不以人的意志为转移的，那么，又是在什么意义上说人们可以利用规律呢？对于上面引述的列宁的话比较容易理解，而对于恩格斯的话则可能发生误解。恩格斯讲"要使它们愈来愈服从我们的意志并利用它们来达到我们的目的，这就完全取决于我们了"。这句话里的"它们"，是指的同自然力一样的社会力量，而不是指支配社会力量或自然力量的客观规律。客观规律本身在任何情况下都谈不上服从人的意志，它只服从它自己。虽然恩格斯在这段话后面也说过人们自己的社会行动的规律"将服从他们的统治"③这样的话，但

① 列宁：《唯物主义和经验批判主义》，《列宁选集》第 2 卷，人民出版社 1972 年版，第 192 页。
② 恩格斯：《反杜林论》，《马克思恩格斯选集》第 3 卷，人民出版社 1972 年版，第 319 页。
③ 参见恩格斯：《反杜林论》，《马克思恩格斯选集》第 3 卷，人民出版社 1972 年版，第 323 页。

那也是在人们可以运用规律或驾驭规律这个意义上说的。事物规律的存在及其作用本身是不能被人改变的，依靠人的主观努力所能加以改变的只是规律发生作用的条件，从而使规律为人们一定的目的服务。正是在这里，给人的主观能动性的发挥留下了十分广阔的余地。关于这一点，我们在讨论规律和条件的关系时再加以详细的论述。

可见，当我们说客观规律在每一步上都制约着人的活动的时候，对于这种制约不能做机械论的理解。所谓制约，并不只是对人的活动的消极的限制，而是同时也为人的活动提供客观的依据。我们强调人的活动要严格地遵循事物的客观规律，这并不是要把客观规律偶像化，不是主张人们奴隶般地听从各种自然力量和社会力量的摆布。人的活动，在本质上是一种创造性的活动。这种创造，当然不是随心所欲的自由创造，它在实质上不过就是人们主动地利用客观规律。人们认识了原子核内部的规律性，就能建造出原子能发电站一类的东西，为自己开辟新的巨大能源。现在，人们的创造活动达到了像利用遗传工程的方法去制造出新的物种这样神奇的程度。其实，这仍然只是在于人们更深刻地认识了生命运动的规律性而已。像遗传工程以及电子计算机、宇航技术等现代科学技术的突飞猛进的发展，表示着人们认识和利用自然规律已经达到了空前的深度和广度，并预示着它的极其广阔远大的前景。自然界是按照自身的规律存在和发展的。在人们发明遗传工程以前，在人们学会利用原子能以前，以至在人类出现以前，生物遗传和变异的规律，原子核内部的规律等，都早已存在着，并起着作用。只是人类在自己的劳动实践中，在变革自然界的过程中，逐渐地认识了自然界的各种规律性，从驾驭水和火等自然力开始，一直到驾驭原子核内部的运动，才逐渐地在越来越广阔的领域里和越来越高级的程度上成了自然界的主人。人类在改造自然界的同时，也改造着自己在其中生活的社会，并逐渐地认识到社会运动的各种规律性。在建立了社会主义制度的国家，随着生产资料公有制的建立和巩固，人们也开始成了自己的社会关系的主人，逐渐能够驾驭社会规律，利用各种社会规律去为自己的目的服务。

因此，在客观规律性和主观能动性的关系问题上，我们既要坚决反对否定客观规律的主观唯心论、唯意志论，又要坚决反对和防止机械论、宿命论。机械论者和宿命论者把客观规律看成只是处处制约着人、统治着人的异己力量，认为人在客观规律面前是无所作为的。这是消极无为的思想，是懦夫懒汉的世界观。如果人们不能认识客观规律并依据这种认识去运用客观规律，当然也就不会有主观和客观的统一。所以，这种观点是从同唯心论相反的另一个极端割裂了主观和客观的关系，同样是和辩证唯物主义的世界观根本不相容的。

四、在实践中提高认识和运用客观规律的能力

不论在社会过程中还是在人的作用所能及的自然过程中，人的主观努力是起着十分重要的作用的。而在人的一切努力中最重要的努力，说到底，还是在于正确地认识和运用客观规律。人们改造世界，就是改变物质的存在形态，改变物质之间的关系，因此，要达到改造世界的目的，首先就要正确地认识物质存在的规律性。然而，人们要正确地认识和运用客观规律，却不是一件十分容易的事情。这是一个艰苦曲折的认识和实践的过程，需要人们高度地发挥主观能动性。

恩格斯曾经以人们对于能量转换的认识为例，说明认识客观规律是一个漫长而复杂的过程。人们在很早很早以前就发现了摩擦取火，不知经过多少千年才发现摩擦在任何情况下都是热的一个源泉，又经过了几千年，到 1842 年迈尔、焦耳和柯尔丁才根据这个特殊过程和同时发现的其他类似过程的关系，认识到一切机械运动都能借摩擦转化为热，又过了三年，迈尔把这种认识提高到这样的阶段："在每一情况的特定条件下，任何一种运动形式都能够而且不得不直接或间接地转变为其他任何运动形式。"①到了这种普遍性的形式，规律才获得了自己的最后的表述。这是认识由个别进到特殊再进到普遍的过程，它说明人们对于规律的认识是随着实践和科学的发展而逐渐深化和提高的。其中，每一深化和提高都是认识过程中的飞跃，都是要在不同程度上依赖于人们的自觉努力。

认识规律是认识事物内部的本质关系或本质之间的关系。人们在实践中直接接触到的是事物的外表现象，而事物的现象是不能直接地表现事物的本质的。只有经过对于许多中间环节的分析，才能找出现象和本质的联系，从而由现象进到本质，认识事物的规律性。因此，认识规律是一个由表及里的曲折复杂的逻辑思维的过程。那种思想的懒汉是不可能认识到事物的规律的。

此外，正如事物的本质有初级本质、二级本质以至更高级本质的区别一样，作为事物本质关系或本质之间的关系的规律，也有它的深刻程度的区别。人们对于规律的认识不断深化的过程，是一个由现象到本质、又由本质到现象，循环往复，不断前进的曲折过程。列宁说："规律的概念是人对于世界过程的统

---

① 参见恩格斯：《自然辩证法》，《马克思恩格斯选集》第 3 卷，人民出版社 1972 年版，第 547—548 页。

一和联系、相互依赖和整体性的认识的一个阶段。"①列宁的这个论述告诉我们，对于事物规律的认识只是认识过程中的一个阶段，不能把一定阶段上对于规律的认识绝对化。人们由现象进到本质，在一定程度上认识了事物的内部规律性之后，只有在这种规律性的认识指导下，继续地去研究那些尚未研究过或尚未深入地研究过的现象，才能补充、丰富和加深对于事物规律性的认识，把对于规律的认识提到高一级的程度。从实践上说，也只有把握住规律的丰富多彩的现象形态，从而了解到规律发生作用的种种复杂情况和复杂条件，才能对规律做到运用自如。同时，在运用规律的实践过程中，也必然地会暴露许多新的现象，从而更充分更深刻地暴露事物的本质，这就需要人们做出新的概括去完备和加深对于规律的认识。如果在取得了某种规律性的认识之后，把这种认识凝固化、绝对化，那么，这种认识就只能是肤浅的、枯槁的，它对于实践的指导也是无力的。可见，要真正做到正确地认识和运用规律，就要在认识上和实践上永不停步，永远前进。

　　人们认识和运用客观规律之所以不是十分容易的事情，除了上述认识过程中的原因以外，还有一个同客观规律本身特点有关的重要原因，就是任何一个稍微复杂一点的客观过程，都不是只有一个规律在起作用，而是同时有许多规律在起作用，这些规律又是有着内在联系的、互相制约的。因此，要把握和驾驭某一客观过程，只认识它的某一个规律或某一部分规律是不够的，而必须认识支配这一过程的全部规律，或者至少是全部主要规律。人们在实践中违反客观规律所造成的后果，往往不是一下子能够暴露，而是需要一段较长时间才能逐渐显示出

---

① 列宁:《黑格尔〈逻辑学〉一书摘要》,《列宁全集》第38卷，人民出版社1959年版，第158页。

来，其中一个重要原因，就在于客观过程发展的这种复杂性。例如，当人们毁坏某一片林地或草原、湖泊去种庄稼的时候，因为毕竟可以从自然界得到一点粮食，所以开初并不觉得自己做错了什么事情，并不觉得违反了什么客观规律。这件事情，就生产粮食这一点来说，也确实是认识了和利用了农作物生长的某些客观规律的，但是，却没有认识到还有其他的规律如自然生态平衡的规律等在起作用，因而虽然得到了一点点眼前利益，但总的结果却是不好的。在改造社会的过程中也是如此。例如一项经济政策的提出，就要估计到在某种具体条件下，各种经济规律共同起作用的结果是什么，而不能只顾其一，不顾其二，只见局部，不见整体。因为任何一个稍微复杂一点的经济过程，也都总是各种经济规律共同发生作用的，各种经济规律之间也本来就是互相联系、互相制约的。总之，只有善于把握各种客观规律之间的内在联系，才能认识客观规律制约主观能动性的种种复杂情况，从而估计到自己行动的更为深远的影响。这正是主观能动性的最突出的表现。人们对客观规律的认识越深刻，对客观过程中各种规律之间的关系认识得越全面，对自己行动的影响就看得越深远，行动的自觉性就越高。

　　既然认识和运用客观规律是一个艰苦复杂的认识和实践的过程，那么，人的主观状态如何就具有关键的意义。不论认识规律还是运用规律都是人的活动，主体的活动。认识规律就是"实事求是"，但实事中的"是"不会简单明白地摆在人的面前，而是人去努力"求"得的。所谓"规律面前人人平等"，是说客观规律对所有人都一视同仁，却不是说所有人都能认识规律。对同一件事情，有的人能洞察它的内在规律，有的人却一无所知，或者得出同它的本质和规律完全不符的认识；即使是符合事物本质和规律的认识，不同的人在其认识的深刻程度上也会不同。这些差别的造成，显然不在于客观事物及其规律本身，而在于认识和运用规律的主体——人的主观状态。因此，从客观决定主观的原理中，不能得出主观状态没有意义的结论。恰恰相反，要正确认识和运用规律，就要求主体具有适应于认识和实践发展的一定历史水平的最佳状态。

首先，要求主体具有良好的精神状态，具有坚强的意志和毅力。客观事物的规律不是一下子可以被人认识到的，往往需要反复的探索，需要经历多次的失败。在科学史上，有些科学家发现某个科学规律，是经过了数百次失败的实验才获得成功的。有时，为了探寻客观规律不仅要流汗，而且要流血，甚至牺牲自己的生命。如果没有百折不挠的精神，没有不畏劳苦沿着陡峭山路去攀登高峰的勇气，没有为科学献身的决心，是不可能探索到客观世界隐藏着的奥秘的。认识规律如此，运用规律也如此。

其次，要求主体具有正确的立场和方法。所谓立场，不仅仅是阶级立场、政治立场（无疑，在认识社会历史的规律上，这是首要的），而是在广义上说的立场，是人们观察问题和解决问题的角度或立足点。立场不对，就会南辕北辙，不可能正确地认识和运用规律。所谓方法，就是思想方法和工作方法。方法不同，认识和实践的结果也会不同。这里，首先是要掌握唯物辩证法，这是对于一切领域的认识和实践都具有指导作用的普遍的科学方法论。同时，又要在唯物辩证法的指导下，不断地探索和创造适合于研究对象和实践对象特点的具体的研究方法和实践方法。

最后，要求主体有丰富的知识武装。要认识规律和运用规律，就要有相应的认识能力和实践能力。方法也表现为能力。而能力或所谓才能属于知识的范畴，是由知识转化为才能。所以，要具有认识客观规律并驾驭客观过程的能力，就必须具备多方面的丰富知识。这里，首先当然包括对于我们要加以运用的客观规律本身的知识。例如要利用原子能，就要具备关于原子核内部运动的规律的知识。仅仅从能够获得对于客观规律本身的知识这一点来说，就要求有相应的知识准备，因为既然认识规律是一个由现象到本质、由感性认识推进到理性认识的能动地发展的复杂过程，那么，如果没有相应的知识武装，就不能具备起码的认识能力，就连对于该一事物的现象都会视而不见，更谈不上从现象中发现本质，找到事物的规律性。这是不言而喻的。而要运用客观规律，除了获得对于规律本身的知识以外，还必须获得关于规律如何发生作用的知识，即规律在各种条件下共同发生作用的各种状况和结果的知识。这就需要认识各个规律之间的关系，认识规律和条件的关系，认识各种条件的性质以及条件与条件之间的相互联系。此外，还需要有对于运用规律去作用于客观对象的各种手段的知识，以及手段与对象之间的相互作用的知识，等等。只有具备这样多方面的知识，才能依照不同情况而采取恰当的手段去达到预期的目的。可见，知识是很重要的。说"知识就是力量"，或者说"科学是争取自由的武器"，其基本的意义正在于此。其实，所谓用知识来武装，这本身就意味着按客观规律办事，因为真理性的知识就是对于客观规律的正确反映。可以说，整个人类文明都是认识和运用客观规律的结晶。人类已经达到的文明，是文明继续发展的基础。轻视知识，是一种反文明的思想和行为，也是一种不尊重客观规律的表现。

随着实践的发展，人们活动的领域不断扩大，对于客观规律的认识不断深化，因而对于主体的主观状态的要求也不断地提高。在现代化建设中，要求人们不论在精神状态上、思想方式和工作方式上，还是在知识素养上，都应当有新的面貌。这就不仅要求人们尽快地丢掉各种精神包袱，而且要求人们尽快地学习各种新的知识。我们每一个人都面临着一个学习和再学习的任务，既要向书本学习，又要向实践学习，而主要的还是要在运用客观规律的实践中学习。人们总是在改造事物的过程中逐渐地认识事物的各种规律性，获得关于事物的各种知识，并学会处理事物的方法的。毛泽东同志在讲到利用价值规律的问题时说过，价值规律是一个伟大的学校，它会教给我们的干部和人民去管理社会主义经济。只要我们有不甘做客观规律的奴隶而争做驾驭客观规律的主人的高度自觉的精神状态，采取尊重客观规律的科学态度，并运用科学的方法，认真地去研究客观规律，从总结成功和失败两个方面的实践经验中去学会运用客观规律，就能够不断地增长才干，提高自觉的能动性。

第四章　主观能动作用和客观条件

　　规律和条件是紧密联系的。一定的客观条件是一定的具体规律发生作用的基础。人们的主观能动作用不但受着客观规律的制约，而且受着客观条件的制约。同样，人的主观能动作用的发挥，也不仅表现在利用客观规律，而且表现在利用客观条件，更确切地说，人们之所以能够利用客观规律，正在于能够利用或改变客观规律借以发生作用的条件。人们依据客观规律去创造和改变客观条件，又通过创造和改变客观条件而利用客观规律，使客观规律为自己服务，这就是发扬自觉的能动性的过程。因此，我们在初步讨论了主观能动性和客观规律性的一般关系之后，就需要进一步探讨主观能动作用和客观条件的关系问题。

一、规律和条件

　　条件是一个具有广泛含义的哲学范畴。世界上一切事物都处在错综复杂的联系之中，没有一个事物是可以孤立地存在和发展的，即是说，任何事物都是同它周围的事物互为条件的。一个事物同它周围事物的联系，对于这个事物来说，就是它存在和发展的条件，这是外部条件。一个事物内部的各个要素，是按照一定的方式结合在一起的，各个要素也是互为条件的。事物内部各个要素之间的对立统一，即事物内部的矛盾性，是事物存在和发展的根据。对于这个事物来说，这就是它的内部条件。任何事物都在一定的时间和空间中运动，这是讲事物运动有它的时间条件和空间条件。运动是物质存在的形式，因此，运动本身也就是事物存在的条件。我们讲主观能动作用和客观条件的关系，其实，这不过是讲主观条件和客观条件的关系，因为在社会历史过程和有人的活动介入的自然过程中，人的主观能动作用也是这些过程得以实现的条件。可见，在最广泛的意义上说，宇宙间的一切都可以是某个特定对象、特定过程的条件。一句话，一切都可以是条件。在研究规律和条件的关系时，首先注意到条件这个范畴适应于如此广泛的意义，是很有必要的。

在规律和条件的关系问题上，我们常说，规律不能创造和消灭，条件却是可以创造和消灭的。同时又说，一定的具体条件是一定的具体规律存在和发生作用的基础。这些说法，在原则上都是正确的。可是，这里有一个问题：人们既然可以创造和消灭规律赖以存在的条件，为什么就不能够创造和消灭规律本身？显然，如果我们在规律和条件的关系问题上，用简单的推论去解决问题，就有可能在理论上发生错误。因此，当我们说规律不能创造和消灭时，对规律的变化及其原因应加以具体的解释；而当我们说条件可以创造和消灭时，也应指明在什么意义上讲条件可以创造和消灭，以及某些条件的创造或消灭对于客观规律会发生什么样的具体影响。

所谓创造条件和消灭条件，不过就是改变条件，因为创造条件并不是无中生有，消灭条件也不是把原来的条件变成绝对的无，这两种情况都只是把旧的条件变成了新的条件。如同人们不能创造和消灭物质而只能改变物质存在的形式一样，当我们说创造了什么条件或消灭了什么条件的时候，也只是说改变了某种物质的存在形式而已。对于被某些条件所制约的事物来说，它的条件的改变，就是这个事物的具体物质关系的改变。因此，我们在研究规律和条件的关系时，首先应当弄清，是改变了某种事物的内部关系还是改变了某种事物同其他事物之间的相互关系？以及在什么程度上改变了这些关系？只有这样，才能够具体地认识所谓条件的改变对于规律会发生什么样的影响。

首先，如果是某种事物的内部关系（内部条件）发生了根本变化，即某个事物存在和发展的根据发生了根本变化，那就是事物本身的性质发生了变化。这种条件的改变，会使原来事物所具有的规律停止作用，而让位于新的事物的规律。斯大林讲经济规律随着经济条件的变化而变化时所讲的"经济条件"，就是包含一定的经济规律于其中的经济关系本身。这种经济关系一旦变化，那些只能在这种经济关系中起作用的经济规律也就不再起作用。毛泽东同志讲战争规律的变化时说："战争情况的不同，决定着不同的战争指导规律。"[1]这主要地也是讲战争本身性质的变化引起战争规律的变化，即随着某种战争的性质的变化，只在这种战争中起作用的规律不再起作用，而让位于新的战争规律。当然，从人们创造历史的角度说，客观事物的内部条件也是可以创造和消灭的，就是说，人们可以改变事物的根本性质。所谓改变旧事物和创造新事物，就是这个意思。例如，人们可以经过社会主义革命，废除资本主义私有制，建立社会主义公有制。这样，就使依赖于资本主义私有制这种经

---

① 毛泽东：《中国革命战争的战略问题》，《毛泽东选集》第 1 卷，人民出版社 1969 年版，第 157 页。

济条件的规律停止作用，而使社会主义经济规律发生作用。但是，这并不是人们废除了什么规律和创造了什么规律。虽然社会主义经济是人们所创立的（当然不是随心所欲地创立的），但一旦被创立出来，它的发展遵循什么样的规律，就不以人的意志为转移了。只要是社会主义经济，它的发展就一定要遵循社会主义的基本经济规律、国民经济有计划按比例发展规律、按劳分配规律等，除非改变了社会主义经济的性质，这些规律是一定要起作用的。所以，对于这些规律本身的存在与否，人的意志是不起任何作用的。还可以举一个简单的例子来说明问题。人可以一脚把一只昆虫踩死，这可以说就是改变了这只昆虫的性质，或者叫作改变了它的内部条件，改变了它存在的根据。这样一来，像同化异化这种生物运动的规律在这只昆虫身上就不起作用了，代替它的是昆虫腐烂的化学规律，等等。但能不能据此而说，人一脚踩掉了一条什么生物规律或一脚踩出了一条什么化学规律呢？这样说显然是十分荒唐的，因为人把这只昆虫踩死了，昆虫运动的生物规律在其他昆虫身上仍然起着作用，这种客观规律并没有被什么人消灭。人不仅可以踩死生物，也还可以培育生物，同样不能据此说人可以培育出什么生物规律。总之，人们可以按照一定的客观规律去改变事物或创造事物，而事物一经改变，它原来的规律就停止起作用；事物一经被创造出来，被创造出来的这个事物的规律就一定要起作用。这在逻辑上是两个层次的问题，不可混淆。人们可以改变物质的具体形态，这是一个层次；每一种具体的物质形态都有它自身固有的规律性，这是人们所不能改变的，这又是一个层次。规律是一种关系，是事物的本质关系或本质之间的关系。是什么样的事物，就具有什么样的内部关系。所谓规律的客观性，就是讲的这种关系的客观性，就是讲这种关系是事物自身所固有的，人不能虚构一种关系去代替事物自身的内在联系。这样，我们就说明了，包括事物存在和发展的内部条件在内的客观条件，人们都是可以改变的，但事物的规律却是人们不能改变的，即使在根本改变了事物的内部条件的情况下，也只是使原来的规律停止了作用，而不是消灭了什么规律。

如果不是改变某种事物的内部关系即内部条件，而只是改变某种事物同其他事物的相互关系即事物存在和发展的外部条件，那么，就不会使事物原来的规律停止作用，而只能改变规律发生作用的形式和结果。我们研究规律和条件的关系问题，正是着重于这个方面。

马克思说："自然规律是根本不能取消的。在不同的历史条件下能够发生变化的，只是这些规律借以实现的形式。"[①]这里说的就是条件的变化会引起规律发生作用的形式的变化。例如，生产关系一定要适合生产力状况的规律，是人类社会发展的普遍规律。只要人类社会存在，就会有生产力和生产关系的矛盾，因而生产关系一定要适合生产力状况的规律就会起作用。但是，在阶级社会里，这个规律是以矛盾的对抗的形式实现的，而在社会主义社会里，这个规律的实现则采取了非对抗的形式。

毫无疑义，认识客观规律在不同条件下借以实现的不同形式，不论对于认识和实践都是十分重要的。它的重要性就在于，一方面，如果不懂得客观规律在不同的条件下有它借以实现的不同形式，就会把规律发生作用的形式的变化误认为规律本身的变化，从而导致否认客观规律本身；另一方面，如果不善于区别客观规律在不同条件下借以实现的不同形式，也就不可能在实践中正确地灵活地利用客观规律。就以生产关系一定要适

---

① 马克思：《致路·库格曼（1868 年 7 月 11 日）》，《马克思恩格斯选集》第 4 卷，人民出版社 1972 年版，第 368 页。

合生产力状况的规律来说，如果不懂得在社会主义社会里只是这个规律借以实现的形式发生了变化，而不是这个规律本身有什么变化，那么，就会把人们能够自觉地调整生产关系以适应生产力的发展这样一种情况，误认为生产关系可以决定生产力，或者误认为生产关系和生产力之间已经不存在矛盾，从而否定这个规律本身，否定这个规律的客观性质。这是一方面。另一方面，如果不能区别在社会主义社会和在以往阶级社会里这个规律借以实现的不同形式，仍然用剧烈的阶级斗争的办法去解决我国社会主义的生产关系和生产力之间经常出现的各种矛盾，那么，就会混淆两类不同性质的社会矛盾，导致阶级斗争的扩大化，并最终地违反生产关系一定要适合生产力状况这个客观规律本身的要求，使社会主义生产关系遭到削弱以至瓦解，造成社会生产力的大破坏。

前面我们已经提到，具体的条件不同，规律发生作用的结果也会不同。例如火的现象，它在任何时候、任何情况下，都是遵循着自身固有的规律活动的，但它的结果，在一种条件下是供人使用，在另一种条件下却造成火灾；电的规律起作用的结果，在弧光灯上是给人照明，在雷电中却可以把人击毙；原子核内部的规律以原子弹的形式发生作用，是一种大规模的杀人武器，而以原子反应堆的形式发生作用，则给人提供工业技术应用的巨大能源。人类正是在长期的实践中逐渐地认识到客观规律在不同条件下发生作用的种种不同结果，才逐渐地学会了利用客观规律去为自己服务。斯大林说："人们如果认识了自然规律，考虑到它们，依靠它们，善于应用和利用它们，便能限制它们发生作用的范围，把自然界的破坏力引导到另一方向，使自然界的破坏力转而有利于社会。"①斯大林这里说的限制客观规律发生作用的范围和把自然界的破坏力引导到另一方向，实际上讲的就是控制和改变客观规律借以发生作用的条件。例如，水是按照万有引力定律等规律运动的，在任何有水存在的地方和时候，这些规律都要起作用。但是，如果人们修建了水库水坝，就可以在洪水到来时把水收归水库，使水不致四处横流，造成水灾；而当久旱无雨时，又可以把水从水库放出，去浇灌庄稼，防止旱灾。这里，无论把水收归水库或从水库放出，都是遵循和利用水的运动规律，即是说，在这两种情况下，水的运动规律及其作用本身并没有改变，而只是人们通过改变和控制水的运动规律借以发生作用的条件（修筑水库水坝等），把水的运动规律的作用限制在人们所希望的方向上和范围里，使它造成人们所希望的结果。

同样地毫无疑义，人们认识客观规律在不同条件下发生作用的不同结果，也不论对于认识和实践都是十分重要的。前面说过，人们之所以在客观规律面前不是无能为力的，之所以能够利用客观规律为自己服务，正是由于人们可以通过控制和改变规律借以发生作用的条件，从而按照自己的意志去选择规律发生作用的结果。

诚然，以上说的只是规律和条件相互关系的一个方面，即规律的作用依赖于条件这一方面。规律和条件的相互关系也还有它的另一方面，即条件依赖于规律的方面。既然事物存在和发展的条件的变化在实质上是物质关系的变化，那就不是随随便便的，杂乱无章的，而是遵循着物质世界运动发展的一定秩序即一定的客观规律的。资本主义私有制的经济条件的消失和

---

① 斯大林：《苏联社会主义经济问题》，《斯大林选集》下卷，人民出版社 1979年版，第 540 页。

社会主义公有制的经济条件的产生，既是资本主义经济规律让位于社会主义经济规律的基础，它本身又是遵循着生产关系一定要适合生产力状况的客观规律的。人们修筑水库和水坝，是为一定区域内水的运动创造了一种客观条件，然而，人们修筑水库和水坝又是依据一定的客观规律如流体力学的规律、材料力学的规律等等的。这些都说明，条件的变化，不论是条件的自行变化，还是经过人们的活动促使条件的变化，都不是没有规律性的。

还需看到，规律和条件的区分也是相对的。这种区分的相对性就在于：一方面，任何一种条件的存在和变化都包含着一定的规律性，已如上述；另一方面，规律在一定情况下也是条件。在许多规律共同起作用的过程中，各个规律就是互为条件的。例如，在资本主义制度下，剩余价值规律、竞争和生产无政府状态的规律等，就是价值规律发生作用的条件；在社会主义制度下，则是社会主义基本经济规律、国民经济有计划按比例发展规律等成了价值规律发生作用的条件。在这两类不同的经济规律的参与下，价值规律发生作用的形式和结果都显然是极不相同的。一切有许多规律共同起作用的过程中，对于其中一个规律来说，其他的规律都具有条件的意义。所以，我们研究规律和条件的关系，也就包括了研究规律和规律的关系。其实，所谓条件，本来就是相对于某个特定对象、特定过程而言的。凡是规定某个特定对象、特定过程的东西，都是该一对象、该一过程的条件。可见，规律和条件的关系问题，是一个比较复杂的问题，切不可简单化。

二、辩证唯物论的条件论

没有一定的条件，客观规律本身不能发生作用；没有一定的条件，人的主观能动作用也无从发挥。可以说，离开一定的条件，一切都谈不上。人们认识自己周围的世界，就是认识人们自己生活的条件；人们改造自己周围的世界，也就是改变自己生活的条件。我们说一切从实际出发，固然是从客观规律出发，但同时也是从客观条件出发，而且要真正做到从客观规律出发，归根到底还是要从客观条件出发。条件问题是一个非常深刻的哲学问题，因而在条件问题上不能不鲜明地表现出不同哲学路线的差别和对立。曾经有一个时期，我国哲学领域发生过对于所谓"条件论"的批判，这种批判本身就是非批判的。这是因为，从不同的哲学立场出发，都会有对于条件的不同看法，即是说，不同的哲学派别都有自己的条件论。有唯物论的条件论，也有唯心论的条件论；有辩证法的条件论，也有形而上学机械论的条件论。所以，辩证唯物论哲学绝不应当去笼统地批判什么条件论，而只能是确定地去批判唯心论和机械论的条件论，却要坚持唯物论和辩证法的条件论。

坚持唯物论的条件论，或者说坚持条件论的唯物论，这都是一个意思，就是承认人们的认识和实践要受到各种条件的制约，承认客观条件是人的主观能动性借以发挥作用的客观基础。

首先，人们对于客观世界的认识要受着各种条件的制约。恩格斯说："我们只能在我们时代的条件下进行认识，而且这些条件达到什么程度，我们便认识到什么程度。"①制约着人的认识的各种条件，如人们所达到的实践水平，客观矛盾暴露的程度，思想资料的积累状况，人们的认识能力包括思维能力以及人们所拥有的认识工具等，都是历史的，受着时代水平的限制的，因而人们的认识也就是历史的，受着时代水平的限制的。哥白尼的《天体运行论》之所以能够问世，主要不是因为哥白尼的天才，而是由当时的历史条件所决定的。如果没有人类长期观察天体的知识准备，尤其是如果没有 15—16 世纪工业、商业、航海业的发展，没有自然科学的进步和科学对于宗教神学的冲击，哥白尼的学说是不可能产生的。人类在 19 世纪能够做出自然科学的三个伟大发现，在 20 世纪能够逐步深入到微观，探索到原子内部的许多秘密，并扩展到宇观，获得对于宇宙天体的许多知识，这也都是由各自的时代条件决定的。其中，除了人类所达到的实践水平和科学水平外，还包括一定的观察和实验手段的建立。如果没有射电望远镜，要发现和研究遥远的星系是不可能的；如果没有高能粒子加速器，人的认识就不能深入微观世界。对于社会历史的认识也是如此。即使是像马克思那样天才的思想家，都不能在自由资本主义时代预先具体地认识帝国主义时代的某些特殊规律。同样地，我们生活在共产主义的低级阶段，当然也不可能预先具体地认识共产主义高级阶段的某些特殊规律，而且就是对于共产主义低级阶段即社会主义阶段，也还存在着许多未被认识的必然王国。这里，除了认识能力等主观条件的限制以外，主要地也还是社会实践水平、客观过程矛盾暴露程度等条件的限制。可见，无论是对自然的认识还是对社会的认识，都不能超越一定的历史条件。

① 恩格斯：《自然辩证法》，《马克思恩格斯选集》第 3 卷，人民出版社 1972 年版，第 562 页。

诚然，人的思想有着巨大的能动性。人们可以运用逻辑的力量从已知推出未知，可以预见事物的未来趋势，这就是说，可以超出现存事物的思想范围。从这个意义上说，人的认识是能够超出一定条件的限制的。但是，这种"超出"本身又是有条件的。如果这种"超出"表现为科学的预见，那么，任何科学的预见都是必须以实践为基础、有事实作为根据的，它对于事物的未来趋势能揭示到什么程度，能看得多远和多深，都是受着当时的实践水平及当时所能提供的事实材料的限制的。至于那些离开实践基础、缺乏事实根据的想象，却绝不是科学的预见，而只是一些脱离实际的空想，甚至是毫无根据的痴心妄想。这类东西"超出"客观条件的限制确实是很远了，甚至往往达到了同客观事实格格不入的程度。但是，仅仅就这种东西根本不可能实现、不可能变成事实这一点，就足以说明它还是受着客观条件的严格限制的。所以，归根结底说来，人的认识是受着历史条件的制约的。

如果说，人们的认识由于能够具有对于事物发展趋势的预见，甚至能有极其高远的想象，因而可以给人一种似乎根本不受条件限制的错觉的话，那么，客观条件对于人们实践活动的限制却在每一步上都是实实在在的。人们尽管可以去想象揪着自己的头发上天这样荒诞的事情，但要实际地揪着自己的头发离开地面，却哪怕只离开一丝一毫，都是绝不可能的。实践是改造事物，即改变物质存在的形态，这就必须具有相应的物质手段。所谓物质手段，就是由人所掌握的物质条件。如果不具备一定的物质手段，要想实际地改变任何一个哪怕是最简单的事物都是不可能的。人们常常说"力不从心"，或者叫作"心有余而力不足"，这说的就是没有掌握能够实现自己心愿（目的）的必要的物质力量即物质手段。在许多情况下，人们即使理论地认识到了自己的任务，甚至也认识到了实现任务的途径，但由于缺乏必要的物质手段，还是不能实现这个任务。我们举一个改造自然方面的例子。人们已经成功地利用了原子核裂变所释放的巨大能量，同时也认识到了原子核聚变所释放的能量比核裂变时要大得多，因而又给自己提出了利用原子核聚变的任务。为了实现这个任务，就必须具备相应的物质手段，其中最困难的就是造成一个极高的点火温度。现在人们制造了氢弹，这是利用原子弹爆炸时产生的高温去点燃重氢和超重氢，实现核聚变反应，即所谓热核反应。氢弹制造成功，可以说人们在一定范围内利用了核聚变。但这是炸弹式的破坏性利用，而能够为人类造福的受控热核反应，却至今还没有实现，原因就在于还没有造成实现受控热核反应所必需的物质手段。当然，这样一个任务肯定会实现的，但它能够实现到什么程度，主要地还是取决于创造实现它的物质手段的程度。可见，人们改造客观世界的实践活动，总是受着客观条件制约的，并不是人们想要怎样改造世界就可以怎样去改造世界的。固然，如同在某种意义上说人的认识能够打破一定条件的限制一样，说人们的实践能够打破某些条件的限制也是可以的。人们变革事物的实践活动，就是一种变革自己生活的条件的活动。变革就是打破。从这个意义上说，条件对于人的实践活动的制约具有相对性。但是，人们能够变革什么样的条件，以及能够变革到什么程度，却是完全地受着条件的限制的。因此，人的实践活动归根到底要受着条件的限制。从这个意义上说，条件对于人的实践活动的制约又具有绝对性。

马克思说："人们自己创造自己的历史，但是他们并不是随心所欲地创造，并不是在他们自己选定的条件下创造，而是在直接碰到的、既定的、从过去承继下来的条件下创造。"①这是对于条件论的唯物论的最好说明。人类历史是各个世代的依次更替，每一代都以前一代活动的结果为前提。作为人们历史活动的基础和出发点的，是从过去承继下来的既定条件。我们正在进行的社会主义现代化建设，是一种根本改变祖国面貌的伟大历史创造。这种创造，就是在既定的历史条件下进行的。中国是一个长期处于封建统治下的国家，在近一百多年里，又曾经遭受着外国帝国主义的侵略和压迫。帝国主义和封建主义的统治，给中国造成了极其低下的生产力，造成了人民生活的极端贫困，造成了科学文化事业的极端落后。中国共产党领导人民取得新民主主义革命的胜利，打倒了帝国主义、封建主义和官僚资本主义三大敌人，推翻了剥削制度，从而挖掉了这种贫穷落后的社会根源，但却还没有根本地改变这种贫穷和落后的本身。林彪、江青反革命集团制造的十年内乱，又曾使我国人民经过艰苦奋斗而恢复和发展起来了的生产力及科学文化事业遭受过严重的破坏。总之，我们进行社会主义现代化建设的物质条件和知识、经验方面的条件都还很不足，现在仍然是在比较困难的条件下进行的。因此，尽管我们要求迅速地改变祖国面貌的愿望是完全正当的和积极的，但我们社会主义现代化建设的一切实际部署却不能从愿望出发，而必须从既定的条件出发。人们只能在自己时代的条件下认识世界，也只能在自己时代的条件下改造世界。人的创造活动能够达到什么水平，人的主观能动作用能够达到什么程度，都是历史地规定了的。

要坚持条件论的唯物论，就要坚决反对唯心论。唯心论是根本不讲客观条件的。林彪搞过一个所谓"四个第一"，说什么

---

① 马克思：《路易·波拿巴的雾月十八日》，《马克思恩格斯选集》第 1 卷，人民出版社 1972 年版，第 603 页。

在人和物的关系上是"人的因素第一"。其实，在他那里，人的因素岂止是"第一"？简直就是"唯一"！而且，他在后面紧接着又用三个"第一"做了补充，什么"政治第一""思想第一""活思想第一"，等等。这样，他所讲的人也就完全不是使用实践力量的物质的人，而只不过是指人的勇敢、意志、"一闪念"之类纯粹精神的东西了。"人的因素第一"也就成了地地道道的精神因素"第一"，精神因素"唯一"。这就是他所说的"精神可以代替物质"，就是精神万能论、意志万能论。林彪的这一番谬论，把条件问题上的唯心论发挥到了真正的顶峰。

马克思主义无疑是非常重视人的因素的作用的。但是，第一，人的因素只有同物的因素相结合，并依靠物的因素才能发挥作用。毛泽东同志在论述争取战争胜利的问题时说："战争的胜负，主要地决定于作战双方的军事、政治、经济、自然诸条件，这是没有问题的。然而不仅仅如此，还决定于作战双方主观指导的能力。军事家不能超过物质条件许可的范围外企图战争的胜利，然而军事家可以而且必须在物质条件许可的范围内争取战争的胜利。军事家活动的舞台建筑在客观物质条件的上面，然而军事家凭着这个舞台，却可以导演出许多有声有色威武雄壮的活剧来。"①这里，首先肯定了战争的胜负主要地决定于作战双方的军事、政治、经济、自然等客观条件，同时，也充分肯定了人的因素的作用，并且深刻地说明了人的因素只有凭借客观物质条件这个活动舞台才能发挥作用。离开物质条件这个舞台，任何人都是不会有任何作为的。第二，在历史过程中起作用的人的因素并不只是精神的因素，而首先是一种物质的力量。历史活动中的人，并不是纯粹的精神活动的主体，而

---

① 毛泽东：《中国革命战争的战略问题》，《毛泽东选集》第 1 卷，人民出版社 1969 年版，第 166 页。

首先是物质的实践活动的主体。我们说实践是一种客观的物质的活动，就是说的它是由物质的人用物质的手段去作用于物质的对象，因而是受客观规律和客观条件制约的客观物质过程。这里，不仅实践的对象和实践的手段是物质的，而且实践者本身也是物质的。如果作为使用物质手段去作用于物质对象的实践者，他本身不是一种物质的力量而只是纯粹精神的因素，那是绝对不可思议的。人的能够活动的双手和某些器官以及人的体力都是物质的力量。正是这个缘故，人们才能够用自己掌握的劳动工具和能源这些物质的东西去延长和扩大自己的器官和体力。那种纯粹的精神因素的人，绝不是也不可能是在历史中活动着的人。所以，从马克思主义的观点看来，在历史过程中起作用的人的因素，首先的和主要的是指人的实践，指人所使用的实践力量。在现实的社会生产过程中作为生产力要素的人，就是"有一定的生产经验和劳动技能来使用生产工具、实现物质资料生产的人"①。在战争过程中作为战争的内在要素的人，就是指掌握战争中物的要素即使用武器从事战争活动的人。如此等等。显然，在这里，人的因素首先是一种物质的力量，而不像林彪所说的那样只是虚无缥缈的"政治"和不可捉摸的"活思想"之类。因此，当马克思说"最强大的一种生产力是革命阶级本身"②或列宁说"全人类的首要的生产力就是工人，劳动者"③的时候，当毛泽东同志说战争中"决定的因素是人不是物"④的时候，都是就生产活动和战争活动中包括人这种物

---

① 斯大林：《论辩证唯物主义和历史唯物主义》，《斯大林选集》下卷，人民出版社 1979 年版，第 442 页。
② 马克思：《哲学的贫困》，《马克思恩格斯选集》第 1 卷，人民出版社 1972 年版，第 160 页。
③ 列宁：《关于用自由平等口号欺骗人民》，《列宁选集》第 3 卷，人民出版社 1972 年版，第 843 页。
④ 毛泽东：《论持久战》，《毛泽东选集》第 2 卷，人民出版社 1969 年版，第 437 页。

质力量在内的各种物质力量之间的关系而言的。在这些物质力量中间，只有人这种物质力量才是具有自觉能动性的，"一切物质因素只有通过人的因素，才能加以开发利用"①。正是在这个意义上说，人是首要的或决定的因素。这里，所谓首要和次要、决定和非决定，都不是讲的精神和物质的关系，而是人这种物质力量和被人所掌握的其他物质力量之间的关系。如果不是这样理解，如果把人的因素错误地规定为只是精神的因素，那么，马克思、列宁和毛泽东同志的上述论断就不可避免地会遭到唯心论的曲解。林彪的"四个第一"，就正是用诡辩的手法，对马克思主义经典作家的论断做了种种恶劣的歪曲。

马克思主义的条件论不仅是唯物的，而且是辩证的。所谓条件论的辩证法，就是肯定条件是可变的，并且认为条件是多方面的、复杂的。马克思主义关于条件的这种辩证观点，包含在马克思主义辩证法的一般原理之中。辩证法是关于事物的运动发展和普遍联系的学说，它也就要求用发展的联系的观点看待条件，而反对用固定的孤立的观点看待条件。

在客观事物的发展过程中，人的主观能动性之所以有发挥作用的可能，就因为客观条件是可以改变的。如果认为条件是一成不变的，当然也就谈不上人可以去改变条件或创造条件，人们就只能做条件的奴隶。那样，也就根本否定了人对自然界的反作用，否定了人类的历史。恩格斯在批判那种片面的自然主义的历史观时说："它认为只是自然界作用于人，只是自然条件到处在决定人的历史发展，它忘记了人也反作用于自然界，改变自然界，为自己创造新的生存条件。"这就是说，人的活动是参与客观条件的变化的。恩格斯并且举例说："日耳曼民族移

---

① 毛泽东：《论十大关系》，《毛泽东选集》第 5 卷，人民出版社 1977 年版，第278 页。

入时期的德意志'自然界'，现在只剩下很少很少了。地球的表面、气候、植物界、动物界以及人类本身都不断地变化，而且这一切都是由于人的活动，可是德意志自然界在这个时期中没有人的干预而发生的变化，实在是微乎其微的。"①人类的生存条件，从本质上说，是由人类自己创造的。人类的历史，就是不断地为自己创造新的生存条件的历史，简单地说，就是不断改变条件的历史。可见，肯定条件的可变性对于坚持整个辩证唯物主义和历史唯物主义的世界观都具有重要的意义。

但是，需要再一次强调指出的是，辩证法不能离开唯物论的基础。我们承认条件的可变性，却又时刻不能忘记，条件的变化也不是随便的，而是遵循一定的客观规律并受着各种既定的条件制约的。人们不是说"没有条件可以创造条件"吗？人们可以创造条件，这是我们充分肯定了的。然而，人们创造条件并不是随心所欲的，不是什么条件都可以创造，不是某种条件人们想在什么时候和什么地方创造出来就可以在这个时候和这个地方创造出来的。这就是说，人们创造条件也需要一定的条件。说"白手起家"，其实不可能是纯粹的"白手"，手上总会有一点儿什么东西。就是我们的老祖宗，只要谈得上"起家"即创业，他就不能只靠一双"白手"，手上总要有一把石斧之类的家伙，这把石斧就是他用以创造条件的条件。人们改造自然是为自己创造生存的条件，这种创造所能达到的限度就取决于人本身发展的程度和人所掌握的物质手段的程度。原始人只掌握了诸如石、木、骨、角等有限的几种物质资料，这就限制了工具的制造和使用，从而限制了他们实践活动的领域，他们只能为自己创造极其低下的生存条件。现代人创造条件的水平大

---

① 恩格斯：《自然辩证法》，《马克思恩格斯选集》第 3 卷，人民出版社 1972 年版，第 551 页。

大提高了，这也是因为他们已经拥有了更高的条件。所以，只有在肯定人们可以创造条件的同时，再加上"创造条件也需要条件"这样的话，才是既坚持了条件论的辩证法，又坚持了条件论的唯物论。

一方面，人的活动要受着条件的限制；另一方面，人的活动又可以打破条件的限制。这两个方面的统一，体现着唯物论和辩证法的统一。历史就是这样发展的："每一代一方面在完全改变了的条件下继续从事先辈的活动，另一方面又通过完全改变了的活动来改变旧的条件。"①这是历史的辩证法，当然也是条件论的辩证法。

认识条件的多方面性、复杂性，也是十分重要的。条件是反映事物联系的范畴。尊重条件的观点，实际上就是坚持辩证法的普遍联系的观点。辩证法认为事物的联系是多方面的、复杂的，这也就是说事物所处的条件是多方面的、复杂的。事物是受各种条件制约的，各种条件之间也是相互制约的。辩证法要求用联系的观点认识事物，也就是要求用整体性的观点即各种条件互相制约的观点认识事物。可以说，人们认识事物的深度和广度，直接地取决于人们把握事物联系的深度和广度。人们在实践中有时发生顾此失彼，甚至进一步退两步的情形，往往就是因为不能把握事物的多方面的复杂的联系，即不能全面地认识事物存在和发展的复杂条件及其相互关系。现代科学的发展，如科学的高度分化和高度综合的趋势，各个学科的互相渗透，许多边缘学科的出现，系统方法的广泛应用；经济生活中，各种经济现象的互相制约，各个经济部门的互相联系；以及整个社会生活中各种矛盾的互相交错、互相影响；等等。这

---

① 马克思、恩格斯：《德意志意识形态》，《马克思恩格斯选集》第 1 卷，人民出版社 1972 年版，第 51 页。

些，都日益深刻地显示出事物联系的复杂性和多方面性，显示出把握条件的复杂性对于科学认识和实践活动具有怎样重大的意义。

总之，在条件问题上既要坚持唯物论，又要坚持辩证法。坚持条件论的辩证法不能离开唯物论的基础；而要真正彻底地坚持条件论的唯物论，也必须在条件问题上运用辩证法。

三、正确的主观能动性表现在正确地
认识和利用条件

不论在自然领域还是社会领域，人们的实践活动所面对的，是由种种复杂条件所交织的条件之网。任何一个过程，都既有它存在和发展的内部条件，又有它的外部条件；有促进它发展的有利条件，又有阻碍它发展的不利条件；有它和其他过程共同具备的一般条件，又有它自己所独具的特殊条件；在各种起作用的条件中，又可以区分为主要条件和非主要条件；而且，所有这些条件都是处在不断变化之中的，在过程的这一阶段存在的条件，在过程的另一阶段可能丧失，而在过程的这一阶段没有出现的条件，在过程的另一阶段却可能产生，这就是已经存在的条件和可能出现或丧失的条件。同时，还应看到，所有这些区别又都是相对的，因为只有人们的实践才是所有这些区别的实际确定者。依人们实践的对象、范围和目的等的不同，在一种情况下是内部条件的，在另一种情况下则可能成了外部条件；在一种情况下是有利条件的，在另一种情况下则可能成了不利条件；在这个范围内是一般条件的，在那个范围内则成了特殊条件；如此等等，反之亦然。可见，人们在实际活动中要全面地把握各种复杂的条件及其变化，并不是一件轻而易举的事情，认识了条件，要做到恰当地利用条件，更不是容易的事情，这都需要高度地发挥主观能动性。换过来说，人们发挥主观能动性的过程，也就是一个认识条件和利用条件的过程。

研究主观能动作用和客观条件的关系，必须具体地认识上述种种条件之间的区别和联系及其对于人们实际活动的影响。这里，我们着重地就内部条件和外部条件、有利条件和不利条件、主要条件和非主要条件以及一般条件和特殊条件这几个方面做一些初步的分析。

（一）内部条件和外部条件

关于内部条件和外部条件的问题，我们在讨论规律和条件的关系时已经有所涉及。这里，只是着重于讨论它同人们的主观能动作用的关系问题。

内部条件是事物存在和发展的根据。事物内部包含的特殊矛盾，规定着事物的特殊本质。事物之所以是事物，就是由它的内部条件决定的。事物之所以能够发展，并且是向着它的确定的方向发展，也是由它的内部条件决定的。因此，不认识事物的内部条件，就不能辨别事物，就谈不上认识事物发展的规律性，更谈不上如何去改造事物。

外部条件也是事物的存在和发展所不可缺少的。农作物的生长，不能没有适当的土壤和气候。一个人的成长，不能没有党的教育和同志的帮助。一个国家的发展，也离不开良好的国际条件。没有一个事物是可以孤立地存在和发展的。一个事物离开了它同其他事物的联系，就成为不可理解的东西。

要正确地发挥主观能动性，达到正确地认识事物和有效地改造事物的目的，就必须对事物的内部条件和外部条件及其相互关系有正确的理解。毛泽东同志说："事物发展的根本原因，不是在事物的外部而是在事物的内部，在于事物内部的矛盾性。……事物内部的这种矛盾性是事物发展的根本原因，一事物和他事物的互相联系和互相影响则是事物发展的第二位的原因。"①又说："唯物辩证法认为外因是变化的条件，内因是变化的根据，外因通过内因而起作用。"②这是对于内部条件和外部条件在事物发展中的作用及其相互关系的很好说明。从它们作用的重要性看，事物的内部条件是根本的，外部条件是第二位的。不了解内部条件，也就无从了解外部条件的作用，因为外部条件离开了事物的内部条件就根本不能起作用。所谓"外因通过内因而起作用"，就是各种外部条件通过对于事物内部矛盾某一方面的加强或者削弱而起作用。例如，水的分子运动是吸引和排斥的矛盾运动，温度这种外部条件的作用，就是通过对这个矛盾中某一方面的加强或者削弱而发挥的。当温度增高时，削弱了水分子之间的吸引而加强了水分子之间的排斥，以至使一部分水分子彻底分离而蒸发出去；当温度降低时，则削弱水分子之间的排斥而加强了水分子之间的吸引，以至当温度达到摄氏零度时，水就凝结成冰。每个人的头脑里都有思想斗争，都有正确思想和错误思想的矛盾。党组织的教育，良好的环境等外部条件，通过加强人的头脑里正确思想一方和削弱错误思想一方而起作用；相反，外界坏人坏事的恶劣影响，则通过加强人的头脑里错误思想一方和削弱正确思想一方而起作用。显然，如果水分子之间没有吸引和排斥的矛盾这样一种内部条件，温度增高或降低这种外部条件就不能对它起作用。如果人们头脑里本来没有正确思想和错误思想的矛盾斗争，则不

① 毛泽东：《矛盾论》，《毛泽东选集》第 1 卷，人民出版社 1969 年版，第 276 页。
② 毛泽东：《矛盾论》，《毛泽东选集》第 1 卷，人民出版社 1969 年版，第 277 页。

论外界影响的好坏都不能对人的思想起作用。正是从内部条件是事物发展的根本原因这个意义上，我们可以说内部条件是第一位的，外部条件是第二位的。然而，这并不是说，外部条件对于事物的存在和发展是无足轻重的。事物的内部条件不能孤立地起作用，而必须有一定的外部条件相配合。事物的外部条件加强或者削弱事物内部矛盾的某一方面，就是促进事物内部矛盾双方相互关系和力量对比的变化。事物的外部条件改变到一定程度时，甚至可以促成事物内部矛盾双方相互关系和力量对比的根本变化，这就是通常说的矛盾双方在一定条件下的相互转化。所以，不认识事物的外部条件，同样不能认识事物的发展。

从发挥人的主观能动性的角度说，人们正是根据对于事物内部条件即内部联系的认识，去创造一些外部条件，改变一些外部条件，使各种外部条件有利于加强事物内部矛盾中的某一倾向而削弱另一倾向，从而促进事物向着对人们有利的方向发展。所谓依据客观规律去创造条件或通过创造条件而利用客观规律，这里说的"创造条件"正是指创设某些外部条件。

（二）有利条件和不利条件

所谓有利条件和不利条件（或顺利条件和困难条件），主要是就人们变革某一事物的实践目的来说的，这就是促进事物向着有利于人们的方向发展的条件和促使事物向着于人们不利的方向发展的条件。从这个角度说，任何事物在其发展过程中，都会存在着这样相反的两种条件。

从事物发展的内部条件看，事物的内部矛盾规定着事物发展的两种互相对立的趋势，这就是事物发展的两种相反的内部条件。对于人们按照一定的目的去解决矛盾的实践来说，当然就是它的有利条件和不利条件。

从事物发展的外部条件看，不论它有多少方面以及有多么复杂，也总可以归结为有利条件和不利条件或顺利条件和困难条件这样两类。事物内部存在着的两种相反的趋势，总是由两种互相对立的外部条件支持着的。否则，这两种矛盾着的趋势就不能互相依存和互相斗争。显然，若是没有两种相反的外部条件分别地加强事物内部矛盾着的双方，而始终只是一种外部条件加强着事物内部矛盾中的某一方，那么，这种矛盾是不可能发展的，或者干脆地说，这样的矛盾在客观上是不存在的。任何事物的发展都不是脱离对立面的发展。人为地使事物脱离开它的对立面去发展，就只能造成事物的畸形发展，甚至倒退。而事物之所以始终能够在同自己对立面的互相制约中发展，一个重要的原因就在于事物发展总是处在相互对立的外部条件下的，从这个角度，也就说明了外部条件在事物发展过程中的重要性。那么为什么在任何事物的发展过程中都一定会存在着两种相反的外部条件呢？只是因为，事物外部的各种因素也是作为矛盾而存在的。事物都是一分为二的，任何一种因素离开与它对立的一方都不能存在。某个东西，对于某一特定过程是作为一种有利条件而存在，那么，它的不可脱离的对立面就是该一过程的不利条件，这是为辩证法的对立统一学说所指明了的浅显道理。

总之，没有一个事物，在它的发展过程中只有有利条件而无不利条件，或者只有不利条件而无有利条件。某个事物发展顺利，这只是有利条件超过了不利条件，并不是不存在不利条件。某个事物发展困难，这也只是不利条件超过了有利条件，而不是不存在有利条件。

正因为客观事物的发展总是既存在着有利条件或顺利条件，又存在着不利条件或困难条件，人们的主观能动性才既有发挥的可能，又有发挥的必要。如果只有不利条件而无有利条件，人的主观能动性就没有发挥的可能。处处都是不利，事物根本不可能发展，人的主观努力又有何用？相反，如果只有有利条件而无不利条件，人的主观能动性就没有发挥的必要。处处都是有利，事情一帆风顺，毫无阻碍，人就可以坐等成功，任何主观努力都无用武之地。可见，在这两种情况下都是否定了人的主观能动性。

实际工作中的"左"倾和右倾，都往往同对于有利条件和不利条件的片面认识相联系。只看到不利条件，看不到有利条件，就看不到光明的前途，因而丧失勇气和信心，本来经过努力可以办到的事情也不敢办，这是右倾。只见到有利条件，见不到或不愿见到不利条件，就看不到事物发展过程中必不可免的曲折，看不到艰苦的斗争，因而盲目乐观，不愿做艰苦斗争或长期斗争的精神准备，轻率地给自己提出根本不能实现或至少目前不能实现的任务，这是"左"倾。

不论有利条件还是不利条件，都不是固定不变的，而是处在不断变化之中的，并且有利条件和不利条件之间也是可以相互转化的。正因为如此，人们才可以创造有利条件和改变不利条件，并依靠有利条件去克服不利条件，才可以化不利条件为有利条件。例如，在同自然的斗争中，人们依靠现有的条件，可以修建水库水坝，变水害为水利；可以植树造林，变沙漠为良田；在社会生活中，人们可以依靠自己掌握的某些有利条件去变坏事为好事，化消极因素为积极因素；等等。

总之，正确地发挥主观能动性，就要全面地认识条件，既看到有利条件，又看到不利条件，并且对它们各居于何种地位，以及它们在事物发展过程中的变化等，做出正确的分析和判断。如果不能辨别有利条件和不利条件，甚至把有利条件误认为不利条件，或者相反，把不利条件误认为有利条件，就会在行动中迷失方向。如果不能及时地把握住事物发展过程中各种有利条件和不利条件的变化，也不可能使自己的行动采取正确的方针和步骤。人们只有正确地具体地认识有利条件和不利条件的区别、联系和转化，才能采取符合客观实际的正确行动，在实践中达到预期的目的。

（三）主要条件和非主要条件

事物存在和发展的条件，不论内部条件还是外部条件，也不论有利条件还是不利条件，都是多方面的。其中，有些条件能给事物的发展以强有力的影响，可以影响到事物发展的方向，甚至关系到事物的存亡；而有些条件则只能给事物的发展以较小和较弱的影响，只能影响事物发展的速度和程度。我们按照各种条件在事物发展中的不同地位和作用，可以把它们区分为主要条件和非主要条件。

主要条件和非主要条件的区别，是同必要条件和非必要条件的区别相联系的。必要条件是事物存在和发展所必须具备的条件，没有这种条件，事物就不能存在和发展。例如，坚持共产党的领导，坚持社会主义道路，坚持人民民主专政即无产阶级专政，坚持马列主义、毛泽东思想的指导等，就是社会主义现代化事业发展的必要的政治条件（此外，当然还需要有经济方面、科学技术方面、文化教育方面的条件以及必要的国际条件，等等）。丢掉这些条件，社会主义现代化建设就成了空话。而非必要条件则是事物存在和发展所不一定要具备的条件，有这种条件或没有这种条件，这种条件多一些或少一些、强一些或弱一些，事物都能够存在和发展，只不过在发展的速度和程度上受到一定的影响而已。这里应当注意的是，主要条件和非主要条件的区分，同必要条件和非必要条件的区分，只是互相联系而不是完全等同。主要条件固然是必要条件，但在必要条件中也还有主要和次要的区别。例如，在社会主义现代化事业发展的必要的政治条件中，最主要的是共产党的领导这一条。没有党的坚强正确的领导，其他条件也不能具备，社会主义现代化事业绝不可能成功。

主要条件和非主要条件的区别，又是同基本条件和非基本条件的区别相联系的。基本条件是影响事物发展过程的基本性质、基本趋势的条件。基本条件的丧失，就使事物发展过程的基本性质不能保证，过程的基本方向不能贯彻。其他的条件，则是非基本条件。例如，生产力的极大发展和人们共产主义觉悟的极大提高，就是共产主义向其高级阶段发展的基本条件。如果不能造成这种条件,向共产主义高级阶段发展是不可能的。而对于已经从事社会主义建设的国家来说，这些条件的丧失，就意味着历史方向有发生逆转的危险。基本条件又是规定和影响非基本条件的存在和发展的。有了某种基本条件，就可以产生其他条件；相反，某种基本条件一旦丧失，则其他一些条件也可能随之丧失。有了生产力的巨大发展，向共产主义高级阶段发展所需要的其他条件就有了得以建立和发展的强大物质基础，因为不论经济基础或上层建筑各个方面的改革都是依赖于生产力的发展的。如果没有生产力的发展这个基本条件，则其他一切都谈不上。这里同样需要注意，主要条件和非主要条件的区分，同基本条件和非基本条件的区分，也只是互相联系而不是完全等同。相对于非基本条件来说，基本条件可以说就是主要条件，但基本条件中也还应当有主次之分。生产力的极大发展和人们共产主义觉悟的极大提高，都是共产主义向其高级阶段发展的基本条件，相对于其他条件来说，都可以说是主要条件，但二者相比，生产力的发展又是主要的。

总之，在事物存在和发展的各种条件中，一定要区别主要条件和非主要条件，其中包括必要条件和非必要条件、基本条件和非基本条件。不论对于事物发展的内部条件还是外部条件，也不论对于事物发展的有利条件和不利条件，都应当做这样的区别。区别主要条件和非主要条件，对于我们在实践中正确地有效地利用条件和改变条件，是十分重要的。只有分清主次，才能在创造和改变条件时抓住关键，把主要的精力放到创设对于事物发展有重大影响的有利条件和消除那些成为事物发展重大障碍的不利条件上去。

诚然，强调区分主要条件和非主要条件，是为了能够集中力量抓住主要条件。但是，这并不是说可以忽视非主要条件，非主要条件并不是不起作用的条件，它们都会在一定程度上加速或延缓事物的发展。主要条件是对事物发展有重大影响甚至决定性影响的，但它也不能孤立地起作用，而是需要其他条件的配合。这就是说，主要条件和非主要条件之间也是互为条件的。只是片面地强调主要条件而不顾其他条件，一说某个东西是"主要矛盾"就全力以赴而不及其余，这种"单打一"的做法是十足的形而上学片面性。这种形而上学曾经猖獗过一个时期，那时，这个"纲"那个"纲"，在所谓"重点论"的旗号下，风行的是"宁要这个，不要那个"的一点论。我们的事业吃这种形而上学的苦头实在太大了。当我们强调区分主要条件和非主要条件，强调重视主要条件的时候，不可不温习这种历史的教训。事实上，主要条件和非主要条件不仅是互为条件的，而且它们的区分也是相对的。对某一过程是主要条件，对另一过程则可能是非主要条件，反之亦是。同时，主要条件和非主要条件之间又是可以互相转换的，在过程的这一阶段是主要条件，到了过程的另一阶段则可能变成非主要条件。因此，如果只是片面地强调主要条件，完全忽视非主要条件，就会在条件变化时，无所措其手足，在实践中遭到挫折和失败。可见，正确的主观能动性不仅表现在善于把主要条件和非主要条件区别开来，从而能着力去抓住主要条件，而且也表现在善于把主要条件和非主要条件联系起来，从而能使各种条件恰当地有力地配合，并在各种条件变化时能够采取适合于新的条件的正确行动。

（四）一般条件和特殊条件

一个事物之所以成为它所成为的那样，是因为有它存在和发展的特殊条件。然而，一切事物都是处在普遍联系之中的，因此，也就会有事物在其不同的范围里即普遍联系中的不同层次里的共同性，有它们存在和发展的共同条件即一般条件。要正确地发扬主观能动性，正确地认识事物和改造事物，就不能不分析事物存在和发展的一般条件和特殊条件及其相互关系。

一般条件是一般规律（即一定范围的普遍规律）发生作用的基础。只有认识事物存在和发展的一般条件，才能认识事物发展中的普遍性、必然性，从而为认识和处理各种特殊的具体事物确定明确的方向。例如，各个国家的情况是千差万别的，但任何一个国家无产阶级的解放，都要经过无产阶级专政的道路，都要把生产资料私有制改变为社会主义公有制，都要有共产党的领导，都要有各国无产阶级的互相支援，如此等等，这就是无产阶级解放的共同条件即一般条件。科学社会主义是关于无产阶级解放的条件的学说，即是说它概括了世界无产阶级解放的一般条件。有了这种对于世界无产阶级解放的一般条件的认识，各国无产阶级的解放斗争就有了明确的方向。如果无视这种一般条件，去片面强调和夸大本国的特殊条件，就会离开马克思列宁主义的普遍原则，找不到争取解放的正确方向。在自然领域里的情形也是如此。认识了一般条件，就为观察和处理同一类的现象确定了方向。总之，只有认识事物的一般条件，才能认识事物的一般规律即一定范围的普遍规律。而认识一般规律的意义就在于，可以把各个特殊的事物及事物发展的各个不同阶段理解为一个有规律地发展的统一过程，从而为认识和处理各个特殊事物提供一个基本的线索和总的原则。

认识一般条件固然是重要的，但尤其重要的是认识事物的特殊条件。事物不仅有它要遵循的一般规律，而且有各自的特殊规律。只有认识事物的特殊规律，才能理解事物的特殊本质，并找出处理事物的具体方法。毛泽东同志在谈到研究战争问题时强调指出："我们不但要研究一般战争的规律，还要研究特殊的革命战争的规律，还要研究更加特殊的中国革命战争的规律。""不懂得这些特殊的情形和性质，不懂得它的特殊规律，就不能指导革命战争，就不能在革命战争中打胜仗。"①不同的战争规律是由不同的战争情况即战争在时间、地域和性质上的差别性决定的，也就是由战争条件的特殊性决定的。要认识战争的特殊规律，就要研究战争的特殊条件。毛泽东同志的这些论述，不仅适用于研究战争问题，而且适用于研究其他事物。只有认识事物的特殊条件，才能认识事物的特殊规律；也只有认识事物的特殊条件，才能认识事物的一般规律发生作用的特殊情形。而且，对事物的一般条件的认识，也是从对于在各种特殊条件中存在和发展的特殊事物的认识中概括出来的。如果不去认识事物的特殊条件，那么对于事物的一般条件和一般规律的认识也就只能是一些贫乏的、僵死的概念。

列宁说："我们不否认一般的原则，但是我们要求对具体运用这些一般原则的条件进行特别的分析。抽象的真理是没有的，

---

① 毛泽东：《中国革命战争的战略问题》，《毛泽东选集》第 1 卷，人民出版社 1969年版，第 155 页。

真理总是具体的。"①马克思主义的一般原则是不能否定的，是在任何时候都必须坚持的。但是，马克思主义的一般原则在每一个别场合的运用却是各不相同的，这就要求特别地分析各该场合的特殊条件。中国革命胜利的最基本的经验，就是正确地实现了马克思主义的普遍原则和中国革命的特殊条件的结合。我们说研究任何问题都不能从抽象的原则出发，而应从具体的事实出发，这从条件论的角度说，说的就是不能把对于一般条件的认识作为出发点，而应当把具体地分析事物的特殊条件作为出发点。显然，如果离开了事物存在和发展的特殊条件，那就对于任何一个哪怕是类似"下雨是好事还是坏事"这样极其简单的问题，都不能做出正确的判断。真理是不是好东西？当然是好东西，我们的最庄严的口号就是"为真理而斗争"。但是，任何一种真理都有它适应和适用的范围即条件，超出了它的范围即条件，哪怕只是超出一小步，真理就可能变成谬误。革命性是不是好东西？也不能抽象而论。一个革命者丧失了革命性，当然也就不成其为革命者了。然而，任何一种革命性都是有条件的。"对于一个真正的革命家来说，最大的危险，甚至也许是唯一的危险，就是夸大革命性，忘记适当地和有成效地运用革命方法的限度和条件。"②公有制和私有制哪个优越？当然是公有制优越。但是，也不能离开具体条件，说公有化程度越高越好。一种所有制究竟优越不优越，看其是否适合于生产力的状况，是否促进生产力的发展。把公有化说得越高越好，把生产资料的全社会公有绝对化，这都是脱离特殊条件的抽象议论，并不是真理。一种行动，在这种条件下是好事，是壮举，而在

---

① 列宁：《立宪民主党人的胜利和工人政党的任务》，《列宁全集》第 10 卷，人民出版社 1959 年版，第 200—201 页。

② 列宁：《论黄金在目前和在社会主义胜利后的作用》，《列宁选集》第 4 卷，人民出版社 1972 年版，第 575 页。

另外的条件下则可能是坏事，是劣迹，这样的事情是屡见不鲜的。

马克思主义的经典作家不止一次地强调，要具体地分析具体的情况，并把这叫作马克思主义的活的灵魂。这意思很明白，丢掉了具体地分析具体的情况，那就等于整个地阉割了马克思主义。所谓具体地分析具体的情况，就正是具体地认识事物的特殊条件。这种特殊条件，包括物的条件、人的条件、时间条件、空间条件，等等。我们这里研究的问题是人的主观能动作用同认识事物的一般条件和特殊条件的关系问题，因此，我们只讲到物的条件和时间条件、空间条件，只从这几个方面分析一般条件和特殊条件的关系。

先说物的条件。物的条件即指影响事物存在和发展的一切物质因素。事物的内部规定性不同，事物和周围其他事物的联系不同，这就是它存在和发展的客观物质条件不同，因而人们处理事物的具体方法也就不应当相同。中国的现代化建设事业，作为现代化建设，不能脱离它的一般条件，不能不遵循现代化建设的一般规律，因此，中国可以而且应当吸取其他国家那些适用于现代化建设的一般条件的好经验。但是，比这更加重要得多的是，中国又有自己的特殊条件。这里，首先在于中国是社会主义国家，中国的现代化建设是在社会主义条件下进行的；其次，中国是大国，是穷国，科学技术基础落后，农民占绝大多数等等，也是不可忽视的特殊条件。因此，中国的现代化又必须走自己的道路，必须采取适合中国特殊条件的路线、方针和办法，搞中国式的现代化。如果不看世界各国实现现代化的一般条件，拒绝学习外国的好东西，实行闭关锁国的政策，那当然是不对的。但是，如果不问各个国家的特殊条件，不顾中国自己的国情，事事照搬外国，那更是错误的。无论办什么事情都是这样，都要从实际出发，这首先就是要从具体的客观物质条件出发。

所谓认识时间条件，不过就是从时间角度研究客观物质条件。事物都是在时间中发展的，事物的各种条件也是在时间中变化的。时间不同，事物存在和发展的许多条件都会不同。常常有这样的情形，同样一件事情，在这个时候去办是对的，而在另一个时候去办就错了。为什么？因为时间不同，条件不同。所谓"因时制宜"，就是要从时间条件出发。任何工作都有时机问题，"机不可失，时不再来"。所谓时机成熟，也就是条件成熟。搞革命，最重要的是抓住时机。革命发动早了，是"左"倾；革命发动迟了，是右倾。搞农业生产，时机也极重要，叫作"不违农时"。搞工业，搞科学，搞教育，搞一切事业，都有时机问题，都要有时间观念，就是说，都要尊重时间条件。认识事物存在和发展的时间条件，是认识事物特殊条件的一个重要方面。

所谓认识空间条件即地点的条件，也不过是从空间即地点的角度去研究客观物质条件。事物都是在空间中发展的，事物存在的条件也可能随着它存在的空间的变化而变化。地点不同，事物存在和发展的许多条件也都会不同。因此，有的事情在这个地方办是好事，到另一个地方去办就未必是好事；有的事情在这个地方能办成，而在别的地方就不一定能办成。常常听到这样的话：某某地方能够办到的事情，其他地方也一定能办到。对于这样的话应做具体分析，看说的是什么事情。就是说，当我们把某一地方的经验在其他地方推广时，首先要弄清楚究竟是什么样的经验。这就要求仔细地分析哪些条件是这个地方和其他地方都适用的一般条件，哪些条件是只有某个地方所独具的特殊条件。能够加以推广的，是适合于各个地方的一般条件的东西，这就是那些带有一定普遍性的经验。如果指的是这样的经验，说某个地方能够办到的事情其他地方也能办到，那就在原则上是对的。当然，即使是推广所谓普遍经验，也还是不能不结合各个地方的具体情况即其特殊条件。而如果是把那些只适合于某个地方的特殊条件的东西当作普遍经验去推广，也说某个地方办到了的其他地方一定能办到，那就会干出"削足适履"的蠢事。

总之，"一切以条件、地点和时间为转移"[①]。地点和时间也是条件，这都是指各个地方和各个时期的特殊条件。因此，一切应以特殊条件为转移。这是马克思主义的最重要的原理。有些人习惯于"一刀切"的思想方法和工作方法，在许多情况下把好事也办成了坏事，就是忘记了这个马克思主义的重要原理，忘记了辩证唯物论的条件论。

可见，认识一般条件和特殊条件同人的主观能动作用的发挥关系甚大。如果不认识事物的一般条件，就不能认识一般规律，因而就没有明确的方向，没有对于事物发展基本趋势的预见性，当然也就谈不上真正的自觉的能动性。而如果对于具体事物的特殊条件一无所知，不顾事物的特殊条件去处理事情，那样的主观能动性就只能是主观随意性、主观盲动性。

---

① 斯大林：《论辩证唯物主义和历史唯物主义》，《斯大林选集》下卷，人民出版社 1979 年版，第 430 页。

第五章　可能向现实转化过程中人的主观能动作用

人们根据对于客观规律和客观条件的认识，给自己提出一定的任务，又遵循着客观规律并依靠着客观条件去实现自己的任务。人们提出任务的时候，即使这些任务的提出是正确的，它也只是作为可能性而存在。只有当人们在实践中实现了这些任务，它才由可能变为现实。人们永远只能实现那些在客观上可能实现的任务，然而，只要是客观上可能的东西，也就能够依靠自己的正确努力把它变为现实。这就是主观能动性和客观可能性的关系问题，它同主观能动性和客观规律、客观条件的关系问题密切联系，是主客观关系的又一个重要方面。

一、客观可能性和人们行动的目的性

人的主观能动性之所以区别于动物的盲目的能动性而称之为"自觉的能动性"，人的活动之所以区别于动物的本能活动而成为自觉的活动，就在于人的活动具有目的性。然而，人的目的不是凭空产生的，它既不像主观唯心主义者所认为的那样，只是纯粹主观的需要、主观的臆想，也不像客观唯心主义者所说的那样，是从客观世界之外的什么地方取得的，是什么"神"的启示。列宁说："事实上，人的目的是客观世界所产生的，是

以它为前提的。"①目的虽然是主观范畴的东西，但却是从客观
世界中取得的。人们要正确地规定自己行动的目的，就必须使
主观符合于客观，这也就是要正确地认识客观需要和客观可能
性。毛泽东同志说："做一切工作，必须切合实际，不合实际就
错了。切合实际就是要看需要与可能。"②这里讲的需要，当然
是客观的需要。主观的需要应是客观需要的反映，它构成人们
实践活动的动机。所谓客观的需要即客观的必要性，是客观过
程的发展本身提出的要求。而当这种要求具备了得以实现的实
际可能性的时候，它就作为一定的任务被提了出来。所以，从
比较重大的历史活动来看，人们历史活动的目的，应是一定历
史时期的社会任务在人头脑中的反映。在这里，客观需要和客
观可能性也是统一的，不具备客观可能性的需要不是客观的需
要。马克思说："人类始终只提出自己能够解决的任务，因为只
要仔细考察就可以发现，任务本身，只有在解决它的物质条件
已经存在或者至少是在形成过程中的时候，才会产生。"③就是
说，不具备它得以实现的客观条件即不存在着客观可能性的东
西，是不会成为一种客观的要求而被历史行程提出来的。这就
说明，即使是对于客观需要的认识，也依赖于对各种可能条件
的认识。所以，一切都要归到对于客观可能性的认识上来。很
显然，人们如果连什么是可能性和不可能性都分辨不清，要正
确地确定自己行动的目的是不可能的。

　　可见，从认识的角度说，主观目的和客观现实的对立统一，
在它的合理形态上只是客观过程中可能与现实的对立统一的转

---

　　① 列宁：《黑格尔〈逻辑学〉一书摘要》，《列宁全集》第 38 卷，人民出版社 1959
年版，第 201 页。
　　② 毛泽东：《关于农业互助合作的两次谈话》，《毛泽东选集》第 5 卷，人民出版
社 1977 年版，第 119 页。
　　③ 马克思：《〈政治经济学批判〉序言》，《马克思恩格斯选集》第 2 卷，人民出
版社 1972 年版，第 83 页。

化形式。[①]可能的东西不是现实的东西，但却不是没有现实根据的东西。可能性只是将来的现实，而它的根据却存在于现在的现实之中。可能性的现实根据，就是事物发展的客观规律和现实存在的客观条件。因此，要正确地认识事物发展的客观可能性以确定自己行动的目的，说到底，还是依赖于正确地认识客观规律和客观条件。

可能性首先是和必然性相联系的。可能性是事物发展的未来趋势，这种趋势是由事物的内部矛盾所规定的。任何事物都在其内部包含着自己的对立面，包含着自己的否定因素。在一定条件下，事物会向自己的对立面转化，即为自己的对立面所否定而变成与自己不同的他物。这就是说，任何事物都具备着变成别的事物的可能性。所以，要认识事物发展的趋势，首先就要认识事物内部的矛盾性，这也就是认识事物内部的本质的必然的联系，即认识事物发展的规律性、必然性。例如，判断某个物种有没有培育成新的物种的可能性，就要研究这个物种内部的遗传和变异的矛盾，研究它有哪些新的性状以及这些新的性状的发展趋势，等等。认识了事物的规律性、必然性，就能够断定某种事情在它所要求的条件具备的情况下是一定要发生的，这当然是对于客观可能性的最可靠的判断。

必然的东西是可能的，但可能的东西不一定是必然的。必然性的实现要经过由可能到现实的发展过程，这个过程是由无穷无尽的偶然性为自己开辟道路的。不论在自然界还是在社会领域，都不存在着简单的直接的必然性，而总是有各种偶然因素在起作用，因而使事物的发展出现各种似乎偏离必然性的可能性。这就是说，可能性又是同偶然性相联系的。社会主义代替资本主义，是人类历史发展的必然性，因此，任何一个资本

---

① 有些学者正确地指出，目的还须从人们活动的价值目标方面去规定。

主义国家当然地具备着发展为社会主义国家的可能性。但是，在它由可能向现实转化的过程中，又有种种偶然因素参与其中并起着作用，因而使得每一个国家在它一旦发生社会主义革命时又存在着胜利和不胜利这两种可能性。种瓜得瓜，这是客观必然性。认识了这种必然性就可以判断，只要把瓜子撒在适当的土壤里，就是具有了得瓜的客观可能性。但在它由可能向现实转化的过程中，又有种种偶然因素在起作用。如果一场大水把瓜子冲走了，或者遇到什么风灾虫害把瓜秧破坏了，也就使瓜的收获成为不可能。这都说明，偶然性的作用也是不可忽视的。客观规律性在它发挥作用的过程中，客观必然性在它实现自己的过程中，为什么一定会有种种偶然因素起着作用呢？这主要地是由于事物发展过程的条件是复杂的。因此，我们要做到尽可能正确地估计各种偶然因素的作用，估计由此造成的各种可能性，也就要充分地认识事物发展过程中的各种复杂条件及其变化。对于条件的认识越充分，对于各种偶然因素的作用及由此造成的各种可能性的估计也就越充分。

需要注意的是，事物发展的客观可能性尽管也同偶然性相联系，但主要的基本的还是和必然性相联系的。偶然性不是纯粹的偶然性，它只是必然性的补充和表现形式，在它的背后总是隐藏着一定的必然性。这是因为，虽然事物存在和发展的条件是复杂的、多变的，但任何一种条件都不是别的，而只不过是一定的规律性、必然性借以发生作用的条件。离开一定的客观规律，人们就无法判定某个东西是什么条件。例如，人们说温度是一种条件，但如果离开物质运动的某种具体的规律性，例如水的分子运动的规律性，生物生命运动的规律性等，就谁也说不清温度究竟是个什么条件。所以，从实质上说，所谓事物发展的多种可能性，无非就是说的在不同的条件下事物的客观规律发生作用所可能出现的多种结果而已。如果排斥必然性，或者把可能性同偶然性的联系和它同必然性的联系等量齐观，那就无异于说一切都是可能的。而如果把这样的结论作为行动的出发点，那么，人们的行动也就只能像赌博一样，到处是碰运气，就只有盲动性而谈不上什么目的性。这在实际上是一种唯心主义的非决定论的观点。辩证唯物论所要求的，是着力于认识事物发展的必然性，同时又尽可能充分地估计各种偶然因素的作用；而估计各种偶然因素的作用，归根到底也还是为了更充分地把握事物发展的必然性。我们认识事物发展的客观规律性，并尽可能周密地认识事物发展的各种复杂的客观条件以及这些条件的变化，这样，就既能够把握事物发展的基本趋势，又能够尽量充分地估计到各种偏离基本趋势的倾向，从而把握住事物发展的多种可能性。

在认识客观可能性的时候，必须根据对于事物发展的客观规律和客观条件的认识，对可能性做深入的具体的分析，区别它的各种不同情况。只有这样，才能正确地规定自己行动的目的。

首先，必须区分可能性和不可能性。具备可能性的事物，是在现实中有它发生的根据和条件的事物，否则就是不可能的东西。例如，20 世纪内在我国实现四个现代化，这是可能的，因为这是中国历史发展的必然，它具备着包括政治、经济、科学文化等各个方面的物力和人力的必要条件。又例如，人类开辟新的能源，认识更遥远的星球等，都是可能的，因为这些事情都是有它的客观根据的，随着科学技术和生产力的发展，这些事情的实现会具备越来越充分的条件。而要制造永动机，要亩产粮食几十万斤之类的事情，就是不可能的，因为这些东西是荒诞的。荒诞和无稽是连在一起的，无稽就是没有考察它的根据。人们能够去办也只能去办那些在客观上可能的事情，而不能去办那些在客观上根本不可能的事情。如果把可能当作不可能，能够办到的好事也不去办，固然是懦夫或者懒汉。但如果把不可能当作可能，硬要去干那些在客观上根本不可能的事情，那就是主观盲动。历史上总不乏那些企图制造"永动机"之类的痴妄之辈，他们之所以为后人所耻笑，就在于他们给自己提出了显然不可能实现的任务。曾经有过一个时期，有些人提出过这样的口号："敢想就有可能，敢做就能实现"，"异想就能天开"。这就是完全不管什么可能和不可能的客观区别，而只凭主观的臆想去蛮干。这样去规定自己行动的目的，是永远不可能实现的，只能使自己白费力气，去做些徒劳无益的蠢事。在实际工作中出现的"高指标"，就是把指标定得超出了实际的可能性，就是脱离事物发展的客观根据和客观条件去规定自己的目的和任务，或者干脆就是把不可能当作可能。有了这种"高指标"，什么浮夸风、瞎指挥风、强迫命令、说假话等东西就会伴随而来。其结果，指标本身固然绝不可能实现，还必不可免地会给我们的事业造成多方面的危害。

其次，在可能性中必须区别在现阶段可以实现的可能性和只在以后的阶段才可以实现的可能性。在现阶段可以实现的可能性，是在现实中有充分根据并具备它实现的必要条件的可能性。只在以后阶段才可以实现的可能性，则是在现实中虽有一定根据，但根据不充分，或根据没有展开，或缺乏它得以实现的必要的现实条件的可能性。例如，实现四个现代化，这在我们国家是有根据的，这个根据是充分的，是展开了的，同时，它又具备种种必要的现实条件，因此，它是一种在现阶段就可以转化为现实的可能性。把实现四个现代化规定为我国人民当前的行动目的，是切合实际的。但是，如果把实现完全的共产主义即向共产主义的高级阶段转变规定为当前行动的目的，那就是不合实际的，错误的，不可能实现的。因为这件事情在现实中虽然有根据，但这个根据还没有充分展开，还不具备它的必要的现实条件。因此，它是只在以后的阶段才可以转化为现实的可能性，是我国人民和全世界人民的长远目标。可见，能够而且应当提到当前日程上来的，只能是那些在现阶段就可能转化为现实的事情。如果放着这样的事情不去做，而把只在以后阶段才可能转化为现实的事情勉强地放在当前来做，就是超越了必经的历史阶段，就会因为不具备必要的现实条件而流于无谓的空谈，这同把不可能性当作可能性一样，只是干一些白费力气的蠢事。当然，只在以后阶段才可以实现的可能性同不可能性又是有着原则界限的。不可能性是指没有基本的根据，并且在任何时候都不会有这种根据因而永远不能实现的，而只在以后阶段才可实现的可能性则总是一种客观可能性，它只是在现阶段不能实现，但将来是可能实现的。向共产主义的高级阶段转变这件事情，在今天还不能提到日程上来，但总有一天要提到日程上来的，并终归要变成光辉的现实。这是因为，所谓现阶段可以实现的可能性和只在以后阶段才可以实现的可能性的区分，只是表示客观过程发展的不同阶段，阶段的区分只不过是个条件的问题。客观条件不是死的、凝固的东西，而是不断变化发展着的东西。随着条件的变化，客观过程的发展也由一个阶段向另一个阶段推移，在前一阶段尚不能提到日程上来的事情，在后一阶段则能够而且常常是必须提到日程上来。这才是唯物辩证法的发展观点。如果混淆只在以后阶段才可实现的可能性和不可能性的区别，把以后阶段可以实现的可能性当作不可能性，就会使自己失去长远的目标。认识事物发展的不同阶段的可能性，认识它们之间的区别和联系，就能够正确地确定自己行动的当前目的和长远目的，既不放过当前的任务去实行那些只在将来才能提出的任务，又在脚踏实地执行当前任务的时候不失远大的目标。实践当前的任务越努力，放眼将来的目标越长远，说明行动的自觉性越高，主观能动性越大。

再次，在现阶段可以实现的可能性中又必须区别两种互相对立的可能性。事物发展的根据是事物内部的矛盾性。事物内部的矛盾规定了事物存在着两种互相对立的发展趋势，而且，这两种对立的趋势又是由互相对立的外部条件支持着的，这就使任何事物的发展都具有两种对立的可能性。人们认识事物发展的两种对立的可能性，不仅把争取其中一种可能性的实现规定为自己行动的目的，而且把避免另一种可能性的实现规定为自己行动的目的，这样的双重规定，就可以使行动的目的性更加明确。混淆两种相反的可能性固然会迷失方向，而只看到一种可能性，忽视另一种可能性，也会在行动上陷入被动。只看到不利的可能性而看不到有利的可能性，就会失去斗争的勇气，无所作为；只看到有利的可能性而看不到不利的可能性，就会盲目乐观，当不利的可能性一旦悄悄地变成了现实的时候，就会张皇失措。我们在任何问题上都一定要同时估计到两种对立的可能性，这也是两点论。

最后，对于客观可能性不仅要做质的分析，已如上述，而且要注重量的分析，就是说，要尽可能准确地估计客观可能性的大小。这样，才能使自己的目的更加切合实际。把本来较大的可能看成只具有较小的可能，因而不敢给自己提出应当提出的较高目标，就是放松主观的努力；而把本来只有较小的可能看成较大的可能，轻率地给自己提出实际上高不可攀的目标，就会把主观能动性变成主观盲动性。实际生活中，固然有把可能当作不可能或把不可能当作可能的情况，但人们更容易更经常发生的错误，则是把本来很小的可能看成很大的可能，或者相反。例如所谓"高指标"的问题，其中有些是把不可能当成了可能，而在更多的情况下，则恐怕是把较小的可能当成了较大的可能。因此，要正确地估计客观可能性，就要对各种客观条件进行认真的量的分析，仔细地估量各种条件的多寡及其成熟程度，并恰当地估计自己驾驭这些条件的主观能力。这样，才能真正做到量力而行，既充分又正确地发挥主观能动性。

还必须指出的是，人们对于客观可能性的认识既然是对于事物发展的未来趋势的预见，那就在任何时候和任何问题上都只具有相对的、近似的性质。客观过程的各种矛盾、各种因素是逐渐暴露的，而且，在它的发展过程中还必然地会发生这样或那样的变化，这就使客观可能性本身以及人们对它的认识都会有变化。因此，人们在提出目的和实现目的的过程中，都需要随着客观情况的变化而不断地修正自己的目的。不能根据对于客观可能性的一定认识而为自己规定明确的目的，固然不会有行动的自觉性，但无视客观可能性的变化而固执着某种既定的目的，也不是真正的自觉性，而只会导致背离客观实际的盲动性。

总之，只有在认识客观规律和客观条件的基础上，具体地深入地研究事物发展的客观可能性，严格地区分可能性在质上和量上的种种不同情况，并且及时地把握住可能性的变化，才能正确地确定行动的目的，给自己规定恰当的任务。可见，客观可能性对人们行动的目的性的制约，实际上也就是客观规律和客观条件对主观能动性的制约。

二、主观能动性在促进可能向现实转化
过程中的作用

既然任何一种可能性都有它的客观根据，那么，它们就都是事物自身发展的一定倾向。在一定的客观条件下，可能性可以变为现实。而新的现实又提供新的根据和条件，使事物的发展出现新的可能性。客观世界各种事物的发展，就是这样一个由可能转化为现实、又由现实转化为可能的循环往复以至无穷的辩证过程。在社会领域和有人的活动介入的自然领域里，这个过程也就是人们把自己的目的变成现实，又依据新的现实提出新的目的，这种形式循环往复的辩证过程，即人们不断地提出目的和实现目的的过程，因而也是人的主观能动性不断发挥和发展的过程。

可能与现实是对立的统一。这使人的主观能动性既有发挥的可能又有发挥的必要。可能与现实的统一，就是说可能是建立在一定的现实根据和现实条件之上的，可能与现实之间具有互相转化的趋势。可能与现实的这种内在同一，使人们能够不断地创造新的现实和新的可能性，这就是人的主观能动性有发挥它的可能。可能与现实的对立，就是说可能不是现实，它只是未来的现实。由可能转化为现实，需要经历一个或快或慢的发展过程，这是一个条件变化的过程。而条件如何变化，则在很大程度上取决于人们的主观努力，这就是人的主观能动性有发挥它的必要。

在由可能向现实转化的过程中，人的主观能动作用首先在于，人们可以从客观事物发展的多种可能性中选择其中一种使

之成为现实，而阻止其他的可能性成为现实。

如前所述，客观事物的发展由于总是存在着互相对立的内部条件和外部条件，因而它总是存在着正反两种可能性。两种对立的可能性正因为它们是对立的，就不可能同时都变为现实。其中一种可能性的实现，就是另一种可能性的消失。这样，就为人们主观能动作用的发挥留下了很大的余地。既然不同的可能性是由不同的条件支持着的，它们能否实现也取决于条件，那么，人们就可以通过创造和改变某些条件，去促进一种可能性实现而阻止另一种可能性实现，以达到自己的目的。例如，农业生产总是存在丰收和歉收两种可能性，究竟其中哪一种成为现实，人们在一定程度上是有选择的自由的。要争取丰收的可能性变成现实，就要努力去创造一定的必要条件，如选种改土，防洪抗旱，除草灭虫，改进耕作技术，等等。这是人的主观努力所完全能够做到的。如果放松主观努力，任其自流，靠天吃饭，那就会发展歉收的可能性，并使它成为现实。这个例子说的是人们同自然界的斗争。在社会生活领域里，情形就更加不同了。所谓社会，就是以物质生产活动为基础而相互联系的人们的总体，是人们交互作用的产物。人们改造社会的斗争，是基于物质利益的对立而展开的人与人之间的斗争。社会发展的不同趋势和结局，直接地同人们的根本利益联系着。因此，在阶级社会中，社会生活发展中的两种对立的可能性，在许多情况下，是由不同的社会势力自觉地支持着的。一个国家的革命存在着胜利和失败两种可能性，它们分别地由被统治的革命阶级和反动的统治阶级支持着。世界形势的发展存在着战争与和平两种对立的可能性，它们分别地由霸权主义势力和反霸势力支持着。根本利益对立的社会势力，都要力争对于自己有利的可能性变为现实，而竭力阻止对于自己不利的可能性变为现实，其结局如何，当然在很大程度上取决于双方的主观努力。因此，革命的阶级和势力如果放弃自己的努力，丧失主观能动性，那就无异于束手待毙，把胜利拱手让给自己的敌人。

人们自觉地选择一种可能性使之实现，并不是可以忽视另一种可能性。两种可能性的斗争，是事物内部矛盾所规定的两种趋势的斗争，这是不以人们的意志为转移的客观存在。不论在改造社会的斗争中还是在改造自然的斗争中，人们只有清醒地看到两种相反的可能性，才能高瞻远瞩，驾驭过程的全局。对于事物向坏的方面发展的可能性，正确的态度不是不承认它，而是要充分地认识它，并努力为阻止它的实现准备充分的条件。一种可能性的加强，就是另一种可能性的削弱，这是一件事情的两面。所以，毛泽东同志说，向着最坏的一种可能性做准备，"正是为着争取好的可能性并使之变为现实性的一个条件"①。只有向着最坏的可能性准备，才能有备无患，一旦在某种条件下它由可能向现实转化时，也能够应付自如，并能够尽快地挽回局面，使向着好的方面发展的可能性不至于完全丧失。争取好的可能性，准备坏的可能性，从最坏的可能性着眼去部署我们的工作，这是我们党在长期斗争中积累起来的重要经验，是革命党人高度主观能动性的表现。这个经验，不仅适用于阶级斗争，而且适用于一切斗争，适用于一切实践活动。

事物的发展不仅由于它内部的矛盾性而具有互相对立的两种可能性，而且由于事物发展过程的条件的复杂性、多样性，使正反两种可能性中的每一种都会有其成熟程度和深刻程度的差别性。好的可能性有最好的、比较好的等区别，同样，坏的可能性也有最坏的、比较坏的等不同。人们高度的主观能动性

---

① 毛泽东：《关于打退第二次反共高潮的总结》，《毛泽东选集》第2卷，人民出版社1969年版，第742页。

也就还表现在，能够在好的可能性中选择最好的，在坏的可能性中避免最坏的。这样，就能在好事可以办成的时候，继续创造条件，把事情办得好上加好；而在坏事不得不发生的时候，也能努力避免它的最坏的结果。

对于客观事物发展的多种可能性，人们能不能自觉地加以选择，其结果显然是大不一样的。如果不加选择，任其自然，就是自发论，实质上是宿命论。这是无所作为的表现，是放弃了自己对于客观外界的明确态度，是主观能动性的丧失。这种自发论、宿命论的思想，是马克思主义所坚决反对的。

这里，必须指出的是，人们能够在客观事物发展的多种可能性中加以选择，却绝不能够"选择"客观必然性，虽然必然性在尚未实现时也只是可能性。我们说事物发展存在着两种对立的可能性，这是就事物发展的过程来说的。在任何事物的发展过程中，总是有两种对立的趋势在斗争着。然而，如果就事物发展的必然趋势来说，则不能是两种而只能是一种。事物总是由低级向高级发展，总是新事物取代旧事物，在社会领域内尤其如此。从这个意义上说，可能性就是必然性，只不过是暂时尚未实现的必然性。例如，在我们建设社会主义和共产主义的过程中，不能否认它存在着成功和失败两种对立的可能性，但是，如果就其必然趋势来说，则只是一种可能性，即是说，最终可能实现的只能是共产主义。共产主义既是可能性又是必然性，是具备必然性的可能性。这种必然性虽然尚未实现或尚未完全实现，但却不是为任何人所"选择"的，也不是为任何人所能够"选择"的。事物的必然性是通过无穷无尽的偶然事件开辟道路的，因而事物的发展是通过曲曲折折的道路前进的。事物发展的多种可能性，无非表明必然性实现过程的曲折性。所以，当我们说人们可以对不同的可能性加以选择的时候，这在实质上不过是说，在客观必然性得以实现的曲折过程中，人们可以去做些促进和加速必然性实现的事情，而不让那些阻碍和延缓必然性实现的事情出现。可见，在由可能向现实转化过程中人的主观能动作用，说到底，也就是加速或延缓客观必然性实现的作用。

人们自觉地创造自己的历史，就是通过自己的活动和努力，不断地把客观的可能性变成客观的现实。因此，在社会领域和有人的活动干预的自然领域里，人的主观能动作用是不可低估的。毛泽东同志在谈到战争胜负的变化时说："客观因素具备着这种变化的可能性，但实现这种可能性，就需要正确的方针和主观的努力。这时候，主观作用是决定的了。"①战争如此，一切需要人做的事情都如此。这里说的主观作用是决定的，并不是说主观决定客观，它的前提是肯定客观因素具备着变化的可能性。客观上不可能的东西，主观上无论怎样努力也是不会实现的。然而，客观上可能的东西，又只有依靠人的主观努力才能实现。如果人不去做或做得不好，任何事情都不会自动地成功。客观可能性是建立在一定的客观条件之上的，它的实现也依赖于一定的条件，这两类条件的出现都有人的创造活动的参与。前一类条件是人们过去的创造活动的结果，又是人们借以创造后一类条件的条件。人们创造历史的过程，就是通过不断地创造条件而不断地创造新的现实和新的可能的过程。实现四个现代化，是中国人民正在进行的伟大历史创造。这个伟大任务，是在中国人民已经进行的历史创造的基础上提出的。我们过去取得的成就，为它提供了必要的条件，使它在客观上具备了实现的可能性，而要使它早日变为光辉的现实，又必须依靠

---

① 毛泽东：《论持久战》，《毛泽东选集》第 2 卷，人民出版社 1969 年版，第 454—455 页。

全中国人民同心协力，艰苦奋斗，继续创造新的条件。四个现代化等不来，只能靠中国人民干出来。因此，在"四化"征途中，一切抹杀和贬低人民群众主观能动性的错误思想都必须扫除干净。

第六章　自由和必然

　　人们发挥主观能动性，正确地认识客观规律，并利用客观规律去实现自己的目的，就是使"盲目的必然性"变成"为我的必然性"。由"盲目的必然性"向"为我的必然性"转化，也就是必然向自由的转化。因此，研究主观能动性的问题也就不能不研究必然和自由的关系问题。

一、自由就是认识必然和利用必然

　　必然是客观事物的联系和发展中合乎规律的基本趋势，属于客观的范畴。自由即人们的意志自由和行动自由，则属于主观活动的范畴。列宁曾经说过，恩格斯关于必然和自由的论述，只是对于自然界是第一性的、意识是第二性的这个唯物主义一般定义的"一次个别应用"，他并且批判那些想当马克思主义者的俄国马赫主义者们竟然"没有看出"恩格斯关于必然和自由的论述在认识论上的意义。①这就告诉我们，必然和自由的关系问题首先是认识论的问题，它是从属于主客观的一般关系的。如同肯定自然界是第一性的、意识是第二性的一样，唯物主义

---

　　① 参见列宁：《唯物主义和经验批判主义》，《列宁选集》第2卷，人民出版社1972年版，第189—192页。

肯定必然是第一性的、自由是第二性的，必然是自由的基础，自由要受着必然的制约。

　　自由首先是对于必然的认识。不认识必然就不会有自由。恩格斯说："意志自由只是借助于对事物的认识来做出决定的那种能力。因此，人对一定问题的判断愈是自由，这个判断的内容所具有的必然性就愈大。"①这句话也可以换过来说：包含必然性愈大的判断，即愈是自由的判断。自由的判断，因为它是建立在对于客观必然性的正确认识基础之上的判断，所以它应当是坚定明确的判断。主观的武断自不必说，就是那种犹豫不定、模棱两可的判断，也不是自由的判断。如果碰到一件事情，莫衷一是，觉得这也是那也是，或这也不是那也不是，表面看来，似乎可以在这和那、是和不是之间随意选择，似乎自由得很，而实际上，这恰恰是极不自由的表现，因为这种犹豫不定、模棱两可的判断是以不知为基础的，是对客观必然性毫无认识的结果。毛泽东同志在《实践论》里举了一个例子说："常常听到一些同志在不能勇敢接受工作任务时说出来的一句话：没有把握。为什么没有把握呢？因为他对于这项工作的内容和环境没有规律性的了解，或者他从来就没有接触过这类工作，或者接触得不多，因而无从谈到这类工作的规律性。"②不了解这类工作的规律性，就是不认识支配这类工作的客观必然性，因而感到"没有把握"。这就是没有意志自由。假如是一个具有从事某项工作的长期经验的人，他深谙此项工作的规律性、必然性，就不会感到"没有把握"，而是感到如同驾轻就熟，自由得很。一个深谙水性的舵手，不论是遇到狂风巨浪，或是驶过急流险

　　① 恩格斯：《反杜林论》，《马克思恩格斯选集》第 3 卷，人民出版社 1972 年版，第 154 页。
　　② 毛泽东：《实践论》，《毛泽东选集》第 1 卷，人民出版社 1969 年版，第 266 页。

滩，都能沉着果断，应付自如。通晓战争指导规律的指挥员，即使在千钧一发的紧急关头，也能根据情况做出果敢的判断和处置。毛泽东同志曾把战争比作游泳，而把作为战争指导规律的战略战术则比作战争大海中的游泳术，这是很生动也很恰当的。自由依赖于对必然的认识，就如同在大海中游泳依赖于掌握游泳术一样。这都说明认识必然是自由的基础。这是从思想认识的范围内说明必然和自由的统一。

认识必然固然是取得自由的前提，但还只是取得自由的第一步。如果只是停留在认识上，那就还不是真正的自由。停留在思想认识上的自由，只是在想象中驰骋的自由，不是实际上的自由。这种认识上的自由究竟是真自由还是假自由，只有当它超出思想认识的范围，在实际生活中得到检验以后，才能加以确定。真正的自由是人们基于对必然的正确认识而去利用必然，使客观必然性为自己服务，这就是按照客观世界的规律去改造世界。只有当人们用对于客观必然性的认识作为指导，在实践中达到了预期的目的，即成功地利用了客观必然性，才算取得了自由。无产者认识了资本主义灭亡的必然性，认识了社会主义代替资本主义的必然性，这只不过是取得自由的第一步。在无产阶级运用这种客观必然性的认识去实际地推翻资本主义制度以前，这种客观必然性还是没有真正转化为"为我的必然性"，这时，无产阶级就还是没有获得真正的自由。革命者只有以他们对于革命的客观规律性、必然性的正确认识作为指导，去从事改造社会的革命斗争，并在斗争中不断地取得了成功，从而证实了自己对于客观必然性的认识的时候，才算获得了真正的自由。农民只有以他们对于农业生产中的规律性、必然性的认识作为指导，去夺得了农业的丰收，才算有了真正的自由。许多善于纸上谈兵的角色，讲得头头是道，如果单从认识范围内说，似乎他随时可以做出非常自由的判断，但一接触实际，却处处碰壁，这就根本算不上什么自由。

毛泽东同志说："认识的能动作用，不但表现于从感性的认识到理性的认识之能动的飞跃，更重要的还须表现于从理性的认识到革命的实践这一个飞跃。"①认识过程中的这两个飞跃，同必然向自由的飞跃是一致的。从感性认识进到理性认识，就是把握事物的本质，把握事物的内部联系，把握事物的规律性，这就是认识必然。从理性的认识再到革命的实践，就是拿了这种对于客观事物的规律性的认识作为指导，去改造客观事物，以达到自己预期的目的，这就是利用必然。如同认识运动到理性认识为止还只是说到问题的非十分重要的一半一样，如果停留在认识必然的阶段，那也还只是从必然向自由转化过程中的非十分重要的一个阶段。从必然向自由飞跃的决定性的阶段，是依据对必然的认识去利用必然的阶段，这是马克思主义哲学自由观同其他一切哲学自由观的根本区别所在。改造世界的社会实践是必然向自由转化的基础，认识必然和利用必然都离不开社会实践。必然对自由的制约，也只有在社会实践中才能鲜明地表现出来。

总之，所谓自由就是正确地认识必然和成功地利用必然，绝不是在幻想中摆脱客观必然性而独立。客观必然性是任何人在任何时候都摆脱不了的。在客观必然性作为"盲目的必然性"起作用的时候，它如同一种异己的力量，处处限制着人的意志自由和行动自由，这时候，人们摆脱不了它，这是不容置疑的明显事实。那么，在把它变成了"为我的必然性"，即在人们认识了和利用了必然性，取得了意志自由和行动自由的时候，是

---

① 毛泽东：《实践论》，《毛泽东选集》第 1 卷，人民出版社 1969 年版，第 269 页。

不是就可以说人们摆脱了必然性呢？也是不能说的。列宁说：
"必然性变成自由时并没有消失。"[①]人们任何时候都只能认识
和利用必然性，而不能消灭或摆脱必然性。必然性变成自由时
不会消失，而自由一旦违背必然性却随时可以消失。人们处在
自由状态或不自由状态，只是必然制约自由的两种不同的表现
形态而已。这就是说，人们的认识和实践，在任何时候都要服
从客观必然性，要受客观必然性的制约。人们只有严格地遵循
客观必然性才能获得自由，也只有严格地遵循客观必然性才能
保持自由和扩大自由。这是唯物主义决定论的基本观点。

　　和唯物主义的决定论相反，唯心主义的唯意志论则鼓吹脱
离客观必然性的自由。这种哲学根本否认客观必然性的存在，
认为世界只是偶然性的王国，人们可以按照自己的意志去自由
行动，想干什么就干什么，想怎么干就怎么干。看起来，唯意
志论最讲意志自由，实际上，这种妄图摆脱客观必然性的自由，
因为它是一种没有理性支配的自由，所以也就像动物的本能活
动一样，只是在种种偶然性里碰来碰去的自由，是真正的不自
由。普列汉诺夫说得好："唯心主义在理论上愈是强调自由方面，
则在实际活动的领域中愈是将自由归之于无，因为在这里他们
不能对付那以自由的全部力量武装着的偶然性。"[②]

二、自由是争取得来的

　　认识必然是获得自由的基础。人们之所以能够有意志自由

---

　　① 列宁：《黑格尔〈逻辑学〉一书摘要》，《列宁全集》第 38 卷，人民出版社 1959
年版，第 171 页。
　　② 普列汉诺夫：《论一元论历史观之发展》，三联书店 1961 年版，第 91 页。

和行动自由，首先正因为客观世界是按照一定的必然性运动和发展的。如果客观世界不存在任何必然性，而是偶然性的王国，那么，人们就对任何事情都无法判断，也就不会有任何自由。然而，必然只是给人们的自由提供了客观基础，它本身却并不能给人以自由，并且似乎总是在限制着人的自由。从给人们提供自由的可能性来说，客观必然性对任何人都是一视同仁的。但是，在同样的必然性面前，人们在实际上的自由程度却各不相同。显然，这不仅取决于人们所掌握的物质条件，而且在相当大的程度上取决于人们的主观努力，取决于人们主观能动作用的大小及其正确与否。

人们在改造客观世界的实际斗争中，有主动和被动的区别，这就是所谓主动权或自由权的问题。人们处于主动地位，就是有了主动权、自由权；如果由主动地位转入被动地位，就是丧失了主动权、自由权。所以，主动权或自由权是人们自由程度的客观标志。

在实际斗争中，任何人都愿意自己处于主动地位，都希望自己拥有较大的自由权。然而，这绝不仅仅是个愿望问题。毛泽东同志在论述战争问题时说，"主动地位不是空想的，而是具体的，物质的"[①]；又说，"主动权不是任何天才家所固有的，只是聪明的领导者从虚心研究和正确地估计客观情况，正确地处置军事政治行动所产生的东西。因此，是要有意识地去争取的东西，不是现成的东西"。[②]客观条件的优劣固然是自由权或主动权的客观基础。如果客观条件根本不具备，则不论主观上怎样努力，也都摆脱不了被动地位，不能获得自由权或主动权。

---

① 毛泽东：《中国革命战争战略问题》，《毛泽东选集》第 1 卷，人民出版社 1969 年版，第 206 页。

② 毛泽东：《抗日游击战争的战略问题》，《毛泽东选集》第 2 卷，人民出版社 1969 年版，第 381 页。

然而，在同样的客观条件下，人们拥有的自由权或主动权却仍然可能有很大的不同。这就是说，客观条件只是提供了争得自由权或主动权的可能性，要使这种可能性变为现实，却要依靠人们的主观努力。从这点上可以说，自由权或主动权也是人们主观能动性发挥程度的客观标志。在一定的客观条件下，人们的主观能动作用发挥得越正确、越大，就越是处于主动地位；相反，如果人们不发挥主观能动作用，或者发挥得不正确，就会陷入被动地位，或者丧失原来已经争得的主动地位。在战争中，战争力量基本相当的双方，可以出现一方主动而另一方被动的情况，甚至出现战争力量处于相对劣势的一方能够赢得主动地位，战争力量处于相对优势的一方反而陷入被动地位的情况，这没有别的原因，完全是由于双方主观努力的不同。"我要优势和主动，敌人也要这个，从这点上看，战争就是两军指挥员以军力财力等项物质基础作为地盘，互争优势和主动的主观能力的竞赛。竞赛结果，有胜有败，除了客观物质条件的比较外，胜者必由于主观指挥的正确，败者必由于主观指挥的错误。"①在战争中如此，在经济建设中，在一切事业中都如此。客观条件基本相当的企业和单位之间，工作上总有上下之分，有的很有起色，有的则很是被动，甚至客观条件较好的单位反而不及客观条件较差的单位，其分野，同样在于人们主观努力的不同。社会主义竞赛，也是在一定客观条件的基础上开展主观努力的竞赛。诚然，人们在争取自由权或主动权的种种主观努力中，最重要、最根本的努力，说到底还是一条，还是正确地认识客观规律性、必然性。只有正确地认识了客观规律性、必然性，才能根据这种认识去处置客观条件，扬长避短，从而变被

---

① 毛泽东：《论持久战》，《毛泽东选集》第 2 卷，人民出版社 1969 年版，第 457—458 页。

动为主动，或者使已经具有的主动地位得以巩固和扩大。这就说明，在任何时候，自由权或主动权都体现着客观规律性和主观能动性的统一。

辩证唯物论不承认任何不受限制的自由，自由首先就受着客观必然性的限制。然而，在客观必然性所限定的范围以内，自由的界限又不是绝对固定的，而是可变的，就是说，在为必然性所限定的范围以内，人们争得意志自由和行动自由的余地仍然是十分广阔的。如果把必然决定自由的唯物主义决定论曲解为机械的决定论，认为必然只是处处限制着人们的自由，似乎人们能够得到什么样的自由和得到多少自由都同人的主观努力无关，而是事先注定了的，那就是一种宿命论的观点。宿命论和非决定论一样，都是反对唯物主义决定论的。列宁说："决定论不仅不以宿命论为前提，而且恰恰相反，它为明智的活动提供基础"。[①]坚持唯物主义的决定论，只是要求依据必然去争取自由，而不是抹杀自由。人们在既定的客观条件的基础上，完全可以依靠自己的正确努力，去变被动为主动，变不自由为自由，并且由较少的自由发展到较多的自由。我们的革命事业和建设事业，一般地说，总是在比较艰难的情况下进行的。它一般不会在一开始的时候就处于顺利发展的主动地位，或者在任何时候都是可以处于这种主动地位的。进行革命和建设工作的主动地位，是由革命者和建设者创造出来的。革命和建设事业的发展，就是我们的工作不断地由被动向主动、由不自由向自由的发展。在我们面前，永远会有争取和扩大主动权、自由权的问题，因此，也就永远需要强调高度地正确地发扬人的主观能动性。

---

① 列宁：《民粹主义的经济内容》，《列宁全集》第 1 卷，人民出版社 1959 年版，第 398 页。

三、从必然向自由的转化是一个无限
发展的辩证过程

　　人们认识了必然，并利用必然去达到了自己的目的，就是必然向自由的转化。这种转化，是日常生活中常见的飞跃现象。可以说，人们通过实践获得了对于某一事物的规律性的认识，并在实践中取得了变革这一事物的预期结果，就是实现了一次由必然向自由的飞跃。人们的认识和实践是没有止境的，在任何时候和任何地方都会存在着必然和自由的矛盾，因而也就在任何时候和任何地方都不会停止由必然向自由的飞跃。人类的历史永远不会达到那样的地步，那时似乎外部世界的全部必然性都可以为人们所掌握，人们可以生活在一个绝对的"自由王国"里。这是不可能的。人们在任何时候都不可能有绝对的自由，自由只能是相对的。这不论就人们对于某一具体事物的认识和改造来说，或者就整个人类历史的发展来说，都是如此。

　　首先，从人们对于某一具体事物的认识和改造来看，人们的自由之所以是相对的，主要由于以下几个方面的原因。

　　第一，人们只能认识事物的规律性、必然性，而不能认识事物的一切。列宁说，"规律＝部分"，"现象比规律丰富"[①]；又说，"规律把握住平静的东西——因此，规律、任何规律都是狭隘的、不完全的、近似的"[②]。规律是现象中相对稳定的东西，而现象则是易变的。所以，人们可以认识到事物的规律性，

　　[①] 列宁：《黑格尔〈逻辑学〉一书摘要》，《列宁全集》第38卷，人民出版社1959年版，第160页。
　　[②] 列宁：《黑格尔〈逻辑学〉一书摘要》，《列宁全集》第38卷，人民出版社1959年版，第159页。

却不可能把握事物的全部现象。同规律和现象的这种关系相类似的，是事物发展过程中的必然性和偶然性的关系。任何事物的发展都有它的内在的必然性，同时，这种必然性又是以大量偶然性作为补充的。人们可以认识事物发展的必然性，却不可能估计到它的全部偶然因素。偶然性在事物发展中也是起作用的，而且这种作用往往是不可低估的。因此，即使是人们认识到了事物的规律性、必然性，也会由于各种难以预料的偶然性的作用，而使自己陷入某种暂时的或局部的被动局面，使自由受到一定的限制。最典型的例子是战争。战争双方是活动着的人群，战争中只有程度颇低和时间颇暂的确实性，战争形势往往瞬息万变。所以，即使是精通战争指导规律的天才军事家，也不能完全地估计到战争中各种可能发生的意外情况，因而难免陷入暂时的被动。再一个明显的例子是农业生产。在目前的生产水平下，农业生产也是一个偶然因素起着重要作用的领域。农业受气候的影响很大，一年四季中各种气象的变化会出现许多预料不到的偶然情况，因此，任何人也不敢说有夺得丰收的绝对把握，即是说，在这个领域里谈不上绝对自由。其实，不只战争、农业生产是如此，任何一种实际工作都是如此。区别只是在于，由于过程的性质和特点不同，客观的条件不同，以及在各个领域里人们所达到的实践水平、科学水平不同，因而人们控制和对付偶然因素的能力或者强些或者弱些罢了。当然，绝不能说人们对于偶然性的作用是完全无能为力的。随着科学技术的发展，随着人的认识能力和实践能力的提高，人们估计和应付偶然性的能力也是不断增强的。例如，随着侦察手段、通信工具等的现代化，对于战争中的偶然情况的掌握就远比过去战争时期准确和及时。对于农业生产中气象的影响，由于气象观测技术方面的发展以及其他生产条件的改进，就使它的危害比过去要轻得多。但是，无论到什么时候，总不可能完全排除偶然性的作用，也不可能做到对于一切偶然性都应付自如，所以，任何时候自由都是相对的。

第二，人们对于事物的规律性、必然性的认识也有一个不断深化的过程。前面说过，如同事物的本质有一级本质、二级本质等等的区别一样，作为事物本质关系或本质之间的关系的规律也有其深刻程度的区别。人们的自由是随着对于事物规律认识的不断深化而扩大的。例如，人们对于物质结构的认识由原子进到电子再进到各种基本粒子，每深入一个层次，人们认识和利用物质的能力就提高一步，人们在这个领域里的自由也就扩大一步。人们对于客观事物规律认识的深化运动是没有止境的，人们的自由也就在任何时候都是相对的。

第三，人们认识了必然性之后，能不能利用这种必然性，利用得好不好，还是个大问题。所以，即使退一步说，人们对于事物规律性的认识完全正确（这在事实上是不可能的），也会因为存在着某些不可克服的困难或其他原因，而在实践中遭到失败，陷于被动，使自由受到一定的限制。实际生活中常有这样的情形，人们并不是由于思想认识不正确，而是由于存在着暂时难以克服的不利条件，因而不能利用已经认识到了的必然性去达到自己的目的。客观条件总是存在着有利和不利两个方面，不可能只有有利条件而无不利条件。不利条件的克服总是需要经过人们的一定努力，不然就不称其为不利条件。而且，在许多事物的发展中，在其发展的一定阶段上，往往是不利条件大大超过有利条件，不然，事物的发展就无所谓曲折性。事物在发展，条件也在变化。原来的不利条件被克服了，在事物的新的发展水平上，在人们新的实践水平上，又会出现新的不利条件，阻碍着人的目的的实现。在人类的实践活动中，总是在客观上存在着各种各样的困难即不利条件，在限制着人们的自由，因此人们所能达到的自由，不论在任何领域里都只能是相对的。

总之，人们对于任何一个具体事物的认识都不可能穷尽，对它的变革和改造也都不可能达到尽善尽美的地步，不可能绝对地如愿以偿。这就是说，不可能有绝对的自由。

如果就整个人类历史的发展来看，那么，人们的自由的相对性就更加明显了。人们取得自由的程度，直接取决于主观能动性发展的程度。而人类的主观能动性则是受着实践水平、科学水平归根到底是生产力水平的制约的。因此，人们的自由也是随着历史条件的发展而不断扩大的。

以人们改造自然的斗争来说，所谓自由的扩大，也就是人们不断地摆脱自然力的控制而反过来控制自然力。人们不断地摆脱自然力的控制又反过来控制自然力，就是人同自然界越来越明显地对立起来又越来越深刻地统一起来。对立越明显，统一也就越深刻。人和自然之间的这种对立统一的发展，显然是一个随着人们的认识和实践的发展而发展的历史过程。

恩格斯在谈到原始人的生活时说："人们最初怎样脱离动物界（就狭义而言），他们就怎样进入历史：他们还是半动物性的、野蛮的，在自然力量面前还无能为力，还意识不到他们自己的力量；所以他们像动物一样贫乏，而且在生产上也未必比动物高明。"①刚刚脱离动物界的原始人，只能够在很低程度上支配自然界的极其有限的几种物质资料如石、木、骨、角之类，只能利用这些东西制造一些最粗糙、最简单的生产工具。这种最早制造的生产工具，不过是拣起一块石头来用另一块石头敲击

---

① 恩格斯：《反杜林论》，《马克思恩格斯选集》第 3 卷，人民出版社 1972 年版，第 218 页。

几下而已,它并不比某些高等动物也使用的天然工具高明多少。使用这类生产工具所从事的生产活动,也不过是采集和狩猎,不过是从自然界中取得已经生长好了的现成生活资料。这种极端低下的生产力水平,不能不使人和自然的关系限制在一个极端狭窄的范围里。这个时候的人,还只是在极其有限的方面同自然界开始区分开来了,而在更加广泛得多的方面则完全没有把自己同自然界区分开来。人们还几乎谈不上控制了什么自然力,而自己却几乎完全是在自然力的控制之下,所以仍然处在几乎和动物一样极不自由的状态。火的应用,是人类第一次控制了一种强大的自然力。火可以用于照明、狩猎,可以使人的食物由生食进到熟食,可以使人的居住地由热带进到温寒带,从而大大地扩大了人类活动的领域。这时候,人们就显然地自由得多了。正是用火和取火的行为,使人最终地和动物界分手了。随着,由石器工具发展到青铜工具,生产活动也由采集植物进到耕种植物,由狩猎野兽进到驯养家畜。人不再仅仅是从自然界获取现成的食物,而是自己去生产食物。人类开始掌握了自己的食物来源,也就开始掌握了自己的命运。这无疑是人类自由的具有革命意义的扩大。生产力的不断发展,使人和自然的关系越来越广阔地展开,这就意味着人类控制和利用自然的主观能动性一步一步地增强起来。到了近代,有了机器的出现,有了大机器生产的发展,以至现代有了自动化生产的发展,表明人类劳动能够把越来越强大的力量运用起来,表明人类在越来越广阔的领域里和越来越高级的程度上扩大了自己的自由。

人类主观能动性的增强,人类自由领域的扩大,从根本上说就是能够在越来越多的方面和越来越广阔的领域里向自然界索取自己所需要的物质生活资料。"需要是同满足需要的手段一同发展的，并且是依靠这些手段发展的"。①人类物质生活需要的不断发展，首先取决于满足这些需要的物质手段的发展。在古代，人们驯服了某些动物，可以用它们来补充人类的体力，又制造出来了可供畜力牵引的犁，这时候就自然地提出了向自然界夺取更多生活资料的需要，产生了开拓森林以耕种广大土地的要求。人类从单纯地依靠自身的体力到使用畜力、风力、水力，从利用机械能到利用电能、原子能，开辟和利用每一种新的能源的需要，都是随着获取这种能源的生产技术手段的出现而产生的。人类就是依靠自己创造的越来越强大的技术手段，使自己在越来越广阔的领域里摆脱自然力的控制而反过来控制自然力。可见，人们取得自由的程度，归根到底取决于生产力的发展水平，因而它总是具体的历史的。

现代生产力的水平已是古代所不可比拟的了，现代人类享有的自由也为古代人类所不可比拟。但是，我们绝没有理由去讪笑原始人的粗笨的石斧，因为我们今天的自由不过是从最初的石斧所开始的历史发展的结果。恩格斯说过，就世界性的解放作用而言，原始人的摩擦生火远远地超过了蒸汽机的发明。②没有原始人的摩擦生火，不用说不会有后来的蒸汽机以及现代的许多更为伟大的发明创造，甚至简直可以说不会有今天的人类。从人类早期的石斧到现代的高能加速器、电子计算机等，这是一个多么漫长而艰难的历史过程！我们既然看到了现代人类的自由已经为古代人类所不可比拟，也就应该看到，我们今天所享有的自由对于将来的人类来说，又将是何等可怜！

总之，在人类面前永远会有"必然王国"，永远会有自由和

---

① 马克思：《绝对剩余价值和相对剩余价值》，《资本论》第 1 卷，人民出版社 1975 年版，第 559 页。

② 参见恩格斯：《反杜林论》，《马克思恩格斯选集》第 3 卷，人民出版社 1972 年版，第 154 页。

必然的矛盾，也就永远会有争取自由的斗争。人类的历史没有完结，由必然向自由的飞跃过程也就不会完结。必然和自由的矛盾只能在人类发展的无穷无尽的世代中解决，只能在人类认识和实践的无穷无尽的前进运动中解决。必然向自由转化的过程，人们不断扩大自由领域的过程，是一个由相对自由到绝对自由的无限发展的过程。这是人们发扬自觉的能动性，实践，认识，再实践，再认识，循环往复，万古常新的辩证过程。这样一种对于必然和自由相互关系的辩证观点的确立，对于人们的认识和实践，对于坚持整个马克思主义的世界观，究竟具有怎样重要的意义，我们在讨论社会主义社会的发展问题时，将会有进一步清楚的认识。

第七章 社会主义社会发展中
人的主观能动作用

人类主观能动性的发展，到了社会主义时代，出现了许多新的现象。科学地解释这些现象，是哲学研究的重大课题，也是实践发展的现实需要。研究主观能动性的问题，无疑应当着重研究社会主义社会发展中人的主观能动作用问题。

一、主观能动作用在社会主义社会同在
　　以往社会的历史区别

进入社会主义时代，是人类生活中从必然向自由的决定性的大飞跃，是人类主观能动性的历史性的大解放。由于生产资料公有制的建立，消灭了剥削制度，消除了剥削和被剥削的利益对立，因而社会生产和社会生活方面的无政府状态有可能为整个社会联合一致的行动所代替。劳动人民不仅成了生产资料的主人，而且成了整个社会的主人。在无产阶级专政（我国为人民民主专政）下，劳动者享有充分的民主权利，他们的积极性和创造性可以充分地发挥。再加上有了正确反映社会发展规律的马列主义思想的指导，有了由马列主义所武装因而能够掌握社会发展规律的共产党的统一领导，人们的历史活动就可以具有越来越大的自觉性。正是社会主义制度、无产阶级专政（或

人民民主专政）、共产党的领导和马克思列宁主义的思想指导这些基本的因素，使社会主义社会根本不同于以往任何社会，也使人的主观能动性具有了和在以往社会完全不同的性质和特点。具体地说，这种不同主要表现在以下几个方面。

第一，在社会主义制度下，人的主观能动性获得了充分发展的可能性。

在旧社会里，由于剥削阶级占据着统治的地位，因而人类文明的每一个新的进步都被变成了奴役人的新的手段，劳动者辛勤劳动的成果为少数剥削者所侵吞，它反过来又被用来奴役劳动者自身。剥削阶级不仅垄断了社会的物质生产，而且垄断了社会的精神生产。少数剥削者享有充分的自由时间去从事脑力活动和社会活动，而劳动群众的生活时间却几乎全部地转化成了劳动时间，他们在"棍棒纪律"和"饥饿纪律"的驱使下，承担着整个社会的全部体力劳动，很少有可能去发展自己的聪明才智。列宁说："资本主义扼杀了、压制了、摧残了工人和劳动农民中的大批人才。这些人才在贫穷困苦、人格遭到侮辱的压迫之下毁灭了。"[①]在摧残人才方面，封建社会和奴隶社会的情形当然也是如此。在剥削阶级统治的社会里，人类的主观能动性就是这样畸形地发展着：一方面培育着一小撮饱食终日无所作为的寄生虫，一方面却压制着和摧残着千百万人的创造力。

在社会主义社会，情形发生了根本的变化。由于生产资料公有制和无产阶级专政的建立，劳动人民在社会的物质生活、政治生活和精神生活的各个方面都能当家做主，成了自己命运的主宰，因而这个社会中的绝大多数人都获得了充分而健康地发展自己主观能动性的广阔天地。社会主义生产的目的，是最

---

① 列宁：《莫斯科征收党员周的总结和我们的任务》，《列宁选集》第4卷，人民出版社1972年版，第81页。

大限度地满足人民日益增长的物质生活和文化生活的需要，人们不再是为少数剥削者而劳动，而是为社会、为自己而劳动，这就使广大劳动者的积极性和创造性的发挥有了强劲的动力。由于消灭了剥削，实行了"不劳动者不得食"的原则，因而不再是一部分人享有自由时间而把全部劳动时间转嫁给另一部分人，这就为人们各种能力的全面发展提供了重要的保证。马克思说："在劳动强度和劳动生产力已定的情况下，劳动在一切有劳动能力的社会成员之间分配得越平均，一个社会阶层把劳动的自然必然性从自身上解脱下来并转嫁给另一个社会阶层的可能性越小，社会工作日中必须用于物质生产的部分就越小，从而个人从事自由活动，脑力活动和社会活动的时间部分就越大。"①社会主义制度可以做到在有劳动能力的社会成员之间尽可能合理地分配劳动，这就使绝大多数人都有了发展自己聪明才智的机会。毫无疑问，在社会主义社会的发展中，随着劳动生产率的不断提高，随着科学文化的不断发展，人的主观能动性得以发展的可能性也必定会不断地增大。

第二，在社会主义时期，人们自己行动的社会规律也可以被人们利用来实现自己的目的。

自有人类以来，人们在同自然界的斗争中不断地发展着自己的主观能动性，在越来越广阔的领域里认识和运用了自然规律，征服了各种自然力量。然而，人们在自己生活的社会领域里，却在很长的时期里不能做到运用社会规律去达到自己的目的。在以生产资料私有制为基础的剥削阶级社会里，社会的经济生活被无政府状态统治着。这种情况在资本主义社会达到了顶点。"资产阶级社会的症结正是在于，对生产自始就不存在有

---

① 马克思：《劳动力价格和剩余价值的量的变化》，《资本论》第 1 卷，人民出版社 1975 年版，第 579 页。

意识的社会调节。"①在这里，人们自己创造的社会关系反过来支配着自己，本来是人们的相互作用所产生的社会力量却成为统治着人们的异己力量。在资本主义的竞争和无政府状态等所造成的社会灾难面前，首当其冲蒙受其难的固然是工人群众，但是，资本家也无法驾驭盲目的必然性，而最终被这种必然性送进坟墓。所以，在这样的社会里，谁也掌握不了自己的命运。在进入社会主义时期以前，就整个人类来说，尽管在征服自然界方面获得了越来越大的成就，但在自己生活的社会领域里，却一直是客观必然性的奴隶。

在社会主义社会，社会生活发生了带根本性质的变化。生产资料公有制的建立，为消除经济领域中的无政府状态创造了客观基础，整个社会的生产和分配都有可能由人们进行有计划的自觉的调节，这就是说，人们可以自觉地运用社会经济规律去达到自己的目的。如恩格斯所预言的，一旦社会占有了生产资料，"人们自己的社会行动的规律，这些直到现在都如同异己的、统治着人们的自然规律一样而与人们相对立的规律，那时就将被人们熟练地运用起来，因而将服从他们的统治"。②人类从学会利用自然规律进入到学会利用社会规律。就在自己生活的社会领域这个更重要的领域里开始获得了自由，这当然是人类争取自由的历史上一个意义极大的革命转折。

第三，在社会主义社会，可能形成整个社会相对统一的目的，可能使整个社会为着一个统一的目的而共同行动。

在剥削阶级统治的社会里，单个人的活动都是有明确目的的，但是，除了在个别情况下，例如在民族解放战争的情况下，

---

① 马克思：《致路·库格曼（1868 年 7 月 11 日）》，《马克思恩格斯选集》第 4 卷，人民出版社 1972 年版，第 369 页。
② 恩格斯：《反杜林论》，《马克思恩格斯选集》第 3 卷，人民出版社 1972 年版，第 323 页。

可以有各个阶级、各个社会集团的某种暂时的一致目的以外，一般地说，都不可能形成整个社会的统一目的。而在社会主义社会里，则不仅单个人，而且整个社会都抱有明确的目的，整个社会都为这个统一的目的而奋斗。例如，20 世纪内在我国实现四个现代化，就是我们整个社会的统一的目的，整个社会都为这个统一的目的而联合一致地奋斗，而且这个统一的目的总是在主要的方面支配着单个人的目的。社会主义社会之所以能够形成整个社会的统一目的，首先也还是因为生产资料公有制的建立，消灭了剥削和被剥削的利益对立，从而提供了整个社会的统一目的得以形成的客观基础。同时，社会主义社会经济生活的特点也是一个重要的客观条件。在社会主义社会，社会经济生活的联系，已经不再是作为盲目的规律强加于生产者，而如马克思所说，是"作为由他们的集体的理性所把握、从而受他们支配的规律来使生产过程服从于他们的共同的控制"。①整个社会的统一目的，就是整个社会的"集体的理性"。此外，从主观因素说，有了正确反映社会发展一般规律的马列主义作为整个社会的统一的指导思想，有了无产阶级政党对于整个社会的统一领导因而社会的各个方面都有了严密的组织等等，也是形成整个社会统一目的的重要条件。

诚然，我们说社会主义社会能够形成整个社会统一的目的，这并不是说再没有矛盾，没有差别，并不是说只有整个社会的共同目的而再不会有单个人的特殊目的。脱离个性的共性是没有的。那种消除了矛盾和差别的绝对统一的目的，不论在任何社会形态，包括现在的社会主义社会和将来的共产主义社会，都是不可能形成的。因此，我们在前面讨论主观能动性和客观

① 马克思：《利润率趋向下降的规律》，《资本论》第 3 卷，人民出版社 1975 年版，第 286 页。

规律性的关系问题时引述过的恩格斯指出的力的平行四边形规律，即许多单个的意志互相冲突形成无数互相交错的力量，由这无数的力的平行四边形产生出历史事变的总的结果[①]，这样一个规律仍然要起作用。这一点是必须肯定的。否则，就会把这个统一目的歪曲为包容一切、支配一切的东西，就会导致否定历史规律的客观性质。但是，尽管如此，能够形成整个社会相对统一的目的，却无疑是社会主义社会区别于以往社会的一个突出特点。这个特点，是人类主观能动性发展到了一个崭新阶段的显著标志之一。在以往的社会里，因为不能形成整个社会相对统一的目的，人们基于利益的对立而抱着互相对立的目的，因而使人们行动的结果往往互相抵消。而在社会主义社会、因为有了整个社会相对统一的目的，人们的行动则在主要的方面和越来越大的程度上不是互相抵消而是互相补充，这就使人的主观能动性能够显示出与以往社会所不可比拟的巨大威力。

第四，社会主义时期，上层建筑对于经济生活的反作用显著地增大。

在以往的社会里，社会的上层建筑如国家、法律等，也都在一定程度上干预社会的经济生活。到了垄断资本主义时期，国家干预经济生活的现象更加明显，但是，也都不能克服经济生活中的无政府状态，谈不上对于生产的统一的有计划的调节。而在社会主义社会，上层建筑的职能却发生了重大的变化，其中很重要的一个方面就是国家领导和组织社会经济生活的职能大大增强了。无产阶级专政国家可以通过政策法令直接地调节社会生产，使生产按照一定的计划进行。如我们前面所说的，这在实质上就是人们可以自觉地运用客观经济规律去组织生

---

① 参见恩格斯：《致约·布洛赫（1890年9月21—22日）》，《马克思恩格斯选集》第4卷，人民出版社1972年版，第478—479页。

产，或者说，可以使客观经济规律通过人们的自觉活动得以实现。

社会主义时期上层建筑的作用，就其对社会发展起促进作用的方面说，主要是马克思列宁主义思想的指导作用和无产阶级政党及无产阶级专政国家的领导作用。这种作用不只限于社会的经济生活方面，而且包括整个社会生活的各个方面。这种作用的加强，使人们的社会活动不仅更具自觉性，而且更具组织性。整个社会成为一种自觉的有组织的力量，去进行改造自然和改造自己社会生活的斗争，这就使人的主观能动性的发挥从根本上不同于以往的历史时代。所以，社会主义时期上层建筑反作用的增大，使人的主观能动性在社会历史过程中的作用明显地显示出它的重要性。

从以上几个方面的分析可以看出，社会主义时期同以往历史时期的不同，总的来说，就是人的主观能动性显著地增大了。这不是什么坏事情。恰恰相反，这正是人类自由显著扩大的表现，正是社会主义制度优越性的表现，而它本身又是社会主义社会发展的一个极其重要的条件。社会主义社会能够以过去任何社会形态所不可比拟的速度向前发展，能够在社会生活的各个方面实现巨大的革命飞跃，一个重要原因，就在于亿万人民群众的主观能动性日益增大并能够得到充分的发扬。我们国家曾在一个时期内发展不很顺利，曾发生过很大的挫折，以至生产和科学文化的发展一度比较缓慢，这原因主要地正在于林彪、江青反革命集团推行封建法西斯主义，妄图篡改社会主义制度和无产阶级专政的性质，从而严重地压制和扼杀了亿万人民群众的主观能动性；部分地也在于我们工作上的错误，包括理论上的错误，妨碍了人民群众主观能动性的正确发扬。因此，可以断言，当我们彻底清算了林彪、江青反革命集团的罪行，认真地纠正了我们工作上的缺点和失误以后，社会主义制度的优越性一定会越来越充分地显示出来，人民群众的主观能动性一定会得到越来越充分而正确的发扬。

二、社会主义社会的发展仍然是一个 自然历史过程

社会主义时期人的主观能动作用的显著增大，固然是社会主义制度优越性的突出表现，但这一事实，也容易引起人们的错觉，容易导致思想理论上的混乱和错误。有些人认为，到了社会主义社会，似乎经济规律和其他规律都失去了它们的客观性质，人们的任何主观想法都可以如愿以偿，历史踏进了一个人们想干什么就干什么的"自由王国"。这种无限夸大社会主义时期人的主观能动作用的观点，在 20 世纪 50 年代初期苏联讨论政治经济学教科书未定稿时，就曾有过明显的暴露。当时苏联的某些经济学家认为，由于历史赋予了苏维埃国家以特殊作用，苏维埃国家及其领导人可以废除现存的政治经济学规律，可以"制定"或"创造"新的规律。斯大林发现了这个问题，并在他的《苏联社会主义经济问题》一书中系统地批判了这种唯心主义观点。在我们国家，20 世纪 50 年代初期也学习了斯大林的《苏联社会主义经济问题》，这对于帮助人们认识社会主义时期经济规律及其他各种规律的客观性质，是起了一定作用的。但是，关于社会主义时期客观规律性和主观能动性相互关系的唯物主义思想并没有扎下深根。到了 50 年代末期，有些人头脑发热，夸大主观能动性的唯心主义观点又活跃一时。在一些人看来，人们既然成了社会关系的主人，也就等于成了社会

规律的主人，甚至等于成了自然规律的主人，而"主人"又意味着可以为所欲为。于是，什么"不怕做不到，就怕想不到"，什么"心中有钢就有钢，心中有粮就有粮"，什么"人有多大胆，地有多大产"，这一类的"豪言壮语"一句比一句说得更绝。康生之流则利用这种小资产阶级的狂热性，长时期地热衷于所谓政治思想决定一切、上层建筑决定一切、长官意志决定一切的唯心主义宣传。后来，这一套东西，竟发展成为林彪、"四人帮"的完整的权力意志决定论的唯心主义思想体系。

究竟应当怎样认识社会主义社会中人的主观能动性不断增大的事实呢？社会主义社会发展中的这个特点能不能使它脱离人类社会发展的一般规律？这在理论实质上显然是一个要不要在社会历史领域把唯物主义哲学坚持到底的问题。

在社会主义时期，为什么容易给人造成主观意识万能的错觉？为什么会使某些人发生对于历史唯物论的根本思想的动摇以至成为林彪、"四人帮"历史唯心论思想的俘虏？从认识论根源说，这仍然不过在于历史唯心论产生的那些一般原因，而并没有什么特殊的原因。在人类哲学思想发展的几千年里，直到马克思主义产生以前，在历史领域里之所以被唯心主义所统治，其认识上的根本原因就在于历史过程不同于自然过程，在于历史过程是人们有目的的活动的结果，人的主观能动作用是参与历史过程的一个重要因素。这种现象，长时期地掩盖着历史过程的本质，使人们总觉得是"意见支配世界"。在马克思廓清了历史领域的这层迷雾之后，到了社会主义时期，由于主观能动作用显著地增大，人们历史活动的自觉性显著地增强，这层迷雾又重新模糊了人们的眼睛，因而使得某些人发生了对于历史唯物论的新的动摇。可见，要解决这个问题，没有其他办法，还是只好回到马克思主义历史唯物论的根本原理上来。

马克思关于"社会经济形态的发展是一种自然历史过程"①的思想，是对于历史唯物论基本思想的最好概括，它也当然地适用于社会主义社会。社会主义社会也同以往社会一样，是遵循着它自身的内在规律而发展的。生产力决定生产关系并最终地决定整个社会关系这个支配人类历史的一般规律，同样是支配社会主义社会发展的规律，因此，社会主义社会也是一个自然历史过程。把社会主义社会仍然看作一个自然历史过程，就是把社会历史领域的唯物主义贯彻到底了，这是科学地认识社会主义社会的基础和前提。

历史过程是有人的主观能动性起作用的过程，而且这种作用必然地会不断增大。社会是由低级向高级发展的，人的主观能动性也一定要随着社会的发展而一步一步地增大，这是人类社会发展的客观事实。历史唯物论和历史唯心论的分歧，显然并不在于承认或不承认这种事实，而在于是否能够科学地解释这种事实，归根到底说来，就是恩格斯所说的，不在于承认不承认历史发展中的精神的动力，而在于是不是从这些动力进一步追溯到它的动因。②如果在观察人类主观能动性发展的较低阶段的时候，由于历史过程中精神动力所起的作用相对地不很显著，因而能够承认精神的动力背后有它的物质的动因，能够坚持客观规律性制约主观能动性的观点，能够承认社会发展是一种自然历史过程；而当观察人类主观能动性发展的较高阶段时，则由于历史过程中精神动力所起的作用比较显著，因而认为不必追溯它背后的物质的动因，认为主观能动性可以超脱客观规律性的制约而独立，以至否认社会发展是一个服从于它自

————————

① 马克思：《〈资本论〉第一版序言》，《资本论》第 1 卷，人民出版社 1975 年版，第 12 页。
② 参见恩格斯：《路德维希·费尔巴哈和德国古典哲学的终结》，《马克思恩格斯选集》第 4 卷，人民出版社 1972 年版，第 244 页。

身固有规律的自然历史过程，那么，这就正是唯物主义的不彻底，正是在半途上由唯物主义转向了唯心主义。

社会主义时期，人的主观能动性是显著地增大了，人们历史活动的自觉性是显著地增强了。但是，这一点无论如何也不能抹杀和掩盖社会主义社会发展规律的客观性质。社会主义社会不仅仍然要遵循人类社会发展的一般规律，例如生产关系一定要适合生产力状况的规律，上层建筑一定要适合经济基础状况的规律，而且要遵循它自身所独有的许多特殊规律，包括社会主义的经济规律，社会主义的政治、文化、科学事业发展的规律，等等。由于人的主观能动作用显著增大而造成的它与以往社会的历史区别，绝不在于它的发展不再遵循客观规律，而只是在于，人们具有越来越大的可能性和越来越有利的条件去自觉地运用客观规律。就以生产关系一定要适合生产力状况的规律来说，它在社会主义社会同在以往社会的不同，只是由于它已被人们所认识，因而这个规律的作用能够经常地通过人们的自觉活动去实现。社会主义公有制的建立就是生产关系一定要适合生产力状况的客观规律发生作用的结果。在生产资料公有制建立起来以后，人们也还必须严格地遵循这个规律而不能违背这个规律。公有制需要经过一个不断完善和提高的过程，而只要是所有制的改变，就必须依赖于生产力的一定程度的发展，这不论在以往的社会里还是在社会主义社会里，不论是由私有制转变为公有制还是公有制自身由低级形式到高级形式的转变，都是如此的。马克思说过："无论哪一个社会形态，在它们所能容纳的全部生产力发挥出来以前，是绝不会灭亡的；而新的更高的生产关系，在它存在的物质条件在旧社会的胎胞里成熟以前，是绝不会出现的。"①马克思在这里虽然主要地是论述资本主义制度和资本主义以前的社会制度的变革，但这个原理的精神实质对于社会主义社会中生产关系的改变也无疑是完全适用的。社会主义社会在生产关系方面的任何重大改变，都必须严格地遵循生产关系一定要适合生产力状况这一客观规律。我们国家曾经在一段时间里，不顾生产力发展的实际状况，盲目地强调生产关系"落后于"生产力的发展，在生产力实际上并没有多大发展的情况下，急于改变生产关系，而不懂得对于已经建立起来的新的生产关系只有保持它在一定时期内的相对稳定性，才能充分发挥它的优越性去保护和促进生产力的发展。这种"左"的错误思想，后来被林彪、"四人帮"所利用，并把它推向了极端。他们无休止地鼓噪所谓"穷过渡"，所谓"彻底破除资产阶级法权"，其结果是使我国国民经济遭受了严重的破坏。这种因违背客观规律而受到的"惩罚"有力地说明，在社会主义时期，客观规律性和主观能动性的基本关系并没有发生任何变化，客观规律性仍然是第一性的，主观能动性则是第二性的，主观能动性仍然不能超脱客观规律的制约而去决定社会历史的发展。

从以上的讨论中可以看出，在社会主义时期客观规律性与主观能动性的关系问题上，有一个理论认识上的问题需要着力加以澄清，这就是不能把客观历史过程中自发实现的东西和通过人们的自觉活动而实现的东西的区别，同客观的东西和主观的东西的区别混为一谈。客观的东西和主观的东西的区别，是本原的东西和派生的东西的区别，是第一性和第二性的区别，这个区别是绝对的，永远不能改变的。而自发实现的东西则是

① 马克思：《〈政治经济学批判〉序言》，《马克思恩格斯选集》第 2 卷，人民出版社 1972 年版，第 83 页。

指客观历史过程中不被人们所认识、从而也不被人们所控制、并且往往反过来控制着人们的东西；通过人们的自觉活动而实现的东西则不过是指已经被人们所认识和控制的东西，这二者都是客观的东西。自发地实现的东西和通过人们的自觉活动而实现的东西之间的区别是相对的，是历史的、可变的。昨天还是自发地实现的东西，今天就可能被人们所认识和控制，因而成为通过人们的自觉活动而实现的东西。这就说明，任何一个历史过程，尽管有人们的自觉活动参与其中，尽管这种自觉因素的作用可能很大，都不能改变过程的客观性质。人们的历史活动总是由自发到自觉，由比较地不自觉到比较地自觉，这不过就是从不能认识和运用客观规律到能够认识和运用客观规律，以及对于客观规律的运用由比较地不熟练到比较地熟练而已。在社会主义社会里，不论经济规律还是其他规律，都不是它们的客观性质有了变化，不是这些规律同人们主观能动性之间的相互关系有了基本的变化，而只是它们的作用不再像以往社会那样是自发地实现，而是在越来越广泛的领域里和越来越深刻的程度上通过人们的自觉活动去实现。例如价值规律，在资本主义社会，由于生产的无政府状态，各种商品的生产和销售只能通过价格的涨落而自发地调节，在那里，它的作用是自发地实现的。而在社会主义社会，则因为建立了生产资料的公有制，生产的有计划发展代替了无政府状态，所以商品的生产和销售可以由国家通过计划和价格政策去自觉地加以调节。但国家价格政策的制定必须遵守价值规律而不能违反价值规律，价值规律是国家制定价格政策的客观依据。这就是说，价值规律仍然是作为客观规律在起作用，只不过在这里是通过国家制定价格政策等自觉的活动而起作用的。可见，不论在资本主义社会还是在社会主义社会，价值规律的客观性质并没有变化，变化的只是它由自发地实现的东西成了通过人们的自觉活动而实现的东西。社会主义社会中其他许多规律发生作用的情形，都是如此。

毫无疑问，随着社会主义社会的继续发展，人的主观能动作用会继续地增大，人们历史活动的自觉性会继续地增强，也就是说，人们认识和运用客观规律的可能性会越来越大。但是，不论到了什么时候，都不能否定客观历史过程本身的规律性。人类社会的发展，从来是也永远是一个自然历史过程。对于马克思主义关于人类社会是自然历史过程的观点，在任何时候都不能有任何动摇。在这个问题上的任何动摇，都是对于历史唯物论根本原理的动摇。

三、对于社会主义时期主观能动性问题上几种错误观点的批评

人类的主观能动性发展到了社会主义时期，由于它出现了许多新的特点，因而必然地会更加经常和更加激烈地发生关于这个问题的理论争论。从过去理论斗争的事实来看，虽然局部地说来不是没有出现过抹杀和贬低主观能动性的错误倾向，但主要的、基本的和经常发生的倾向，则是这样或那样地夸大人的主观能动性。这种情况，显然是和社会主义时期人的主观能动作用显著增大这一点密切联系的。这后一种倾向，比较容易产生而比较难以克服。这里，我们仅就其中比较突出和影响较深的错误观点，做些初步的批判。

（一）批判所谓社会主义时期在一切方面都进入了"自由王国"

恩格斯曾经说过，一旦社会占有了生产资料，即建立了社会主义制度，人们成了自己的社会关系的主人，人们自己的社会行动的规律也将被人们熟练地运用起来，"只是从这时起，人们才完全自觉地自己创造自己的历史；只是从这时起，由人们使之起作用的社会原因才在主要的方面和日益增长的程度上达到他们所预期的结果。这是人类从必然王国进入自由王国的飞跃"。①对于恩格斯的这个论述如何理解？如何看待社会主义时期开始的从必然王国向自由王国的飞跃？这是认识社会主义时期人的主观能动性的一个重要问题，因而也是不断地引起唯物论和唯心论之间的理论争论的一个重要问题。

20 世纪 50 年代初期，苏联的某些经济学家曾经引证恩格斯的这些论述，去论证所谓人们可以废除规律和制定规律的观点。②50 年代末期，中国的某些"理论家"也引证恩格斯的这些话，去支持他们抽象夸大主观能动性的唯心论。③在这些人看来，既然是到了社会主义社会，那就是完成了从必然王国到自由王国的飞跃，再没有什么必然王国了，再没有什么自由和必然的矛盾了，人们已经达到了绝对的自由，可以随心所欲了。所谓"人有多大胆，地有多大产"一类风靡一时的"豪言壮语"，就是这种绝对自由观的具体体现。他们认为这类"豪言壮语"

---

① 恩格斯：《反杜林论》，《马克思恩格斯选集》第 3 卷，人民出版社 1972 年版，第 323 页。

② 参见斯大林：《苏联社会主义经济问题》，《斯大林选集》下卷，人民出版社 1979 年版，第 541—542 页。

③ 这里，我们可以指出 1958 年第 12 期《红旗》刊登的一篇题为《抓住时代的精神》的文章作为理论上的代表作。文章写道："我们的时代的精神是什么呢？从根本方面说来，主要的就是恩格斯说的'从必然的王国进于自由王国的飞跃'。"文章认为在社会主义制度下人的主观能动性是"望不到边"的，例如所谓试验田可以由亩产几千斤到几万斤到十几万斤。因此，文章所谓的"自由王国"就是摆脱了必然王国的绝对自由。这篇文章宣扬了一系列的错误观点，本书这一节所批评的主要论点都可以在这篇文章中找到。

所体现的自由精神，就是社会主义的"时代精神"。

对于这种荒谬观点的批判，一些具有决定意义的道理，在前一章中论述从必然向自由的转化是一个无限发展的辩证过程的论点时，已经比较详细地说明了。这里，我们只着重说明另外一些在前章中未能展开说明的问题。

诚然，如我们所充分肯定了的，人类社会的发展进入到社会主义的时期，是从必然向自由的一次历史性的大飞跃。但是，社会主义制度的建立，并不是人类历史的终结，它没有也不可能消除自由和必然的矛盾，没有也不可能给人们带来绝对的自由。这些历史辩证法的一般道理，已经不必多说了。需要指出的是，上面提到的恩格斯在《反杜林论》里的那段著名论述，主要地不是从认识论上讲自由和必然的关系问题，而是讲社会制度的变革同人们争得自由的关系问题，是讲人们因为摆脱了旧的社会关系的统治而获得了自由，用恩格斯自己的话说，就是社会占有了生产资料，因而结束了社会生产的无政府状态，停止了生存斗争，"人才在一定意义上最终地脱离了动物界，从动物的生存条件进入真正人的生存条件"。①所以，恩格斯的那段话，并不是说人们已经解决了自由和必然的矛盾，而只是说社会主义公有制的建立为人们认识必然和利用必然创造了优越的社会历史条件。

这里，我们好好读一读马克思在《资本论》中的一段话，对于理解这个问题是会很有启发的，因为马克思的那段话和恩格斯谈的问题在精神实质上是完全一致的。马克思在论述未来社会的自由问题时，区分了两个范畴的自由，对于所谓"自由王国"的真实含义做出了明确的说明。他说："事实上，自由王

---

① 恩格斯：《反杜林论》，《马克思恩格斯选集》第 3 卷，人民出版社 1972 年版，第 323 页。

国只是在由必需和外在目的规定要做的劳动终止的地方才开始；因而按照事物的本性来说，它存在于真正物质生产领域的彼岸。"①物质生产的领域始终是一个必然王国，"在这个必然王国的彼岸，作为目的本身的人类能力的发展，真正的自由王国，就开始了"②。所谓"自由王国"，它的实际内容就是人类能力的发展成为目的本身，就是人的能力可以自由地发展。这个"自由王国"当然是建立在物质生产高度发展的基础之上的，并将只有在这个基础之上才能够继续繁荣，但它却是可以随着社会制度的根本改造，随着阶级对立的消失、异化的消除等等而获得实现的。关于这个问题，我们在下一章中将进行专门的探讨。至于在物质生产领域以内，尽管人们的自由也是不断地永无止境地扩大的，但按其本性来说，却谈不上什么真正的"自由王国"。"这个领域内的自由只能是：社会化的人，联合起来的生产者，将合理地调节他们和自然之间的物质变换，把它置于他们的共同控制之下，而不让它作为盲目的力量来统治自己；靠消耗最小的力量，在最无愧于和最适合于他们的人类本性的条件下来进行这种物质变换。"③对于物质生产这个领域来说，社会制度的根本改造只是为人们的生产活动提供了适合于人类本性的合理的社会条件，从而有利于人们去争取和扩大自由，即能够使人们自由地去实现这个领域的自由，却并不能造成什么"自由王国"。物质生产是人与自然的物质变换，人类要生存，就必须时刻不停地进行这种物质变换，这是一种永远不可摆脱的自然必然性；同时，物质生产既然是人与自然的物质变换，它就在任何历史条件下都要受着客观必然性（包括自然物质的

① 马克思：《资本论》第 3 卷，人民出版社 1975 年版，第 926 页。
② 马克思：《资本论》第 3 卷，人民出版社 1975 年版，第 927 页。
③ 马克思：《资本论》第 3 卷，人民出版社 1975 年版，第 926—927 页。

必然性、社会经济生活的必然性以及人本身发展的必然性等）的支配，而这种客观必然性是人们的认识所永远不可能完全地把握的。因此，这个领域内的自由，总是在它同必然的对立统一中历史地发展的。

我们正确理解马克思和恩格斯的这些论述，就可以弄清人们经常谈论的"自由王国"究竟应当是怎么一回事了。所谓"自由王国"是指的一种社会状态，指人们成了社会关系的主人，因而人不再受物的支配，人的能力的发展成为目的本身，亦即人的能力可以自由地发展的那种社会状态，那就是共产主义社会（社会主义是它的低级阶段）。与"自由王国"相对立的所谓"必然王国"，则是指人受物的支配即受自己所创造的社会关系支配，因而人只是社会发展的工具而不是社会发展的目的本身那样一种社会状态。所以，实现"自由王国"的问题虽然同认识和利用必然有关系，同认识论有关系，但却不是讲的认识论问题。这样，我们也就可以明白，创造了优越的社会条件，或者说人们摆脱了旧的社会关系的统治而争得了社会的政治的自由，绝不等于在一切方面都获得了自由，绝不等于在所有领域都进入了什么"自由王国"。下面，我们对于这个问题还可以更展开地做些分析。

首先，人们成了生产资料和生产品的主人，并不等于成了支配生产的客观经济规律的主人。社会主义公有制的生产关系比之私有制的生产关系无疑要优越得多，然而，这种优越性本身却不能代替人们对于社会主义生产关系本质的认识，更不意味着人们在实际上一定能够正确地利用这种优越性。人们生活在某种经济关系中是一回事，人们对于这种经济关系的固有规律的认识和运用又是一回事，正像人们生活在自然界却并不等于正确地认识和运用了自然规律一样。自由和必然的对立，就其社会原因来说，在社会主义社会同在以私有制为基础的旧社会是有着根本不同的。在旧社会，例如在资本主义社会，人们不仅在认识客观规律方面会有许多由于社会制度的不合理所造成的障碍，而且，人们即使在一定程度上认识到了某些客观规律，也会由于受着旧的社会关系的限制而缺乏必要的条件去利用这些规律，还是只能做客观必然性的奴隶；而在社会主义制度下，自由和必然对立的这种社会原因是基本上消除了（当然，也并不是彻底地消除了，而且历史已经证明，消除这种社会原因也还是一个充满矛盾斗争的曲折过程）。但是，如果就自由和必然对立的认识原因来说，那么，在社会主义社会同在旧社会却并没有根本的不同。这就是说，自由和必然对立的认识论根源是不会因为社会制度的变化而完全消除的。社会主义社会发展中的种种客观必然性，在人们尚未认识到它们的时候，照样是起着盲目的、强制的和破坏的作用，人们也照样地像是被一种异己的力量统治着一样，只能听从客观必然性的摆布，而不会有自由。违背客观必然性所必定要遭到的惩罚，绝不会因为有了社会主义制度而可以减免。对于这一点，中国新民主主义革命胜利三十多年来的许多教训是足足可以说明的。

至于那种认为人们成了社会关系的主人也就等于成了自然界的主人的观点，就更是站不住脚的了。不错，恩格斯说过，进入社会主义时期，"人们第一次成为自然界的自觉的和真正的主人，因为他们已经成为自己的社会结合的主人了"。[①]但是，恩格斯的话说的是什么问题呢？恩格斯的这句话，说的还是改造自然的社会条件问题，还是改造自然和改造社会的关系问题。每个人都是以社会一员的资格，同其他社会成员结成一定的生

① 恩格斯：《反杜林论》，《马克思恩格斯选集》第 3 卷，人民出版社 1972 年版，第 323 页。

产关系，去从事生产活动，即从事改造自然的斗争的。因此，人们同自然界的关系总是在一定程度上受着人们自己的社会关系制约的。先进的社会关系促进人们改造自然的斗争，而落后的社会关系则阻碍人们改造自然的斗争。在社会主义制度下，消灭了剥削和被剥削的利益对立，人们在自己生活的社会领域里也已经有可能掌握自己的命运，这是人们同自然界斗争的优越的社会条件。但绝不是说，改造社会和改造自然就是一回事，人们改造社会的成功直接地就是改造自然的成功。自然规律和社会规律是两类不同的规律。人们认识和利用社会规律不能代替对于自然规律的认识和利用。人们要征服自然，要摆脱自然界的盲目的必然性的统治而获得自由，单靠优越的社会条件是不够的，还必须充分地利用这种优越的社会条件去正确地认识和利用自然规律，这是十分简单明白的道理。

还不止此。人们要征服自然界，在自然领域里扩大自由，不仅单靠优越的社会条件是不够的，而且单有对于自然规律的认识也是不够的，还必须不断地加强改造自然的物质手段，这就是不断地改进生产条件、技术条件。有的文章也曾引证恩格斯的"人们第一次成为自然界的自觉的真正的主人，因为他们已经成为自己的社会结合的主人了"的论点，但由此得出结论说，"从'必然王国'向'自由王国'的飞跃，决定的条件并不是生产条件、技术条件，而是社会关系"。这显然是对恩格斯的论点做了历史唯心论的歪曲。如果说决定的条件不是生产条件、技术条件而是社会关系，那么，社会关系又是由什么决定的呢？如果社会关系不是由生产条件、技术条件即生产力的状况所决定的，那就是说，它是人们可以任意建立和改变的，是由人们的意志决定的。可见，否定了生产条件、技术条件的决定作用，所谓社会关系是决定条件的观点，说到底，还是把人的意志看

成了决定的条件。按照这种观点，既然所谓从必然王国向自由
王国飞跃的决定条件是社会关系，那就是说，只要有了所谓先
进的社会关系就一定可以实现从必然向自由的飞跃；那也就是
说，要实现从必然向自由的飞跃，只需去不断地"变革"社会
关系，至于生产条件、技术条件则不论如何低下，人们都是可
以获得自由的。我们已经看到，这样一种唯心主义观点在实际
生活中究竟造成了怎样严重的危害！把社会关系看作争取自由
的最终的决定条件，总是在所谓"变革"社会关系上打主意，
搞什么"穷过渡"，搞什么"破除资产阶级法权"，不顾阶级斗
争发展的实际情况而一味地搞什么"群众性的阶级斗争"，却不
去发展社会生产力，不致力于创造更高的生产条件、技术条件，
这正是我们在生产资料私有制的社会主义改造基本完成以后的
一个较长时间里，在实际工作的指导上的一个重大失误。这种
违背历史发展客观规律的穷折腾，是不能给人以什么自由的。
按照历史唯物论的观点，既然生产力在社会发展中起着最终的
决定作用，那么，生产力发展的状况即所谓生产条件、技术条
件，也就是从必然向自由飞跃的起最终决定作用的条件。就是
马克思称之为物质生产领域彼岸的自由，也是不能脱离"此岸"
的，而是由"此岸"到达于"彼岸"的，即是说，是以物质生
产领域的繁荣和发展为基础的。在社会主义制度建立以前，人
类争取自由的斗争无疑要首先强调社会制度的变革。所以，恩
格斯曾说，我们要自觉地调节生产活动的社会影响而获得自由，
"单是依靠认识是不够的。这还需要对我们现有的生产方式，以
及和这种生产方式连在一起的我们今天的整个社会制度实行完
全的变革"。①但是，在已经实现了社会制度的变革以后，在新

---

① 恩格斯：《自然辩证法》，《马克思恩格斯选集》第 3 卷，人民出版社 1972 年
版，第 519 页。

的合理的社会制度建立起来以后，则无疑应当强调对客观必然性的科学认识，尤其应当强调依据这种认识去创造更高的生产条件、技术条件。如果不能这样辩证地理解问题，如果无视社会制度根本变革以前和变革以后这个基本的历史区别，那就是根本不懂得什么是马克思主义。

由此可见，即使除开认识方面的原因不说，仅仅从生产条件去看，在我国生产力水平相对地说来仍然如此低下的情况下，硬要说我们可以在一切方面都进入"自由王国"，该是多么荒唐可笑！不论以何种方式去散布这样的观点，都绝对不是在颂扬社会主义制度的优越性，而只是在煽动藐视和违背客观规律的狂热性。

（二）剖析所谓社会主义时期人的主观能动性是无限的

有的文章宣扬，在社会主义制度下人的主观能动性是"望不到边"的，所谓"望不到边"，就是说它是没有任何限制的。这同我们所批判的前一个问题实质上是同一个问题。鼓吹社会主义时期在一切方面都进入了"自由王国"，其根本的前提就是人的主观能动性已经"望不到边"。这个"望不到边"论，可以说是抽象夸大主观能动性的唯意志论的最典型的表现，是对于诸如"人有多大胆，地有多大产"，"不怕做不到，只怕想不到""敢想就有可能，敢做就能实现"这一类时髦口号的最确切的理论表达，是那一切危害人民利益的高指标、瞎指挥、浮夸风和"共产风"等"左"倾错误的重要思想根源。

"望不到边"论在理论上提出的问题，是人的主观能动性发展的无限性和有限性的关系问题。我们在前面已经详细地说明过，人们总是在一定的历史条件下认识世界和改造世界的，人的主观能动性总是受着一定的历史条件制约的。因此，不论在任何社会制度下，不论在现在的社会主义制度下还是在将来的共产主义制度下，人的主观能动性都不会是"望不到边"的，而是有限的。社会主义代替资本主义，是社会关系的一场空前伟大的历史性的大变革，它造成了一系列的优越条件，使得人的主观能动性具备了充分发展的可能性。但是，它并没有也不可能扫除主观能动性发展的一切障碍，并没有也不可能打破人们主观能动性发挥的一切界限。正如社会主义只是人类社会本身发展的一个历史阶段一样，它也只是人类主观能动性发展的一个历史阶段。早在一百年前，恩格斯曾经正确地说过："就一切可能来看，我们还差不多处在人类历史的开端。"①人类认识世界和改造世界的道路还极其长远。社会主义制度的建立，固然可以大大加速人类历史前进的进程，但却绝不会一下子扫清人类认识世界和改造世界的历史行程中的一切困难。因此，在社会主义制度下，人的主观能动性仍然不能不是有边有际的，不能不是有限的。

这里值得一提的是，还有一种略微隐蔽一些的提法，这就是所谓"人民群众的主观能动性是无限的"。有的人以为，只要冠以"人民群众"，再说主观能动性是无限的，就可以避免唯心论了。许多违反客观规律的事情，就曾经是打着尊重人民群众的主观能动性的旗号，在所谓"群众运动"的口号下干的。那种夸大主观意志作用的唯心主义思想，往往容易被人们误认为是马克思主义的主观能动性思想，也在很大程度上是因为它使用了"群众"的名义。因此，这个问题尤其需要加以澄清。按照马克思主义的观点，那样笼统地片面地谈论人民群众的主观能动性是无限的，同样避免不了唯心论的错误。人民群众的力量相对于任何个人来说，是巨大无比的。人民群众的主观能动

---

① 恩格斯：《反杜林论》，《马克思恩格斯选集》第 3 卷，人民出版社 1972 年版，第 125 页。

性是伟大的，马克思主义者应当高度尊重人民群众的主观能动性，这是毫无疑义的。这个问题，我们在下面将专门论述。但是，马克思主义又不允许随意地夸大人民群众的主观能动性。马克思和恩格斯在肯定整个历史的过程是由活生生的人民群众本身的发展所决定的观点时，曾明确指出，人民群众同样是"为一定的、也在历史上产生和变化着的条件所左右"①的。人民群众也是一个历史的范畴，人民群众的认识水平和实践水平也是历史地发展的。人民群众创造历史，但也不是随心所欲地创造历史，而是在既定的条件下创造历史。这就是说，人民群众的历史活动，人民群众的主观能动性，也是受着一定历史条件的制约的，是有限的。如果以为到了社会主义时期人民群众的主观能动性是无限的了，从这种错误的前提出发，不顾客观条件，向群众提出不切实际的任务，那样的做法，绝不是尊重人民群众的主观能动性，而只会挫伤人民群众的主观能动性。

诚然，任何界限都不是凝固的、僵死的，而是可变的。从人的主观能动性受着一定的具体历史条件的制约这点上说，它是有限的；然而，随着历史条件的变化，人的主观能动性也会不断地突破原来的界限而向前发展，这种发展是没有止境的。从这点上，也只是从这点上，又可以说它是无限的。无限和有限是对立的统一，无限即寓于有限之中。离开有限讲无限，从而否定界限的存在，或者离开无限讲有限，把界限看成凝固不变的，这两种看法都是非辩证的，错误的。恩格斯说："人的思维是至上的，同样又是不至上的，它的认识能力是无限的，同样又是有限的。按它的本性、使命、可能和历史的终极目的来说，是至上的和无限的；按它的个别实现和每次的现实来说，

①　马克思、恩格斯：《〈新莱茵报。政治经济评论〉第 4 期上发表的书评》，《马克思恩格斯全集》第 7 卷，人民出版社 1959 年版，第 306 页。

又是不至上的和有限的。"①人的认识的发展如此，人的实践的发展也如此。人的主观能动性的发展过程，就是无限和有限的辩证统一过程。认识这种辩证统一的关系，对于我们清醒地估计社会主义时期人的主观能动性，是十分重要的。

（三）批判所谓上层建筑决定一切

在社会主义时期人的主观能动作用的问题上还有一个突出的问题需要加以澄清，这就是上层建筑的作用问题。有些人抓住社会主义时期上层建筑的作用显著增大的事实，加以片面夸大，认为上层建筑对经济基础和生产力的发展起着决定的作用。不仅 20 世纪 50 年代初期在苏联有人宣扬苏维埃国家有什么废除规律和制定规律的"特殊作用"，而且在中国，也有人认为社会主义上层建筑可以起着决定社会生活的作用。林彪、"四人帮"则利用了人们的这种认识上的错误，并把它推向极端。他们公然提出："在整个社会主义历史阶段，生产关系对生产力、上层建筑对经济基础，始终起着主要的、决定的作用。"生产关系决定生产力，上层建筑又决定经济基础即生产关系，这样一来，上层建筑就成了决定生产关系从而也决定生产力的东西，成了最终地决定整个历史发展的力量。这就是所谓上层建筑决定论。这是一种片面夸大社会历史过程中主观因素作用的典型理论。

这种上层建筑决定论本来不是什么新鲜的理论，而是一种古老的唯心论。恩格斯曾经说过，由于社会存在决定社会意识这个原理的创立，使得"政治论证的全部传统方式崩溃了"。②所谓"政治论证"，就是用政治的原因去说明社会历史，实际上也就是用上层建筑的状况去说明社会历史，它是马克思以前人

---

① 恩格斯：《反杜林论》，《马克思恩格斯选集》第 3 卷，人民出版社 1972 年版，第 126 页。
② 恩格斯：《卡尔·马克思〈政治经济学批判〉》，《马克思恩格斯选集》第 2 卷，人民出版社 1972 年版，第 118 页。

们在历史观上的一种传统观点。对于这种观点的理论批判，是已经写进历史唯物论教科书的普通常识。对于林彪、"四人帮"为复活这种古老的唯心论而采取的所谓"新"论据，几年来在清算他们唯心主义思想体系的过程中，也做了大量的深入的批判。因此，我们在这里不需要全面地论述这个问题，只需着重讨论同本书论题关系更为密切的一些问题。

历来宣扬上层建筑决定一切的人们，往往强调的是政治上层建筑的决定作用，例如对于国家的迷信就是最突出的表现。林彪、"四人帮"的上层建筑决定论，也是强调所谓政治决定一切。在他们那里，所谓政治决定一切，实质上就是要用他们的反革命政治需要去决定一切。对于这种政治决定论在政治上和整个世界观上的荒谬和反动，也已经不需多说了[①]，这里，我们着重从思想认识方面澄清社会主义上层建筑特别是政治上层建筑的作用同客观规律的关系问题。

毫无疑问，社会主义上层建筑对于经济生活和整个社会生活具有巨大的推动作用和领导作用。执政的无产阶级政党和社会主义国家可以通过制定和执行路线、政策、法令，通过切实的思想政治工作，去指导整个国家的政治生活、经济生活、文化生活等，去有计划地自觉地调节社会生产，组织社会生活。这正是社会主义社会高出于、优越于以往任何社会形态的一个重要表现。因此，不论在理论上或实践上，不论以何种理由和方式去否定和贬低政治的作用，否定和贬低思想政治工作的作用，都是绝对错误的。

然而，马克思主义强调政治的作用，却绝不是主张政治决定一切。政治不能够决定一切，因为它本身就是被决定的东西。

---

① 参见拙作《"四人帮"哲学批判》（人民出版社1979年出版）第九章、第十一章。

政治是经济的集中表现，它是由经济决定的。路线、政策、法令等属于主观的范畴，是第二性的东西，它对社会生活的指导作用是积极的还是消极的，归根到底取决于它是否正确地反映了客观的规律性。以为党和国家可以制定路线、政策、法令等等并要求人们遵守和执行，就认为政治上层建筑处于决定一切的地位，否定客观规律的决定作用，那就是颠倒了第一性的东西同第二性的东西之间的关系，就是地道的唯心论。

斯大林在批评那种认为苏维埃国家可以废除规律和制定规律的错误观点时说："显然，他们把两种东西混为一谈了：一种是科学规律，它反映自然界或社会中不以人们的意志为转移的客观过程；另一种是政府颁布的法律，它是依据人们的意志创造出来的，并且只有法律上的效力。但这两种东西是决不能混为一谈的。"①把法律（路线、政策等具有同样的性质）和客观规律混为一谈，把要求人们遵守法律（以及路线、政策等）同要求人们遵循客观规律混为一谈，就是把第二性的东西同第一性的东西、把被决定的东西同决定的东西混为一谈，这是歪曲社会主义时期人的主观因素作用的一个重要认识根源。

党和国家可以制定路线、政策、法令等等，但路线、政策、法令的制定必须依据客观规律，而客观规律是不能制定的。所以，不是路线、政策、法令等决定一切，而是客观规律决定路线、政策、法令，等等。党和国家及其领导人只有正确地认识客观规律，才能制定和执行正确的路线、政策和法令，实现正确有效的政治领导。正确的路线、政策、法令等以及党的其他政治工作之所以能够起到动员和组织人民群众、推动社会生活前进的巨大作用，也正在于它符合人民群众的利益，而归根到

①　斯大林：《苏联社会主义经济问题》，《斯大林选集》下卷，人民出版社 1979 年版，第 539—540 页。

底则是在于它符合了客观的规律性。如果制定和执行违背客观规律的错误的路线、政策和法令，就只能在实际生活中造成严重的危害，甚至酿成灾难性的后果。可见，路线、政策、法令等等虽然是依据人们的意志制定的，但它们的正确与否及作用如何，却不是由人们的意志决定的。所谓政治工作，也不是贯彻什么个人的意见，而是要保证路线、政策、法令等的执行，归根到底是保证人们真正按客观规律办事，就是说，在它背后起着作用的，仍然是客观规律的要求。因此，我们强调加强党的思想政治工作，同强调按客观规律办事是完全一致的。要求人们执行路线、遵守政策和法令，首先就要求路线、政策、法令符合于客观规律；同时，又只有帮助人们提高了对于客观规律的认识，才能使人们真正增强执行路线、政策、法令等的自觉性。这个路线、政策、法令以及政治工作等东西同客观规律之间的区别和联系的问题，始终是正确地认识和对待社会主义时期主观能动作用的一个极其重要的问题。

四、人民群众生气勃勃的创造力是新社会的基本因素

我们批判片面夸大社会主义时期人的主观能动性的唯心论，决不意味着贬低主观能动性的意义。社会主义这种崭新的社会制度在人类历史上出现，固然是历史发展的必然，但同时也是人民群众的伟大历史创造，是作为现代生产力代表者的无产阶级自觉的革命斗争的产物。社会主义制度建立起来以后，社会主义社会的继续发展仍然是一个遵循其固有规律的自然历史过程，但这个历史过程又是通过人民群众的自觉的活动和努

力而得以实现的。因此，观察社会主义社会的发展过程，始终必须坚持客观规律性和主观能动性相统一的观点。显然，问题并不在于要不要重视社会主义社会发展中人的主观能动作用，而在于能不能科学地认识这种作用。这里，最重要的问题是，究竟把人民群众的历史创造性放在首位，还是片面夸大个别人物的历史作用？

在马克思主义哲学里，尊重客观规律性和尊重人民群众的主观能动性本来就是一致的。或者说，尊重客观规律性必然地要高度尊重人民群众的主观能动性。人类社会的发展之所以具有它自身所固有的规律性，就因为它是由物质资料生产方式的发展所决定的客观过程。由物质生产力所决定的生产关系是一切社会关系的基础，物质生产力的发展是人类社会一切发展的最终动力，而最广大的劳动群众则是物质资料的生产者，它本身就是一种最强大的生产力。社会历史规律是人们的社会实践的规律，而人民群众就是社会实践的主体，社会历史的客观规律是通过人民群众的活动而起作用的。因此，人民群众的利益和愿望，人民群众的历史行动，在本质上总是同社会历史"自己运动"的前进方向相一致的。正是在这点上，恩格斯说过："如果要去探究那些隐藏在——自觉地或不自觉地，而且往往是不自觉地——历史人物的动机背后并且构成历史的真正的最后动力的动力，那么应当注意的，与其说是个别人物、即使是非常杰出的人物的动机，不如说是使广大群众、使整个整个的民族以及在每一民族中间又使整个整个阶级行动起来的动机；而且也不是短暂的爆发和转瞬即逝的火光，而是持久的、引起伟大历史变迁的行动。"①这就是说，如果要通过研究人的历史活

---

① 恩格斯：《路德维希·费尔巴哈和德国古典哲学的终结》，《马克思恩格斯选集》第4卷，人民出版社1972年版，第245页。

动去揭示社会历史的客观规律性，那就首先地和基本地应当研究广大群众的愿望和行动，研究群众生活的社会条件以及这些条件的变更。尊重人民群众，认定人民群众是历史的创造者，这是从客观规律性和主观能动性相统一的原理中逻辑地必然引出的基本结论。从社会实践是人类主观能动性的真正基础的观点出发，马克思主义把作为社会实践主体的人民群众看作真正的能动的"自我"。马克思主义所尊重的主观能动性正是人民群众创造历史的能动性。

历史上一切片面夸大主观能动性的唯心论，都因为它们抛开了人类主观能动性的真正基础即社会实践，所以也都是以贬低人民群众的历史作用为其重要思想特征的。它们夸大主观能动性，夸大精神因素的作用，无一例外地都要归结到夸大个别人物的历史作用。作为这种唯心论的极端表现的唯意志论，不过是"唯"个人之意志罢了。而夸大个人意志的作用，又恰恰总是以贬低和蹂躏群众的意志为前提的。正如马克思所揭露过的："他们描绘出人类的天性的可怕形象，同时却要求我们拜倒在个别特权人物的神圣形象面前。"①神化个人和丑化人类，是同一种历史观的两面。因此，马克思主义正确地阐明个人和群众的相互关系，着重地论证人民群众的历史作用，在科学意义上高扬人民群众的主观能动性，这正是反对抽象地夸大主观能动性，正是表现着鲜明的唯物主义的理论立场。可见，要在主观能动性的问题上彻底肃清唯心主义思想的影响，不仅要求从理论上弄清尊重客观规律的意义，而且要求从理论上弄清尊重人民群众主观能动性的意义。

不仅科学社会主义的理论已经指明，而且我们的实践也充

---

① 马克思：《第六届莱茵省议会的辩论（第一篇论文）》，《马克思恩格斯全集》第 1 卷，人民出版社 1956 年版，第 80 页。

分表明，在社会主义时期，如何对待人民群众的主观能动性的问题具有比以往任何历史时代都更为尖锐的性质。这是因为，社会主义事业是人民群众自己的事业，如果没有人民群众主观能动性的正确而充分的发扬，就不可能有社会主义事业的成功。在以往的历史时代，人民群众只是在客观上作为历史的创造者；而在社会主义时期，人民群众则能够以自觉的历史创造者的姿态出现。在社会主义时期，社会历史的客观规律性和人的主观能动性的统一，达到了一个崭新的历史水平。一方面，社会主义事业愈是遵循其固有的规律向前发展，就愈是符合人民群众的利益和愿望，愈能激发和提高人民群众创造历史的主观能动性；另一方面，社会主义事业的发展也在愈来愈大的程度上要求正确而充分地发扬人民群众的主观能动性。如果说，在以往的历史时期，客观规律性和主观能动性的统一是客观地表现于社会历史过程中，那么，在社会主义时期，这种统一则越来越表现为人们的自觉活动，即是说，人们越来越能够自觉地认识和运用客观规律，使自己的主观能动性符合客观的规律性，从而自觉地实现主观能动性和客观规律性的统一。在这样的历史条件下，怎样对待人民群众主观能动性的问题无疑是更加突出了。在社会主义事业发展的整个过程中，在一切重大的实际问题面前，都要求人们自觉地提出并回答这样的问题：究竟谁是认识世界和改造世界的真正主体？究竟应该依靠什么力量去认识客观规律和运用客观规律？对于这个问题的回答是否自觉和是否正确，直接关系着社会主义事业的成败。

　　我们强调尊重客观规律，按照社会主义社会本身固有的规律去推进社会主义事业的发展，然而，社会主义并不是少数天才人物的发现，不是由他们把这些发现告诉人民，然后让人民按照他们发现的什么规律去行动。那样的话，社会主义就不是人民群众自己的解放事业，而只是少数天才人物发明的"救世济民"的措施；人民群众不是被看作在既定道路上独立的历史活动家，而只是实施某种合理措施的对象。这不是科学社会主义的观点，而正是空想社会主义的观点，是地道的唯心主义历史观。社会主义不是从天上掉下来的。社会主义是亿万人民群众的实践。社会主义事业发展的客观规律只有通过人民群众的实践才能认识，也只有依靠人民群众的实践才能运用。因此，我们强调尊重客观规律，就必须同时强调尊重人民群众的主观能动性。否则，尊重客观规律就只是一句空话，社会主义也只是一句空话。列宁说："群众生气勃勃的创造力是新社会的基本因素。……社会主义不是按上面的命令创立的。它和官场中的官僚机械主义根本不能相容；生气勃勃的创造性的社会主义是由人民群众自己创立的。"①这是一条科学社会主义的真理，也是一条历史唯物主义的真理。

诚然，社会主义事业的组织者、领导者们，特别是在群众斗争中产生的无产阶级领袖人物，他们对于社会主义事业的发展起着不可低估的重要作用。低估这种作用，把人民群众的历史活动同无产阶级的革命领袖和干部的领导作用对立起来，是根本错误的。否认领袖和干部的作用，是无政府主义，而不是马克思主义。然而，领导人物的作用恰恰就是在于，他们能够总结人民群众的实践经验，集中人民群众的智慧，因而能够做到对于客观规律的认识更正确些和更深刻些；同时，又能够依据对于客观规律的认识，去正确地组织人民群众的历史活动，使人民群众的活动更加自觉地符合客观规律，因而能够更大更有效地发挥人民群众建设新社会的创造力。所以，从思想路线

---

① 列宁：《全俄中央执行委员会会议》，《列宁全集》第 26 卷，人民出版社 1959 年版，第 269 页。

上说，他们的作用归根到底正是在于自觉地把握和坚持社会历史的客观规律性和人民群众的主观能动性的统一。脱离人民，脱离人民群众的实践，任何个人都不可能有正确的主观能动性。因此，马克思主义固然肯定个人的主观能动作用，但总是以肯定人民群众在历史上的决定作用为前提的。只有最广大人民群众的实践才决定着历史的面貌，也只有同人民群众的关系如何才决定着历史人物的面貌，这在任何历史时代都是如此，在社会主义时期同样如此，或者说更加如此。

马克思和恩格斯指出："历史活动是群众的事业，随着历史活动的深入，必将是群众队伍的扩大。"①随着历史活动的深入，作为自觉的历史活动家的人民群众必将在数量上扩大；而随着自觉的群众队伍的扩大，又必将使历史活动更加深入。这本身就是人们的历史活动发展的辩证规律。建设社会主义是人类有史以来最为深刻的历史活动，它必然地会吸引最广大人民群众的自觉参加，而人民群众历史活动自觉性的不断提高，又会极大地推动社会主义事业的发展。这就要求广大的干部和群众都像尊重其他的客观规律一样，去尊重这一条自己历史活动本身发展的客观规律。

对于社会主义事业的组织者、领导者来说，就是要认识到自觉的群众队伍的不断扩大是一种必然的趋势，因而努力去帮助广大群众提高历史活动的自觉性。我们党正是基于这种认识，总是强调加强马克思主义的思想政治工作，加强对广大群众的社会主义、共产主义的思想教育。这些工作的意义集中到一点，就正是要使人民群众认识社会主义的本质，从而认识自己的利益和力量，以增强为社会主义事业而奋斗的自觉性。如果没有

---

① 马克思、恩格斯：《神圣家族》，《马克思恩格斯全集》第 2 卷，人民出版社 1957 年版，第 104 页。

党的思想政治工作，没有党的坚持不懈的马克思主义的思想教育，人民群众的活动就只能是自发的，是不能深入和持久的。党的思想政治工作是调动、组织和提高人民群众主观能动性的强大力量。把强调人民群众的主观能动性同加强党的领导对立起来的观点是完全错误的。同时，我们党又强调政治生活的民主化，逐步改革各种不合理的体制和制度，从制度上及其他条件上为广大群众积极性和创造性的发挥提供越来越充分的保证。

对于广大群众来说（干部更应当如此，因为干部也是群众的一部分，而且一般地说是更觉悟的一部分），就是要以主人翁的态度对待社会主义事业，做自觉的历史创造者。这首先就要增强历史责任感，把自己的命运自觉地和社会主义事业的命运联系起来。社会主义事业的一切成绩和胜利，都应看成自己辛勤奋斗的结果，都应万分地珍惜，都应为之欢欣鼓舞。对于社会主义事业中遇到的挫折和失误，都应本着对于自己的事业负责的精神，以我们这个伟大集体中的一员的姿态，去研究、总结和吸取必要的教训，发扬自己的主观能动性，继续把事业推向前进，而不要像一个旁观者一样，灰心丧气，甚至怨天尤人。

社会主义在我国已经有三十多年的历史了。我们已经积累了正面和反面的丰富经验。我们从自己的经验中对于客观规律性和主观能动性相统一的原理认识更深刻了。这条马克思主义的思想路线将被越来越多的人所理解和遵循，我们的社会主义事业也必将获得更加蓬勃的发展。

第八章　人类主观能动性的发展和人的解放

恩格斯说过："只有一种能够有计划地生产和分配的自觉的社会生产组织，才能在社会关系方面把人从其余的动物中提升出来，正像一般生产曾经在物种关系方面把人从其余的动物中提升出来一样。……一个新的历史时期将从这种社会生产组织开始，在这个新的历史时期中，人们自身以及他们的活动的一切方面，包括自然科学在内，都将突飞猛进，使已往的一切都大大地相形见绌。"[①] "有计划地生产和分配的自觉的社会生产组织"即社会主义生产组织的建立，使人类最终地从动物的生存条件进入真正的人的生存条件。从这个意义上说，它结束了人类历史的前史，而开始了真正的人类历史。由社会主义制度的建立所开辟的新的历史时期，为人们自身的发展以及人们的活动的发展展示着无限光明和远大的前景。揭示这个发展的未来趋势，是科学共产主义学说的任务，也是哲学的任务。

----

① 恩格斯：《自然辩证法》，《马克思恩格斯选集》第 3 卷，人民出版社 1972 年版，第 458 页。

一、人类主观能动性的历史发展
和人的本质的历史发展

人们自身和人们的活动一起，都是在历史中发展的。弄清这个发展过程的规律性，也都离不开对于人的自觉能动性及其发展过程的研究。

关于人自身的问题，其中首先是人的本质及其发展的问题，是哲学特别是近代和现代哲学所探讨的重大课题。在古代哲学史上，不论中国还是外国，很早就有关于人性问题的探讨，这都是同探讨人的本质的问题密切相关的。自欧洲文艺复兴运动以来，对于人的本质的探讨在哲学中越来越占据着突出的地位。新兴的资产阶级为了反抗摧残人的封建专制和教会统治，举起了人道主义的思想旗帜，但他们对于"人"包括人的本质的理论说明却都是历史唯心主义的。费尔巴哈的人本主义可以说是资产阶级人道主义思想的最高成就，他所理解的人也仍然只是抽象的人。费尔巴哈不满意黑格尔把人的本质归结为抽象的"自我意识"，而主张用有血有肉的、感性的人去代替它。然而，他所谓的感性的人，不过是感性直观中的人，人的本质不过是把许多个人纯粹自然地联系起来的共同性。这种"类"的共同性，也无非就是抽象的理性、意志和爱。这样，就如恩格斯所指出的，他终究"不能找到从他自己所极端憎恶的抽象王国通向活生生的现实世界的道路"。①被他宣布为自己哲学的出发点的人，终究只得被归之于一句空话。费巴尔哈的这种抽象的人的

---

① 恩格斯：《路德维希·费尔巴哈和德国古典哲学的终结》，《马克思恩格斯选集》第4卷，人民出版社1972年版，第236页。

观点，其基本错误就在于，他离开了人之所以为人的现实基础，离开了实践首先是生产劳动这种人类特有的能动的活动，去考察人及人的本质。

马克思对于人的本质的科学说明，正是同对于费尔巴哈人本主义观点的批判直接相通的。马克思认为，要从抽象的王国通向现实的世界就要从人出发，这一点并没有错。但是，作为这种出发点的人不能是抽象的人，而必须是现实的人。他在《德意志意识形态》里说，"我们不是从人们所说的、所想象的、所设想的东西出发，也不是从只存在于口头上所说的、思考出来的、想象出来的、设想出来的人出发，去理解真正的人。我们的出发点是从事实际活动的人"；又说，唯物主义的观察方法是从现实的前提出发，"它的前提是人，但不是某种处在幻想的与世隔绝、离群索居状态的人，而是处在一定条件下进行的、现实的、可以通过经验观察到的发展过程中的人"。①从抽象的人过渡到现实的人，是整个历史观的出发点的转变，因而它成为由费尔巴哈人本主义前进到历史唯物主义的一个基本前提。

现实的人，就是从事实际活动的人，感性的、实践的人。恩格斯说："要从费尔巴哈的抽象的人转到现实的、活生生的人，就必须把这些人当作在历史中行动的人去研究。"②人的本质正是在人的具体的历史行动中确立和表现的，研究人的本质也就应当去研究人的实际活动。马克思之所以能够超出费巴尔哈而真正唯物地规定人的本质，正在于它紧紧地抓住了这个关键。

在马克思看来，人之所以为人的根本基础，即人与动物的

---

① 马克思：《德意志意识形态》，《马克思恩格斯全集》第 3 卷，人民出版社 1960 年版，第 30 页。

② 恩格斯：《路德维希·费尔巴哈和德国古典哲学的终结》，《马克思恩格斯选集》第 4 卷，人民出版社 1972 年版，第 236—237 页。

本质区别，不在于人的自然属性方面的"类"的共同性，而在于人能从事自觉的活动，首先是生产劳动。对人来说，"生产生活本来就是类生活。这是产生生命的生活。一个种的全部特性、种的类特性就在于生命活动的性质，而人的类特性恰恰就是自由的自觉的活动"①。正是生产劳动这种自觉的活动才使人成其为人。是劳动创造了人本身，这当然也就是说，是人在劳动中创造了自己的本质。在这点上，被费尔巴哈所批判的黑格尔反倒比费尔巴哈要高明和深刻得多。黑格尔把人看成在人与对象世界的相互作用中的自我生成，而这种相互作用的基础就是劳动，这就把人看成人在劳动中自我创造的产物。当然，黑格尔只知道和承认抽象的精神的劳动，因此他只得把人的本质最终地归结于抽象的理性，归结于人具有"自我意识"。费尔巴哈不赞成黑格尔把人的本质归结为抽象的"自我意识"，但他只是从形式上批判了黑格尔。由于他抓不住劳动的本质，因而他关于人的观点，从其内容上看不仅仍然是抽象的，而且比之黑格尔要贫乏得多。马克思不同于黑格尔，也不同于费尔巴哈。他从人的劳动去考察人的本质，但不是从抽象的精神的劳动，而是从人类所从事的物质的生产劳动去考察人的本质，把物质生产劳动看作人的本质的真正基础，这才找到了从抽象的人转到现实的人的唯一通道。马克思主义把劳动看作人的本质的基础，就同其他一切关于人的学说从根本上区别开来了。

物质生产劳动是人与自然之间的物质变换，是人消耗自己的体力和脑力去向自然界索取物质生活资料，以满足自己的需要。这种改造自然的活动，由于它的能动的创造的本性，必然是一种超出主体直接需要的活动，是具有普遍性、全面性的活

---

① 马克思：《1844 年经济学哲学手稿》，《马克思恩格斯全集》第 42 卷，人民出版社 1979 年版，第 96 页。

动，因而也就必然是社会的活动。劳动从一开始就是社会地进行的。"人们在生产中不仅仅同自然界发生关系。他们如果不以一定方式结合起来共同活动和相互交换其活动，便不能进行生产。为了进行生产，人们便发生一定的联系和关系；只有在这些社会联系和社会关系的范围内，才会有他们对自然界的关系，才会有生产。"①脱离了人们的社会关系就不能有人同自然的关系，或者说人同自然的关系就不能成为现实的关系。所谓人在劳动中创造和表现自己的本质，也就是人在自己的社会活动中、在社会交往中创造和表现自己的本质。因此，也就不应当只是从人与自然的关系中去理解人的本质，即不应当脱离人生活于其中的社会去理解人的本质，正是在这点上，马克思批判了费巴尔哈。他指出："人的本质并不是单个人所固有的抽象物。在其现实性上，它是一切社会关系的总和。"②马克思的这个著名论断，固然是直接针对费巴尔哈的观点的，但在实质上却可以说，它是针对马克思以前的一切关于人的观点的。

可见，所谓人是劳动的产物，也就是社会的产物。马克思说人的本质在其现实性上是一切社会关系的总和，又说过人的本质是人的劳动，这两个命题并没有实质性的区别，只是前者比后者更深入更具体了。人在劳动中形成自己的本质，同时也就是在自己的社会关系中形成自己的本质，因为劳动总是社会的劳动；反过来说，人在自己的社会关系中形成自己的本质，首先也就是在物质生产劳动过程中形成自己的本质，因为人们在劳动过程中结成的关系即生产关系是一切社会关系的基础，所谓社会性首先正是劳动的社会性。这两个命题，都不是给人

---

① 马克思：《雇佣劳动与资本》，《马克思恩格斯选集》第 1 卷，人民出版社 1972 年版，第 362 页。

② 马克思：《关于费巴尔哈的提纲》，《马克思恩格斯选集》第 1 卷，人民出版社 1972 年版，第 18 页。

的本质下定义，而是指出人的本质是怎样形成的，指出应当怎样去研究人的本质。它指明，只有人类劳动及其借以实现的社会关系才是人的本质的现实基础，因此，要研究人的本质，就要研究人的现实活动首先是生产劳动，就要研究人的各种社会关系首先是生产关系。就是说，不能就人本身去研究人，而应当通过研究人的社会、研究人的社会生活去研究人。人的现实活动及其借以进行的社会关系是在历史中发展的，因而人的本质也是在历史中发展的。这样，就不应当再用某种抽象的、永恒不变的人的本质去说明历史，而应当用历史过程本身的物质的经济事实及其发展变化的客观规律性去说明人的本质。

把社会劳动看成人的本质的现实基础，也就能清楚地看出人的本质的发展同人的自觉能动性的发展之间极其密切的内在联系。劳动就是人的自觉的能动的活动。正因为劳动是人类特殊的能动性，才能使人类在劳动中创造自己的特殊的本质。人的本质在社会劳动的基础上发展，也就是随着人的自觉能动性的发展而发展。马克思主义正是从人的劳动、从人的自觉能动性的发展去说明人的本质的发展，才正确地揭示了人的本质发展的历史过程，指明了人的本质发展的未来趋势。

人类劳动，人类社会本身，在社会主义社会以前的一个长时期内是在尖锐的对立中发展的，因而人的本质也是在这种对立中发展的。一方面，随着社会生产力和科学文化的发展，随着人类征服自然的力量不断增强，人的本质也理应在劳动中不断丰富；但另一方面，在阶级社会里，人类征服自然的斗争一直是在不合理的社会形式下进行的，这又使人在劳动中不同程度地丧失人的本质，这就是人的本质的异化。马克思曾经从分析劳动的异化入手，去说明人的本质的异化现象，从而揭示了人的本质在对立中发展的历史过程。

　　人类的生产劳动，作为人和自然界的物质变换，是人的本质力量（包括肉体的力量和精神的力量，或实践的力量和理性的力量）的对象化，是人的自觉能动性的表现。但这种对象化在自发地形成的社会分工的情况下就开始了异化。劳动异化在资本主义社会达到了顶峰，资本主义的雇佣劳动是最典型的异化劳动。马克思曾具体地分析了劳动异化的含义。他指出，劳动异化首先是劳动产品的异化。劳动者创造的产品不但不属于劳动者，反而成为一种同劳动者相敌对的、异己的力量，劳动者和自己劳动产品的关系就是同一个异己的对象的关系。由于这种异化，"工人在劳动中耗费的力量越多，他亲手创造出来反对自身的、异己的对象世界的力量就越强大，他本身、他的内部世界就越贫乏，归他所有的东西就越少"①。劳动者创造的产品越多，他所受的剥削就越重，他自己就越贫穷；劳动者创造的商品越多，劳动力就越成为廉价的商品。而劳动产品的异化则是劳动活动本身异化的结果，即表现在生产行为本身中、表现在生产活动本身中的异化的结果。所谓劳动活动本身的异化，就是劳动活动对于劳动者来说成为外在的东西，成为不属于劳动者自身、不为劳动者自己所支配的东西。这是劳动异化的第二个规定。由以上两个方面，马克思又推出了劳动异化的第三个规定即人的类本质同人相异化。人的类本质就是自由和自觉的活动，这是人区别于动物的本质，是人优于动物之处。而异化劳动则"把人对动物所具有的优点变成缺点"②，把劳动这种对于人的"类"来说是生命活动本身、生产生活本身的东西变成仅仅是维持个体的肉体生存需要的手段。由以上这些，

---

　　① 马克思：《1844 年经济学哲学手稿》，《马克思恩格斯全集》第 42 卷，人民出版社 1979 年版，第 91 页。
　　② 马克思：《1844 年经济学哲学手稿》，《马克思恩格斯全集》第 42 卷，人民出版社 1979 年版，第 97 页。

马克思又推出劳动异化的第四个规定即人同人相异化。劳动者的劳动产品和劳动活动本身不属于他自己，不受劳动者自己支配，那就必然受另外的力量支配，这种力量既不是"神"，也不是自然界，而只能是另外的一些人。"人的异化，一般地说人同自身的任何关系，只有通过人同其他人的关系才得到实现和表现。"①在资本主义制度下，工人是雇佣劳动者，他劳动的产品和劳动活动本身都是属于资本家的。工人失去的一切，就是资本家所占有的一切。一切异化都通过人与人的关系表现出来，就是通过资本家与工人之间剥削和被剥削、压迫和被压迫的关系表现出来。这样，马克思从劳动异化的事实出发，层层深入地揭示了人类社会的分裂和对抗，并且抓住了社会的阶级对立。

这里，马克思指出的劳动异化的第二个规定即劳动活动本身的异化，是一切异化的基础。而劳动活动本身的异化，实际上正是表明人的主观能动性也是在一种歪曲的形式中发展着。劳动本来是人的自由的活动，但劳动者在劳动中并不感到自由，它不是劳动者自主的、自愿的活动，而是一种被迫的、强制的劳动；劳动本来是人的创造性的活动，但却成了窒息人的创造性的东西，人不是在劳动中自由地发挥自己的肉体力量和精神力量，而是使自己的肉体受到损伤、精神遭到摧残。这都说明，劳动本来是人的主观能动性的表现，但却成了窒息和摧残人的主观能动性的东西；人们以自己对于周围世界的每一个改造在扩大和加深着异化的过程，因而人们越是发挥自己的主观能动性，其结果反而越是使自己的主观能动性受到压抑。总之，劳动活动，自觉的能动性，本来是使人和物区别开来的东西，是

----

① 马克思：《1844 年经济学哲学手稿》，《马克思恩格斯全集》第 42 卷，人民出版社 1979 年版，第 98 页。

人的本质的基础，但在它的发展过程中却不是确立和表现着人的本质，反而是丧失人的本质。

毋庸置疑，这种对于异化现象的哲学思考，在马克思的历史唯物主义思想的形成和发展中起着十分重要的作用。然而，马克思并不停留在对于异化现象的单纯的哲学思考上，而是深入于社会经济事实的研究中。他在对于社会经济关系的研究中寻找异化的真正根源，从而也就大大深化了对于异化现象的哲学思考。劳动异化的现象清楚地表明了劳动过程的社会性质，表明了人同自然的关系在怎样的程度上受着人们自己的社会关系的制约。后来，马克思通过生产力和生产关系矛盾的分析，使得对于异化劳动的认识更加具备科学的形态。

异化现象是在特定的社会条件下发生的。异化劳动最初产生于人类自发的分工。自发的分工产生了异化劳动，也引起了私有制的产生。在产生了私有制以后，它和异化劳动就互相作用，互为因果。异化劳动产生着私有制，它本身又为私有制所再生产；私有制产生着异化劳动，异化劳动又反过来起着巩固和强化私有制的作用并再生产着私有制。私有制是异化得以存在的基础和得以扩大的媒介，是它再生产的根源，因此，要消灭异化，就要消灭私有制。从这里，马克思引出了一个极其重大的历史结论，就是要实行共产主义。

共产主义用公有制代替私有制，实现了劳动者对劳动资料和劳动产品即自身劳动结果的占有，也就实现了劳动者对于劳动过程本身的支配和占有。在共产主义（社会主义是它的初级阶段）的社会关系下，物对人的统治变成了人对物的统治，因而劳动消除了它的消极的方面而能够真正表现人的本质，人才能够在劳动中不断地丰富着自己的本质。这时，人才在社会关系方面从其余的动物中提升了出来，才真正地作为人而存在。

这就是人的解放。

关于人的解放，可以从不同的方面去规定它的含义。从哲学的角度说，所谓"人的解放"实际上就正是人的自觉能动性的解放。劳动异化的消除，就是把人的劳动从不合理的社会条件下、从私有制下解放出来，这实际上就正是把人的自觉能动性从不适合于它发挥的社会条件下解放出来。归根到底说来，这是人的一切解放的基础。只有人的自觉能动性的这种解放，人才能在合理的条件下进行对于周围世界的创造和对于人自身的自我创造，才能如恩格斯所断言的，使人们自身以及他们活动的一切方面实现突飞猛进的进步。

这个解放，不只是人类的美好愿望，它的根源深藏于社会生产力发展的内在本性之中。生产力的解放必然要求人的解放，要求人的自觉能动性的解放。在资本主义社会造成的生产力水平上，私有制以及同它相联系的不合理的社会分工等，都成了社会进步的严重障碍，都必定被历史所清除。历史清除了它自己发展的障碍，这同时也就是清除了人自身发展的障碍。因此，像共产主义社会制度的实现一样，具有人的无限丰富的本质的共产主义一代新人的出现，也是历史的必然。

二、人类能力的发展是人的活动的目的本身

共产主义的新人，是充分地展开了人的丰富本质的人，因而是具有最丰满的精神世界即具有最高精神文明的人。这种新人不仅具有崇高的道德品质，而且具有全面发展的能力，因而也就是主观能动性获得了充分而健康的发展的人。

我们在前一章中已经说过，马克思曾经精辟地论述过两个

范畴的自由,指出真正的自由王国存在于物质生产领域的彼岸,那就是人类能力的发展成为目的本身,就是人本身在各个方面的自由发展。

在私有制的条件下,在异化劳动的条件下,整个关系是颠倒的。在那里,不是人支配物,而是物支配人,人不是生产的目的,人的内在力量的发挥是为某种纯粹外在的目的所规定的。因此,人的能力的发展不可能成为目的,而只是维持个体生存的手段。它既然不得不屈从于维持个体生存的需要,也就不得不屈从于片面的分工。在那样的条件下,每一个人都只隶属于某一个生产部门,都只能畸形地发展自己能力的某一个方面而废弃其他各方面。劳动者在工场手工业中是"局部工人",而在采用机器生产的工厂中,则是"把工人变成局部机器的有自我意识的附件"①,人不过是工具。

在共产主义社会,消灭了私有制,消灭了剥削,消灭了旧式的片面的分工,人们能够在最无愧于和最适合于他们的人类本性的条件下即最人性的条件下劳动。劳动的外在目的失掉了单纯外在必然性的外观,而被看成个人自己自我提出的目的,劳动成了人们生活的第一需要。②人们需要劳动,不再只是为了谋求生存的资料,而是为了自身的全面发展。在生产力高度发展的那样一个历史水平上,基本的需要已不再是物质资料的需要,而是"需要有完整的人的生命表现"③。因此,在这里,人的能力的发展也就不再屈从于任何别的目的,它本身就是目的。人的能力的发展成为目的本身,人本身获得自由的发展,

---

① 马克思:《资本论》第1卷,人民出版社1975年版,第531页。
② 参见马克思:《〈政治经济学批判〉(1857—1858年草稿)》,《马克思恩格斯全集》第46卷下册,人民出版社1980年版,第112页;《哥达纲领批判》,《马克思恩格斯选集》第3卷,人民出版社1972年版,第12页。
③ 马克思:《1844年经济学哲学手稿》,《马克思恩格斯全集》第42卷,人民出版社1979年版,第129页。

这当然就是真正实现了人的彻底解放。所谓共产主义就是解放全人类，其基本的意义正在于此。恩格斯在《共产主义原理》中指出："根据共产主义原则组织起来的社会，将使自己的成员能够全面地发挥他们各方面的才能。"①在这之前，恩格斯在《共产主义信条草案》(《共产主义原理》就是在它的基础上完善的)里曾明确写道："共产主义者的目的是什么？答：把社会组织成这样：使社会的每一个成员都能完全自由地发展和发挥他的全部才能和力量，并且不会因此而危及这个社会的基本条件。"②人自身获得自由的全面的发展，是人的最高需要，是人类最美好的理想境界，是人类真正的"自由王国"。这就是科学共产主义的真谛。

人们往往把共产主义仅仅理解为人将享有无比优裕的物质生活，这是一种狭隘的观念，是对于科学共产主义的一种误解。固然，共产主义是以生产力的极大发展、产品的极大丰富为基础和前提的，因而人们的物质生活无疑是极其优裕的，但这并不是它的主要之点。共产主义是"以每个人的全面而自由的发展为基本原则的社会形式"③。物质生产的发展本身并不是目的，它的目的是满足人的全面发展的需要。我们现在尚处在共产主义低级阶段——社会主义阶段，但是，既然社会主义的生产和其他一切事业的发展都是为着将来实现完全的共产主义这个伟大的目标，那么，人的全面而自由的发展这个基本原则也就对于我们现在所从事的事业具有战略性的指导意义。

《共产党宣言》里说，在共产主义社会，"每个人的自由发

---

① 恩格斯：《共产主义原理》，《马克思恩格斯全集》第 4 卷，人民出版社 1958 年版，第 370—371 页。

② 马克思：《1844 年经济学哲学手稿》，《马克思恩格斯全集》第 42 卷，人民出版社 1979 年版，第 373 页。

③ 马克思：《资本论》第 1 卷，人民出版社 1975 年版，第 649 页。

展是一切人的自由发展的条件"①。这是《共产党宣言》的一个重要结论，是科学共产主义的一条重要原理。这个思想，同人的能力的发展就是目的本身的思想，同共产主义者的目的就是使每个社会成员都自由地发展和发挥其才能的思想，都是一致的。

在人类社会的以往发展阶段里，个人和社会是分裂的，因此，所谓个人的发展只是对于统治阶级中的少数人才谈得上，而这少数人获得发展的垄断权则正是以大多数人失去发展的可能性为前提的，在那里，社会的发展不但不以每个人的发展为条件，而且恰恰是以牺牲大多数个人的发展为条件的。马克思说，"人"类的才能的发展，"在开始时要靠牺牲多数的个人，甚至靠牺牲整个阶级"。②这种情况，在资本主义时期达到了顶点。资本主义生产对于物化在商品中的劳动是异常节约的，但对人、对活劳动的浪费则超过任何别的生产方式。"在这个直接处于人类社会实行自觉改造以前的历史时期实际上只是用最大限度地浪费个人发展的办法，来保证和实现人类本身的发展。"③

在共产主义社会，由于实现了个体和类、个人和社会的统一，因而个人的发展和社会的发展是一致的了。在这里，个人真正成了"社会的（即人的）人"④，充分发展起来的个性就体现着人的"类"的特性，而人"类"即整个社会也只有在每个个性都得到发展的基础上才能充分发展。因此，在共产主义社会，每个人的自由发展就成为一切人自由发展的条件。

---

① 马克思：《资本论》第 1 卷，人民出版社 1975 年版，第 649 页。
② 马克思、恩格斯：《共产主义宣言》，《马克思恩格斯选集》第 1 卷，人民出版社 1972 年版，第 273 页。
③ 马克思：《资本论》第 3 卷，人民出版社 1975 年版，第 105 页。
④ 马克思：《1844 年经济学哲学手稿》，《马克思恩格斯全集》第 42 卷，人民出版社 1979 年版，第 120 页。

这里必须指出，对于这个共产主义的重要原理应当做辩证的历史的理解。达到个人发展和社会发展的一致，是人类社会发展的理想境界。然而，由个人和社会的分裂到个人和社会的统一，由社会发展以牺牲个人发展为条件到个人发展成为社会发展的条件，是一个充满矛盾和斗争的历史过程。这是一个不可任意逾越的过程，是一个从各个方面包括政治方面、经济方面以及精神文化等方面准备条件的过程。在这个过程中，必然会有许多个人做出牺牲。马克思说："个性的比较高度的发展，只有以牺牲个人的历史过程为代价"[①]。马克思的这个论断，固然是说由于社会的阶级分裂、由于个人和社会的对抗而在客观上不可避免地要以许多个人的牺牲作为历史进步的代价，但同时也就说明，还需要有许多认识到了这种客观必然性和社会发展前途的先进的个人自觉地为历史的进步做出牺牲。后一种个人牺牲越是自觉，就越是能够加速实现个人和社会统一的历史进程，这也是历史的辩证法。无数的共产党人，无数的革命志士，正是为了这个理想境界的实现，为了子孙万代的发展和幸福，做出了崇高的个人牺牲，包括个人的鲜血和生命。社会主义制度的建立，就是无数觉悟的个人发扬无私的献身精神的结果。

在社会主义制度下，一方面，社会能够而且必然地给个人的全面发展提供越来越充分和有利的条件；另一方面，个人和社会也还存在着矛盾，还难免在某些情况下要用牺牲个人的发展去保证社会的发展，也就还需要个人为着整个社会的利益自觉地做出必要的牺牲。在社会主义社会发展的现在阶段上，强调这个方面是有着重要的意义的。我们的"四化"建设是整个

----

① 马克思：《剩余价值理论》，《马克思恩格斯全集》第 26 卷第 1 册，人民出版社 1972 年版，第 125 页。

社会的利益所在，也是每个个人的根本利益所在。但是，它是在困难和复杂的条件下进行的。因此，在"四化"建设中也还需要提倡无私的牺牲精神。至于最终实现共产主义这个人类最伟大的理想，就更是需要许多代人坚持不懈、百折不挠的艰苦奋斗和英勇牺牲。如果无视客观的历史必然性，企图超越由这种历史必然性所规定的客观进程，去奢谈什么"个人的自由发展"，那就很可能是对这个共产主义的原理做了庸俗的资产阶级个人主义的理解，至少是做了空想主义的理解。

同时，所谓"每个人的自由发展"在任何时候也不能被理解为个人孤立地发展。每个人的自由发展是一切人自由发展的条件，并不意味着每个人的发展可以高于一切人的发展或脱离一切人的发展。个人在任何时候都是不能脱离社会而存在，更不能脱离社会而发展的。马克思、恩格斯明确指出："只有在集体中，个人才能获得全面发展其才能的手段，也就是说，只有在集体中才可能有个人自由。"[①]这里，重要的是区分两种集体，一种是冒充的集体，一种是真实的集体。过去的集体如国家等是冒充的集体，在那种冒充的集体中，个人自由只是对那些在统治阶级范围内发展的个人才是存在的。而社会主义、共产主义的集体则是真实的集体，"在真实的集体的条件下，各个个人在自己的联合中并通过这种联合获得自由"[②]。共产主义就是高度的集体主义。共产主义新人是真正遵行集体主义的人，而且正因为是遵行高度集体主义的人，才可能成为全面发展的人。

共产主义新人是具有全面发展的能力和高尚精神品质的

---

① 马克思、恩格斯：《德意志意识形态》，《马克思恩格斯全集》第3卷，人民出版社1960年版，第84页。
② 马克思、恩格斯：《德意志意识形态》，《马克思恩格斯全集》第3卷，人民出版社1960年版，第84页。

人，然而，他的出现却是社会物质生产力发展的内在要求，也只有社会物质生产力的巨大发展才能为造就这样的新人提供根本的条件。恩格斯说过："当18世纪的农民和手工工场工人被吸引到大工业中以后，他们改变了自己的整个生活方式而完全成为另一种人，同样，用整个社会的力量来共同经营生产和由此而引起的生产的新发展，也需要一种全新的人，并将创造出这种新人来。"[①]只有全面发展的人才能占有全面发展的生产力。大规模的现代化生产需要采用日新月异的科学技术，需要实行科学的管理，这就需要有在各方面都有能力的人；而生产的巨大发展，劳动生产率的巨大提高，又为人们自由地全面地发展自己的能力提供了强有力的物质保证。马克思指出，人类能力的发展成为目的本身这样的自由王国的实现和繁荣，"工作日的缩短是根本条件"[②]。只有劳动时间的最大限度的缩短，自由时间的最大限度的延长，才使人们有充分的可能去自由地全面地发展自己的能力，而工作日的缩短当然是以生产力的巨大发展、劳动生产率的极大提高为前提的。因此，在向共产主义发展的历史过程中，生产力的发展和人的能力的全面发展，这两个方面是互相促进、互为条件的。共产主义的新人，是由历史本身所造就的。

人创造历史，历史造就人。或者说，人创造着历史，也就是创造着人自身。人类的解放，也就是人类的这种改造世界和改造自己的创造活动达到了完全的自由和自觉。正如毛泽东同志所说的："世界到了全人类都自觉地改造自己和改造世界的时

---

① 恩格斯：《共产主义原理》，《马克思恩格斯全集》第 4 卷，人民出版社 1958 年版，第 370 页。

② 马克思：《三位一体的公式》，《资本论》第 3 卷，人民出版社 1975 年版，第 927 页。

候，那就是世界的共产主义时代。"[①]我们现在迈出的每一步，都是向着这个伟大目标接近。放眼于这个伟大的目标，并脚踏实地地为实现这个伟大目标而努力奋斗，正是人类自觉能动性的最高表现。

---

① 毛泽东：《实践论》，《毛泽东选集》第 1 卷，人民出版社 1969 年版，第 273 页。

相关论文

应着重从社会历史角度理解马克思主义关于"自由王国"的理论*

——兼与李延明同志商榷

　　李延明同志在《怎样认识人类从必然王国向自由王国的飞跃》一文（见《哲学研究》1986 年第 3 期。以下简称李文）中，对《历史唯物主义原理》等哲学教科书提出了批评，认为"必然王国和自由王国不属于社会历史范畴，而属于认识论范畴；不是社会状态，而是人的认识——实践活动状态"。这种观点是值得商榷的。必然王国和自由王国同必然和自由这两对范畴显然是有区别的。马克思主义关于"自由王国"的理论固然同认识论有密切的联系，或者说，它包含了重要的认识论的道理，但它主要地不是在讲认识论，而是在讲社会历史的发展问题，因此，也就应当着重从社会历史角度进行深入的挖掘和研究。

　　诚如李文所指出的，马克思和恩格斯关于必然王国和自由王国的论述有两处，一处见于马克思的《资本论》，一处见于恩格斯的《反杜林论》。研究这一问题，首要的是正确理解马克思和恩格斯论述的原意。

　　恩格斯是在《反杜林论》的"社会主义"编中论述这一问题的。在这一编的"理论"一节，恩格斯透彻地揭示了资本主

---

　　* 本文提出"自由王国"与"必然王国"是同"自由"与"必然"有区别的范畴，马克思主义的"自由王国"理论是一种社会历史理论，而主要不是认识论。与李淑梅合作，原载于《哲学研究》1986 年第 8 期。

义社会的基本矛盾，考察了这一矛盾产生、发展和日益激化的运动过程。他指出，生产的社会化和生产资料的私人占有之间的矛盾是资本主义生产方式所固有的、不可克服的矛盾。生产的社会化使人们的社会联系日益扩大和加强，而生产资料的私人占有制却使人们根本无法驾驭自己活动所造成的社会关系，即"丧失了对他们自己的社会关系的支配权"。这种社会关系以一种物的形式"反过来反对生产者本身"，把人们"置于它的统治之下"。由于人们不能驾驭社会关系，因此，"社会生产的无政府状态占统治地位"，整个社会充斥着疯狂的"生存斗争"。这一矛盾会通过周期性的经济危机剧烈地爆发出来，它的激化最终必然导致资本主义生产方式的炸毁。由此恩格斯预言：一旦消灭了生产资料的私人占有制，生产资料将归社会占有，产品对生产者的统治将会消除，社会生产内部的无政府状态将得到克服，生存斗争将停止，人们将支配和控制自己的生存条件，成为自己的社会结合的主人。在做了这些分析之后，恩格斯才做出"这是人类从必然王国进入自由王国的飞跃"的论断。可见，恩格斯所说的"必然王国"，就是指人被物化的社会关系所支配即人受物支配的社会状态，而"自由王国"则是指人支配自己的社会关系即人支配物的社会状态，所谓"人类从必然王国进入自由王国的飞跃"，就是由一种社会状态向另一种全新的、合理的社会状态的过渡。因此，恩格斯紧接着在下一段中指出："完成这一解放世界的事业，是现代无产阶级的历史使命。"他把这一飞跃看作完成"解放世界的事业"，那就是推翻资本主义旧世界、创造新世界，就是实现资本主义生产方式和整个社会制度的根本变革。

显然，把恩格斯的这一命题等同于表述从必然向自由转化的一般认识论内容的命题，是不符合恩格斯的原意的。虽然在一定的意义上也可以说，从必然王国向自由王国的飞跃就是在社会历史领域内从必然向自由的转化，但只是限于社会历史领域内。在社会历史领域不同于在自然领域，在这里，从必然向自由的飞跃只是在一定的历史关头才发生的。要使人不受盲目的社会关系的必然性的支配而反过来驾驭这种必然性，单靠认识是不够的（且不说这种认识也只是在人类历史的一定阶段上才能获得的），而必须依赖于社会变革，即依赖于对旧的资本主义的生产方式以及和这种生产方式连在一起的整个社会制度实行完全的变革。因此，即使对于社会历史领域内必然向自由转化的问题，也需要借助于必然王国和自由王国这对范畴，着重从社会历史发展的特殊性上加以探讨。

关于马克思在《资本论》中的论述，李文认为，它"与恩格斯说的'必然王国和自由王国'含义不同"，表示只能"置而不论"。我们认为，要讨论人类从必然王国向自由王国飞跃的问题，对于马克思的论述是不能"置而不论"的，因为马克思的论述不仅同恩格斯的论述在精神实质上是一致的，而且比恩格斯的论述更为彻底。我们这篇文章就正是想着重谈谈对马克思论述的理解。

李文对马克思所说的必然王国和自由王国做出了这样的解释："必然王国指的是人的物质生产活动领域，自由王国指的是人从事物质生产活动以外的其他活动的领域。"这样的解释只是把必然王国和自由王国看成两个可以直观把握的空间概念，而没有揭示出马克思这一论述所包含的深刻的科学内容。

马克思在《资本论》里是这样说的："事实上，自由王国只是在由必需和外在目的规定要做的劳动终止的地方才开始；因而按照事物的本性来说，它存在于真正物质生产领域的彼岸。"物质生产的领域始终是一个必然王国，"在这个必然王国的彼岸，作为目的本身的人类能力的发展，真正的自由王国，就开始了"。①这里明确揭示了所谓自由王国的实际内容就是人类能力的发展成为目的本身。马克思说按照事物的本性，自由王国只存在于真正物质生产领域的彼岸，却并不意味着物质生产领域的彼岸就是自由王国，而只有当人类能力的发展成为目的本身时才在那里开始了自由王国。事实上，自从人类有了剩余劳动，就有了物质生产活动的"此岸"和"彼岸"的对立，但只有当历史扬弃了这种对立，才有人类从必然王国向自由王国的飞跃。

物质生产活动的"此岸"和"彼岸"的对立，实质上是劳动时间和自由时间的对立。这种对立是历史的产物，是在社会生产有了一定的发展而又发展不充分的历史条件下出现和存在的。当社会生产力有了一定的发展，劳动者能够超出自身的需要为社会提供剩余劳动时，也就是说，劳动者的劳动时间可以区分为必要劳动时间和剩余劳动时间两部分时，人类就不用把全部时间和精力都花费在物质资料的生产上，而可以腾出一部分时间从事科学、艺术、社会管理等物质生产活动以外的其他活动。这种以剩余劳动为基础的用以从事科学、艺术、社会管理等活动的时间，就是社会所游离出的自由时间。这种自由时间的出现，对于人类自由的发展以至整个人类文明的发展具有决定性的意义。"整个人类的发展，就其超出对人的自然存在直接需要的发展来说，无非是对这种自由时间的运用，并且整个人类发展的前提就是把这种自由时间的运用作为必要的基础。"②但是，在以往的私有制社会，劳动者的剩余劳动被占人口少数的剥削者所侵占。剥削阶级侵占剩余劳动，也就是窃取

---

① 马克思：《资本论》第 3 卷，人民出版社 1975 年版，第 926—927 页。
② 马克思：《经济学手稿（1861—1863 年）》，《马克思恩格斯全集》第 47 卷，人民出版社 1979 年版，第 216 页。

社会的自由时间。在这种历史条件下，劳动者创造了自由时间却不能享受自由时间，他们不得不承担着整个社会的全部劳动重负，他们的可供支配的时间都变成了劳动时间，因而成为"人格化的劳动时间"①。自由时间和劳动时间的对立直接表现着私有制社会中剥削阶级和被剥削阶级的阶级对立。由于劳动者的可供支配的时间都变成了劳动时间，因而就"丧失了精神发展所必需的空间，因为时间就是这种空间"②。由于剥削阶级独霸自由时间，因而就把持了人类能力发展的垄断权。剥削阶级能力的发展以被剥削阶级丧失发展为基础，人类能力的发展以牺牲广大劳动群众的发展为条件。在整个阶级社会，人类自由就是在这种对抗的形式中发展的。在这种对抗的形式中，尽管社会所游离出来的自由时间随着生产力的发展而不断增加，但人类能力的发展即人本身的发展并没有成为目的，因而谈不上什么"自由王国"。

这种劳动时间和自由时间的对立发展到资本主义社会则获得了更典型的形式。"创造可以自由支配的时间是资本的主要使命。"③资本在拼命追求剩余价值的角逐中，大大地提高了社会生产力，缩短了工人的必要劳动时间，为社会创造出了大量自由时间，为人类能力的发展提供了广阔的空间。但是，正如马克思所指出的："资本的不变趋势一方面是创造可以自由支配的时间，另一方面是把这些可以自由支配的时间变为剩余劳动。"④因为增殖价值、积累财富是资本的目的本身，而劳动者的剩余劳动则是实现价值增殖的唯一源泉，是达到这一目的的

---

① 马克思：《资本论》第 1 卷，人民出版社 1975 年版，第 271 页。
② 马克思：《马克思恩格斯全集》第 47 卷，人民出版社 1979 年版，第 344 页。
③ 马克思：《〈政治经济学批判〉（1857—1858 年草稿）》，《马克思恩格斯全集》第 46 卷下册，人民出版社 1980 年版，第 533 页。
④ 马克思：《〈政治经济学批判〉（1857—1858 年草稿）》，《马克思恩格斯全集》第 46 卷下册，人民出版社 1980 年版，第 221 页。

手段。资本的本性决定了它必然要把自由时间变为剩余劳动时间，而不允许工人运用这种自由时间获得自身的发展。马克思揭露道：在这里，"实际的生产者表现为单纯的生产手段，物质财富表现为目的本身。因此，这种物质财富的发展是与个人相对立的，是以牺牲个人为代价的"。①

在当代资本主义社会，由于科学技术的发展，劳动生产率的提高，使劳动时间和自由时间的对立出现了一些新的情况和特点。社会的劳动时间和自由时间的比例有了明显的变化，劳动时间不断缩短，自由时间不断增加。因而在经济技术比较发达的资本主义国家，工人（特别是白领工人）的闲暇时间、业余活动时间已有明显增加。同时，劳动日益向科学化的方向发展，单调的、沉重的体力劳动以及简单的、重复的脑力劳动逐步为生产的自动化所代替，创造性的脑力劳动逐步在生产过程中占据主导地位，这就对劳动者的素质也提出了新的要求，要求他们成为具有一定全面性的人，因而社会所游离的自由时间不能不越来越多地用于发展劳动者的能力。但是，这并不意味着人的能力的发展已经成为目的本身，因为这种发展仍然是服从于资本的目的的，它只是在现代科技革命的条件下资本主义生产发展的需要。诚然，这种情况更加鲜明地表现了劳动时间和自由时间相互同一的历史趋势，但还不是劳动时间和自由时间对立的消失。只有冲破资本的束缚，工人才有可能真正占有和自由地运用自己的自由时间。只有根本推翻资本主义制度，才能宣告少数人占有他人剩余劳动、窃取他人自由时间的社会状态的终结。那时，人们就会生活在一个人人能够自由地运用自由时间、获得自由发展的全新的、合理的社会状态之中，这

①马克思：《〈资本论〉手稿第1册》，《马克思恩格斯全集》第49卷，人民出版社1982年版，第98页。

种社会状态就是马克思所预见的"自由王国"。可见，所谓从必然王国进入自由王国的飞跃，也就是"自由时间和劳动时间之间对立的扬弃"。①就是物质生产活动的"此岸"和"彼岸"对立的扬弃。

　　扬弃劳动时间和自由时间的对立，其直接表现就是实现劳动的普遍化。这就是一切社会成员的可供支配的时间都分为劳动时间和自由时间两部分，人们既以这种或那种方式参加物质生产劳动，又可以运用自由时间去自由而全面地发展自己的能力。但扬弃劳动时间和自由时间的对立，还不只是消除了劳动时间和自由时间的这种外在对立，即结束了一部分人的可供支配的时间都成为劳动时间而另一部分人的可供支配的时间都成为自由时间这种状况，而且是双方达到了对立面的统一。这时，一方面，自由时间具有了物质生产劳动的性质，人们在自由时间内获得自身能力的新的发展，这也就是劳动力在扩大规模上的再生产。当这种在自由时间内获得了新发展的劳动者重新投入到物质生产过程中去时，就会促使社会生产力进一步发展。另一方面，劳动时间也具有了自由的性质，由于劳动的普遍化，人们的劳动不再具有受剥削、受奴役的性质；由于消灭了旧的不合理的社会分工，人们不再受旧的社会分工的束缚而可以自由地选择和变换工作；由于生产资料归全社会共同占有和支配，人们的劳动不再屈从于有限的生产工具，而是可以自由支配各种生产工具去发挥自己的才能，如此等等。这样，人们即使在劳动时间内也可以自由、全面地发展自己的能力，使自己真正成为"全面发展的一代生产者"。②

---

　　① 马克思：《〈政治经济学批判〉（1857—1858 年草稿）》，《马克思恩格斯全集》第 46 卷下册，人民出版社 1980 年版，第 533 页。
　　② 恩格斯《反杜林论》，《马克思恩格斯选集》第 3 卷，人民出版社 1972 年版，第 335 页。

固然，在扬弃了劳动时间和自由时间的对立，开始了真正的自由王国以后，物质生产的领域仍然是一个必然王国。物质生产是人与自然之间的物质变换。人类为了满足自己的需要，为了维持和再生产自己的生命，就必须进行这种物质变换，这是一种永远不可摆脱的自然必然性。但是，这个"自然必然性的王国"在不同的社会条件下却有着重大的历史差别。在扬弃了劳动时间和自由时间的对立之后，尽管物质生产劳动仍然是维持人类生存所必须进行的活动，是一种似乎由外在目的规定要做的劳动，但"外在目的失掉了单纯外在必然性的外观，被看作个人自己自我提出的目的"。①也就是说，它不再是"表现为为了某种纯粹外在的目的而牺牲自己的目的本身"。②而是成了目的本身，成了人们生活的第一需要。这个"必然王国"不是同"自由王国"相对立的，而是"自由王国"得以繁荣的基础。这个"必然王国"在其发展过程中的这种历史差别，正鲜明地表现着两种社会状态的差别。

应当说明的是，恩格斯和马克思所论述的"必然王国"所指的必然性是有区别的。恩格斯指的是盲目的社会关系的必然性，马克思指的是人类必须同自然界进行物质变换这种自然必然性；前者是一种历史的必然性，后者则是一种永恒的必然性。因此，所谓从必然王国向自由王国的飞跃这个命题的具体含义也有所不同。在前者，是意味着"必然王国"的终结，即人们受盲目的社会关系的必然性支配的状态的终结；而在后者，则不是"必然王国"的终结，而只是由于扬弃了物质生产活动的"此岸"和"彼岸"的对立而改变了它的性质。但是，二者都体

---

① 马克思：《〈政治经济学批判〉（1857—1858 年草稿）》，《马克思恩格斯选集》第 46 卷下册，人民出版社 1980 年版，第 112 页。
② 马克思：《〈政治经济学批判〉（1857—1858 年草稿）》，《马克思恩格斯选集》第 46 卷下册，人民出版社 1980 年版，第 486 页。

现着或表示着从一种社会状态向另一种社会状态的飞跃却是无疑的。

　　如果对马克思论述的上述理解是正确的，那么，它同恩格斯论述的一致性就是显而易见的。真正的自由王国是指人类能力的发展成为目的本身，这当然也就是人获得了主体地位，成了自己社会关系的主人，不再是物支配人，而是人支配物。实际上，恩格斯也已经论述了马克思的这个思想。他在论述"自由王国"的那段话的前一段话中说：在实现了生产资料的社会占有之后，"通过社会生产，不仅可能保证一切社会成员有富足的和一天比一天充裕的物质生活，而且还可能保证他们的体力和智力获得充分的自由的发展和运用，这种可能性现在是第一次出现了，但是它确实是出现了"。这和下一段讲的"这是人类从必然王国进入自由王国的飞跃"①是相呼应的。人是社会关系的总和，人的发展也是离不开人的社会关系的。人们驾驭自己的社会关系和人的能力的自由而全面的发展，是内在地联系着的。驾驭社会关系是保证人的能力充分而自由发展的前提条件，人的能力的充分而自由的发展则是驾驭了自己社会关系后的必然结果。

　　马克思主义关于"自由王国"的理论包含着极其丰富而深刻的科学内容，就是李文中所提出的一些问题，也有一些由于篇幅的限制而未能加以讨论。这是一个很需要深入研究的课题。我们只有不仅从认识论上而且着重从社会历史观上，不仅从哲学的角度而且从科学共产主义的角度加以深入的探索和研究，才能发掘它的珍贵的理论价值。

---

　　① 恩格斯：《反杜林论》，《马克思恩格斯选集》第3卷，人民出版社1972年版，第322—323页。

"意识的能动性"词条释文[*]

人类意识活动的主动性、创造性。

人不是消极地适应环境，而是在积极地改造环境以满足自己的需要。人在客观世界面前既是受动的，又是能动的。这种能动性称为自觉的能动性，是指人的意识和实践活动对于客观世界具有反作用。这是人之所以区别于物的特点。意识的能动性是人类自觉的能动性的一个方面。

机械唯物主义忽视甚至否认意识的能动性，唯心主义则以不同的方式抽象地发展意识的能动性，只有马克思主义哲学才在实践的基础上科学地说明意识的能动性。

意识的能动性首先表现在意识活动本身是一个主动地创造性地反映现实的过程。人的意识活动是在实践的基础上发生的，并且是围绕着一定的实践目的进行的，因此，它不是对于对象的消极的直观，而是人在主动地作用于对象的过程中有目的地自觉地反映对象。人对对象的反映并不停留于感性的形式，人具有理性思维的抽象能力和推理能力，具有创造性的想象力，因而可以从认识的感性形式出发，实现从感性认识到理性认识的飞跃，透过事物的现象形态反映事物的内在本质，超出感性现实的范围去创造新的观念，提出科学的预见，等等。

　　* 本文是为《中国大百科全书·哲学卷》撰写的词条释文，中国大百科全书出版社 1987 年版，第 1097 页。

　　意识的能动性更突出地表现在它具有"改造"客观世界的作用。意识虽然不能直接地改变外界物质，但是，正确反映客观事物的意识可以指导人们通过相应的实践活动，利用物与物之间的相互作用来改变物质的存在形态，以至创造出客观世界中并不现成地存在的东西。这就要求意识必须正确地反映对象本身的性质，即认识客观事物的规律性，并要求人们依据这种认识去创造对象本身赖以发生某种变化的必要条件。意识的能动作用受着物质运动客观规律和客观条件的制约。

第二部分　清理"斗争哲学"

论矛盾同一性在事物发展中的作用*

矛盾同一性在事物发展中的作用问题，我国哲学界一直有所争论。在林彪、"四人帮"的"斗争哲学"猖獗时期，这个问题简直成了理论工作者望而生畏的禁区。我们的文章，只就过去哲学论争中涉及的若干方面，发表一些初步的意见。

正确理解同一性和斗争性的关系

矛盾同一性和矛盾斗争性是互相联系、不能割断的。一切矛盾着的双方都是一方面相互依赖、相互联结，一方面又相互对立、相互排斥。"不是冤家不聚头"，矛盾双方之所以构成矛盾，正因为它们之间总是既对立又同一，没有对立的同一和没有同一的对立都不成其为矛盾。很明显，矛盾双方如果不是存在着相互对立、相互排斥等极不同一的情形，那么，谈它们之间有什么同一性，就毫无意义。同样，矛盾双方如果不是相互依赖、相互联结，组成一个统一体，而是毫无联系、互不相干，它们之间的斗争性也无从谈起。对于同一和差异或同一和对立

---

* 本文着重阐述了矛盾同一性在事物发展中的作用，初次阐述和论证了恩格斯关于"辩证法也有保守的方面"的重要思想，对流行一时的"斗争哲学"做了系统的理论批判。原载《南开学报》1979 年第 4 期。

的这种互相联系、不可分割的关系，恩格斯曾经做过深刻的论述。他指出：这二者是同一个东西的两极，"这两极只是由于它们的相互作用，由于差异性包含在同一性中，才具有真理性"。[①]毛泽东同志也指出："斗争性即寓于同一性之中，没有斗争性就没有同一性。"[②]因此，我们在研究矛盾问题时，既要看到矛盾双方的对立和排斥，又要看到矛盾双方的同一和联系，要善于从同一中把握对立，从对立中把握同一，也就是要学会把同一性和斗争性结合起来。

脱离斗争性谈同一性，或者脱离同一性谈斗争性都是反辩证法的。前者是形而上学的绝对同一，后者是形而上学的绝对对立。因此，那种认为矛盾只是斗争，讲对立和斗争就是辩证法，讲联系、结合就是什么矛盾调和论的看法，是完全错误的。其所以错误，就在于它割裂了同一性和斗争性的相互联系，贬低和忽视了同一性在矛盾学说中的地位。斯大林批评那种认为语言也有阶级性的观点时，曾批判了片面强调对立和排斥，否认同一和联系的错误倾向。他说："这些同志把资产阶级利益和无产阶级利益的对立、他们之间的残酷的阶级斗争，当成社会的完全分裂，当成两个敌对阶级间斩断了一切联系。"又说："以为有了残酷的阶级斗争，社会似乎就分裂成了在一个社会中相互间再也没有任何经济联系的各个阶级，这当然是不正确的。相反地，只要有资本主义存在，资产者和无产者相互之间便有千丝万缕的经济联系，他们是一个资本主义社会里的两个部分。"[③]斯大林的这些论述，对于我们理解同一性和斗争性问题

---

① 恩格斯：《自然辩证法》，《马克思恩格斯选集》第 3 卷，人民出版社 1972 年版，第 539 页。

② 毛泽东：《矛盾论》，《毛泽东选集》第 1 卷，人民出版社 1969 年版，第 308 页。

③ 斯大林：《马克思主义和语言学问题》，《斯大林选集》下卷，人民出版社 1979 年版，第 511—512 页。

具有方法论的意义，这就是，无论对于什么性质的矛盾，都必须把斗争性和同一性结合起来考察，都不能离开同一谈斗争，当然也不能离开斗争谈同一。

矛盾同一性和矛盾斗争性之间的关系是相对与绝对的关系。同一性是相对的，斗争性是绝对的。在唯物辩证法看来，任何相互依存的矛盾统一体的存在都是暂时的、有条件的，矛盾双方都要在一定条件下向相反的方向转化，旧的统一体及其组成部分不可避免地要为新的统一体及其组成部分所代替，因而同一性是相对的。而矛盾的斗争则是绝对的，无论在统一体存在的条件下，还是统一体分解的条件下都存在。矛盾同一性的相对性和矛盾斗争性的绝对性相统一的原理，集中体现了唯物辩证法学说的基本精神，它把辩证法同一切矛盾调和论、诡辩论、"斗争哲学"等区分得泾清渭浊、壁垒分明。

这里需要着重指出的是，辩证法强调斗争的绝对性、同一的相对性，决不意味着贬低和否认同一性的意义和作用。如果因为肯定同一性是相对的就认为同一性（主要是对立面相互依存的同一性）对事物的发展不起什么作用，甚至只起阻碍作用，认为它没有任何积极意义而只有消极意义，这种观点显然是错误的。有这样一种说法：因为斗争性是绝对的，同一性是相对的，所以斗争性是主要的，同一性是次要的。这是一种糊涂观念。绝对和相对的关系不是主要和次要的关系。绝对的东西在事物发展中不一定起主要的作用，相对的东西在事物发展中不一定只起次要的作用。斗争的绝对性、同一的相对性这种关系在任何矛盾的发展中，在矛盾发展的任何阶段上以及在矛盾运动的任何条件下都是不会改变的。但是斗争性和同一性何者起主要的作用，则因矛盾的特点不同或矛盾发展的阶段、矛盾运动所处的具体条件不同而不尽相同。这都需要进行具体分析，不能一概而论。对于某些矛盾，在矛盾发展的某个阶段上，当保持矛盾双方相互依存的关系更有利于事物的发展，使这种相互依存的关系破裂反而不利于事物发展的时候，矛盾的斗争性就不起主要的作用。如果把绝对和相对的关系与主要和次要的关系完全等同起来，认为斗争性在任何时候、任何情况下都起主要的决定的作用，就势必抹杀或贬低矛盾同一性在事物发展中的积极作用，而一味地斗争下去。"绝对的＝主要的，相对的＝次要的"这样一种公式，是对斗争性和同一性相互关系的一种曲解。这种曲解，是我们一些人曾受"斗争哲学"迷惑的一个重要的认识根源。

对立面相互依存的同一性在事物发展中的作用

斗争性和同一性是不可分割的。因此，当我们考察斗争性和同一性在事物发展中的作用时，也不能将它们分割开来。毛泽东同志指出："有条件的相对的同一性和无条件的绝对的斗争性相结合，构成了一切事物的矛盾运动。"[①]"矛盾着的对立面又统一，又斗争，由此推动事物的运动和变化。"[②]孤立地说斗争性推动事物发展或同一性推动事物发展，都是不辩证的，不正确的。我们现在着重提出同一性在事物发展中的作用问题，是因为辩证法的这一个方面曾经被抹杀和歪曲。

在林彪、"四人帮"的"斗争哲学"猖獗时期，辩证法被归结为一个"斗"字、一个"分"字。这种"斗争哲学"在同一

---

① 毛泽东：《矛盾论》，《毛泽东选集》第 1 卷，人民出版社 1969 年版，第 307 页。

② 毛泽东：《关于正确处理人民内部矛盾的问题》，《毛泽东选集》第 5 卷，人民出版社 1977 年版，第 372 页。

性和斗争性的一般关系问题上，只承认斗争性是事物发展的动力，否认同一性在事物发展中的作用；在同一性的两个方面中，又认为只有对立面的相互转化才有积极的意义，而对立面的相互依存则是消极的。斗争和转化，是事物矛盾运动中的同一种倾向。"斗争哲学"就是片面地夸大了这种倾向。因此，要清除"斗争哲学"的流毒，关键是正确地说明对立面相互依存的同一性在事物发展过程中的作用。

　　斗争性和同一性不可割裂，已如前述。那么，在同一性的两个方面中，矛盾的相互转化和相互依存是否可以割裂呢？也是不可以的。矛盾着的对立面之所以能够相互转化，双方有一条由此达彼的桥梁，正是因为它们原来是相互依存的，是有机地内在地联结在一起的。列宁摘引了黑格尔的这样一句话："这个谐和正是绝对的生成、变化，——并非他物的生成，并非现在是一物，而后是他物。本质的东西就是：每一个不同的、特殊的事物和他物有区别，但并非抽象地和某个他物有区别，而是和它自己的他物有区别。每一物存在着，只因为它的他物自身包含在它的概念中。"列宁在旁边加以批注："非常正确而且重要：'他物'是自己的他物，是向自己的对立面的发展。"①矛盾的相互转化，就是向自己的对立面发展，就是向着原来和自己相互依存着的对方发展。旧事物能够向新事物转化，就是因为旧事物中包含着新事物的因素即自己的否定因素，就是因为旧事物和自己的对立面——新事物的因素相互依存，共居于一个统一体中。如果一事物向他事物的转化不是向自己的他物转化，那就不是辩证法的转化，而是变戏法式的转化，是一物变成原来和自己毫不相干的他物。这根本不是什么发展。所以，

────────────

① 列宁：《黑格尔〈哲学史讲演录〉一书摘要》，《列宁全集》第 38 卷，人民出版社 1959 年版，第 288 页。

没有矛盾的相互依存，就谈不上矛盾的相互转化。

对立面的转化即矛盾的解决，是事物的质变、飞跃。这是辩证发展和非辩证发展的区别所在。如果把事情说成只是矛盾双方相互依存就完了，那显然是反辩证法的。问题正是在于，如何说明矛盾双方由相互依存到达于相互转化，用列宁的话说，就是说明对立面"是怎样（怎样成为）同一的"。

对立面的转化，事物的质变，并不是凭空发生的突变，而是矛盾双方力量变化的结果。没有矛盾双方力量的某种必要程度的变化，即双方力量对比的根本变化，就没有矛盾的转化。这个力量变化的过程，是一个矛盾双方又统一又斗争的过程。它既是矛盾的斗争性发展的过程，即对立面互相排斥和否定对方不利于自己发展的因素的过程；又是矛盾的同一性发展的过程，即对立面互相吸引和利用对方有利于自己发展的因素的过程。决不能把这个过程看成只是矛盾斗争性发展的过程，看成似乎只是斗争性"克服"同一性的过程，而把矛盾双方相互依存的同一性则看成只是被克服的保守因素。

矛盾双方力量变化的过程，是对立面各自沿着自己的方向充分发展的过程。只有对立面的这种发展都达到一个最高点，才能为对立面的转化即矛盾的解决准备成熟的条件。这就是所谓物极必反的道理。当然，也有某种特殊的情形，例如殖民地半殖民地的资本主义，因为它所处的国际条件不允许它得到充分发展，因而可以不等到它的发展充分成熟就同封建主义一起，在无产阶级社会主义革命的条件下向对立面转化。再例如，婴儿不足月也可能出生。这都是一些例外情况，是由某种特殊的外部条件造成的，不是辩证转化的一般规律，即是说，从事物发展的内因去看，则是要求事物内部矛盾的双方都得到充分发展的。显然，这种发展是在对立面相互依存的统一体中的发展，不是脱离对立面的发展。脱离对立面的发展是畸形的发展，甚至是倒退，而不可能有真正的发展。这就说明，对立一方的发展要依赖和利用另一方的某种发展。这是对立面相互依存的同一性在事物发展中的作用的十分重要的表现。这一点，在自然现象和社会生活中都是不难认识到的。我们这里着重分析社会生活中矛盾发展的情况。

在矛盾双方都是积极因素的一类矛盾中，这种情形是十分明显的。毛泽东同志的《论十大关系》及其他许多著作，对于这种情形曾经做过精辟的论述。在实际生活中更是不乏其例。在经济生活中，例如各部门、各环节之间的关系就是互相依赖、互相利用、互相促进的关系，我们正是依据对这些关系的正确的认识，制定出一系列的"两条腿走路"的方针，指导国民经济按比例、高速度地向前发展的。在政治生活中，例如民主和集中，只有在高度民主的基础上，才能建立高度的集中，只有民主制的充分发展，才有集中制的充分发展，反之亦然。在文化科学事业中，例如普及和提高，只有大普及，才能有大提高，反之亦然。在认识领域，例如理论和实践，只有实践越广阔越发展，理论才能越正确越深刻；也只有理论越正确越彻底，实践才能越有成效。所有这些，都是说明对立一方的充分发展依赖于另一方的发展。

那么，对于对立的一方是积极因素而另一方是消极因素的一类矛盾，情形是否也这样呢？也是这样的，只是表现的形态有所不同罢了。以积极因素一方的发展（例如革命势力、先进势力的发展，新生事物的发展，真理的发展等）来说，它对于消极因素一方的存在和发展的依赖和利用，主要表现在以下两个方面。

第一，彼方的发展推动此方也相应地发展。彼方的发展一方面对此方的发展是一种限制，另一方面在客观上又是对此方发展的某种刺激或促进。例如，在革命势力和反动势力的矛盾中，反动势力要想求得发展，必定要限制革命势力的发展，但是，反动势力的发展同时又刺激或促进着革命势力的发展。反动势力越是疯狂镇压革命势力，革命势力对反动势力的反抗也越是加剧，革命力量也就在斗争中发展。帝国主义对于中国人民的侵略逐步加紧的过程，正是中国人民的反帝革命力量不断发展的过程。蒋介石的法西斯军事官僚机器日臻完备的过程，正是人民革命力量日益壮大的过程。林彪、"四人帮"的封建法西斯专制达到登峰造极的时候，正是人民群众锻炼得足以推翻他们的时候。这是阶级斗争的辩证法。任何事物，只有在它的发展达到顶点的时候，才走向自己的反面，被新事物所代替。事物的发展向自己的顶点即自己的限度日趋接近的过程，也就是它自身孕育的新的因素日益发展壮大并逐渐战胜原来事物、以至最后取而代之的过程。在思想领域里，真理和错误的矛盾也是如此。一种新的错误理论的出现，促使人们去探索足以制胜这种错误理论的新的真理。一种错误思潮的泛滥和猖獗，推动着与自己针锋相对的正确思潮的传播和发展。思想史上唯物论和唯心论、辩证法和形而上学竞长争高，不断地由低级形态转变到高级形态，就是这种情形，这是真理发展的辩证法。一切矛盾着的对立面，总是相比较而存在，相斗争而发展。只有相比较而存在，才能相斗争而发展；也只有相斗争而发展，才能在不同的形态上相比较而存在。这是事物在对立面的互相依存、互相刺激或互相促进中发展。在现实生活中，我们自觉地利用对立面的消极因素来发展自己，即所谓重视反面教员的作用，正是基于对矛盾发展的这一辩证规律的深刻认识。

第二，彼方的某些因素、方面可以为此方吸取和利用来发展自己。这里有两种情形。其一是，任何矛盾双方的对立都不是绝对的对立，不是在一切方面都对立，而总会有某些共同点。这种共同点当然不是无差别的、绝对的等同，而主要是指矛盾双方可以互相利用的因素或方面。例如，无产阶级和资产阶级的对立，主要的是阶级利益、思想体系等的对立，并不是在一切方面都对立，并不是"四人帮"所谓的"对着干"。资本主义在它存在和发展的几百年里，在发展生产力方面、发展文化科学方面所取得的成果，就是无产阶级所需要的。无产阶级在反对资产阶级的斗争中，可以而且必须利用这些成果。一切新事物的发展都是如此，都要利用旧事物中有利于自己发展的某些因素。不论在新事物否定旧事物的过程中，不论在新事物否定旧事物之后使自己获得巩固和发展的过程中，也不论在新事物否定旧事物之前准备自己力量的过程中，都是如此，都要吸取和利用旧事物中一切有利于自己发展的因素。有的是直接吸取和利用，有的则是加以适当的改造后吸取和利用。其二是，在组成彼方的各个因素中，发展是不平衡的，这种不平衡性，也可以为此方利用来发展自己。例如，构成反动势力的各个集团和派别发展的不平衡，造成它们之间的相互矛盾，这种矛盾就可以为革命势力所利用。对于这一点，毛泽东同志曾有极精彩的论述，他的结论是："我们要把敌人营垒中间的一切争斗、缺口、矛盾，统统收集起来，作为反对当前主要敌人之用"。[①]同样，科学发展中各种错误学说之间的差异和矛盾，可以为真理发展所利用。例如唯心主义各个派别之间的差别和矛盾，可以为唯物主义的发展所利用。列宁很重视哲学史上的这类"争斗"，他指出："当一个唯心主义者批判另一个唯心主义者的唯心主

---

① 毛泽东：《论反对日本帝国主义的策略》，《毛泽东选集》第 1 卷，人民出版社1969 年版，第 134 页。

义基础时，常常是有利于唯物主义的。"①

可见，对立面在一定条件下的相互依存，不仅表现于在一定条件下对立一方的存在以另一方的存在为前提，而且表现为在一定条件下对立一方的发展也依赖于另一方的某些发展。对立面相互依存的同一，是发展中的同一。矛盾着的对立面保持一定条件下相互依存的同一性，是使对立面各自沿着自己的方向发展到最高点的必要条件。没有这种发展，对立面的相互转化是不可能的。

对立面相互依存的同一性在事物发展中的作用，还有一个重要方面就是它起着巩固发展成果的作用。不论自然界、人类社会还是人们思想的发展，都是一个过程接着一个过程的。"一切发展，不管其内容如何，都可以看作一系列不同的发展阶段，它们以一个否定另一个的方式彼此联系着。"②每个否定都是包含着肯定的东西的否定。事物发展的后一过程都是前一过程发展的结果，都是对前一过程积极成果的巩固。新事物否定旧事物，是旧的矛盾统一体被新的矛盾统一体所代替。新的矛盾统一体中吸取了旧的矛盾统一体发展中的积极成果，并以此作为自己进一步发展的条件。而要使这种发展成果巩固下来，就必须使新的矛盾统一体在一定时期内具有相对的稳定性，这就是保持矛盾双方相互依存的同一性。如果不允许它有任何稳定性；如果认为矛盾双方相互依存的同一性在任何时候都是消极保守的，只能破坏它而不能保持它；如果一个事物刚刚否定了旧的对立面，自己又立即被新的对立面否定，那么，历史的发展就会像狗熊掰棒子一样，什么成果也巩固不下来，那就根本没有

① 列宁：《黑格尔〈哲学史讲演录〉一书摘要》，《列宁全集》第 38 卷，人民出版社 1959 年版，第 313 页。
② 马克思：《道德化的批判和批判化的道德》，《马克思恩格斯选集》第 1 卷，人民出版社 1972 年版，第 169 页。

历史。

恩格斯说："物体相对静止的可能性，暂时的平衡状态的可能性，是物质分化的根本条件，因而也是生命的根本条件"。①保持事物的相对静止、暂时的平衡状态，就是保持矛盾双方在一定条件下相互依存的同一性。暂时的不分化，正是分化的条件。如果世界上只有不停息的分化，瞬息万变，稍纵即逝，那么，整个世界除了一团混沌以外就什么也没有。

恩格斯还指出：辩证法也有保守的方面，"它承认认识和社会的每一个阶段对自己的时间和条件来说都有存在的理由"。②辩证法包含着保守的方面却并不归结为保守主义，正如辩证法包含着相对主义的因素却并不归结为相对主义一样。承认对立面在一定条件下相互依存的同一性，并且充分肯定这种同一性在事物发展中的积极作用，就是承认事物在它自己的时间和条件下存在的历史正当性。人们不能不顾时间和条件，轻率地破坏事物的存在，即破坏事物矛盾双方相互依存的同一性。这就是辩证法所承认的保守的方面。这无疑是辩证法学说的不可缺少的方面，它同保守主义不是一回事。只有把这个保守的方面绝对化，才是保守主义。恩格斯接着说："这种看法的保守性是相对的，它的革命性质是绝对的"。③对立面相互依存的同一不是无条件的、凝固不变的，而是有条件的、相对的、可变的，对立面的斗争则是无条件的、绝对的，这种斗争终究要打破矛盾双方的相互依存，使旧的矛盾统一体瓦解而让位于新的矛盾统一体。这就是辩证法的革命性质。这种相对的保守性和绝对

---

① 恩格斯：《自然辩证法》，《马克思恩格斯选集》第 3 卷，人民出版社 1972 年版，第 563 页。

② 恩格斯：《路德维希·费尔巴哈和德国古典哲学的终结》，《马克思恩格斯选集》第 4 卷，人民出版社 1972 年版，第 213 页。

③ 恩格斯：《路德维希·费尔巴哈和德国古典哲学的终结》，《马克思恩格斯选集》第 4 卷，人民出版社 1972 年版，第 213 页。

的革命性的统一，就是事物发展过程中相对稳定性和绝对变动性的统一，连续性和非连续性的统一，量变和质变的统一。作为客观事物这一辩证发展规律的正确反映，就是毫无片面性弊病的发展学说，就是辩证法。

驳所谓"斗则进，不斗则退"

"斗则进，不斗则退"是林彪、"四人帮"的所谓"斗争哲学"的一个基本论点。所谓"斗则进"，就是说只有斗争才是事物前进发展的动力，一切斗争都能促进事物的发展；所谓"不斗则退"，则是"斗则进"的反面说法，说的是一切对于斗争的限制都是对于事物发展的限制，因而与斗争相排斥的同一也就只是阻碍事物发展的消极因素、保守因素。

这是事物发展的客观逻辑吗？否。

这里，首先需要指出的是，唯物辩证法所揭示的事物发展的规律，是事物在其内部矛盾的对立同一中前进的规律，即新陈代谢的规律。所谓事物的前进发展，实质上就是新事物战胜旧事物。因此，只有新事物反对旧事物的斗争，只有代表新事物的革命势力、先进势力反对维护旧事物的反动势力、落后势力的斗争，才能推动事物的前进，与此相反的斗争，则正是阻碍事物前进的力量，绝不是一切斗争都能推动事物前进。

那么，如果说的是新事物反对旧事物的斗争，革命势力、先进势力反对反动势力、落后势力的斗争，是否就可以说不应当对于这种斗争有任何限制了呢？是否就可以说，一切斗争都能促进事物的前进发展，一切对于斗争的限制都只能阻碍事物的前进发展呢？这就直接涉及斗争性和同一性在事物发展中的作用问题了。

辩证法说矛盾的斗争是无条件的，这只是说矛盾斗争的存在是不受条件的限制的，不论矛盾的性质如何，不论矛盾的发展处于何种状态和何种外部条件下，都会有斗争。但是，任何矛盾都是现实的具体的矛盾，矛盾双方的斗争都是在现实的具体条件下的斗争。因此，矛盾的斗争又必然地在许多方面受到限制，而首先就是受到矛盾的具体的同一性的限制。辩证法讲的对立，是同一中的对立，斗争是与同一性相联结的斗争。矛盾的具体的同一性如何，矛盾双方的斗争也就如何。

首先，矛盾的具体的同一性限制着矛盾斗争的形式。由于矛盾的同一性是具体的，因而矛盾统一体各有其特殊性，这是矛盾性质上的不同。矛盾的性质不同，矛盾斗争的形式也就不同。林彪、"四人帮"从"斗则进"的逻辑出发，鼓吹所谓"斗争就是政策"，这是根本抹杀矛盾斗争形式的差别性。"斗争就是政策"就是不要政策。这是他们大搞阶级斗争扩大化，实行过火斗争的极"左"政策的理论基础。抹杀矛盾斗争形式的差别性，采取不适合矛盾性质的斗争形式，这样的斗争只能是"斗则乱"，而不能是"斗则进"，它不是推动事物前进，而只能把事物拉向倒退。

同时，矛盾的具体的同一性还制约着斗争的界限。任何矛盾的斗争都是有界限的，绝不是越斗越好。从具体的同一性对于斗争界限的制约来说，至少有以下几点。第一，矛盾双方的对立，不是在一切方面都对立，因而双方的斗争，只是在相互排斥的因素和方面之间展开，而不是在一切方面都展开。矛盾双方的共同点，矛盾彼方直接有利于此方发展的因素，都是此方斗争的界限所在。这种界限对于矛盾双方都是积极因素的一类矛盾是比较明显的。例如，民主和集中之间，民主不是排斥一切集中，而是排斥过分的集中、官僚主义的集中；集中不是排斥一切民主，而是排斥过分的民主、无政府主义的民主，是排斥极端民主化。就是对于矛盾一方是积极因素另一方是消极因素的一类矛盾，也有确定的斗争界限。例如，无产阶级和资产阶级的斗争，无产阶级不是排斥资产阶级的一切。资产阶级有科学文化，这是无产阶级需要吸取的，是无产阶级可以利用来发展自己的因素，无产阶级不能把科学文化本身也斗掉。林彪、"四人帮"鼓吹的"对着干"，就是取消任何斗争界限，这是他们搞否定一切的历史虚无主义，全盘否定社会主义事业的反革命极"左"政策的理论基础。第二，对于彼方限制此方发展的某些消极因素的斗争，也应当确定此方斗争的界限，而不是斗得越狠越好。这个界限就是是否有利于化消极因素为积极因素。例如，对于阶级敌人实行"给出路"的政策，就是掌握了斗争的界限；不给出路，就是超出了斗争的界限。第三，在事物有其存在的历史理由的时候，斗争不能任意地破坏事物的存在，这是矛盾的具体的同一性限制斗争界限的一个最重要的方面。当事物矛盾双方的相互依存在一定条件下仍然有利于事物的发展，有利于各种积极因素充分发挥的时候，就不能轻率地破坏这种相互依存的关系。这时候，保持矛盾双方的相互依存，使矛盾统一体不破裂，就是斗争的界限。林彪、"四人帮"从"斗则进"的逻辑出发，鼓吹"永远是斗、斗、斗"，任意地破坏事物存在的界限，搞什么"穷过渡"，"彻底破除资产阶级法权"等，这是他们实行过火"变革"的极"左"路线的理论基础。

不论矛盾斗争的形式还是矛盾斗争的界限，都是由多种因素决定的，矛盾的具体的同一性只是其中的一个因素，固然是最重要的因素。确定斗争的形式和界限，都应综合多种因素，具体分析矛盾斗争的复杂情况，而不能把问题简单化。总之，决不能不区分矛盾斗争的形式，不掌握斗争的界限，决不能一味地"斗"下去，"分"下去。这种过火斗争、过火"变革"绝不能促进事物的发展，而只能阻碍和破坏事物的正常发展。

　　林彪、"四人帮"的"斗则进，不斗则退"的"斗争哲学"，十多年来是怎样地多方面地造成了我们国家的灾难，人们已经认识得越来越清楚了。但是，在思想理论上清算这种反动哲学，却还有许多艰巨的工作要做。深入研究矛盾的斗争性和同一性的关系及其在事物发展过程中的作用，正确地宣传对立统一规律，在一切实际工作中正确地运用对立统一规律，永远是我们在理论上和实践上的一个重大课题，而在目前尤其具有急迫的意义。

矛盾同一性的含义
及其与矛盾斗争性的关系*

　　如何理解矛盾的同一性以及矛盾的同一性和矛盾的斗争性的关系，这是辩证法研究中的一个老大难问题。科学地解决这个问题，对于深入地开展辩证法的理论研究，对于总结社会主义时期的历史经验，以及对于正确地处理四化建设中的各种矛盾，都有着重要的意义。我们的文章，仅就目前学术界持有争议的若干方面谈些粗浅的看法，以就教于同志们。

　　斗争性和同一性是辩证矛盾的两种互相对立又互相联结的基本属性。斗争性指的是矛盾双方相互排斥的性质，同一性则是指的矛盾双方相互联系的性质。这里，"联系"不是在广义上例如所谓普遍联系的意义上讲的，而是在狭义上讲的，是与"排斥"结成对子的"联系"。因此，矛盾同一性的基本含义就是指的矛盾双方的相互依存。通常说的相互渗透、相互贯通、相互一致等，可以说只是相互依存的表现形式。矛盾双方的相互依存，也就是矛盾双方的相互肯定，即一方肯定自己以肯定对方为条件。正因为事物内部矛盾的双方具有这种相互依存即相互肯定的性质，才使事物具有质的稳定性。斗争性则与此相反。斗争性指矛盾双方的相互排斥，也就是矛盾双方的相互否定。

---

　　* 本文是 1980 年全国辩证法讨论会上代表争论一方的论文。文章提出重新规定矛盾同一性的范畴，认为矛盾的同一性只是指矛盾双方的相互依存，对于矛盾双方的相互转化要区分其原因、过程和结果而加以具体分析。与吴启文合作，原载《唯物辩证法讨论集》，广西人民出版社 1982 年。

正因为事物内部矛盾双方具有这种相互排斥即相互否定的性质，才使事物的质的稳定性只能是相对的，而变动性则是绝对的。可见，从实质上说，矛盾的同一性和斗争性是分别揭示事物的相对稳定性和绝对变动性的内在根据的哲学范畴。

我们的这种理解，与我国哲学界多年来对于矛盾同一性的传统解释是有重大分歧的。这个分歧，集中在如何看待矛盾双方相互转化的问题上。过去的哲学教科书都把矛盾着的双方各向着其相反的方向转化作为矛盾同一性的一个含义，并且是比矛盾双方的相互依存更为重要的含义。这种解释是不合逻辑的，在概念上是混乱的。这种概念上的混乱，是在辩证法的许多理论问题上造成困难的一个重要原因。

我们的总的看法是，对于对立面的转化这种现象必须加以分析，既不能笼统地把对立面的转化作为同一性的一种含义，又不能说对立面的转化和同一性毫不相干，而是要求在考察对立面的转化和矛盾同一性的关系时，区别转化的原因、转化的过程和转化的结果这几个方面。

若问对立面为什么能够相互转化？回答很明确：因为对立面之间有着内在的同一性。毛泽东同志在《矛盾论》里举例说，被统治的无产阶级经过革命转化为统治者，原来是统治者的资产阶级却转化为被统治者，然后说："试问其间没有在一定条件之下的联系和同一性，如何能够发生这样的变化呢？"[1]这样的论述无疑是正确的。列宁在黑格尔《哲学史讲演录》一段话的批语中也表述过同样的思想，他指出："他物是自己的他物，是向自己的对立面的发展"。[2]所谓"自己的对立面"，就是本

---

[1] 毛泽东：《矛盾论》，《毛泽东选集》第 1 卷，人民出版社 1969 年版，第 303 页。

[2] 列宁：《黑格尔〈哲学史讲演录〉一书摘要》，《列宁全集》第 38 卷，人民出版社 1959 年版，第 288 页。

来和自己相互依存着的对立面，即和自己内在地联系着的对立面。毛泽东同志和列宁的这些论述都清楚地说明，对立面之所以能够转化，是因为对立面本来是相互联系的，是具有内在同一性的，就是说，是矛盾的同一性包含着对立面转化的可能。

对立面相互转化的结果，使一方变到了另一方所处的地位，甚至使一方直接成了另一方，例如坏事变成了好事，达到了对立面的直接同一。这就说明，从对立面转化的结果可以看出对立面之间本来存在着内在的同一性，或者说，它表现着矛盾的同一性。

所以，从对立面转化的原因和对立面转化的结果，都可以看出，对立面的相互转化和矛盾的同一性是有密切关系的。列宁说的辩证法学说研究对立面"是怎样（怎样成为）同一的——在什么条件下它们是同一的、是相互转化的"[①]，正是指的研究这些内容。在这些问题上，学术界总的来说是没有什么分歧的。

现在提出的问题是，对立面相互转化的过程本身属不属于同一性的范畴？我们认为，对立面转化的过程并不是同一性。对立面转化的过程，即是事物质变的过程，是矛盾统一体分解的过程，它是对立面相互联系的分离，是对立面相互依存的否定。这是一个对立面相互排斥的倾向得以贯彻的过程，这种相互排斥的斗争倾向贯彻到底，就是对立双方的彻底分离，就是一物变成自己的他物，即向自己的对立面转化。从这点上说，它同斗争性的倾向是一致的，而同对立面的联系这种倾向即同一性则正好是相反的。很显然，如果把相互依存和相互转化这样两种正相反对的属性或倾向都概括为同一性，就不可避免地

---

①列宁：《黑格尔〈逻辑学〉一书摘要》，《列宁全集》第38卷，人民出版社1959年版，第111页。

要陷入逻辑上的混乱。

　　研究对立统一规律本身，也必须运用对立统一的观点。马克思主义哲学揭示对立统一规律，制定斗争性和同一性的范畴，是要说明事物发展的内在动因。为什么只有矛盾双方的又斗争又同一才能构成事物的矛盾运动呢？就因为斗争性和同一性是两种互相对立的属性。同一性使事物保持相对稳定性，斗争性则既要以同一性为条件，又要打破同一，打破事物的稳定状态，这才有了事物的矛盾运动。而同相互排斥的斗争性相对立的，只能是矛盾双方的相互依存，不能是矛盾双方的相互转化。所以，只能是矛盾双方相互依存的同一性和斗争性相结合才能构成事物的矛盾运动。如果是相互转化和相互排斥结合在一起，那就只能是无休止的转化，不可能有相对稳定的状态，不可能有界限分明的由一种质向另一种质的过渡，世界就将是一团混沌，根本不会有什么发展。我们的实践证明了，斗争与转化结合是对事物正常发展的破坏，不能构成正常的矛盾运动。可见，把相互转化作为同一性的一种含义，这本身就是违背对立统一的观点的。

　　我国近二十年来哲学思想斗争的实际经验也清楚地说明，强调一个"斗"字，也就是强调一个"分"字，强调斗争和强调转化是同一种哲学倾向。有些同志在相当努力地批判斗争哲学，并且能够正确地指出斗争哲学在理论上的基本错误就是片面强调矛盾的斗争性而否认矛盾的同一性，可是，他们又认为对立面的相互转化就是同一性。那么，请想一想，斗争哲学也否认对立面的转化吗？在斗争哲学盛行的年月里，不是在一味地强调分化，强调所谓"变革"吗？一种新的生产关系刚刚建立起来，就说它同生产力的发展不相适应了，就要加以改革，什么"穷过渡"，什么"彻底破除资产阶级法极权"，什么"破字当头"，不都是在强调转化吗？那种所谓"不断革命论"，就是不断转化论。鼓吹不停顿地转化，正是斗争哲学的一个重要内容。强调转化和强调斗争是分不开的，都是否认事物的相对稳定性，用对立统一的观点说，就是否认矛盾双方的同一性。而我们批判斗争哲学，正确地全面地宣传对立统一规律，指出同一性在事物发展中的积极作用，指出同一性必然地要制约斗争性，其中一个重要的意义，也就是要正确地认识和利用同一性对于相互转化的制约，如同反对过火的斗争一样，坚持地反对过火的"变革"即无休止的转化。显然，既要把相互转化作为同一性的一个含义甚至是最重要的含义，又要运用同一性制约斗争性的正确观点去批判斗争哲学，这是自相矛盾的，这样的批判是无论如何也批不下去的。

主张对立面的转化属于同一性范畴的同志认为，相互转化就是对立面的同一，甚至是对立面的直接同一。你看，经过转化，甲方过渡到乙方，甚至甲方直接成了乙方，例如坏事成了好事，这还不是同一性？诚然，在相互转化的过程中，矛盾的一方不仅要排除对方的某种规定性，也要获得对方的某种规定性。排除对方的某种规定性是矛盾双方相互斗争的过程，而获得对方的某种规定性则可以说是相互依存这种同一性的转化形式，就是说，原来一方所依赖的某种规定性是存在于对方的，现在却转化到了自身，这就由外在的依存关系转化为自身内在的规定性。从这点上说，对立面转化的过程，也是一个矛盾双方又斗争又同一的过程。但是，就其主要倾向来说，它还是一个斗争性得以贯彻的过程。这是因为，即使一方获得对方的某种规定性这种情形，也是要以排除对方的某种规定性为前提的，归根到底，它是旧的矛盾统一体分解的结果。例如，无产阶级获得资产阶级原来所具有的统治者的规定性，就正是以排除资产阶级的这种规定性为前提的，这个过程，也就是资本主义社会这个矛盾统一体分解的过程。在转化过程中既存在着同一性又存在着斗争性，而是以斗争性为主的，怎么能把它硬塞进同一性的范畴里去呢？

这里特别需要注意的是，有一个十分重要的区别不容忽视。通过对立面的转化所达到的对立同一，已不是原来的对立同一，而是新的对立同一。通过转化，甲方获得了乙方的某种规定性，此时，乙方因为失去了某种规定性而不再是这个乙方；甲方也因为获得了新的规定性而不再是这个甲方，它成了新的矛盾统一体中的一方。无产阶级失去了被剥削被统治的规定性就不再是被统治阶级，而资产阶级被推翻后获得了被统治者的规定性，两者之间已经不再存在旧的剥削和被剥削的同一性，而是新的统治和被统治的同一性了。我们考察矛盾的同一性和斗争性的问题，是考察矛盾双方的相互关系问题。这当然要求就同一个矛盾去考察，考察该一矛盾的发展史，考察该一矛盾的双方是怎样又斗争又同一的。旧矛盾让位于新矛盾，新矛盾又有它的又斗争又同一的发展史，又要求人们对这个新的矛盾的双方又斗争又同一的关系做新的考察。新的对立同一的建立，正是旧的对立同一分解的结果。而旧的对立同一瓦解的过程，就正是旧的矛盾双方相互转化的过程。固然，旧的对立同一的瓦解过程和新的对立同一的形成过程是一致的，是交织在一起的，不能截然分割的，但是，在我们运用哲学范畴在思维中对这一过程加以抽象的时候，则是可以而且必须将这两个过程剥离开来的。这样，所谓对立面的转化，指的就只是旧的对立同一的分解过程，而新的对立同一的建立则只能看成是这种转化过程的结果，它说明的是对立面"是怎样（怎样成为）同一的"，并不说明这个过程本身就是同一性。所以，经过转化甲方直接成了乙方这种所谓直接同一的实现，不但不能说明对立面的转化属于同一性的范畴，而恰恰说明它是旧同一性的否定。

主张对立面的转化属于同一性范畴的同志还认为，如果同一性范畴中排除了相互转化，那就是僵死的同一，就与形而上学的同一观划不清界限。我们认为，是不是僵死的同一，并不在于要不要在同一性的范畴中把相互转化包括进去，而在于是不是对立的同一，是不是包含对立和斗争的同一，即是不是受斗争性制约的同一。所谓不是僵死的同一，就是说的同一是相对的、暂时的、易逝的，就是说的同一状态是要瓦解的，相互依存着的对立面是要分离的。换言之，之所以不是僵死的同一，就因为对立面总是要在一定条件下相互转化的。而只要承认了对立的同一，承认了受斗争制约的同一，就必然承认转化，否定僵死的同一。相互依存的同一性要为对立面的相互转化所否定，要经过对立面的转化而被否定，这和同一性本身就是相互转化，显然是两码事。我们主张把相互转化从同一性范畴中排除出去，却绝不是要把对立面相互转化的思想从辩证法学说中排除出去。只有根本否认转化的观点，才是形而上学的僵死的同一的观点。我们主张的只是要求从矛盾双方又斗争又同一的规律性上说明辩证转化的现象，而不赞成那种简单地把相互转化归入同一性范畴的非科学的说明。

还应当指出的是，我们认为对立面的转化不属于同一性的范畴，并不是主张把它归入斗争性的范畴。我们说转化和斗争是同一种倾向，这只是从一定意义上说的，即从对立面的转化就是矛盾统一体的分解这个意义上说的，而不是说对立面的转化就是斗争性。对立面的转化是一种十分重要而又十分复杂的辩证法的现象，应当进行专门的深入的研究。

弄清同一性的真正含义，特别是弄清对立面的转化究竟是否属于同一性的范畴，这是正确理解同一性和斗争性的相互关系的前提。

矛盾的同一性和斗争性的关系，就是列宁所指出的："对立面的统一（一致、同一、均势）是有条件的、暂时的、易逝的、相对的。相互排斥的对立面的斗争则是绝对的，正如发展、运动是绝对的一样。"①列宁这段话，不仅指出了矛盾同一性和斗争性的相互关系，而且指出了把握这种相互关系的正确角度。列宁这段话告诉我们，事物内部矛盾斗争的绝对性和同一的相对性，同事物运动的绝对性和静止的相对性，这两个原理是一致的。我们可以把事物运动的绝对性和静止的相对性的原理，看作理解事物内部矛盾斗争的绝对性和同一的相对性的门径。

这里，还需要再一次强调，我们理解这个问题，是以对于同一性范畴的上述理解为逻辑前提的。列宁在这段话里，在讲对立面的统一时，特意在括弧里注明，他讲的统一就是指的"一致、同一、均势"，实际上就是指的对立面的相互依存，而不包括对立面的相互转化。如果把相互转化塞进同一性范畴，就会离开列宁这段话的原意，同一的相对性和斗争的绝对性问题就永远也扯不清楚。我们遵循着列宁的指示，从我们对于同一性范畴的上述理解出发，就同一性的相对性和斗争性的绝对性问题，提出以下几点看法，请大家指正。

第一，正如静止不过是运动的特殊状态一样，同一也不过是矛盾发展的一种特殊状态，即只在事物的量变阶段才能保持的状态，而斗争则和运动一样，是事物的普遍状态。

《矛盾论》里说："无论什么事物的运动都采取两种状态，相对地静止的状态和显著地变动的状态。"并且说："事物总是

---

① 列宁：《谈谈辩证法问题》，《列宁选集》第 2 卷，人民出版社 1972 年版，第712 页。

由第一种状态转化为第二种状态，而矛盾的斗争则存在于两种状态中，并经过第二种状态而达到矛盾的解决。"①相对地静止是相对于显著地变动这种状态而言的，它不是运动的停止，而是运动的一种特殊状态。说静止只是运动的特殊状态，就是说它不是事物运动的普遍状态，事物不能总是处于这种静止状态，而是迟早要被打破，由相对地静止的状态进入显著地变动的状态。而所谓相对地静止的状态，实质上就是事物内部矛盾着的双方保持着相互依存的同一性的状态；所谓显著地变动的状态，实质上就是事物内部矛盾双方相互依存的同一性分解的状态；事物运动由第一种状态进入第二种状态，实质上就是事物内部矛盾的发展由保持矛盾双方的同一性进到这种同一性的分解。所以，事物的两种运动状态的更替，由保持矛盾双方相互依存的状态向这种同一的瓦解状态的过渡，清楚地说明了同一只是矛盾发展的特殊状态而不是普遍状态，说明了同一性的相对性。（如果相互转化属于同一性的范畴，那么同一就不是特殊状态而是普遍状态，它不仅在量变阶段能够保持，而且在质变阶段也能够保持；它在质变阶段不仅不是趋于瓦解，而且是不断加强；因而，同一就不是相对的，而是绝对的了。）矛盾的斗争性则不然。这不仅在于斗争存在于事物运动的两种状态中，而且在于，事物之所以必然地要由相对地静止的状态进入到显著地变动的状态，也正是因为矛盾的斗争必然地要破坏矛盾的同一即打破事物的静止状态。这就说明了斗争是矛盾发展的普遍状态，说明了矛盾斗争性的绝对性。

第二，正如运动以静止为条件又不断地打破静止一样，矛盾的斗争不能脱离同一却又在破坏着同一。

---

① 毛泽东：《矛盾论》，《毛泽东选集》第 1 卷，人民出版社 1969 年版，第 306—307 页。

　　前面说到，在矛盾处于同一的状态下，即在矛盾双方保持着相互依存的同一性的状态下，并不是不存在斗争，只不过这种状态下的斗争是保持矛盾双方共居于一个统一体中的斗争。辩证法同庸俗进化论的一个重要区别就在于，它并不把保持矛盾双方共居于一个统一体中的斗争看成斗争的唯一状态，而是着重指出斗争还有另一种状态，即矛盾统一体瓦解时的状态。这种状态下的斗争，则是破坏矛盾双方相互依存的同一性的斗争。在这种状态下，矛盾双方相互联系的同一倾向越来越削弱，虽然直至矛盾统一体解体以前，矛盾双方并不完全断绝联系，并不完全失去同一性，但它已经是瓦解中的同一。（请注意：如果把相互转化看作同一性，那就不是同一的瓦解，反而是同一的加强。）而这时矛盾双方相互排斥的斗争倾向则越来越加强，以至这种倾向贯彻到底，使矛盾双方彻底分离，旧矛盾统一体解体而让位于新矛盾统一体，从而使矛盾得到解决。这种情况说明，矛盾的斗争离不开同一，却又正是这种斗争在破坏着同一。因此说，矛盾的斗争是绝对的，同一是相对的。

　　以前我们发表过一种意见，主张不能把绝对和相对的关系同存在和不存在的关系混为一谈，不能把矛盾斗争的绝对性仅仅解释为斗争性始终存在，而把矛盾同一的相对性解释为同一性时有时无。说明这一点，关键也正是在于弄清斗争不能脱离同一又在破坏着同一这个道理。正像离开了相对的静止就无法理解运动一样，无论在任何情况下，离开了同一的斗争也是不可思议的。这就是讲的同一性和斗争性的相互联结，不可割裂。但是，不能只看到同一性和斗争性联结在一起就算完了，而是要进一步看到斗争性又起着破坏同一性的作用。正是这样一点，才决定了同一性只能是暂时的、易逝的。我们总讲斗争性和同一性相互联结，究竟它们是怎样相互联结的呢？就是以斗争离不开同一又破坏着同一这样一种关系相互联结的。如果一讲斗争性不能脱离同一性，就看不到正是这种斗争性在不断地破坏着同一性；或者，一讲斗争性在破坏着同一性，就又看不到斗争性离不开同一性，这都是不理解所谓绝对相对的道理。

第三，同上述两点相联系，对于所谓条件性和无条件性的意义应加以正确的说明。

斗争的绝对性即指无条件性，同一的相对性即指条件性。所谓斗争的无条件性，并不是说斗争不处在任何具体的条件下，而是指矛盾斗争的存在不为任何条件所限制，不以任何具体条件的变化为转移，即是说，在任何一种条件下都会有斗争，有矛盾就有斗争。所以说，斗争性是无条件的、绝对的。而同一性则不然。同一性的存在（或说同一性的保持）是受特定条件制约的，只有当某种特定条件具备时，矛盾双方才具同一性，才能共居于一个统一体中；当此种特定条件消失时，矛盾双方也就失去同一性，就不能共居于一个统一体中。所以说，同一性是有条件的、相对的。在辩证法看来，任何一种条件都不是凝固的，而是可变的。这一点正是问题的要害所在。事物的矛盾运动必然地由保持矛盾双方相互依存的同一性的状态进入矛盾同一性分解的状态，归根到底要从事物矛盾运动条件变化的必然性去说明。

第四，从同一性和斗争性在事物发展中的作用看，二者有明显的不同。在量变阶段，同一性制约着斗争性，规定着斗争的范围和界限，使事物保持相对的稳定性。但到了质变阶段，对立面的斗争就不再受同一性的约束和限制，对立面的相互依存关系处于分解状态，是斗争性对于事物的质变起着决定性的作用。正是在这个意义上，列宁才说"发展是对立面的斗争"。这就是说，同一性的制约作用是相对的，斗争性改变和分解同一性的作用则是绝对的。

　　以上几点，是不是把矛盾斗争的绝对性和同一的相对性这样一个复杂而深刻的哲学问题说清楚了呢？显然不敢抱这种期望。问题还需进一步研究和解决。但有一条我们是坚持的：矛盾的斗争性是绝对的，矛盾的同一性是相对的，这是对于矛盾斗争性和同一性的相互关系及其在事物发展中的不同作用的科学概括。

必须用对立统一的观点
理解同一性的含义[*]

　　如何理解同一性的含义，其中特别是对立面的相互转化和同一性的关系问题，对于理解整个辩证法学说都是至关重要的问题。关于这个问题，我们曾经发表过意见，认为不能把对立面的相互转化包括在同一性的含义之内。^①现在看来，对于这个问题仍有进一步探讨的必要。为了弄清同一性的真正含义，必须对这一范畴进行历史的和逻辑的考察。

一、黑格尔对形而上学同一性范畴的批判

　　同一性这一哲学范畴来源于形式逻辑的同一律，它的本来含义就是事物自己与自己同一或等同。形而上学论者依据形式逻辑的同一律，把同一性规定为："a=a，每一事物和它自身等同"，并把这种同一律作为世界观的基本原则。这种形而上学观点承认不同的事物是可以互相对立、互相矛盾的，只是同一事物不能在自身中包含矛盾和对立，认为同一事物绝不能既是自己又是他物。

---

　　* 本文是《矛盾同一性的含义及其与矛盾斗争性的关系》一文的续篇。与吴启文合作，载《南开学报》1983 年第 5 期。

　　① 参看拙文《矛盾同一性的含义及其与矛盾斗争性的关系》，已收入本文集。

对于这种长期占据着统治地位的形而上学同一观，黑格尔首先进行了批判。他指出："形式的思维使同一性成为规律，让它面前的矛盾的内容落入表象的领域中，即空间和时间中，矛盾的东西在那里被认为是互相外在地并列着或先后相继，并且就这样互不接触地出现在意识面前。关于这点，形式的思维为自己制定了一个确定的原则：矛盾是不可思议的；但事实上，矛盾的思维乃是概念的本质要素。"①这就是说，形而上学可以承认对立的东西在空间上互不相关地同时并列，或在时间上先后相继地存在，但同一事物决不能同时具有对立的规定。因此，它所看到的，要么是同一事物自己与自己的绝对同一，要么是一事物与他事物之间互相外在的绝对对立，而永远看不到同一事物自身包含着对立或者对立的规定可以共存于同一事物之中，即看不到对立的同一。

黑格尔的辩证同一观就是在对这种形而上学同一观的批判中提出的，他用具体同一性的范畴取代了抽象同一性的范畴。他指出，同一事物在同时就具有互相对立的方面，即肯定的方面和否定的方面，某物的对立面并非存在于某物之外，而就在某物自身之中。在黑格尔看来，所谓同一性正是指对立面在时间上和空间上都不能分离开来而共存于同一事物之中这样一种性质。对立面为什么会共存于同一事物之中呢？这是因为对立面之间有着不可分离的相互依存的关系，一方不能离开对方而独立存在。黑格尔说："在对立中，有差别之物并不是一般的他物，而是与它正相反对的他物；这就是说，每一方只有在它与另一方的联系中才能获得它自己的[本质]规定，此一方只有反映另一方，才能反映自己。另一方也是如此；所以，每一方都

---

① 黑格尔：《逻辑学》下卷，商务印书馆1976年版，第542—543页。

是它自己的对方的对方。"①这样，黑格尔揭示了对立面同一的基本含义就是对立面之间的互相依存关系，即不可分离的联系。同一性的种种表现形式都只是一些派生的形式，都是不能脱离开对立面相互依存这个基础的。

诚然，在事物发展的一定阶段上，事物内部的矛盾可以发展为外部的对立。例如，商品的价值和使用价值原是同一物的两个对立方面，是在时间上和空间上都不能分割开来的，后来发展为外部的对立，即通过两个商品的关系表现出来，表现为货币和商品的外部对立。商品和货币看来是已经分开的彼此外在的两个对立面，又如何说它们是同一的呢？这正是因为它们原来是同一的，是相互依存的，现在虽已分裂为二，但仍存在着相互依赖的关系，这种相互依赖是通过相互转化而表现出来的。因此，这种同一只是商品内部矛盾同一的转化形态，即其发展了的形态。离开商品内部价值和使用价值的同一，就无法理解货币和商品的同一。

黑格尔是很重视对立面的转化的，在他的逻辑学里，一个规定向另一个规定的推演、过渡，就是向对立面的转化。可是，他并没有把对立面的相互转化规定为同一性的一种含义，而只是肯定对立面的相互转化表现着同一性。黑格尔说：在实有的范围内，"一个实有和另一个实有被建立为彼此分开的东西；相互规定的实有，每一个都各自具有一个直接的有"。在这种情况下，"同一只表现为一个规定性过渡为另一个规定性"。②一个规定性过渡为另一个规定性，即某物过渡、转化为与它对立的他物，这个某物与它的他物就成为在时间上先后相继并且在空间上彼此分开的东西了。这样，所谓同一性就不是已经"具有

---

① 黑格尔：《小逻辑》，商务印书馆 1980 年版，第 254—255 页。
② 黑格尔：《逻辑学》下卷，商务印书馆 1976 年版，第 37 页。

一个直接的有"的某物和他物的同一性，而只是说这个转化表现出它们原来具有同一性，表现出它们原来是彼此不能分开、共存于一个统一体中的两个方面。例如，坏事转化为好事表明坏事与好事具有同一性，但这不是说这件坏事与那件好事之间的同一性，而是说坏事与它自身包含着的对立面（好事的因素）之间的同一性，即同一件事情中包含的两个对立的规定（好的一面和坏的一面）之间的同一性。坏事向好事转化的依据就是在坏事中包含着它的对立面，就是坏事同它自身包含的对立面之间的内在同一性。黑格尔说："对一切有的事物本身的考察表明：它在它的自身等同中就是不等同而矛盾的，并且在它的差异中，在它的矛盾中，又与自身同一；它本身就是其一个规定过渡为另一个规定的运动，其所以如此（着重号是引者加的），是因为每一规定都在自身中是自己的对方。"①可见，对立面的转化只是表现着同一性，但它本身并不就是同一性。同一性和同一性的表现固然是有密切联系的，但毕竟不是一回事，正如现象表现着本质但现象和本质并不是一回事一样。

从黑格尔对于"对立"和"矛盾"的解释中也可以清楚地看出，他是把同一性的基本含义规定为对立面的相互依存，而并没有包含对立面的相互转化。他在揭示"对立"的内容时说，对立就是指包含肯定物和否定物两个环节，这两个环节的关系是："第一，每一个是在有了另一个的情况下才有的；它由于他物，由于它自己的非有，才是它所是的那个东西；它只是建立起来之有；第二，它只是在没有他物的情况下才有的；它由于他物的非有，才是它所是的那个东西；它是自身反思。"②其中的第一就是指的对立面的相互依存，第二就是指的对立面的相

---

① 黑格尔：《逻辑学》下卷，商务印书馆 1976 年版，第 31 页。
② 黑格尔：《逻辑学》下卷，商务印书馆 1976 年版，第 48 页。

互排斥。他在解释"矛盾"时也指出：某物"当它包含其他规定，从而是独立的之时，又排斥其他规定……这样，它就是矛盾。"①所以，不论是"对立"还是"矛盾"，其内容都是指对立面的相互依存和相互斗争这样两个方面,而不包括相互转化。只是一物既依赖其对方又排斥其对方，才构成矛盾，引起运动。向对立面的转化本身就是矛盾的运动，而且辩证法所理解的运动同形而上学的主要区别正是在于承认不承认质变、飞跃，用矛盾规律的语言说即是承认不承认向对立面的转化。如果在矛盾的同一性中包含了转化，那就把需要证明的结论预先包含在前提之中了。转化既然已经包含在作为矛盾的一种基本属性的同一性之中了，又怎能用矛盾去说明转化呢？那样势必陷入循环论证。很明显，黑格尔并没有让自己陷入这样的逻辑错误中去。

二、马克思主义经典作家对于同一性范畴的规定

马克思主义的经典著作家们对黑格尔的唯心辩证法进行了深刻的批判、改造，既批判了他的辩证法的唯心主义基础，也批判了他的辩证法本身，即剔除了其中的消极方面。因此，马克思主义的辩证法同黑格尔的辩证法有着本质的区别。但是，黑格尔关于同一性范畴的上述见解却是一个"合理的内核"，是被马克思主义所吸取了的。马克思恩格斯在不同场合运用的同一性范畴，其基本含义都是指的对立面的相互依存。

在马克思的著作中，对于同一性含义的比较完整的表述，是《政治经济学批判》导言中关于生产和消费的同一性的论述。

① 黑格尔：《逻辑学》下卷，商务印书馆 1976 年版，第 55 页。

马克思首先指出了生产与消费之间的相互依存关系："没有生产，就没有消费，但是，没有消费，也就没有生产"①。然后分别考察了这两个方面，先分析了没有消费就没有生产的两点理由，接着分析了没有生产就没有消费的三点理由，最后把这些分析综合起来，归结为生产与消费之间的同一性的三种表现："（1）直接的同一性：生产是消费；消费是生产。……（2）每一方表现为对方的手段；以对方为媒介；这表现为它们的相互依存；这是一个运动，它们通过这个运动彼此发生关系，表现为互不可缺，但又各自处于对方之外。……（3）……两者的每一方不仅直接就是对方，不仅媒介着对方，而且，两者的每一方当自己实现时也就创造对方，把自己当作对方创造出来。……"②

这里，第一种情形即直接的同一性，是对立的双方在时间上和空间上不能分开，同一事物既是它自己又是其对方，生产即消费，消费即生产，"规定即否定"。这种情形表现对立双方的相互依存是直接的。第二种情形，是对立双方已分裂为二，在时间上和空间上已分离开来而成为彼此独立的两物，却仍然存在着相互依存的关系，即马克思所说的"表现为互不可缺，但又各自处于对方之外"。生产和消费已在时间上和空间上分离开来成为两个独立的行为，又如何表现出它们之间的相互依存关系呢？马克思指出："这是一个运动，它们通过运动彼此发生关系"。具体地说，在运动中，生产品在生产那边当作生产成果，在消费那边却是消费的对象；消费的品种、数量、速度等又会成为生产者头脑中的生产目的、生产动力。从运动过程看，生

---

① 马克思：《〈政治经济学批判〉导言》，《马克思恩格斯选集》第 2 卷，人民出版社 1972 年版，第 94 页。
② 马克思：《〈政治经济学批判〉导言》，《马克思恩格斯选集》第 2 卷，人民出版社 1972 年版，第 94 页。

产和消费这两个彼此独立的行为又是互为媒介，互相依存的。
第三种情形即双方互相创造，消费是生产的最后完成，是产品
的证实；生产创造出消费的一定方式、创造出消费的动力和消
费的能力。这是对立面分离为独立的二物后保持相互依存关系
的又一种情形。

　　对于第一、第二两个方面的理解，学术界是没有什么分歧
的，主要是对于第三个方面如何理解的问题。有的论者断言：
"这第三个方面的同一性就是生产和消费互相转化"，"也就是
说，双方当自己实现时就转化为对方。"①这里需要注意的是，
我们在讨论这个问题时，包括这些论者在内，都是在某物变为
他物即在事物质变的意义上使用转化这一概念的，因此，这样
去解释马克思的话是显然不恰当的。对立的一方自己实现时也
就创造对方，同时也是把自己当作对方创造出来，这里，没有
任何一方被扬弃，而是使双方共存，哪里是什么对立面的转化
呢？对立双方的相互创造，也就是对立双方的相互肯定，这正
是对立面的相互依存和相互贯通。其实，这个思想在黑格尔那
里就有明确的表述。黑格尔在批评把同一性看作从"比较"得
到的相同或共同的东西的形而上学观点时，就是这样阐明自己
关于同一性的观点的，他说："肯定物与否定物是同一的东
西。……但是在这两个规定之间，正如在其他范畴之间一样，
应该提出来的，并不是外在的比较，而应该就其本身去考察，
这就是说，必须考察它们自己特有的反思是什么。但是，在这
种反思中，就表现出：它们每一个本质上都是在它自己在他物
中的映现，并且本身就是它自己作为他物那样的建立。"②对立

　　① 参见马中柱：《试论对立面转化和同一性的关系》，载《哲学研究》1981 年第
11 期。
　　② 黑格尔：《逻辑学》下卷，商务印书馆 1976 年版，第 61 页。

物的每一个都是它自己作为他物建立的，都是依赖于它的对方而把自己作为它自己的对方的对方而建立的，正是由于对立物是这样互相建立或互相创造的，才说它们是互相依存的。一切对立或矛盾都正是这样通过对立物的互相建立或互相创造才使自身成为对立或矛盾。怎么能把这种情况说成是对立面的转化呢？

在恩格斯的著作中，常常引起误解的是他的这样一个论断："真实的具体的同一性包含着差异和变化。"①因为这里讲了同一性包含着"变化"，有的论者就由此断言："恩格斯所主张的具体同一性，既包括了差别的事物之间的相互依存，也包括了差别的事物之间的相互转化。"②这是论者把自己的思想加给了恩格斯。其实恩格斯在这里并不是给同一性下定义，而只是说明事物在保持其自身同一的同时存在着差异和变化，同一性是体现在差异和变化之中的。辩证法的同一性正是承认在存在着差异和变化的情况下事物仍然能保持自我同一，之所以如此，就是因为它理解的同一性是指对立面之间的互相依赖。例如，尽管生命中包含着死亡和向死亡的转化，生命却仍然是生命，因为细胞的死亡和更新恰恰是生命存在的条件。如果认为恩格斯的这个论断是在给同一性下定义，那么为什么不以同样的理由把差异也规定为同一性的一种含义呢？

在列宁的著作中，更是明确地把同一性和转化这两个范畴区别开来了。在《谈谈辩证法问题》一文里，列宁在提出对立面的统一是有条件的、暂时的、易逝的、相对的这一著名原理时，在括弧里明确地指出，对立面的统一是指"一致、同一、

---

① 恩格斯：《自然辩证法》，《马克思恩格斯选集》第 3 卷，人民出版社 1972 年版，第 538 页。

② 参见马中柱：《试论对立面转化和同一性的关系》，载《哲学研究》1981 年第 11 期。

均势"①这样一些互相依存的表现，这里的"同一"是指事物
保持自身同一，即保持质的稳定性。无论从文字本身去看，还
是进行逻辑分析，都不包括也不能包括相互转化的含义。在"辩
证法的要素"里，列宁说："不仅是对立面的统一，而且是每个
规定、质、特征、方面、特性向每个他者［向自己的对立面？］
的转化。"②这里，列宁用的是"不仅……而且……"这样的句
子，说明"对立面的统一"和相互转化不是一个含义。有些主
张转化必须包含在同一性范畴之中的论者对列宁的这句话做出
了这样的解释："这里……也说明转化不是和同一性'相提并论'
的，而是比之同一性更具体的范畴，它包含了同一性所不能完
全表达的内容。因为转化是同一性的一种情形，这就表明同一
性是普遍，转化是特殊。同一性作为普遍的东西构成矛盾转化
的基础，并保存在转化这个特殊情形之中；转化由于是同一性
基础上经过斗争而在一定条件下实现了同一性，所以在自己内
部自然比一般同一性更为丰富和充实。"③论者的这一解释实际
上已推倒了自己所持的根本观点。这里，第一，既然承认转化
"包含了同一性所不能完全表达的内容"，那么怎能把转化归入
同一性的范畴里去呢？第二，既然同一性"构成矛盾转化的基
础"，那么，如果转化就是同一性的话，它自己怎么能构成自己
的基础呢？第三，既然承认转化比同一性"更为丰富和充实"，
那么，如果转化就是同一性的话，它自己怎能比自己更丰富和
充实呢？显然，要摆脱这样的逻辑上的窘境，只有一个办法，
那就是把转化从同一性范畴中排除出去，而按照列宁的原意，

---

① 列宁：《谈谈辩证法问题》，《列宁选集》第 2 卷，人民出版社 1972 年版，第
712 页。

② 列宁：《黑格尔〈逻辑学〉一书摘要》，《列宁全集》第 38 卷，人民出版社 1959
年版，第 239 页。

③ 参见马中柱：《试论对立面转化和同一性的关系》，载《哲学研究》1981 年第
11 期。

把对立面的相互依存作为同一性的基本含义。

在毛泽东的《矛盾论》里，对于同一性做过这样的解释："同一性、统一性、一致性、互相渗透、互相贯通、互相依赖（或依存）、互相联结或互相合作，这些不同的名词都是一个意思，说的是如下两种情形：第一，事物发展过程中的每一种矛盾的两个方面，各以和它对立着的方面为自己存在的前提，双方共处于一个统一体中；第二，矛盾着的双方，依据一定的条件，各向着其相反的方面转化。这些就是所谓同一性。"①这里把相互转化作为同一性的一个含义似乎是无疑的了，其实不然。这里说的是同一性的"两种情形"即相互依存关系的两种表现。虽然后面又说是"两种意义"，但仔细研究毛泽东对于这两个方面的具体解释就可以看出，他说的相互转化仍然指的是表现着同一性。他说："为什么这里也有同一性呢？你们看，被统治的无产阶级经过革命转化为统治者，原来是统治者的资产阶级却转化为被统治者，转化到对方原来所占的地位。……试问其间没有在一定条件之下的联系和同一性，如何能够发生这样的变化呢？"②这里的"联系和同一性"显然指的是对立面的相互依存而不是相互转化。若是指的相互转化，那么这句话就成了这样："试问其间没有在一定条件之下的相互转化，如何能够发生这样的变化（即转化）呢？"这当然是说不通的。

对毛泽东思想的科学体系，我们必须完整地、准确地去掌握；对毛泽东同志的一些论述，也应当完整地、准确地去理解。如果我们把《矛盾论》的其他有关论述连贯起来加以研究，那问题就更加清楚了。毛泽东在说明矛盾如何引起事物的运动和

---

① 毛泽东：《矛盾论》，《毛泽东选集》第 1 卷，人民出版社 1969 年版，第 301—302 页。

② 毛泽东：《矛盾论》，《毛泽东选集》第 1 卷，人民出版社 1969 年版，第 303 页。

发展时指出:"一切事物中包含的矛盾方面的相互依赖和相互斗争，决定一切事物的生命，推动一切事物的发展。"[①]在谈到如何认识矛盾的特殊性时又指出:"所谓了解矛盾的各个方面，就是了解它们每一方面各占何等特定的地位，各用何种具体形式和对方发生互相依存又互相矛盾的关系，在互相依存又互相矛盾中，以及依存破裂后，又各用何种具体的方法和对方做斗争。"[②]从这些论述可以清楚地看出，他是把对立面的相互依存和相互斗争作为矛盾的两种基本属性，而并没有包括相互转化在内的。显然，只有这样去理解同一性的含义，才能理解他的关于"有条件的相对的同一性和无条件的绝对的斗争性相结合，构成了一切事物的矛盾运动。"[③]这一著名论断。

可见，在唯物辩证法的发展史上，从马克思到毛泽东这些经典著作家们尽管在表述方式上不可避免地存在着这样或那样的差异，但他们关于同一性范畴的基本规定都是一致的。

三、关键在于用对立统一的观点去研究对立统一规律本身

矛盾就是对立面的同一。斗争性和同一性是辩证矛盾的两种互相对立又互相联结的基本属性。马克思主义哲学制定斗争性和同一性的范畴是为了反映事物的内在矛盾，把握事物发展的原因和动力。因此，只有运用对立统一的观点，从斗争性和

---

① 毛泽东:《矛盾论》,《毛泽东选集》第 1 卷，人民出版社 1969 年版，第 280 页。

② 毛泽东:《矛盾论》,《毛泽东选集》第 1 卷，人民出版社 1969 年版，第 287 页。

③ 毛泽东:《矛盾论》,《毛泽东选集》第 1 卷，人民出版社 1969 年版，第 307 页。

同一性的相互关系中去研究同一性，才能正确地理解同一性的含义。

黑格尔说过，辩证的思维是"它在一方中认识到另一方，认识到一方中包含着它的另一方。"①这就是要把辩证法当作认识论。郭沫若曾经采用这种辩证方法来研究中国哲学史中的问题，他认为要认识孔墨两家对立的学派，应当"从反对派的镜子里去找寻被反对者的真影"。②这可以说是把辩证法当作认识论的一个范例。我们也应当采取这样的方法去研究同一性。

同一性必然是斗争性的反对者，它必然具有与斗争性相反的属性，就如我们在镜子中看到的映象的左边必然是真象的右边一样。斗争性的含义一向比较明确，因此，我们可以依据斗争性的含义去确定同一性的含义。

在斗争性这面镜子里看到的同一性的真影应当是什么样子的呢？斗争性是相互否定，同一性则应是相互肯定；斗争性是相互压抑、相互限制，同一性则应是相互促进、相互推动；斗争性是相互分歧，同一性则应是相互一致，如此等等。相互肯定、相互促进、相互一致等，都是相互依赖的意思，同它相对应的则是相互排斥。因此，相互排斥和相互依赖是矛盾双方的基本关系，这就是矛盾的斗争性和同一性。正是因为相互依赖和相互排斥结成对子，才构成为矛盾，才有矛盾的运动。从斗争性这面镜子中，是看不出同一性中包含有相互转化的含义的，因为相互转化和相互排斥不能互相结合而构成矛盾运动。为什么相互转化不能同相互排斥的斗争性相结合而构成矛盾运动呢？这主要有下述两个原因。

---

① 转引自列宁：《黑格尔〈哲学史讲演录〉一书摘要》，《列宁全集》第 38 卷，人民出版社 1959 年版，第 288 页。

② 郭沫若：《十批判书》，《郭沫若全集》历史编第 2 卷，人民文学出版社 1982 年版，第 74 页。

第一，互相转化的过程是比较复杂的，在转化中一方既要否定对方的某种规定性，又要否定自身的某种规定性；与此同时，一方既要取得对方的某种规定性，又要保存自身的某种规定性。所以，在转化中既有肯定又有否定，而且是以否定为主的。转化在其主要方面与相互否定的斗争有一致性，可以说它主要是相互否定的斗争性贯彻到底的结果，因此它不能和斗争性结合在一起而构成矛盾运动。转化中的肯定因素则是相互依赖的同一性的表现。

第二，从斗争与转化在矛盾运动中所起的作用看，它们不是互相反对的，所以不能构成矛盾。假如斗争与转化结合在一起，斗争就没有抑制它的对立面，事物在质上的相对稳定性就成了无法解释的怪事。如果用这种观点去指导实践，其结果绝不会是促进事物的正常发展，而只会是事物的混乱以至倒退。我国的"文化大革命"就是否定依存关系在矛盾运动中的作用，把斗争与转化紧紧地缚在一起这样一种理论的实践，它迫使人们去进行无休止的人为的"转化工作"，打断事物发展的正常进程。这正是导致人们重新思考同一性含义的契机之一。但有的论者反而试图以"文化大革命"为例，去说明把转化看作"同一性和斗争性的相互作用的过程"，就"在实际活动中会引起极大的混乱"，理由是如果不把转化包括在同一性的范畴里，"那么，转化的性质、转化的根据和转化的方向，就成为不确定的、偶然的东西了"①。事情恰好相反。转化的性质、根据、方向等都不是由转化本身决定的，而是由对立双方相互依存的内在同一性决定的。所谓一物向他物的转化，是向它自己的他物转化，是向自己的对立面的发展，而所谓"自己的对立面"就是

———————

① 参见马中柱：《试论对立面转化和同一性的关系》，载《哲学研究》1981年第11期。

和自己相互依存的对立面。不是和自己相互依存着的对立面，怎么能叫作"自己的对立面"？不是和自己相互依存着的对立面，怎么能够向它转化了去？在对立面相互依存的同一性中寻找对立面相互转化的根据,这怎么能说是"不确定的、偶然的"？难道只有认为转化的根据就在转化本身,这样才够得上确定的、必然的？实际上，把转化放进同一性的范畴里去，那才使转化失去根据。因为把转化自身说成转化的根据，就等于没有说出转化的根据。

从斗争性这面镜子里去看同一性，同一性中不包含相互转化的含义，同样，从同一性这面镜子里去看斗争性，斗争性里也不包含相互转化的含义。相互转化是一种十分复杂的辩证过程，必须把它作为一个独立的范畴去加以专门的研究，但这不是本文的任务。

"对立统一规律"等词条释文[*]

对立统一规律

唯物辩证法的根本规律，亦称对立面的统一和斗争的规律或矛盾规律。它揭示出，自然界、社会和思想领域中的任何事物都包含着内在的矛盾性，事物内部矛盾双方又统一又斗争，推动事物的发展。

在哲学思想发展的初期就已具有关于对立面的斗争和转化的思想。古希腊哲学家赫拉克利特认为一切都是经过斗争产生的。中国古代儒家经典《易经》用阴和阳两种对立力量的相互作用解释事物的发展变化。近代德国哲学家 G. W. F. 黑格尔以唯心主义的方式系统地表述了关于对立统一的思想，认为矛盾是推动整个世界的原则。马克思主义批判地改造和吸取了哲学史上特别是黑格尔的合理思想，深入地揭示了对立统一规律，并给予了科学的论述。

---

[*] 这几篇短文是为《中国大百科全书》哲学卷写的词条释文，中国大百科全书出版社 1987 年。

基本内容

对立面的同一和斗争　对立面之间的同一和斗争是矛盾双方所固有的两种相反的属性。对立面的同一即矛盾的同一性，是矛盾双方相互依存、相互肯定的属性，它使事物保持自身同一。事物保持暂时的自身同一，使对立双方能够共处于一个统一体中，这是事物获得发展的必要前提。由于对立面之间相互同一的作用，双方能够互相吸取和利用有利于自己的因素而得到发展，从而为扬弃对立即解决矛盾准备条件。对立面的斗争即矛盾的斗争性，是矛盾双方相互排斥、相互否定的属性，它使事物不断地变化以至最终破坏自身同一。由于对立面之间相互斗争的作用，双方的力量对比和相互关系不断地发生变化；当这种变化达到旧的矛盾统一体所不能容许的限度时，就造成旧矛盾统一体的瓦解、新矛盾统一体的产生。对立面之间的相互斗争是促成新事物否定旧事物的决定力量。

同一和斗争的相互联结　同一和斗争是矛盾运动过程中两种不可分割的基本关系。对立面的相互斗争并不是在双方之间划出一条绝对分明的和固定不变的界限。在对立面的相互斗争中，就有相互依存、相互渗透；相互斗争的结果，可以使双方相互转化、相互过渡。同样，同一也总是以差别和对立为前提的，没有离开斗争的同一。在对立面的相互同一中，就有相互对立、相互排斥；作为斗争的结果而发生的对立面的相互转化，最鲜明地表现着对立面之间的内在同一。

同一和斗争作为矛盾双方两种性质相反的作用，它们的相互联结就是相互制约。斗争制约同一，使同一只能存在于一定的条件下和一定的限度内。对立面的相互斗争创造着双方相互依存的形式，又在它自己所创造的形式内为破坏这种形式而创造条件。因为同一受斗争制约，所以不会是永恒的僵死的同一，而在同一之中包含有事物的发展。同一又制约着斗争，具体的同一性规定着斗争的具体性质、具体形式和界限等。对立面的相互同一使矛盾统一体保持相对稳定的状态，也就使双方的斗争具有确定的内容和形式，并使斗争的成果得以巩固。

斗争的绝对性和同一的相对性　列宁指出："对立面的统一（一致、同一、均势）是有条件的、暂时的、易逝的、相对的。相互排斥的对立面的斗争则是绝对的，正如发展、运动是绝对的一样。"①对立面斗争的绝对性和同一的相对性原理，高度概括地反映了斗争和同一在矛盾运动中的不同地位及其相互关系。只有依据这一原理，才能对事物的矛盾运动过程做出完整的规律性的说明。

对立面斗争的绝对性是指它的普遍性、无条件性。对立面的斗争性是矛盾运动中活跃的、能动的方面，它能够打破各种条件的限制，并能创造矛盾发展所必需的新条件。有矛盾就有斗争，矛盾斗争的存在不受任何条件限制，对立面相互排斥的趋势在任何条件下都要贯彻下去。斗争不仅贯穿于每一个具体矛盾运动的始终，而且存在于新旧矛盾交替的过程中，是促使旧矛盾让位于新矛盾的根本力量。

对立面同一的相对性是指它的条件性。对立面的同一性是矛盾运动中相对稳定的、保守的方面。只有当某种特定的条件具备时，对立双方才能建立和保持同一性，共居于一个统一体中；某种特定的条件消失，对立双方就失去其同一性，不能共居于一个统一体中。每一个具体矛盾运动过程中的同一性都随着条件的变化而改变其存在的状态。矛盾运动处于相对稳定的

---

① 列宁：《谈谈辩证法问题》，《列宁选集》第 2 卷，人民出版社 1972 年版，第 712 页。

状态即事物的量变状态，是对立双方保持相互同一的状态；矛盾运动处于显著变动的状态即事物的质变状态，是对立双方的同一处于瓦解中的状态。对立面的同一由建立、巩固到分解是一个过程，这是一个条件变化的过程。任何具体的条件都不是固定不变的。对立面的斗争必然地要打破旧的条件和创造新的条件，也就必然地要破坏旧的同一和建立新的同一。

相对和绝对是表现矛盾过程的两个不同的方面，但是，相对和绝对的差别也是相对的。在相对的同一性中包含着绝对的斗争性，绝对的斗争性寓于相对的同一性之中。绝对的斗争性是通过各种特殊的具体的斗争形式表现出来的，而矛盾斗争的具体形式则受矛盾的具体的同一性制约。因为斗争是不间断的、绝对的，它不断地破坏旧的同一和建立新的同一，使同一成为间断的、相对的。反之，只有同一的间断性、相对性才能体现斗争的不间断性、绝对性。绝对的斗争性体现着事物发展过程中的绝对的变动性，相对的同一性体现着事物发展过程中的相对稳定性。任何事物的发展过程都是绝对变动性和相对稳定性的统一。唯物辩证法关于矛盾斗争的绝对性和同一的相对性原理，揭示了事物发展的辩证过程。毛泽东说："有条件的相对的同一性和无条件的绝对的斗争性相结合构成了一切事物的矛盾运动。"[①]

在唯物辩证法中的地位

对立统一规律是唯物辩证法的实质和核心。具体表现在：①它揭示了事物"自己运动"的泉源在于事物内部的矛盾性，这就从根本上摒弃了那种求诸于神秘的"第一次推动"去说明

---

① 毛泽东：《矛盾论》，《毛泽东选集》第 1 卷，人民出版社 1969 年版，第 307 页。

运动发展的唯心主义观点，把辩证法的发展学说建立在唯物主义的基础之上，为科学地说明事物发展的道路、方向、形式等等特征，全面地揭示事物发展的辩证规律提供了可能。

②唯物辩证法是关于联系和发展的科学，而对立统一规律揭示了事物联系和发展的根本内容。在事物的普遍联系中最突出的是系统联系，而所谓系统是由多方面的对立统一构成的矛盾体系。事物发展的实质是新事物的产生和旧事物的灭亡，它体现着事物内部矛盾双方，即肯定方面和否定方面之间的历史联系。离开对事物内部矛盾双方对立统一运动的考察，便无从把握事物联系和发展的实质。

③对立统一规律提供了理解唯物辩证法其他规律及范畴的钥匙。对立统一是唯物辩证法全部规律和范畴的实质。质量互变规律所揭示的量和质、量变和质变的关系实质上是对立统一的关系，量变和质变这两种状态的运动及其相互交替都是由事物内部矛盾双方对立统一的运动引起的。否定之否定规律所揭示的肯定和否定、继承和发展的关系实质上也都是对立统一的关系，否定之否定不过是事物由其内在矛盾所规定的"自己运动"的必然形式。唯物辩证法的所有范畴都体现着对立统一的关系。

④唯物辩证法既是世界观，又是方法论。对立统一规律揭示了这一科学方法论的最根本方法，即矛盾分析法。毛泽东说："这个辩证法的宇宙观，主要地就是教导人们要善于去观察和分析各种事物的矛盾的运动，并根据这种分析，指出解决矛盾的方法。"[1]离开对立统一的观点，就无从理解辩证认识和辩证方法的实质。

————

[1]毛泽东：《矛盾论》，《毛泽东选集》第 1 卷，人民出版社 1969 年版，第 279 页。

矛盾

辩证法的基本范畴。指事物自身所包含的既相互排斥又相互依存、既对立又统一的关系。

"矛盾"一词在汉语中最早见于先秦时的著作《韩非子·难一》，指逻辑上的不一致。"矛盾"一词的拉丁语为 contradictio，也指逻辑上的不一致。在中外古代哲学中，矛盾概念已包含有对立统一的思想。近代德国哲学家 G. W. F. 黑格尔对矛盾的辩证含义有深刻见解，他指出矛盾就是一物既包含其他规定又排斥其他规定。马克思主义吸取了黑格尔的合理思想，把矛盾规定为反映事物的对立同一关系的哲学范畴。

马克思主义哲学认为，每一事物都包含着互相反对的方面。对立的双方一方面互相排斥、互相斗争，另一方面又因其具有互相依存的内在同一性而互相依赖，共居于一个统一体，即矛盾的统一体中。任何事物都是作为矛盾统一体而存在的，一物向他物的转化，也就是旧矛盾统一体的分解和新矛盾统一体的建立。矛盾是事物发展的源泉、动力。

事物的矛盾和逻辑矛盾是不同的概念。逻辑矛盾是指人们在推理过程中同时肯定两个逻辑上不可能同真的命题，即在同一意义上肯定某物具有某种性质同时又否定它具有某种性质。这是不符合事物客观情况的谬误论断，是思维混乱的表现。逻辑矛盾不仅可能排除，而且必须排除。而事物的矛盾则是事物自身具有的客观本性，既不能排除也不能制造，只能通过对立面的斗争得到解决。承认这种矛盾的普遍存在，是人们深刻把握事物的性质、预见事物发展趋势的必要条件。

矛盾的斗争性

揭示矛盾双方互相对立、互相排斥的倾向或趋势的哲学范畴。它是事物矛盾所具有的和矛盾的同一性相反的基本属性。

矛盾的斗争性与矛盾的同一性相互联结，斗争性寓于同一性之中，没有斗争性就没有同一性。矛盾的同一性是有条件的、暂时的、相对的，矛盾的斗争性则是无条件的、绝对的。绝对的斗争性和相对的同一性相结合，推动着事物的变化发展。矛盾的斗争性在事物的发展中具有重要作用，它不仅引起事物的量变，而且是事物由旧质向新质转化、飞跃的决定力量。

矛盾斗争的存在是普遍的、绝对的，但矛盾斗争的形式则是各各特殊的、相对的。矛盾斗争的形式由事物矛盾的性质和矛盾运动的具体条件所决定。矛盾的性质不同、所处的条件不同，矛盾斗争的形式也就不同。任何矛盾，以及矛盾发展的任何阶段，都包含着不同性质的两种因素的对立和斗争。矛盾的斗争可能采取对抗的形式，也可能采取非对抗的形式。

正确理解矛盾斗争性的范畴，依据矛盾发展的客观进程以及矛盾的性质和它所处的客观条件，采取相应的斗争形式和方法，正确解决和处理各种矛盾，这是运用矛盾斗争学说所必须遵循的基本原则和要求。

矛盾的同一性

揭示矛盾双方之间内在联系的哲学范畴。亦称矛盾的统一性。同一性作为哲学范畴，是由形式逻辑的同一律演化而来的。同一律要求在同一思维过程中每个概念、判断、推理必须具有同一的确定内容，即"A=A"。形而上学哲学家在形式逻辑同一律的意义上解释客观事物的同一性，认为一切事物都只能和自身同一，把"A=A"的公式夸大为世界观的基本原则。G. W. F. 黑格尔系统地批判了这种形而上学的同一观，指出辩证地理解的同一性不是事物自身无差别的等同，也不是从外在的比较中得到的共同性，而是对立物之间的相互同一。马克思主义吸取了黑格尔哲学的合理思想，制定了唯物辩证法的矛盾同一性范畴。

唯物辩证法的矛盾同一性范畴是对事物矛盾所具有的同斗争性相反的基本属性的概括。它的基本含义可归结为矛盾双方的相互依存和相互贯通。矛盾双方的相互依存，是指相互排斥的对立面互为存在的条件，在一定条件下相互依存，共居于一个统一体中。矛盾着的每一方都只有在与它相对立的另一方的关联中才能获得自身的规定，通过对方的映现而使自身获得规定。因此，每一方如果失去了对方，它也就不能作为该矛盾的对立一方而存在。矛盾双方的相互贯通，主要指对立面的相互渗透和矛盾双方相互转化的趋势。对立面相互转化的趋势最深刻地表现了矛盾双方的内在同一性。

矛盾的同一性是具体的同一性，因为任何事物的自身同一都是以其内部存在着差异为前提的，是包含着差异的同一。而本质的差异就是对立，对立面之间相互排斥的斗争必然要使原有的同一发生变化，以至最终打破事物自身的同一。因此，任何事物的同一性都是暂时的、相对的，是受条件制约的。而形而上学的同一性是抽象的同一性，它不理解同一中包含着差异，差异中有着同一。它把差异理解为一事物与他事物之间的外在差异，而把事物同一性理解为永恒的、僵死的，是事物自身的绝对等同，看不到事物的发展变化。

正确理解矛盾的同一性范畴具有重要意义。列宁说："辩证法是一种学说，它研究对立面怎样才能够同一，是怎样（怎样成为）同一的"。①只有研究事物内部的矛盾同一性发生和变化的规律性，才能深刻理解和把握事物的辩证联系及其发展过程。因此，坚持辩证的同一观，是运用唯物辩证法的基本要求之一。

---

① 列宁：《黑格尔〈逻辑学〉一书摘要》，《列宁全集》第 38 卷，人民出版社 1959 年版，第 111 页。